编辑委员会

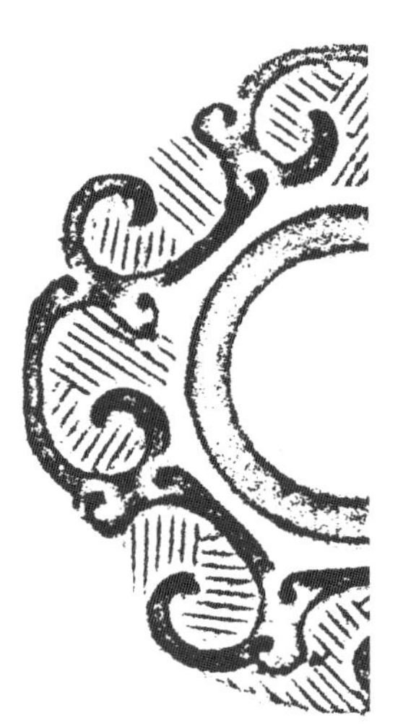

山东临淄战国汉代墓葬与出土铜镜研究

Ⅰ

Studies on the Bronze Mirrors Unearthed from the Burials of the Warring-States Period and Han Dynasty in Linzi, Shandong

淄博市临淄区文物管理局　编著

文物出版社

图书在版编目（C I P）数据

山东临淄战国汉代墓葬与出土铜镜研究 / 淄博市临淄区文物管理局编著. —— 北京 : 文物出版社，2017.11
ISBN 978-7-5010-5377-3

Ⅰ. ①山… Ⅱ. ①临… Ⅲ. ①古镜－铜器(考古)－研究－临淄区－战国时代②古镜－铜器(考古)－研究－临淄区－汉代 Ⅳ. ①K875.24

中国版本图书馆CIP数据核字(2017)第261152号

山东临淄战国汉代墓葬与出土铜镜研究

编　　著：淄博市临淄区文物管理局

责任编辑：杨冠华
装帧设计：特木热
责任印制：梁秋卉

出版发行：文物出版社
社　　址：北京市东直门内北小街2号楼
邮　　编：100007
网　　址：http://www.wenwu.com
邮　　箱：web@wenwu.com
经　　销：新华书店
印　　刷：北京金彩印刷有限公司
开　　本：889mm × 1194mm　1/16
印　　张：50.75
版　　次：2017年11月第1版
印　　次：2017年11月第1次印刷
书　　号：ISBN 978-7-5010-5377-3
定　　价：920.00元

前言

中国古代铜镜的研究历来备受中外学者关注。山东临淄是周代齐国都城遗址，城内遗迹、遗物十分丰富。自20世纪40年代以来，都城内多次出土古代铜镜镜范，吸引了众多中国学者对铜镜镜范的收集和研究。21世纪初期，中国社会科学院考古研究所、山东省文物考古研究所以及淄博市临淄区文物管理局对都城内铜镜镜范遗址的考古发掘进一步证实，临淄的铜镜制造业非常发达，是战国和两汉时期中国的重要铸镜中心之一。基于此，很有必要对临淄地区已经发掘的战国、汉代墓葬及墓葬内所出铜镜进行整理和研究。

2015年9月，临淄地区战国、汉代墓葬资料的整理工作正式启动。同时，对墓葬所出铜镜依次进行筛选、清理、除锈、分类、墨拓、描述、研究。2016年9月，初步完成本书的编写工作。

《山东临淄战国汉代墓葬与出土铜镜研究》分两大部分。第一部分概括介绍了临淄战国、汉代墓葬与铜镜的出土情况，综述了不同等级的墓葬形制和随葬器物的特点，列举了战国、两汉时期大、中、小型墓葬不同的表现形式。将筛选的684面铜镜，依据铜镜的镜体、主题纹饰及铭文的不同，划分为17类。每一类型的铜镜，按照时代的先后顺序，进行对比研究，介绍了不同阶段铜镜的形制、纹饰特点、演变规律及各时期的文化特征。第二部分以铜镜照片和拓片为主，每面铜镜都配有文字介绍，以图文并茂的形式全面形象、生动地展示临淄所出铜镜形制、纹饰及铭文。

序言

铜镜作为中国古代常见的生活用品，传世及考古发掘出土品数量巨大，但仍因其制作之精良，形态之美观，图纹之华丽，铭文之丰富，历来为研究者和收藏家所青睐。以往所见铜镜著述多为图录之类，考古发掘出土铜镜一般仅见于考古发掘报告或考古简报之中。将某一区域考古发掘出土铜镜予以集结出版并进行综合研究的成果还较为少见。

今年夏天，王会田先生拿来关于临淄出土铜镜发现与研究的书稿，谦虚地请我帮助把把关，并希望写个序，因与会田先生是多年好友，自己又曾长期在临淄一带工作过，并也在这一带发掘过不少战国和汉代墓葬，即欣然应允。

本书收录战国至汉代铜镜竟多达684面，每一面铜镜又附有清晰的照片、拓片及较为详细的文字描述，可谓是宏篇巨制。同时作者也对临淄地区历年来战国汉代墓葬的发掘情况作了综述性的介绍，方了解到目前仅临淄地区发掘战国汉代墓葬已多达26000余座，出土文物数量巨大，仅铜镜一项就有6100余面，这恐怕是全国任何其他一个县级区域无法比拟的。

众所周知，山东号称齐鲁之邦，就是缘于西周初年齐国和鲁国的始封。特别是临淄，作为两周时期齐国都城所在，一直是我国东方经济高度发达的手工业和商业中心。西周初年，姜太公便制定了“通工商之业，便渔盐之利”的治国方略，使齐国很快雄起于各诸侯国之林，乃至于后来成为春秋五霸之首、战国七雄之一，纵横家苏秦曾用“临淄之途，车毂击，人肩摩，连衽成帷，举袂成幕，挥汗成雨，家敦而富，志高而扬”来描述齐国都城繁华之气象，是中国古代东方最大也是最繁荣的城市。到了汉代，这里的经济依然高度发达，《汉书》记载“齐临淄十万户，市租千金，人众殷富，钜于长安”，设置有“铁官”“工官”“三服官”等，都表明了本地区手工业生产的发达程度，因此才“非天子亲弟爱子不得王此”。汉初，刘邦封庶长子刘肥于临淄，为汉代齐国的第一代齐王，初辖胶东等70余城。终于东汉，前后共13王都治临淄，在临淄一带留下了十分丰富的文化遗存。目前已经发掘的26000余座战国汉代墓葬，仍然只是地下埋藏很小的一部分，究竟临淄地下埋藏的这一时期墓葬的数量有多少，恐怕永远是个谜。

书中收录的684面铜镜，全部出自墓葬，年代从战国时期延续到东汉时期。作者首先对以往关于战国汉代墓葬的考古发掘作了简要介绍，让我们对这批铜镜的出土背景有了较为深刻的了解。所收录的铜镜中，既有考古发掘常见的诸如“山”字纹镜、蟠螭纹镜、日光镜、昭明镜、星云纹镜、草叶纹镜等，也有较为少见的透雕镜、彩绘镜等。对古代墓葬的发掘是考古工作的重要组成部分，山东地区也不例外。发掘墓葬数量巨大，据初步统计，仅汉代墓葬的发掘已达三万余座。

铜镜作为墓葬中的常见随葬品，其发现数量也十分可观。但战国时期铜镜发现数量却相对较少，透雕龙纹方镜及彩绘纹镜更为少见。本书收录的8面战国透雕铜镜以及6面战国汉代的彩绘纹镜是山东地区最集中的一批。作者根据铜镜的镜体、主题纹饰及铭文的不同，将这些铜镜进行分类研究，划分为透雕纹镜、四山镜、云雷纹镜、素面镜、弦纹镜、龙纹镜、连弧纹镜、连珠纹镜、花叶纹镜、蟠螭纹镜、蟠虺纹镜、星云镜、草叶纹镜、铭文镜、禽兽纹镜、博局镜、彩绘镜共17大类。而每一类铜镜又根据其纹样不同进行了更为详细的划分，如将禽兽纹镜又细分为四乳四猴龙凤镜、四乳禽鸟镜、四乳龙虎镜、四乳四虎镜、四乳禽兽镜、四乳羽人禽兽镜、六乳羽人禽兽镜、树木龙凤镜和飞鸟镜等，并且对各类铜镜的年代、纹饰的变化以及铭文等相关问题进行了探讨，提出了自己的见解。这就与以往出版单纯的铜镜图录有着根本的区别。诚然，由于这些墓葬资料尚未系统整理，个别铜镜的年代以及定名等问题还有可商榷之处，这是由于铜镜作为随葬品可以佐证墓葬的年代，但墓葬的年代未必就一定与铜镜的年代相一致，铜镜的年代只能确定墓葬年代的上限。因此，出土铜镜的墓葬年代与铜镜本身的年代是否完全一致还需要进行探讨。但由发表的清晰图片、拓本和详尽的文字描述，则足以让学术界特别是铜镜研究专家及铜镜爱好者在此基础上进行更深层次的研究。

临淄作为两周齐国都城和汉代齐国的都城所在，自西周晚期就有着发达的冶铸手工业，城内的冶铁、炼铜、铸钱等手工业作坊遗址非常丰富。就铜镜铸造而言，近年来在齐故城内采集、发掘获得的大量铜镜铸范，从目前发现的100余件镜范情况看，以草叶纹镜范数量最多，也有少量素面镜、蟠螭纹镜等镜范，多属于战国到西汉早期。大量镜范的发现，表明临淄当为我国战国至汉代的铜镜铸造手工业的一个中心，临淄能够集中出土数量巨大的铜镜也就顺理成章了。

王会田先生是我多年挚友，从他刚开始从事文物考古工作，我们就在一起进行考古发掘。会田先生待人真诚，谦虚好学，长期从事考古工作，具有较高的田野考古工作水平。同时，也积极地从事考古学研究工作，已取得了许多重要成果。《山东临淄战国汉代墓葬与出土铜镜研究》的结集出版，是会田先生的又一力作。这对于推动临淄地区乃至山东地区的战国汉代考古必将起到重要作用，对齐文化的深入研究也必将产生积极影响。在此，也希望尽快对所有考古发掘资料进行系统整理，出版考古报告，为加深临淄出土铜镜的深入研究和推动齐文化研究做出更大的贡献。

郑同修

2017年9月于泉城

山东临淄战国汉代墓葬与出土铜镜研究

临淄是周代齐国的都城所在地，汉齐王国的首府。近千年来，临淄作为中国古代东方的政治、经济、文化中心，是当时繁华的大都市。因此，临淄地区地下文物十分丰富。自20世纪70年代末以来，山东省、淄博市、临淄区文物部门配合工程建设，在齐故城以南的临淄城区及其周边先后抢救性发掘了26000余座战国、汉代墓葬，出土了大量铜镜，为山东地区古代铜镜的研究提供了重要实物资料。

一　临淄概况

临淄位于鲁中泰沂山脉的北麓，地处鲁北中部西进中原、东达胶东半岛的交通要道上。地势南高北低，南部系峰峦起伏的山地丘陵，山脉相连，沟壑纵横，北部为平原，土地肥沃，气候温润，农业发达。境内有淄河和乌河两条重要河流，淄河自南向北从齐故城东侧蜿蜒贯穿区内东部，乌河发源于中部的黄山之阴，流经区内西北部。优越的地理位置和丰富的自然资源为人类的生存和经济的发展提供了有利的条件，使临淄成为古代中国东方的政治、经济、军事和文化中心（图一）。

临淄是周代齐国的都城。据《史记》记载，公元前11世纪，周王朝建立，姜太公（吕尚）受封齐地，建立齐国。姜太公制定了“通工商之业，便渔盐之利”的政策。齐国经济持续发展，到西周晚期，临淄已发展成为经济发达的手工业和商业中心。春秋时期，齐桓公任管仲为相，实行改革，促进了经济发展，“九合诸侯，一匡天下”，为春秋五霸之首。战国时期，齐国更加强盛，经济呈现出空前的繁荣，当时的纵横家苏秦描述齐国都城：“临淄之途，车毂击，人肩摩，连衽成帷，举袂成幕，挥汗成雨，家敦人足，志高气扬”[1]。

汉高祖六年（前201年），刘邦的庶长子刘肥首封临淄，为汉代齐国的第一代齐王。其后的西汉七王先后都治临淄。9年，王莽建立新朝，改临淄为齐陵县。25年，刘秀灭王莽，复名临淄，再建齐王国。自哀王刘弘起，共六王都治临淄。汉代十三位齐王均以临淄为首府。据《汉

[1]《史记》卷六九《苏秦列传》，第2257页，中华书局，1963年。

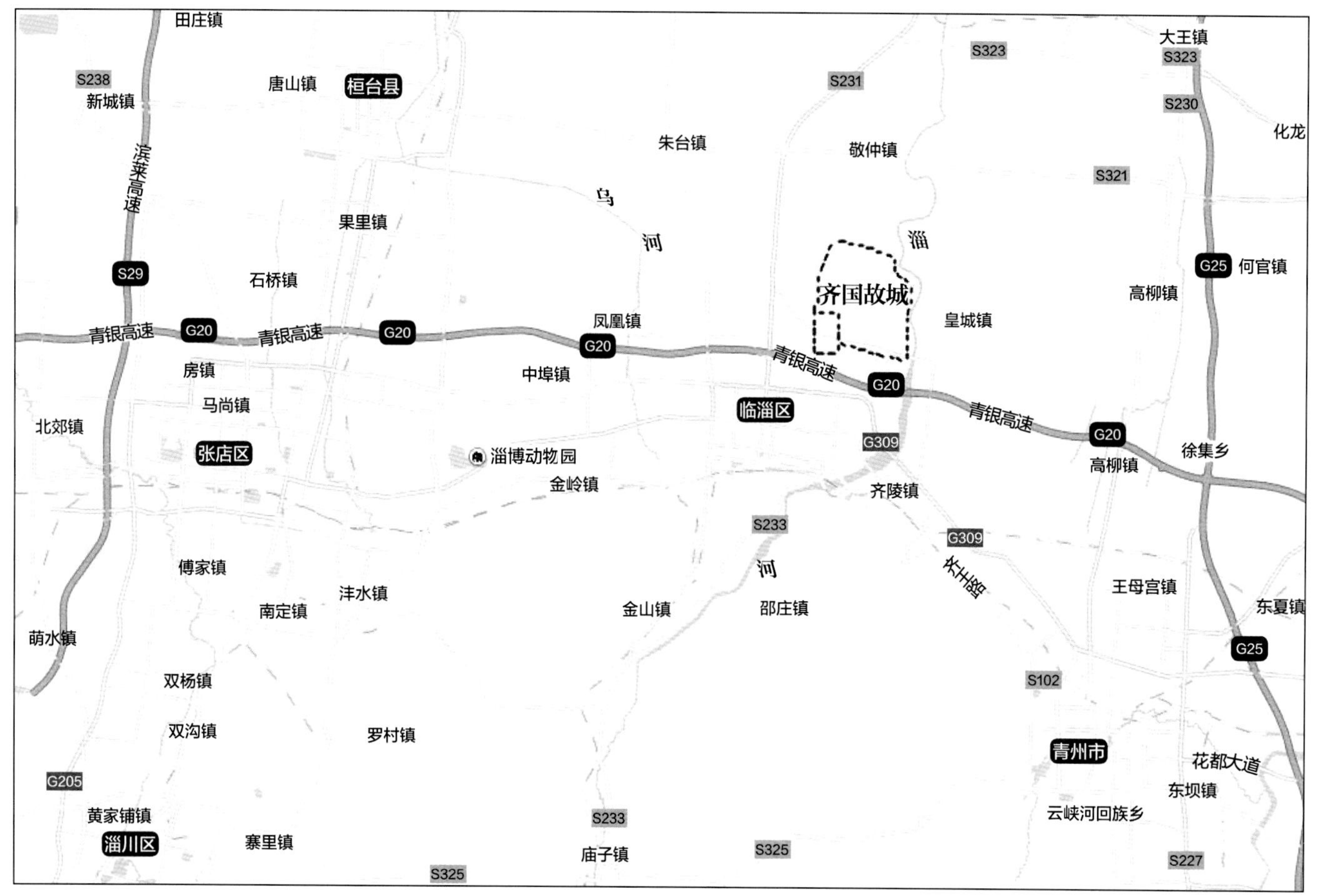

图一　临淄区地理位置图

书》记载，“齐临淄十万户，市租千金，人众殷富，钜于长安，非天子亲弟爱子不得王此”[1]，汉代临淄经济依然十分繁荣。魏晋以后，临淄或为郡所或为县治，相沿未变，虽然政治地位逐渐衰退，但手工业仍旧相当发达，铜铁矿源丰富的铁山，长期以来一直是山东及北方地区冶铜炼铁的工业中心。

考古发现可与文献记载相互印证。20 世纪 60 年代，山东省文化局临淄文物工作队在临淄齐故城的文物勘探、试掘表明，临淄齐国故城分大、小两城，总面积达 15.5 平方公里，是东周和汉代最大的城市之一。城内冶铁、炼铜、铸钱等手工业作坊遗迹非常丰富。最大的冶炼遗址面积达 40 万平方米，表明当时应具有大规模的冶炼业，手工业相当发达。临淄地区发掘的战国汉代墓葬

[1]《汉书》卷三八《高五王传》，第 2000 页，中华书局，1964 年。

中出土大量的铜镜以及近年来在临淄齐故城内出土的汉代铜镜镜范和考古发掘进一步表明，临淄的铜镜制造业非常发达，在战国和两汉时期应为山东及北方地区的重要铸镜中心。

二　墓葬概述与铜镜出土情况

临淄地区目前已发掘战国、汉代墓葬共26000余座，出土铜镜6100余面。贵族墓葬被严重盗扰，仅发现铜镜20余面，出土于墓主椁室或器物坑内，或殉人陪葬墓内。墓内随葬的铜镜多出土于棺内，置于墓主头部4300余面，置于脚端1200余面，置于腰部200余面。有的铜镜有用布料包裹的痕迹，有的盛装于漆奁或漆盒内。可见，战国、两汉时期，在临淄地区，上到上层贵族，下至一般平民均有随葬铜镜的习俗，在战国时期开始普遍应用，汉代得以广泛流行。

已发掘的带墓道的战国时期大中型贵族墓葬共180余座，小型墓葬约2000余座。墓葬分布较为分散，在齐故城周围均有发现，出土铜镜数量较少，约有100面。

汉代墓葬主要集中在齐故城以南的临淄辛店城区，迄今为止已发掘约24000座，出土铜镜6000余面。与战国墓葬相比，汉代墓葬不仅发掘数量多，而且出土铜镜的数量和比例也显著增加。该时期墓葬有两个显著特点：一是分布广泛，几乎遍及临淄城周边各地；二是随葬铜镜的现象十分普遍，许多小型墓也随葬铜镜，几乎所有的墓地均有铜镜出土。

文物部门配合临淄齐故城以南的辛店城区建设抢救性发掘的墓葬，是临淄乃至山东地区迄今为止清理的最大的战国、汉代墓葬区。墓区西起辛化路，东至淄河，北始齐盛路，南达胶济铁路，分布范围广，墓葬密集，数量众多。为了便于介绍，划分多个墓地对墓葬及铜镜出土情况进行介绍（图二）。

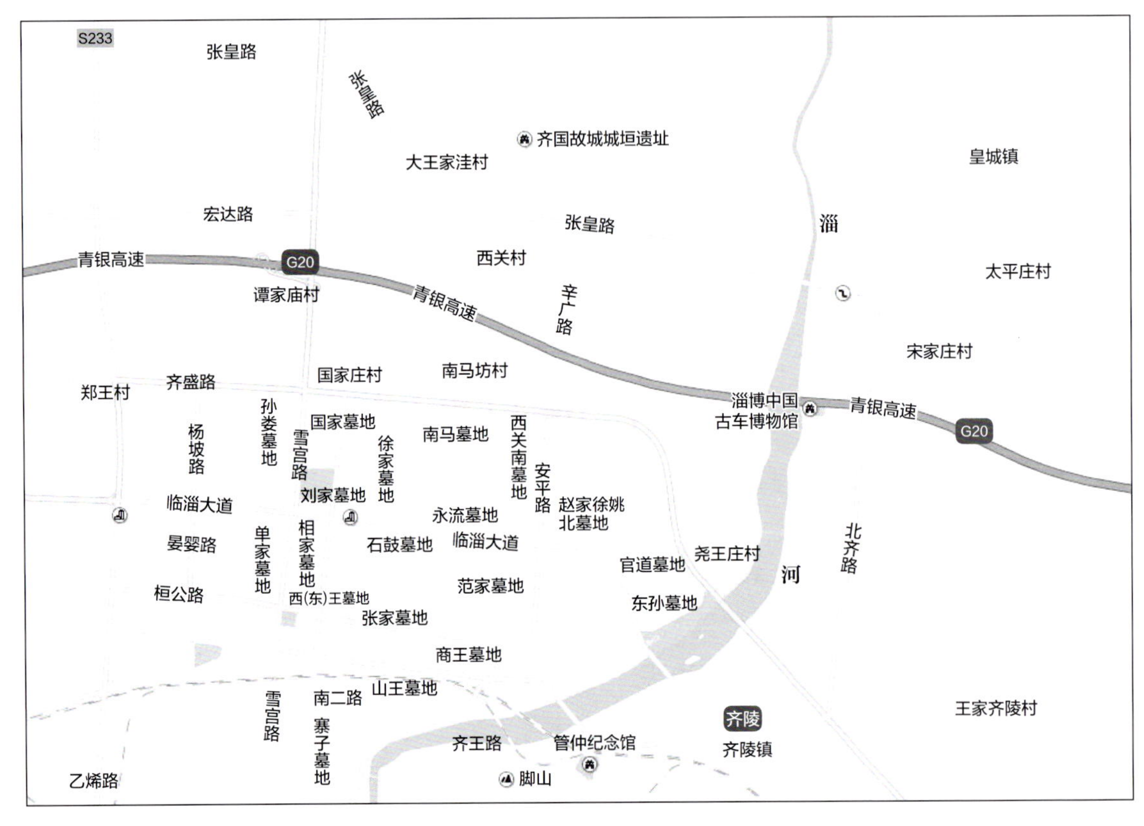

图二　墓地分布图

1. 张家村墓地

位于临淄辛店城区的东南部，发掘范围为张家村旧址及村东南的桓公路南北两侧。山东省文物考古研究所对墓地东部桓公路北侧的勇士生活区进行了文物勘探，在40万平方米范围内探出古墓葬1300余座，并于1991年、1992年先后发掘542座，出土铜镜100余面。勇士区东部的天齐生活区，面积约为6万平方米，共探出古墓葬430余座，1992年发掘了159座，出土铜镜100余面。

临淄区文物部门配合城中村改造和临淄塑编厂和第六棉纺厂退城进区（齐鲁化工区）工程，对在施工过程中发现的墓葬进行了抢救性发掘。主要包括张家新村生活区、华盛园生活区、恒锦花园生活区、方正太公苑生活区。

张家新村生活区位于墓地西部。1998～2003年先后6次在该区域发掘149座小型墓葬，其中战国墓6座，汉墓143座，出土铜镜16面，放置于脚端1面，其余均放置于头端。

华盛园生活区工地位于墓地东南部、恒锦花园生活区东侧。2004～2008年发掘了219座汉代小型墓葬，出土铜镜82面，放置于头端67面、腰部2面、脚端13面。

恒锦花园工地位于墓地最东南角、桓公路南侧，西邻华盛园生活区。2006～2007年先后两次对该区域施工中发现的墓葬进行了发掘，共发掘148座小型竖穴土坑墓，其中战国时期6座，汉代142座，出土铜镜57面，放置于头端38面、腰部7面、脚端12面。

方正太公苑生活区工地位于桓公路南侧、太公祠东侧、西临华盛园生活区。2007～2012年清理小型竖穴土坑墓216座，其中8座为战国墓，208座为汉墓，出土铜镜71面，放置于头端52面、腰部5面、脚端14面。

2. 单家墓地

位于临淄辛店城区中西部，东起雪宫路，西至杨坡路、临淄大道与牛山路之间。1984～1987年，地处墓地东北部的雪宫生活区和临园新村生活区进行了发掘。1999～2014年，临淄区文物部门配合旧城区改造建设，对墓地范围内的近20处工地分别进行了勘探和抢救性发掘，分别为：中国人民银行住宅楼工地、利群超市扩建工地、雪宫中学综合楼工地、绿苑蔬菜公司改建工地、消防大队改造工程、军干所改造工程、园林局改造工程、裕丰花园生活区工地、方正商城工地、方正大都会工地、方正尚城生活区工地、蓝溪商住楼工地、大顺花园生活区工地、假日风景住宅楼工地以及临淄大道南侧的单家商住楼等。共发掘古墓葬近500座，均为小型竖穴土坑墓，特别是墓地东北部发掘的墓葬，墓葬较为密集，面积较小，墓坑较浅，深约 3 ~ 5 米，随葬器物较为单一。依据墓葬形制和随葬器物推测，年代为战国至西汉早期，属于平民阶层的墓葬。出土铜镜 57 面，放置于头端 51 面、腰部 1 面、脚端 5 面。

3. 徐家村墓地

位于临淄辛店城区东北部，遄台路以西，稷下路以东，北至学府路，南到临淄大道两侧。1998 ~ 2014 年，先后对金茵生活小区的 A、B 组团工地、路虹花园住宅区工地、金茵小学工地、淄博一诺公司住宅楼工地、交运生活区工地、三星怡水・名城住宅区工地、方正凤凰城住宅区工地进行了勘探和抢救性发掘。共发掘墓葬 1586 座，其中战国时期"甲"字形墓 14 座、小型竖穴土坑墓 117 座，汉代中小型墓 1455 座。在小型墓内出土 386 面铜镜，放置于头端 350 面、腰部 6 面、脚端 30 面。

徐家村北的凤凰城生活区中西部有封土保存较为完好的 7 号、8 号墓冢，在墓冢的南北两侧发掘了 12 座战国时期"甲"字形墓，墓冢南侧 8 座，北侧 4 座，均东西排列，大致在同一条线上。墓冢南侧 6 座墓葬，分为三组，两墓为一组，每组排列规整，东西并列，相距不远，方向一致，应属于夫妻并穴合葬墓。凤凰城工地范围内分布的 14 座大型墓葬，分列南北三排，排列有序，为一处战国时期齐国的贵族墓地。

4. 赵家徐姚北墓地

位于辛店城区的东北部、赵家徐姚村西北约 2 公里处，北距齐国故城约 3.5 公里。2001 ~ 2008 年，对该区域发现的古墓葬先后三次进行了抢救性发掘。

2001 年 11 月，在临淄中轩热电厂建设区域内发掘墓葬 125 座。其中，19 座无随葬器物，时代不易确定；依据墓内随葬器物特征，有 5 座为战国时期，包括 2 座"甲"字形土坑积石木椁墓；其余 101 座为汉代墓葬。随葬的 46 面铜镜均出自小型墓，头端放置 41 面、脚端 5 面。

2003 年 7 ~ 8 月，为配合临淄友联塑料厂项目建设，在中轩热电厂南侧发掘墓葬 24 座。其中 1 座为战国时期大型墓葬，坐东朝西，平面呈"甲"字形，其余 23 座为汉代小型竖穴土坑墓。汉墓内出土 4 面铜镜，均放置于头端。

2008 年 6 月，在中轩热电厂东侧，孙家徐姚村民用机械取土时发现了古墓葬，其中数十座被破坏。临淄区文物部门闻讯后立即对取土场进行调查、勘探，取土场平面呈不规则长条状，东西长约 100、南北宽 45、深 2.5 ~ 2.7 米，在 4500 平方米范围内发现了 118 座墓葬。对暴露明显的 46 座墓葬进行了抢救性发掘。墓葬年代为战国、汉代，除 LSQM1 为"甲"字形土坑积石木椁墓外，其余皆为小型竖穴土坑墓。在小型墓内出土铜镜 10 面，放置于头端 7 面、腰部 1 面、脚端 2 面。

5. 国家村墓地

位于辛店城区中北部、齐都镇国家旧村西南、中轩大道东侧、闻韶路以西、齐盛路以南，学府路从墓地中部东西向穿过，东北距齐国故城约 3 公里。发掘范围南北长 670、东西宽 500 米，面积 335000 平方米。

墓地分四次进行了发掘。

第一次是配合国家新村住宅区建设，2003 年 10 月至 2005 年 6 月，分三个阶段进行发掘，共清理墓葬 187 座（编号 LGM1 ~ M187）。

第二次是位于国家新村南侧，配合齐兴花园住宅小区建设，2004 年 12 月至 2006 年 3 月，分三个阶段进行抢救性发掘，清理墓葬 214 座（编号 LGQM1 ~ M214）。

第三次是位于国家墓地的西北部、国家新村西侧，配合学府花园住宅小区建设，2007 年 6 ~ 7 月，进行抢救性发掘，清理墓葬 49 座（编号 LGXM1 ~ M49）。

第四次是配合国家新村北侧的住宅项目建设，2010 年 5 ~ 6 月，对在施工中发现的27座墓葬进行了发掘清理。

四次发掘共清理墓葬 477 座。其中 19 座为战国时期大型墓葬，大致分列南北 4 排，其中有四组并穴合葬墓，LGM1 与 LGM2、LGQM1 与 LGQM2、LGQM4 与 LGQM5 三组两墓东西并列，LGM3、LGM4、LGM6 三墓东西并列。墓葬平面均呈“甲”字形，墓道南向，底呈斜坡状，里端口与墓室相连；墓室大多南北稍长，平面呈长方形，底部有宽大的生土二层台，椁室设在二层台中部或中部稍偏南。11 座墓内有殉人陪葬坑，少者陪葬 1 人，多者如 LGM5 殉葬达 17 人。墓葬虽然遭到不同程度的盗扰，但出土文物仍较为丰富，有青铜礼器、车马器、兵器，仿铜陶礼器、乐器、彩绘俑，水晶玛瑙、玉石器等 975 件（套）。依据墓葬形制和随葬器物特征推测，墓葬年代贯穿于整个战国时期，墓主身份属于齐国贵族。

其余 458 座战国、两汉时期的中小型墓葬的墓主身份，据随葬器物的多寡和器物特点推测，多为普通平民，也有比较富裕的地主阶层及军队士兵。

国家墓地墓葬排列密集，仅在施工基槽内就清理了 477 座完整墓葬，出土各类器物 2400 余件（套），包括 82 面铜镜。其中 2 面铜镜出自学府花园工地 M2 的两座殉人陪葬墓，放置在棺内殉人的头部，出土时均有布料包裹的痕迹；其余 80 面出自小型墓，放置于头端 61 面、腰部 3 面、脚端 16 面。

这批墓葬的年代从战国初期延续至

东汉时期，年代跨度时间长，对于研究战国时期齐国贵族墓葬的分布规律、形制特点以及战国、两汉时期齐地各阶层埋葬习俗、文化特征都具有重要的学术意义。

6. 山王墓地

墓地位于临淄辛店城区东南部、淄河西北岸边，北距齐国故城约 7 公里。发掘的墓葬主要位于山王村东北两面、胶济铁路两侧，因属于旧城区改造工程，地面上多有建筑物和混凝土路面，无法开展文物勘探工作，墓葬均是在开挖的基槽内发现的。2006 年 3 月至 2015 年 10 月，分别在牛山园生活区工地、恒光花园生活区工地、城南换热站工地、皇城太公苑住宅工地、馨香园经适房工地、新风家园生活区工地、青青家园生活区工地、山王新村安置房等工地，抢救性发掘了战国时期“甲”字形墓葬 5 座、有随葬器物的竖穴土坑墓 20 余座，汉代“甲”字形墓 1 座、陪葬坑 4 座、小型竖穴土坑墓 400 余座。小型墓内出土铜镜 97 面，放置于头端 80 面、腰部 2 面、脚端 15 面。

在山王村西、胶济铁路南侧的新村安置房工地发掘的 2 座“甲”字形墓，东西并列，方向一致，形制相同，属于战国时期夫妻并穴合葬墓。

在墓地东北部、胶济铁路北侧发现了 4 座陪葬坑。陪葬坑平面呈长方形，大小相次，较为分散，东西相距较远。陪葬坑虽然遭到不同程度的盗掘，仍出土铜礼器、鎏金车马器，陶俑、陶车马等 600 多件（套）。尤其是一号坑，面积较大，形制独特，出土器物多[1]。

尽管山王墓地陪葬坑的主墓尚未找到，从 4 座陪葬坑内出土器物特征看，其年代约为在西汉早中期。特别是一号陶俑坑，器物种类繁多，排列规整，布局清晰，葬车达 11 辆，这种综合形式的俑坑在国内尚属首次发现，说明陪葬坑的墓主有很高的社会地位，可能属于汉齐王侯或王室成员。

7. 范家墓地

墓地位于临淄城区东部、临淄大道南北两侧，是迄今为止发掘面积最大，清理战国、汉代墓葬最多的一处墓地。

香榭天都和商会大厦住宅工地位于墓地西北角、临淄大道北侧，占地约 23000 平方米。发掘之前，该区域为两处旧院落，有办公楼、车间及混凝土路面，所有墓葬均是在清理地下建筑垃圾后，在深约 2 米的基槽内发现的，2011 年 6 月至 2014 年 6 月，分批次进行了清理。发掘战国时期“甲”字形大墓 2 座，两墓东西并列，方向一致，为夫妻并穴合葬墓，墓主当为齐国贵族。186 座汉代小型墓，随葬器物较为单一，墓主当为平民阶层。在小型墓内出土铜镜 54 面，放置于头端 37 面、腰部 3 面、脚端 14 面。

---

[1] 山东省文物考古研究所、淄博市临淄区文物管理局：《山东山王村汉代兵马俑坑发掘简报》，《文物》2016 年第 6 期。

墓葬主要集中在临淄大道以南的淄江花园社区内，西起天齐路，东至安平路，北沿临淄大道，南临桓公路，总占地面积约 12.7 万平方米。

2008 年 12 月至 2015 年 4 月，为配合淄江花园社区建设，对墓地内的 K 组团、J 组团、C-1 组团、G 组团、A 组团、D 组团、范家新村 C-03 组团、裕华 A -03 组团、E 组团（北五区）、北二区、峰尚国际住宅区以及方正 2009 商业项目、淄江物业管理站、太公小学等建设工地，分期、分批进行了抢救性发掘。发掘的 48 座大中型墓葬中，有八组并穴合葬墓，3 座东西并列的有一组，2 座南北并列的有一组，2 座东西并列有六组。墓地东北部 D 组团发掘的 M4 与 M5 为一组，形制特殊。M4 墓室平面呈“凸”字形，有一条南向墓道，墓葬年代为战国晚期；M5 为竖穴土坑墓，平面呈长方形，年代为秦至汉初。46 座墓属于战国时期，平面呈“甲”字形的 44 座，墓道向南的 39 座、向西 4 座、向东 1 座；平面呈“中”字形的 2 座，两条墓道东西向对称。此墓地共发掘战国时期小型墓葬约 500 座，两汉时期墓葬近 6000 座。大中型墓出土铜镜 6 面，其中秦汉初年的 M5 内出土 3 面，战国时期墓葬墓主椁室内出土 2 面，陪葬墓内出土 1 面。小型墓内出土 1981 面，放置于头端 1320 面、腰部 84 面、脚端 577 面。

A 组团南区二号战国墓平面呈“甲”字形，墓室口大底小，有一条南向墓道，墓室中部有一大型石椁室，椁室外围有多座殉人陪葬墓及一座器物坑，二层台上随葬大量陶礼器。随葬器物有陶器、陶明器、铜器、泥器、水晶玛瑙器、石器、骨器、漆木器。器物坑内出土实用青铜礼器 1 套，组合齐全，数量较多，其中有铜鼎 8 件，用高规格的卧虎纽龙纹铜鼎、龙形纹铜壶、兽形镂空铜灯等器物陪葬，说明墓主人有较高的社会地位，应属于齐国的高级贵族或者王室成员。陪葬墓虽然盗扰严重，但仍出土了精美的水晶玛瑙饰品，使用的葬具为一椁一棺，证明殉人的身份也较高，当为墓主的宠妾婢女。墓内出土的青铜器均为实用器，器物厚重端庄，铸造精良，纹饰流畅精美，反映了齐国青铜铸造业的高超水平，对于研究齐国的冶炼、铸造工艺具有重要价值[1]。

8. 西关南墓地

位于临淄辛店城区的东北部，齐盛路以南、学府路北侧、齐都路西侧，北距齐国故城小城南墙约 0.5 公里。2008 年 5 月至 2009 年 4 月，分别对学府路的 2 座大墓和临淄中学工地中的古墓葬进行了清理。

学府路 2 座墓葬位于临淄中学南侧。学府路东端、齐都路西侧丁字路口

[1] 临淄区文物局：《山东淄博市临淄区辛店二号战国墓》，《考古》2013 年第 1 期。

处。LXXM1 位于 LXXM2 北侧，两墓相距 4.9 ~ 5.2 米，平面均呈“甲”字形，墓道东向，南北平行并列，方向基本一致，属于夫妻并穴合葬墓。LXXM1 椁室东北角二层台上有一座殉人陪葬墓，殉 1 人。LXXM2 椁室东侧二层台有两座陪葬墓，各殉 1 人，西侧二层台长条形陪葬墓内殉 2 人，南侧陪葬墓与椁室相通并与椁室南壁相连接，殉 1 人。两墓年代为战国时期，墓主当属齐国贵族。

2009 年 3 ~ 4 月，临淄中学施工基槽内清理墓葬 397 座，其中 “甲” 字形墓葬 4 座，余皆为竖穴土坑墓。61 座墓内没有发现随葬器物，无法断定属于战国还是汉代；其余 336 座墓葬，依据墓葬形制和出土器物特征，有 85 座属于战国时期，251 座属于汉代。该墓地出土青铜器约 635 件（套），玉、石器 118件（套），骨、蚌、铁器等89件（套）。中小型墓出土铜镜 140 面，放置于头端 107 面、腰部 9 面、脚端 24 面。

4 座“甲”字形大墓墓道均南向，底呈斜坡状，墓室平面呈长方形，口大底小，墓壁斜内收，底部有宽大的生土二层台，中间有一椁室。M2、M3、M4 底部挖置 2 ~ 3 座陪葬坑，各殉 1 人。三墓均遭到不同程度的盗扰，椁室内墓主骨骼和器物无存，二层台和陪葬坑内随葬铜兵器、仿铜陶礼器及水晶、玛瑙装饰品。M1 保存完好，椁室内墓主葬具为二椁一棺，头朝北，面向东，双手置于胸前，为仰身直肢葬，脖颈处佩戴一组玉石串饰。椁室内墓主东侧有一器物箱，箱内随葬铜礼器、兵器、车马器、乐器等 113 件（套）。在椁室的南、北、西三面分别有 4 个陪葬坑，内各殉 1 人。从这 4 座墓葬的形制和随葬器物特征来看，墓主的身份较高，属于齐国贵族。

其余 393 座竖穴土坑墓均为中小型墓葬，依据随葬器物的数量推测，墓主多为一般平民。

9. 南马墓地

墓地位于临淄辛店城区东北部、西关南墓地西邻。发掘的墓葬主要集中在齐盛路南侧、学府路南北两侧，有南马新村工地、稷下路工地、棠悦生活区工地和翰林院生活区工地。

南马新村工地位于旧村原址西南、齐盛路南侧、学府路以北、遄台路东侧、规划的天齐路以西，地块西宽东窄呈 L 形，占地面积 13 万平方米。2010 年 6 月至 2011 年 11 月，共清理战国时期墓葬 100 余座。其中“甲”字形大墓 12 座，1 座单独位于新村工地中北部，墓道北向；其余 11 座位于新村工地南部，分东西两组。每组大致分南北两排：东组 6 座，3 墓一排；西组 5 座，南排 3 座，北排 2 座；墓葬东西排列，墓道均南向，4 座墓葬外围发现车马陪葬坑，有 4 座墓葬两两成对，东西并列，方向一致，属于夫妻并穴合葬墓。清理的汉墓共400余座。战国小型墓和汉代墓内出土铜镜101面，放置于头端93面、腰部2面、脚端6面。

稷下路发现的墓葬位于墓地西北端、学府路北侧、稷下路北首。2012年4月，临淄区文物部门对发现的2座大墓进行了抢救性发掘。M1位于M2南侧，墓道南向，方向基本一致，墓室口大底小，墓壁经加工，斜直光滑，椁室位于二层台中部偏南。两墓椁室和陪葬坑内的器物均被盗一空，只有M1墓底西北角西壁壁龛保存基本完好，出土了一批彩绘泥俑。

棠悦社区位于墓地的西南部，东始天齐路，西至遄台路，北到学府路，南近齐兴路，占地面积30万平方米。此次发掘位于社区中西部，2012年5月至2015年12月，共清理战国时期“甲”字形大墓2座、战国小型墓约200座、两汉时期中小型墓1300余座。在中小型墓内出土铜镜317面，放置于头端266面、腰部8面、脚端43面。

翰林院生活区工地位于发掘区西北部、齐盛路南侧，占地面积约43000平方米。占地范围内有一处废弃的砖窑厂以及多个蔬菜大棚，墓葬均是在深约3米的基槽内发现的。2014年11月，共清理战国、汉代小型墓葬347座，出土铜镜55面，放置于头端54面、脚端1面。

10. 永流墓地

墓地位于辛店城区中东部、晏婴路与齐兴路之间，临淄大道从墓地中部东西向穿过。为配合永流城中村改造工程、金鼎绿城生活区建设、泰东城商住项目建设，对在工地范围内发现的墓葬进行了抢救性发掘。

永流城中村改造和金鼎绿城一期住宅工程位于旧村原址中东部、天齐路东侧、临淄大道以北，占地面积35000平方米。2009年9月至2014年4月，清理675座战国、汉代墓葬，其中有随葬器物的战国墓近百座。墓内出土铜镜146面，放置于头端115面、腰部3面、脚端28面。

金鼎绿城二期住宅工地位于永流旧村原址中西部、天齐路以西、临淄大道北侧，占地面积40000平方米。2011年12月至2013年11月，清理738座战国、汉代墓葬。其中，墓道南向、平面呈“甲”字形的大型战国墓葬2座。战国小型墓和汉墓内出土铜镜185面，放置于头端118面、腰部12面、脚端55面。

金鼎绿城三期位于二期北侧、齐兴路以南，占地面积67000平方米。2013年11月至2015年10月，清理1097座战国、汉代墓葬。其中，墓道南向、平面呈“甲”字形的大型战国墓葬2座。战国小型墓和汉墓内出土铜镜

418面，放置于头端286面、腰部18面、脚端114面。

泰东城商住工地位于墓地最南部、临淄大道与晏婴路之间、天齐路西侧，占地面积68975平方米。2014年11月至2015年11月，共清理古墓葬665座。其中有随葬器物的的战国墓60余座，4座为墓道南向、平面呈“甲”字形大型墓葬；2座墓葬东西并列，为一组夫妻并穴合葬墓，其北侧有一座东西向的车马坑。战国小型墓和汉墓中出土铜镜129面，放置于头端88面、腰部3面、脚端38面。

11. 石鼓墓地

墓地位于临淄辛店城区的中部偏东南，东起天齐路，西至稷下路、晏婴路的南北两侧。1985 ~ 1993年，为配合齐鲁石化公司遄台北生活区、临淄粮食局工地、临淄外贸公司工地、临淄财政局工地、临淄市政公司工地、齐鲁事业公司停车场等项目建设，山东省文物考古研究所对上述区域进行了文物勘探和抢救性发掘。

1998年10月至2011年9月，临淄区文物部门配合旧城区改造工程，主要对墓地中东部，即晏婴路南北两侧的石鼓新村工地、天齐北生活区工地、石鼓诗苑、石鼓书苑、石鼓礼苑、石鼓画苑生活区工地、齐旺达住宅楼工地、师苑生活区工地、光明生活区以及西部的静心花园等10余处建设工地中发现的墓葬进行了发掘，清理战国、汉代墓葬1572座。其中在晏婴路北侧、光明二期生活区工地，清理3座“甲”字形大型战国墓，墓道西向1座，墓道南向2座，该2座墓葬东西并列，为一组夫妻并穴合葬墓。战国小型墓和汉墓中出土铜镜422面，放置于头端379面、腰部3面、脚端40面。

12. 商王墓地

墓地位于临淄辛店城区东南部、淄河北岸，北距齐故城约7公里。商王村一带是战国时期齐国的一处重要贵族墓地，20世纪60 ~ 70年代，在该村附近曾出土战国时期镶嵌绿松石的铜牺尊、大铜镜等重要文物。

发掘的墓葬位于商王村西、桓公路与牛山路之间。1994年，淄博市博物馆在临淄水泥厂扩建工地发掘了一批战国至汉代墓葬，其中M1 ~ M4是战国时期的大中型墓葬。M1、M2属于中型并穴合葬墓，东西并列，相距5.6米。M1居东，墓主是女性；M2在西，墓主为男性。M1随葬器物非常丰富，有陶、铜、铁、金、银、玉、石、漆、骨、玻璃器等296件。墓主从头至腹覆盖18件玉璧，还有玉环、玉珮、铜削、铜带钩、铜玺、漆奁等，5件铜镜放于棺内墓主足端的漆奁内[1]。

2001年夏，临淄区文物部门在位

[1] 淄博市博物馆、齐故城博物馆：《临淄商王墓地》，齐鲁书社，1997年。

于水泥厂西侧、天齐路以东的齐银科林环保有限公司建设工地，清理了战国、汉代小型墓79座，出土铜镜18面，放置头端15面、脚端3面。

21世纪初，临淄水泥厂及其下属单位齐银科林环保有限公司和山东中天永磁厂，实施退城（搬出城区）还区（进入化工园区）工程，在原址上建设齐银瑞泉阳光生活区、盛世豪庭生活区、鸿祥花园生活区。

2004年8月至2011年3月，在水泥厂原址上建设的齐银瑞泉阳光生活区，又清理348座小型竖穴土坑墓，出土铜镜89面，放置于头端66面、腰部5面、脚端18面。

2012年8月至2014年8月，在齐银科林环保有限公司原址上建设的盛世豪庭生活区，清理475座战国、汉代墓葬，墓内出土铜镜155面，放置头端91面、腰部6面、脚端58面。

山东中天永磁厂位于墓地西端、牛山路北侧、天齐路以西。2007年10月至2008年10月，在该厂原址开发鸿祥花园住宅小区，抢救性清理墓葬175座，其中战国墓葬124座，汉代墓葬51座，出土铜器、陶器、石器等800余件（套），出土的18面铜镜均放置于头端。

临淄商王墓地是一处墓葬分布极为密集的战国、汉代墓地。此次发掘的墓葬，形制规整，器物特征明显，时代从战国早期至东汉晚期，延续时间长达800余年，为研究墓葬形制以及墓地的布局提供了重要依据。

特别是124座战国墓，大多数墓葬口、底大小相等，墓壁均经过加工，存有沟槽痕迹，壁龛多样化，有的墓底设置二层台，有的墓底挖有腰坑。随葬陶器组合为鬲、豆、罐、盂，鬲、豆、壶，鼎、豆、壶，豆、壶，鬲、鼎、豆、盘、匜、舟（罐），鼎、豆、壶、盘、舟、敦等多种组合形式，器物放置方法多样，并且器物数量相当丰富，出土了较多有红彩绘纹饰的陶器。尤其是M157，是一座小型双人合葬墓，南北并列，头向一致，墓内随葬器物多达80余件（套），其形制特点和小型墓内随葬如此之多的器物，在以前发掘的战国时期齐墓中较为罕见。这批墓葬的发现对于研究战国时期齐国的埋葬制度、齐墓的年代分期及齐文化具有重要意义。

13. 相家墓地

墓地位于临淄辛店城区中部，东始稷下路，西到雪宫路，北起齐兴路，南接齐鲁石化生活区。1989～1996年，山东省、淄博市文物部门在临淄行政办公中心工地、临淄城乡建委工地、临淄环保局工地、新印马大酒店工地、美术馆生活区工地、临淄人民保险公司等工地进行了考古发掘。山东省文物考古研究所发掘战国、汉代墓葬453座，出土铜镜100余面。

为配合临淄行政办公中心的建设，在墓地北部发掘了6座有封土的大型墓葬。墓葬分布有一定的规律，中间4座为一组并穴合葬墓，平面近曲尺形，封土底部相连，呈台基状，上部各立圆堆形坟丘，前面三座东西并列，自西向东为M1～M3，M4位于M3北部。M5、M6位于M1～M3东、西两侧，相距不远，大体对称。M6位于M4东北处，南北与M5相对，未发掘。已发掘的6座墓均为设有一条南向墓道的“甲”字形大墓，M3第3号殉人和M5第3、4号殉人各随葬1面铜镜[1]。

1998年8月至2012年12月，淄博市、临淄区文物部门对相家新村、海源生活区、齐鲁石化医院综合楼在施工中发现的墓葬进行了清理。随葬器物的战国墓13座，其中有3座墓道南向的“甲”字形墓葬，在相家新村东北角地下车库内发现的2座墓葬东西并列，为一组夫妻并穴合葬墓。540余座汉代墓中出土铜镜90面，放置于头端80面、腰部1面、脚端9面。

14. 刘家墓地

墓地位于临淄辛店城区中部略偏东北，东始稷下路，西至中轩路，南到临淄大道，闻韶路从墓地中部南北穿过。20世纪90年代初，山东省文物考古研究所对临淄大道北侧的农业银行工地进行了文物勘探，并对发现的墓葬进行了发掘。为配合刘家新村建设，对在新村中部的墓冢进行了发掘，封土下有2座墓道南向、东西并列的“甲”字形大墓葬，为战国时期夫妻异穴合葬墓。

为配合临淄辛店城区建设，1998年12月至2015年5月，临淄区文物部门对刘家生活区住宅楼、老年公寓工地、东南角沿街商业楼工地、奔驰公司住宅楼工地、益康公司住宅楼工地、法院住宅楼工地、妇幼保健院住宅楼工地、齐都国际绿茵工地以及齐兴路北侧的农村信用社工地、棕榈城生活区等十余处工地施工过程中发现的1135座古代墓葬进行了清理。其中，在棕榈城生活区工地发现2座竖穴土坑春秋墓，2座墓道南向的“甲”字形战国墓，这两组墓葬东西并列，属于不同时期的夫妻异穴合葬墓，有随葬器物的战国小型墓68座，其余墓葬均为两汉时期。在战国小型墓和汉墓中出土铜镜339面，放置于头端281面、腰部17面、脚端41面。

15. 孙娄墓地

墓地位于辛店城区西北部，发现的墓葬位于孙娄村南、临淄大道与齐兴路之间。1999年7月至2013年5月，临淄区文物部门配合宝通·憩苑生活区、齐福园生活区、凯利·世龙城生活区、齐都花园大型社区、孙娄南村住宅楼建设，对在施工过程中发现的墓葬进行了抢救性发掘。

杨坡路以西墓葬较为稀疏，大部分

[1] 山东省文物考古研究所：《临淄齐墓》（第一集），文物出版社，2007年。

集中在杨坡路以东的工地范围内。墓地内清理战国、汉代墓葬228座，其中有随葬器物的战国墓16座。在宝通·憩苑生活区工地发掘了1座墓道南向的“甲”字形大墓；其余均为小型竖穴土坑墓，墓室面积较小，随葬器物也较为单一，墓主属于平民阶层。在227座小型墓内出土铜镜19面，放置于头端12面、腰部3面、脚端4面。

16. 东孙墓地

墓地位于辛店城区东部略偏南，发现的墓葬位于东孙村以东、晏婴路南侧、淄河的西北岸边的齐都文化城内。2012年3月至2013年3月，文物部门配合文化城内9个民间博物馆、博物院工地、足球馆以及晏婴路东延工程建设，对在施工中发现的墓葬进行了抢救性发掘，共清理战国、汉代墓葬517座。其中有随葬器物的竖穴土坑战国墓49座，“甲”字形南向墓道战国大型墓葬8座，大型车马坑1座。位于晏婴路东首的2座墓葬和齐都文化城内2座墓葬，两两成对，东西并列，属于齐国贵族夫妻异穴合葬墓。在战国小型墓和汉代墓葬内出土铜镜144面，放置于头端82面、腰部9面、脚端53面。

17. 官道墓地

墓地位于辛店城区中东部。文物部门对在名仕庄园生活区、官道新村住宅楼施工过程中发现的墓葬，分两期进行了抢救性发掘。

第一期发掘是2010年4～10月。墓葬位于官道村以南、晏婴路北侧的名仕庄园生活区工地，共清理战国、汉代墓葬131座，其中1座为墓道南向的“甲”字形战国大墓。在小型墓内出土铜镜30面，放置于头端28面、脚端2面。

第二期发掘是2014年6～7月。配合官道新村建设，在10000平方米基槽内清理了267座墓葬。有随葬器物的战国墓葬11座，其中2座商代墓葬尤为重要。战国、汉代墓葬内出土铜镜48面，放置于头端29面、腰部1面、脚端18面。

18. 西王（东王）墓地

墓地位于辛店城区中部偏南，东始稷下路，西至雪宫路，北起太公路，南到牛山路，桓公路东西向穿过墓地中部。

1984年秋至1986年，山东省文物考古研究所对位于桓公路以北、太公路以南、闻韶路东西两侧的齐鲁石化稷下南和闻韶南生活区工地发现的墓葬进行了发掘，清理了一批墓葬，除个别的属于战国和魏晋以后的晚期墓葬外，大部分属于汉代墓葬。墓葬均为中小型墓，以竖穴土坑木椁墓为主，砖椁墓、石椁墓、陶棺墓、砖室墓等也有发现。随葬的铜镜多位于棺内，其中又以放置于墓主头前位置的占绝大多数，少量铜镜放于腰部或足端。

桓公路南北两侧、牛山路以北，为西王村和东王村及各单位驻地，墓葬是在改扩建工程中发现的，墓葬数量不多。1998 年 6 月至 2006 年 4 月，发现墓葬的工地分别为：临淄一中学校西北角住宅楼工地 16 座，临淄区人民医院东南角综合楼工地 19 座，临淄区公安局办公楼工地 17 座，临淄区齐润水厂竹韵花园住宅楼工地 37 座，莆田园生活区工地 9 座，东王生活区东北角住宅楼工地 12 座，共计 110 座。其中，在临淄区人民医院东南角综合楼清理了 1 座战国时期“甲”字形大型墓葬，余均为竖穴土坑小型墓，个别属战国时期，多属汉代。在小型墓内出土铜镜 25 面，全部放置于头端。

19. 其他墓地

除上述 18 处墓地墓葬比较集中外，在临淄辛店城区其他建设工地施工过程中，战国、汉代墓葬也时有发现。城区中部偏西北合里村新村建设过程中，发现汉代墓葬 23 座、战国墓 17 座、“甲”字形大型墓葬 3 座，其中 2 座“甲”字形墓葬东西平行并列，属于夫妻异穴合葬墓。城区中西部的西高留村清理汉代墓葬 37 座，出土铜镜 17 面。此外，在临淄城区南部、胶济铁路以南沿线的合顺店村、车站村、寨子村和安乐店村发掘了战国、汉代小型墓葬 115 座。墓葬平面呈“甲”字形、墓道南向，平面呈“中”字形、墓道南北向的大型战国晚期墓葬各 1 座。小型墓葬内出土铜镜 13 面。

另外，在齐国故城东南角、淄河东岸、皇城镇崖付村南的张皇路扩建路基内清理了 2 座“甲”字形墓葬，墓道南向，属于东西并列的夫妻异穴合葬墓。在齐国故城西北 11.6 公里、凤凰镇王家桥村北、乌河西岸发掘了 1 座墓道南向的“甲”字形墓葬。此外，配合城区北部排污管道工程建设，在沿线清理了 3 座墓道南向的“甲”字形战国大墓及战国、汉代小型墓 190 座，出土铜镜 42 面。

三　墓葬形制综述

（一）墓葬封土

据《中国临淄文物考古遥感影像图集》航片判释，1928 ~ 1938 年间，墓葬封土或怀疑为墓葬封土的地点有 2742 处；而到 1975 年，航片判释的墓葬封土为 445 处。截至目前，临淄地区现存有封土的墓葬 134 座，其余墓葬的封土已被夷为平地[1]。从现存有封土的墓葬外观看，封土大致可分为圆堆形、方基圆顶形、方基圆坟形、“凸”字形、覆斗形和象山形。

从已发掘的 20 余座有封土的墓葬情况看，封土均为夯筑而成，夯筑的方法略有不同。一是直接在墓室上部层层夯筑，逐渐内收成圆堆形。二是在墓室

[1] 山东省文物考古研究所：《中国临淄文物考古遥感影像图集》，山东省地图出版社，2000 年。

上部用板夯筑成方台状，封住墓室，台上逐渐内收成圆顶，台四周夯筑成斜坡状，这种形制也就是通常所称的“方基圆坟”，底部的方基就是夯筑的方形陵台。有的墓葬底部为长方形的陵台，上面有2个或3个甚至4个圆坟顶，封土下有与圆坟顶相对应、数量相同的墓室，属于并穴合葬墓。三是在地面上修筑墓室，过去称之为“起冢墓”，墓室分为两部分，一部分挖于地下，一部分建于地上。地上部分用板层层夯筑四壁，筑成的地上墓室增加了墓室的高度，雄伟壮观，成为战国齐墓的一个特色。

（二）战国墓

1. 大、中型贵族墓葬

发掘的战国时期带墓道的大、中型墓葬共180余座。根据墓葬平面形制的不同分为三类：第一类是在墓室一侧设置一条墓道，墓葬平面呈“甲”字形；第二类是在墓室的两侧设置两条相对应的墓道，墓葬平面呈“中”字形；三类是有一条墓道，墓室平面呈“凸”字形。

发掘的大、中型墓葬平面基本呈“甲”字形。地下墓室口大底小，呈长方形或略近方形，墓道开设于墓室一侧的中部，底呈斜坡状，里口与二层台相连，墓底有宽大的生土二层台，埋葬墓主的椁室居于二层台中部，有的在椁室四周设置陪葬坑，有的在墓底或距墓底较近处挖设壁龛。战国早期墓室被挖成斜壁，呈“斗”形；战国中期墓壁出现了台阶，到了战国晚期，台阶数量增加，可达3～7级。

平面呈“中”字形的墓葬有6座。其中4座两两成对，为两组夫妻并穴合葬墓。范家墓地淄江花园D组团2座墓葬南北并列，墓道开设在墓室东西两面，其余4座均为南北两条墓道。墓室平面呈长方形，四壁和墓道两侧有多层台阶，墓道内台阶逐层内收，随着墓道的增长台阶消失并贴于墓壁。墓壁表面经加工，普遍涂一层白灰面，形制规整。墓底有宽大的生土二层台，在二层台的四角或一角设置陪葬器物坑。此类形制的墓葬皆属战国晚期。

墓室平面呈“凸”字形的1座（M4），发现于范家墓地淄江花园D组团。M4与M5东西并列，为一组夫妻并穴合葬墓。M5平面呈长方形，为秦汉初年。M4墓道位于前室南壁中部，底呈斜坡状，与二层台相连。前室北壁与后室东西两壁相连接，平面呈“凸”字形，墓圹经加工，平整光洁，涂一层白灰粉。椁室居于二层台中部略偏北，四角各有一座器物陪葬坑。这类形制特殊的墓葬在战国晚期齐墓中尚属首次发现[1]。

从目前临淄地区发掘的齐国贵族墓葬资料看，西周至春秋中晚期，未发现殉人陪葬墓；战国时期殉人墓葬大量出

[1] 淄博市临淄区文物局：《山东临淄范家墓地2012年发掘简报》，《文物》2015年第4期。

现，人殉之风盛行；战国中期，人殉的数量相对减少；战国晚期，殉人现象基本消失。在临淄发现的齐国贵族殉人墓葬已达 99 座，殉人数为 442 人，墓内殉人少者 1 人，多者 10 余人，最多达 40 人，这在其他地区战国同期墓葬中是不多见的。殉人多有自己的墓坑、木质葬具和随葬器物。殉人墓坑均为竖穴土坑，挖在椁室周围的二层台上，主要有三种形制。一种为单人殉葬坑，坑平面呈长方形，内殉 1 人，葬具使用一棺或一棺一椁。第二种为双人殉葬坑，坑平面近方形，有的呈长条形，坑内殉葬 2 人，葬具基本为各自一棺或 2 人共用一椁，也有的 2 人共用一棺。第三种为多人殉葬坑，坑平面呈长条形或方形，坑内殉人的数量不等，少者 3 人，多者达 12 人，葬具有的各自一棺，有的 3 人共用一椁。殉人随葬器物以佩饰为主，主要有水晶、玛瑙、滑石、骨角器以及铜带钩等随身饰件。随葬器物种类、数量多寡不同，少的几件，多的达数十件（套）。有的殉人不仅佩戴由玉环、水晶环、玛瑙珠、水晶珠等组成的串饰，还随葬一组由鼎、豆、壶组成的陶礼器。有的随葬车軎、节约、盖弓帽等车马器。个别的还随葬鼎、豆、壶、盘、匜、舟等成套铜礼器。极少数殉人无任何随葬器物。根据文献记载，战国时期人殉的身份有三类：第一类是墓主的亲信、家臣，第二类是宠妾、爱婢，第三类是一般奴隶。从鉴定结果看，有殉坑、葬具和随葬器物的均为年轻女性，应属于墓主生前的宠妾、爱婢。

2. 小型墓葬

发掘的 2000 余座战国时期的小型墓，以长方形竖穴土坑墓为主，也有少量石椁墓和洞室墓，个别为双人合葬墓。

土坑竖穴墓。墓坑一般口大底小或口底相同，个别墓坑口小底大。有的墓壁经过加工，有的刷白灰，较为规整。墓壁上基本都有供人上下的脚窝，较窄的墓葬脚窝一般设置在墓坑长壁的两侧，较宽大的墓葬设置在墓坑的一角或墓坑的对角，脚窝形状多为梯形和半圆形。有的墓坑底部留有生土二层台，随葬的陶器多放于二层台上。有熟土二层台的一般都有木椁板，板外为夯实的熟土二层台。有些墓葬墓壁挖有壁龛，壁龛的形制多样，设置在距墓底较近处的墓壁一侧或墓坑两端，有的在头端或脚端，也有的壁龛在两侧或三侧连接而成，随葬的陶器则放于龛内。在墓底中部设置腰坑的现象仍常见，坑内一般殉狗，也有的放置豆盘。墓内的填土多经夯实，夯土坚硬，墓底常用河卵石充填。

石椁墓和洞室墓。石椁墓在临淄地区发现不多。在木棺外，由十几块石板组成石椁。洞室墓由竖井式墓道和洞室两部分组成，洞室开于墓道的长边一侧，结构与中原地区相同，应是受中原地区影响出现的。除个别的战国小墓无葬具外，其余基本都有木质葬具，但均已腐朽，仅存板灰痕迹。葬具一般为一棺，规模较大的中小型墓为一椁一棺。椁的两端往往伸出侧板，棺、椁平面多呈长方形，有的棺为悬底，棺下底箱放置随葬器物。这种悬底棺多见于战国楚墓，在临淄战国齐墓中出现不多，应是受到了楚文化的影响。

战国小型墓墓主头向以向北者居多，向东者次之，南向和西向者甚少。葬式以仰身直肢葬为主，也有仰身屈肢葬，侧身屈肢葬较少。

（三）汉代墓葬

临淄地区发掘的24000余座汉代墓葬，与战国墓葬相比，无论是大型墓葬还是小型墓都有显著变化，这些变化反映了临淄地区墓葬制度由“周制”到“汉制”的转化。

1. 贵族墓葬

大型贵族墓。临淄地区发现的西汉时期大型贵族墓地有两处，分别为大武西汉墓地和山王墓地。大武西汉墓平面为“中”字形，在墓室的南、北两面开设对称的两条斜坡墓道，在墓道的东西两侧有5座陪葬坑。主室平面近方形，为竖穴土坑，墓室和墓道设有多级台阶，大体与战国晚期“中”字形墓葬形制一致。山王墓地仅发掘了4座陪葬坑，东西相距较远。坑南北向，平面呈长方形。一号坑位于最西端，形制特殊，面积较大，中部有一过道相连接。由于陪葬坑是在旧城区改造过程中发现的，地面为混凝土及建筑物，坑南不远处为胶济铁路，坑北侧即为城区道路和居民住宅区，无法进行文物勘探，除了在施工过程中发现4座陪葬坑外，主墓室尚未找到，墓葬形制不清。从墓葬的总体特征看，基本上沿用了战国晚期传统的墓葬形制，同时出现了一些新的因素，陪葬坑不在墓室内，而是安置于主墓室之外，属于外葬椁。

中小型贵族墓。西汉时期，中小型贵族墓在墓葬形上出现了明显变化。第一，平面呈“甲”字形的墓葬，墓道一般较窄，为长方形竖穴式，墓室底部不再设置椁室，墓主直接安置在墓室底部的台面上。第二，在山顶上发现了凿山竖穴石坑的洞室墓，墓道作竖井式，在墓道的中部和底部分别向北、向南开凿不同方向的两个洞室。第三，平面呈长方形的竖穴土坑墓，墓坑较长，墓室一端安放墓主，另一端在墓壁底部设置数个壁龛。

东汉时期的大型墓葬，砖室墓逐渐成为主流。墓葬一般由墓道、甬道、前室、后室、耳室组成。墓道为斜坡状，有的在墓道的里端一侧设置耳室。甬道平面一般为长方形，拱形顶，前有砖墙将甬道封住，后设置墓门进入前室，墓门有砖券墓门或石墓门两种。前室平面基本为长方形或近方形，在墓壁的一侧或两侧设置单耳室或双耳室，每座墓葬设置耳室的位置也各不相同。后室与前室有门道相通，后室一般为长方形，有的用砖墙间隔成两个并列的后室。特别是上层贵族修筑的大型砖室墓，不但规模大，而且还有环绕后室的回廊，结构复杂。这一时期的墓葬早年均遭严重盗扰，从残存情况看，墓底一般为错缝斜对角平铺，铺砖二至四层，大型贵族墓达八层，墙体采用二顺一丁错缝平铺、侧立垒砌等方法。墓顶基本无存，从残存迹象看，应为拱形券顶。

2. 中、小型墓葬

与战国时期相比，汉代小型墓葬形制的变化更为明显，主要发生在汉武帝时期。西汉初期与战国晚期墓葬形制基本一致，还以长方形竖穴土坑墓为主，墓坑一般较深，多有生土二层台。在墓底棺椁外充填河卵石和挖壁龛的现象普遍流行，但有所不同的是出现了墓葬内用碎瓦砾或用沙石混合充填的现象，有的墓葬为了防潮在葬具底部铺垫一层石灰或草木灰。墓坑底部不再设置腰坑，殉牲一般放于壁龛内，有个别墓葬随放在墓主脚端或身躯一侧。洞室墓、双人合葬墓以及在墓底棺外设置石椁的现象仍在延续，但不多见。从汉武帝时期开始，中、小型墓葬又出现了砖室墓、砖椁墓、空心砖墓、瓮棺墓等多种形制。

砖室墓较为多见。墓葬平面呈“甲”字形，一般由墓道、墓门、墓室组成。墓道较窄，平面呈长方形，底呈斜坡状，有的墓道为竖穴土坑式。有砖砌墓门，门前有封门砖墙，墓室为长方形，铺底砖二至三层，其上用单砖或双砖砌筑墓壁，顶为拱形。这类墓葬均盗掘严重，仅残存局部砖墙和铺底砖，墓主骨骼不存，随葬器物所剩无几。

砖椁墓较为常见。在挖好的墓坑底部先用单砖铺底，其上四面垒砌砖椁，一般用单砖平砌，也有用立砖砌成“之”字形。多在砖椁的上部加盖木板，形成砖构椁室。

空心砖墓比较少见。采用花纹方砖和小砖铺底，其上四周用十几块大型空心砖垒砌四壁，有的墓葬内两侧的空心砖有子母口相扣合，朝向墓主的内侧上面还有模印的双龙纹。

石椁墓较少见。在挖好的墓坑底部先用石板铺底，四周立侧板，上部再用石板封盖，石椁四周有的充填河卵石。石板上未有雕刻，与汉代的画像石墓不同。

瓮棺墓数量不多，且多为未成年人墓葬。墓坑小而浅，仅能容棺，便于安放，多由 2 件相同的陶瓮对接而成，每件单独制作。

洞室墓较少见。继续沿用战国时期

墓葬形制，由竖井式墓道和洞室两部分组成，洞室开挖在竖穴墓道的长边一侧。

双人合葬墓极为少见。长方形竖穴土坑墓，面积稍大，两人平行并列，这类形制的墓葬应为夫妻合葬墓。

砖室墓多盗扰严重，葬具数量、形制以及墓主的葬式不清。其他形制的墓葬基本都有木质葬具，从残存板灰痕迹看，多为一棺，个别为一棺一椁。棺的具体结构不明，但一般头端大于脚端。墓主头向多向北，向东者次之，南向和西向者数量较少。葬式以仰身直肢葬为主，两手放于躯干两侧，下肢伸直；少量下肢弯屈，为仰身屈肢葬；有的下肢向两侧弯屈外凸，外凸较甚者呈菱形，也有下肢弯屈较甚的蜷屈葬。

四　随葬器物

（一）战国墓葬

临淄战国时期大中型贵族墓随葬的陶礼器、乐器、漆木器、陶俑、泥俑，一般摆放在墓室底部二层台及陪葬坑的上面，或放置于墓底器物坑、器物沟内。随葬陶礼器、陶俑放置于距墓底较近或与底齐平的壁龛内的现象较为常见，个别墓葬随葬的陶礼器放置于椁室一侧的壁龛内。铜礼器多放置于器物坑和椁室内，个别放置于距墓底较近处的填土器物箱内。

临淄战国时期大型墓葬的随葬器物比较丰富，有成组的铜陶礼器、乐器、俑、车马器、兵器、工具以及玉、石、骨器、水晶玛瑙等随身佩物及由其组成的串饰。漆木器、竹器、丝绸在有些大墓中也可见到。临淄战国时期大型贵族墓葬盗扰较为严重，出土青铜礼器、器物组合保存完整的墓葬不过10座。战国早期铜礼器常见的器物有鼎、豆、莲花盘豆、方豆、盖豆、壶、提梁壶、罐、甗、盘、匜、舟、鬲、盉、罍、敦、钫、盒、箕、卮等，组合丰富，种类繁多。战国中期以后，随葬器物大为减少，不见莲花盘豆、方豆、鬲、罐、甗、盉等。截至目前，随葬铜礼器最多的为辛店二号战国墓（范家墓地淄江花园工地A组团M2），器形包括鼎、甗、壶、盉、敦、提梁壶、豆、盖豆、舟、灯、卮、箕、匜、勺、盘等组合，多达40余件，并伴出九鼎，其中七鼎形制相同，大小相次，为一组列鼎，说明墓主身份较高，属于齐国的高级贵族或王室成员[1]。随葬陶礼器的大墓数量较多，由于烧制火候较低，器物破碎较甚，加之经盗扰等原因，多数组合不全，器形有鼎、簋、豆、盖豆、壶、笾、盘、匜、敦、舟、鉴等。鼎有大小相次的列鼎，也有大小相同的盖鼎。有的器类比较复杂，如豆类，有浅盘豆、莲花豆、方盘豆、敦形盖豆、莲花盖豆等多种形式。陶礼器中

[1] 临淄区文物局：《山东淄博市临淄区辛店二号战国墓》，《考古》2013年第1期。

鼎、簋的奇偶数配置也与周代礼制相符，如淄河店二号墓为七鼎六簋，七鼎为大小相次的列鼎，另外还有5件大小相次的陪鼎[1]。特别是战国早中期，有些随葬铜礼器的墓葬，也随葬大量的陶礼器，陶礼器以鼎、簋相配，说明铜礼器的地位有所下降，由陶代铜已成为当时的发展趋势。

战国时期贵族墓中乐器是随葬器物的重要组成部分。临淄大墓中随葬编钟、编磬的现象比较普遍。编钟以镈钟与甬钟多见，镈钟形体较大，4件一组，甬钟多为8件一组。随葬编磬的现象也比较多见，一般为8件一组。有些墓中编钟、编磬随葬数套。这些数量众多的乐器成组配套的使用，可见当时齐国上层贵族对礼乐的高度重视。有些大墓中还随葬陶制的大型编镈、编钟、甬钟，这些陶质乐器的出现，也反映出当时社会意识形态的变化。

在战国墓内随葬人物俑和动物俑的现象也较为流行。人物俑主要有站立俑、观赏俑、跪坐俑、表演俑、演奏俑、杂技俑等。动物俑有马俑、犬俑、鸭俑等。在范家墓地淄江花园发掘的一组夫妻并穴合葬墓，陪葬坑内发现4件形体较大的站立俑，高近60厘米。这在战国时期齐墓中较为少见[2]。人物俑和动物俑多放置于二层台或壁龛内，分组放置，组合有序，多数俑形体较小。人物俑高度不足10厘米，但做工精致，脸部为削刻而成，鼻梁突起，尖下颚，面饰红彩，眉眼用黑彩勾画，白眼眶内用黑彩点出眼珠，嘴用白彩勾勒。俑穿红、黄、灰等多种颜色的长裙，长裙上饰不同颜色的彩条，腰束彩带，领及前襟边用彩条嵌饰，双肩披挂彩带；内着红、白底带黑格的垂地长裙。陶俑雕刻细腻入微，服饰色彩艳丽，对于研究战国时期齐国的雕塑艺术、衣着服饰、生活习俗具有重要价值[3]。

随葬的漆木器均保存较差，仅存朽后的痕迹和漆皮。从清理的痕迹和用石膏灌注后获取的标本看，器形有簋、豆、壶、盘、耳杯、盒、罍等。这类漆器木胎较厚，漆皮较薄呈棕色，上有彩绘的几何卷云纹、三角纹图案等。有些漆器绘有人物、禽鸟、花卉及建筑物图案。这类漆木器胎很薄，漆皮厚，可能为实用漆器。厚木胎的漆木器，器形与同出的铜礼器、陶礼器相同，特别是簋，绝非实用器，也应是作为礼器使用。

车马器和兵器多随葬于椁室中，少量置放于陪葬坑内。车马器主要有车軎、马衔、镳、衡首、轭首、车釳、节约、盖弓帽等。多数墓葬未随葬真车真马，这些车马器成为随葬车马的象征，这种方式自商周以来一直被采用。随葬的兵器有铜剑、铍、戈、矛、戟、镞等。有的兵器还安装把柄放于椁内棺上，当有护卫主人的含义。有的墓主椁室内放置种类及数量较多的兵器，当与墓主的身份有关。

[1] 山东省文物考古研究所：《山东淄博市临淄区淄河店二号战国墓》，《考古》2000年第10期。

[2] 临淄区文物局：《淄博市临淄区范家南墓地M112、M113的发掘》，《海岱考古》第七辑，科学出版社，2014年。

[3] 淄博市临淄区文物局：《山东淄博市临淄区赵家徐姚战国墓》，《考古》2005年第1期。

战国时期贵族墓葬常见在墓室二层台台面上放置车、车轮作为随葬车辆的象征。规模较大的墓葬在墓室外围设置车马坑。车马坑一般位于墓室后面，平面呈长方形，与墓室平行。个别墓葬设置在墓室三面或两面，形状呈“⊓”“¬”形，坑内随葬的车马一般朝向墓室。淄河店二号墓，车马坑位于墓室北侧，平面坑呈长方形，内殉马69匹，自西向东单行排列，马头朝北。墓室内随葬独辕车20余辆，均是轮、舆拆开后放于墓室内二层台上。虽然木质的轮、舆已朽，但可以复原。从复原情况看，这批车大体可分为三类：第一类为藤木车舆，舆中横轼，革带舆底，属于轻车、战车类；第二类也为藤木结构，但轼在舆的前部，车舆宽大，两侧装有铜器座，属便于乘坐的安车类；第三类是木质车箱，无轼无门，用细竹杆铺底，属于用来装载货物的大车、役车类。淄河店二号墓内发现的这批车马是研究战国车制的重要资料，该墓被评为1990全国十大考古新发现之一[1]。

临淄战国小型墓中的随葬器物以陶礼器为主，另有铜、石、玉、水晶、玛瑙、骨、蚌等质地的器物。随葬陶器有鼎、豆、盖豆、壶，鬲、豆、盖豆、壶，鼎、豆、盖豆、壶、盘、鬲等多种组合形式。个别墓内随葬器物丰富，组合齐全，分别增放罍、罐、敦、笾、盘、杯、匜、舟等陶礼器。随葬铜器的现象也较为普遍，有兵器、装饰品、礼器等。兵器有铜剑、戈、铍、镞等，装饰品有铜镜、带钩、璜等，车马器有铜车軎、马衔、管、环、铃等。个别墓随葬铜礼器一组，组合为鼎、豆、壶。石器出土数量多，有环、管、璜、圭、簪、玦等，也有由珮、璜、玦组合而成的佩饰。玉、水晶、玛瑙、骨、蚌等发现不多，器形有玉口含、水晶环、水晶珠、玛瑙环、玛瑙珠、骨簪、骨梳、骨珠、蚌珠、蚌壳等。

陶、铜礼器放置于墓底二层台上面，或随放在距墓底较近的壁龛内，还有的随葬于墓底葬具外，个别放置于葬具之间。陶礼器均仿自铜礼器，战国早期陶礼器烧制火候较低，易破碎，有些壶甚至无底，多属于明器。战国中晚期，陶器烧制火候较高，质地较坚硬。小件铜器及石、玉、水晶、玛瑙、骨、蚌器之类器物一般放置于棺内和棺椁之间。

战国时期小型墓葬主要随葬几件陶礼器或无器物随葬，墓主身份属于平民阶层。随葬铜剑、铜戈或数枚铜镞，或有几件装饰品，墓主很可能是士兵。墓葬面积较大，不但随葬兵器，还伴出丰富的陶礼器，墓主很可能是曾在军中任职的官吏。个别墓葬内随葬品丰富，不但随葬一组陶礼器，而且还伴出铜、石等质地器物，甚至多达几十件（套），墓主属于较为富有的地主阶层，或在当时是对礼制的僭越。

[1] 山东省文物考古研究所：《山东淄博市临淄区淄河店二号战国墓》，《考古》2000年第10期。

（二）汉代墓葬

临淄发现了西汉时期两处大型贵族墓葬。一处是位于临淄齐故城西南13公里处的大武西汉墓，发掘了5座陪葬坑，主墓室尚未发掘。另一处是配合临淄城区工程建设，在山王墓地清理了4座陪葬坑，但主墓室未找到，墓室内随葬器物的情况不明。战国时期墓室底部二层台上设置殉人陪葬墓、器物坑或器物沟以及在墓室底部设置壁龛放置器物的葬制，到西汉时期演变为在墓室外设置陪葬坑，增加了乐器坑、兵器坑、动物坑、人物俑和建筑模型为一体的综合性陪葬坑。

临淄西汉时期大型贵族墓继续沿用了战国时期常见的铜礼器、陶礼器、乐器、俑、车马器、兵器、漆木器及工具等随葬器物。但随葬铜器相对减少，器物组合也发生了变化，战国墓中的鬲、豆、盉、舟等不再出现，新增了釜、钫等，器物组合为鼎、壶、盆、釜、钫、罍、匜、勺等。陶礼器组合为鼎、壶、钫、甑、釜、罍、罐、瓮、盆、匜、勺等，不见战国时期的鬲、簋、豆、盖豆、笾、敦等。西汉时期器物制作水平较高，较为精致，但都不是实用器，均为明器。器物形制变化也较大，如鼎腹变圆、耳演变为环状、足部变短，匜变方等。

临淄西汉时期贵族使用的礼乐器、漆木器与战国时期相比，无论是种类还是数量都相对较少，器物组合也发生了变化。大武西汉墓器物坑随葬錞于、甬钟各1件，与兵器同出，属于军乐器，未见大型陶制编钟、甬钟、纽钟等礼乐器按组数套出土的情况。随葬的漆木器均保存不佳，仅留下朽后的痕迹和漆皮，作为礼器使用的簋、豆、壶、罍等已消失不见，新出现了长方盒、卮、案、箱等祭器。随葬的兵器不但出土数量多，而且增加了弩机、木弓等器物，同时铍、殳、矛、戟、镞等铁制兵器得到广泛使用。

大武车马坑内随葬3辆朱轮华毂车、马13匹。山王墓地一号坑内随葬陶马车9辆、牛车1辆，人物俑有骑兵俑、护卫俑、步兵俑、坐俑、蹲俑、击鼓俑、文吏俑、侍从俑、歌舞娱乐俑等，动物俑有陶猪、陶狗、陶羊、陶鸭，另有阙楼、粮仓、戏楼、平房、庑顶式建筑及灶、井、猪圈等模型明器。西汉时期，在墓室外未发现单独的殉马坑。车马坑无论是规模，还是随葬车、马的数量与战国时期相比都大幅减少，同时用陶车、马逐渐替代了用真车、马陪葬。新出现了建筑、灶、井、猪圈等模型明器。人物俑和动物俑形体较大，数量增多，种类更为丰富。

中小型贵族墓葬发现的随葬器物均放置于墓室内，分别出土于墓室底部的木箱、器物坑、壁龛或葬具内，随葬器物的种类基本与大型贵族墓一致，但性质和用途有了较大区别。大型贵族墓随葬的铜礼器集中放置于器物坑内，而中小型贵族墓多分别放置于木箱和多个壁龛内，其组合为鼎、甗、钫、匜、盘、盒、洗、勺等。乐器有石磬、铜编钟。车马器有铜车軎、马衔、镳、衡首、节约、盖弓帽、带扣、当卢、环、泡、饰件等，出土器物的种类和数量都较多，但均属于微型铜质鎏金的明器。战国墓随葬的陶俑雕刻细腻，服饰色彩艳丽，而西汉中小型墓内随葬的陶俑同战国墓陶俑形体大致相同，大小比例基本一致，但雕刻粗糙，服饰简洁，基本不加修饰。墓葬中很少有成组的陶礼器出土，瓷器、漆木器及玉器、铜镜、铜带钩等出土数量虽然不多，但在墓中均可见到。

东汉时期大型贵族墓葬的葬制发生了重大变化。随葬陶器以绿釉、泥质灰陶和红陶为主。器物组合保留了西汉时期原有的鼎、壶、盘、罐、甑、瓮、盆、勺等，新增了魁、奁、尊等。随葬陶制明器的现象更为盛行，数量增多，种类更加丰富，新增厕所猪圈、风车碓磨、厩、案等多种模型。从随葬器物的性质变化中可以看出，东汉上层统治阶级对随葬器物的观念有了改变。

西汉时期中小型墓葬以竖穴土坑墓为主，随葬器物与战国时期大致相同，放置方式趋于简单，随葬的铜礼器、陶礼器均放置于葬具外，有的置于墓底两端，有的放置在二层台上面或置于壁龛内。东汉时期的砖室墓，盗扰严重，器物散布于前、后室地面的不同位置。随葬的兵器、钱币及铜镜、带钩等均放置于棺内。

汉代的中、小型墓葬随葬器物与战国小墓相比，变化也比较明显，除极个别墓葬随葬器物较为丰富外，绝大多数墓葬内随葬器物较为单一 。随葬器物仍然以陶器为主，铜器也比较多见，玉、石、骨、蚌以及漆木器质地的器物相对比较少见。

陶器仍然为主要的随葬器物，数量虽多，但器类比较简单，主要有罐或壶，一般每墓一件，陶壶最多为两件，罐、壶二者很少共出。陶器的性质也有所不同，战国时期盛行的鬲、豆、壶，鼎、豆、壶、盘、匜等礼器组合，到西汉时期已不见。东汉时期中晚期，随葬陶器的器形增加了耳杯、钵、案、盘等祭奠器。

铜器中以镜、钱币数量最多，带钩也比较多见，属于礼器类的鼎、钫、罍、甗、釜、匜以及兵器类的剑、戈较为少见。

铜镜数量较多，样式复杂，大体可分为透雕镜、云雷镜、素面镜、龙纹镜、连弧弦纹镜、花叶镜、蟠螭镜、草叶镜、星云镜、日光镜、昭明镜、铭文镜、四乳禽兽镜、博局镜及彩绘镜等。

钱币数量最多，在有随葬器物的墓中占有一定的比例。许多没有其他类随葬器物的小墓中，往往仅随葬数枚或几枚钱币。半两钱及五铢钱也比较常见。

铜带钩数量也较多，种类也比较多样。但小墓中出土的带钩一般制作比较简单，大多为禽鸟形或兽首形，个体也比较小。

铜剑、戈、镞出土较少，一般置于墓主的身侧，应与墓主的武士身份有关。

除了上述陶器、铜器外，其他类的随葬器物出土数量不多，但种类比较杂。铁器有壶、罐、夯、削、剑、匕首、镞、盾牌等。玉、石器类有剑珌、剑格、剑首、璧、璜、环、珠、管、蝉等，其中剑珌、剑格、剑首镶嵌在铁剑上，蝉多含在墓主口内。骨、蚌类有骨梳、骨簪、蚌壳等。漆木器有盒、奁、豆、盘等，发掘时发现许多铜镜、骨梳放在漆盒或漆奁内，有的用布料包裹，漆木器上多饰有彩绘，安装有纽、铺首衔环、泡等铜构饰件。

五 墓葬举例

（一）战国墓葬

1. 淄河店二号墓（M2）

残存封土呈不规则截尖圆锥形，底径18.5、顶径4.2、高约4.8米。发现有建于原地表上的地上墓室，在地下墓口四周留出0.45～0.5米的平台，采用夹棍夹绳系板建筑的方法层层分段上筑，上部被破坏，仅残存底部。墓壁残高0.9、南北残长16.5、东西残宽16.3米。

M2属于“甲”字形土坑积石木椁墓，方向195°。地下墓室口大底小，四壁斜直，近似斗形，墓口南北长15.9、东西宽15.6米，墓底南北长13.4、东西宽12.95米，墓口至墓底深4.5米。墓壁经过修整，先涂抹一层厚0.3～0.6厘米的细灰膏泥，表面再刷白粉。在近二层台的墓壁有一周麻布做成的帷帐痕迹，高0.5米，上面用黑、红两色绘制连续图案。帷帐用加工的圆形蚌饰固定点缀，蚌饰内侧用红色绘制卷云纹或涡纹。

墓道设置于墓室南壁中部，底呈斜坡状，墓道南部及地上部分已被毁坏，仅存里端地下部分，上口残长2.2、宽6.45米。墓道底与二层台相连，宽4.95、残长4.9米。

椁室位于墓底二层台中部偏南，南北长7.5、东西宽7、深5.5米。在土坑内用天然石块构建石椁，先在底部铺设一层大石块，石块之间的缝隙用河卵石填平，其上东西向横铺一层方木，然后在方木四周用双层石块垒筑石椁壁，石椁高5.2米。

椁室四周有宽大的生土二层台。东二层台上放置铜编钟、石磬、陶俑、车轮和车舆等。西二层台除了放置车轮和车舆外，还发现了数量较多的竹木器。南二层台在墓道两侧紧靠墓壁放置竖立的车轮。北侧二层台和陪葬坑上面主要放置陶礼器、漆木器和陶俑。

椁室北侧二层台上有一座东西向的长方形殉人陪葬坑，坑长10.6、宽1.6、深约1.6米。坑内木质葬具已朽成灰，从板灰痕迹看，内殉12人，每人各有一棺，3人共用一椁。殉人头朝椁室，仰身直肢。殉人都有随葬器物，一般为由水晶环、玛瑙珠、滑石管等组成的串饰或铜带钩、铜环等随身佩饰，放置在棺内殉人的胸腰部，也有的放在下肢处。个别殉人随葬1～3件陶礼器，器形有鼎、豆、壶，放置在棺椁之间。

墓室外北侧有殉马坑，距墓室13米。马坑东西向，平面呈长方形，与墓室平行，长45、宽2.8～2.15、深1.8米。坑内殉马69匹，自西向东单行排列，马头皆朝北。

依据墓葬形制和随葬器物的特征推断墓葬，年代为战国早期。根据戈铭可知，M2墓主为“国楚”，在齐国地位较高，具有一定权势，属于卿大夫一级的贵族[1]。

2. 国家墓地齐兴花园工地M4、M5

M4、M5东西平行并列，M5位于M4东侧，两墓相距8米，方向204°，均为“甲”字形土坑积石木椁墓。墓道位于墓室南壁中部，上口与地表齐平，下口与二层台相连，

[1] 山东省文物考古研究所：《山东淄博市临淄区淄河店二号战国墓》，《考古》2000年第10期。

底呈斜坡状。墓葬是在楼基槽内发现的，墓室北部上口被毁，墓道伸出槽外的部分未发掘。墓室平面呈长方形，墓壁经加工修整，平滑光洁，并涂有一层白粉。墓室内填黄褐色五花土，经过夯打，质地坚硬。夯窝呈圆形，平底，直径6厘米。M4夯层厚15～30厘米，M5夯层厚18～35厘米。

M4墓口南北长11.6、东西宽10.4米，墓底南北长9.5、东西宽8.4米，墓口至二层台深5.8米。墓口下3米处内收成一层台阶，台面宽0.48米，台阶至二层台深2.8米。墓道上口发掘长2.48、下口发掘长3.24米，里端上口宽5.6、下口宽4.08米。

椁室位于二层台的中部，平面呈长方形，南北长3.74、东西宽2.72、深2米。椁底四角和中部放置6块大自然石，空隙用河卵石充填至与石块顶齐平。其上置木质葬具，已朽，从朽痕看，为一椁一棺。棺内墓主骨骼和随葬器物被盗无存。

墓底四周有宽大的生土二层台，四周台面宽2.8米。在椁室西侧二层台上有一座器物坑和两座殉人陪葬墓。

器物坑在两座陪葬墓之间，坑长1.25、宽0.8、深1.1米。器物盛放在木箱内，箱内分别盛装陶礼器、铜礼器及车马器。陶礼器有鼎、豆、盖豆、壶、盘、鬲等，铜礼器有鼎、罍、敦、盘、勺等，车马器有车軎、盖弓帽等。

两座陪葬墓均为东西向，平面呈长方形。墓内木质葬具已朽，均为单棺，各殉葬1人，头朝椁室，双手交叉置于胸前，仰身直肢。随葬器物放置于棺内，有铜带钩、铜带扣、玛瑙环等。

M5墓口南北长7.76、东西宽7米，墓底南北长5.1、东西宽4.4米，墓口至二层台深5.44米。墓口向下内收成两层台阶，自墓口下2.1米为第一层台阶，台面宽0.48～0.58米，第二层台阶高1.64、台面宽0.4～0.46米。墓道上口发掘长1.4、下口发掘长2.8米，里端上口宽4.46、下口宽3.4米。

椁室位于二层台中部略偏南，平面呈长方形，南北长3、东西宽2、深1.8米。椁底四角放置6块大自然石，空隙用河卵石充填至与石块顶齐平。其上置木质葬具，葬具已朽，为一椁一棺。棺内墓主骨骼和随葬器物被盗无存。

墓底椁室四周有生土二层台，东西台面宽1.2、北台宽1.5、南台宽0.6米。在椁室西北角二层台上有一座器物坑，东南角和东北角各有一座殉人陪葬墓。

器物坑东西向，东壁呈圆角弧形，坑长1、宽0.6、深0.6米。坑内出土陶礼器一组，器形有鼎、豆、盖豆、壶、盘、鬲。另有车軎、铜带钩。

两座陪葬墓平面均呈长方形，墓内木质葬具已朽，均为单棺，各殉葬1人，上肢骨骼腐朽较甚，下肢保存较好，呈直肢状。陪葬墓2内未发现随葬器物，陪葬墓1内随葬器物也较为单一，在棺内仅有铜带钩和蛤蜊壳。

依据墓葬形制和出土遗物的特征推测，M4、M5的年代为战国晚期偏早阶段。两座墓东西并列，方向一致，为夫妻并穴合葬墓，墓主人为士一级的齐国贵族[1]。

---

[1] 淄博市临淄区文物局：《山东淄博市临淄区国家村战国墓》，《考古》2007年第8期。

3. 刘家墓地棕榈城工地 M38、M39

M39、M38 墓葬坐北朝南，均为“甲”字形土坑积石木椁墓（图三、四）。两墓东西平行并列，M39 位于 M38 的东侧，两墓室相距 4.8 米，方向 190°，属于夫妻并穴合葬墓。

两墓是在 2 米深的楼基槽内发现的，墓口尺寸以此深度为准。M39 墓口南北长 9.4、东西宽 8.2 米，墓底南北长 7.8、东西宽 6.8 米，地表至墓底二层台深 5 米。墓道上口长 9、外口宽 3.2、里口宽 3.8 米，底端里口宽 3 米，坡长 10.2 米。墓壁自墓口下 2.2 米内收成一层台阶，台面宽 0.4 米，墓道内的台阶与墓室内的相连接，随墓道的延长台阶逐渐变窄消失并贴于墓壁。

椁室位于墓底二层台中部，平面呈长方形，四壁略斜，口大于底。椁口南北长 3.4、东西宽 2.48 米，椁底南北长 3.2、东西宽 2.44 米，深 1.6 米。椁底放置 7 块大石头，空隙用卵石充填至与石头顶齐平。从灰痕判断葬具，应为二棺一椁，葬具内墓主骨骼和随葬器物被盗一空。椁室东壁距二层台台面 0.8 米处有一壁龛，壁龛南北长 3.2、高 0.6、进深 0.54 米。壁龛内放置一组陶礼器，器形有鼎、豆、盖豆、盘口圈足壶、盘、匜。

依据墓葬形制和出土遗物推测，墓葬的年代为战国中期偏晚阶段，墓主为士一级齐国贵族。

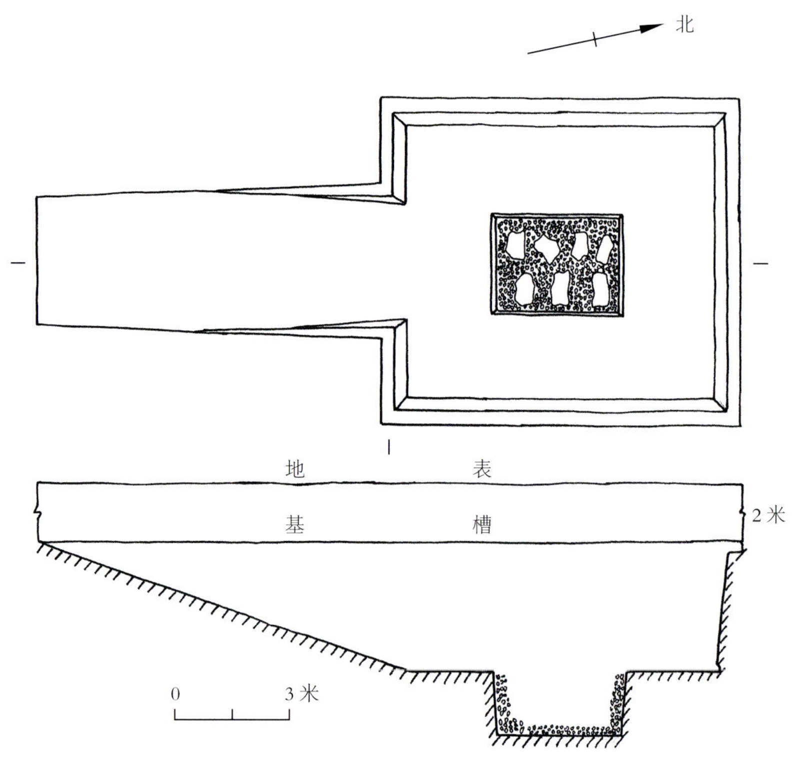

图三　刘家墓地棕榈城工地 M39 平、剖面图

图四　刘家墓地棕榈城工地 M39 东壁壁龛（西→东）

4. 范家墓地淄江花园J组团工地M3

M3为“甲”字形土坑积石木椁墓，方向190° ，由墓室、墓道、椁室、陪葬坑四部分组成（图五～七）。

厚0.4米的耕土层下即为墓葬开口。墓室平面呈长方形，口大于底，墓口南北长11.5、东西宽10米，墓底南北长8.3、东西宽6～6.9米。墓坑四壁从墓口至二层台设有三级台阶。墓口向下深2米处为第一级台阶，台面宽0.4米；第二级台阶面宽0.4米，第三级台阶面宽0.4米，第二、第三台阶高均为1.6米。墓口距二层台6.8米。

墓道位于墓坑南壁中部，呈斜坡状，上口长20.5、外口宽6、里端上口宽6.9米。墓道底部与二层台相连，里端底口宽3.8、坡长23米。墓道两侧壁上也有三级台阶，与墓室内的对应并相连，由于墓道呈坡状，台阶随墓道的延长而逐渐变矮，台面变窄，最后消失于墓道侧壁上。

椁室于墓底二层台中部，平面呈长方形，口略大于底，口南北长3.2、东西宽2.2米，底南北长3、东西宽2米，深2米。椁室底部放置5个大石块，空隙用河卵石填平。椁室遭严重盗扰，葬具、器物、墓主骨骼均不存。

器物坑位于椁室西侧，平面呈长方形，与椁室并列平行，底铺一层河卵石，南北

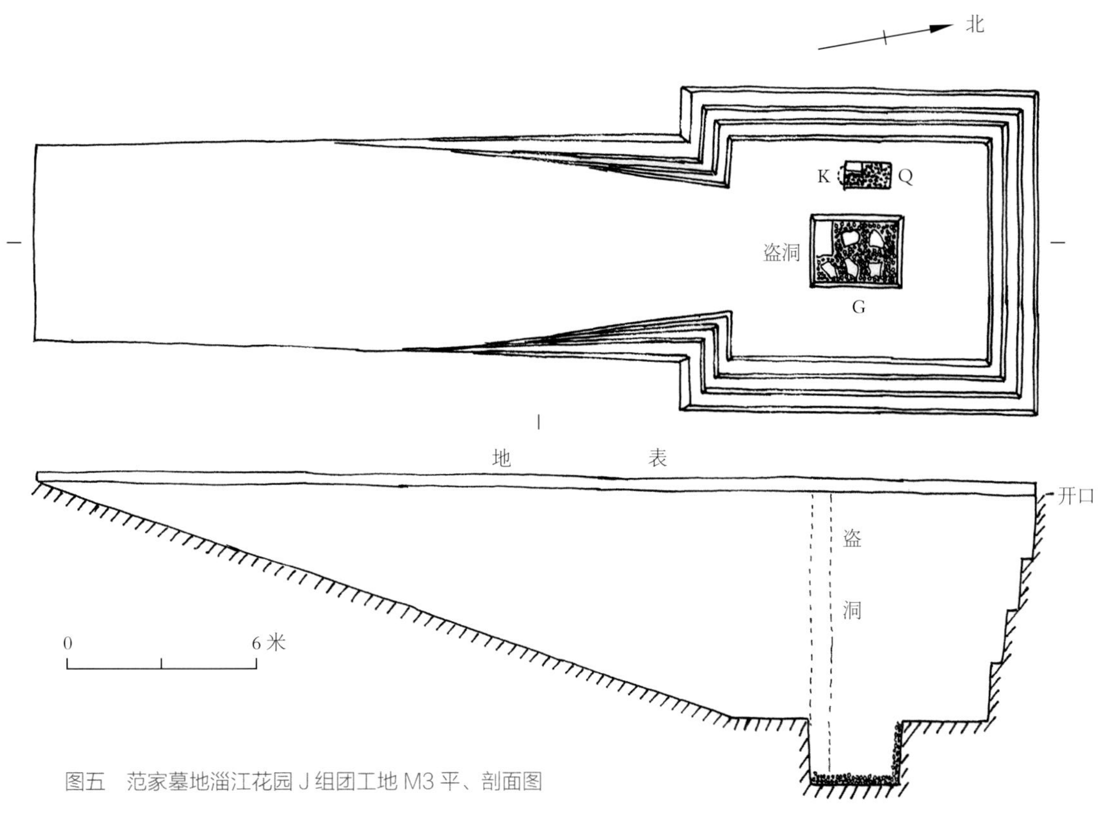

图五 范家墓地淄江花园J组团工地M3平、剖面图

图六　范家墓地淄江花园 J 组团工地 M3（北→南）

图七　范家墓地淄江花园 J 组团工地 M3 陪葬坑（北→南）

长 1.4、东西宽 0.8、深 0.5 米。坑底西南角下挖长 0.4、宽 0.3、深 0.3 米的圆角小坑，南壁挖设小壁龛，龛底与小坑底部齐平，龛进深 0.2 米。壁龛和坑内放置陶鬲、铜镜、铜刀削、铜铍、铁带钩、骨器和兽骨等。器物底部有竹席印痕，铜镜有布料包裹痕迹。

根据墓葬形制和出土器物推测，墓葬年代为战国中晚期，墓主当属齐国贵族。

5. **赛子墓地城南小学工地** M1

M1 为“中”字形土坑积石木椁墓，方向 190° 。由墓室、墓道、椁室、陪葬坑四部分组成（图八）。

地表下 0.6 米即为墓葬开口。墓室平面近方形，口大底小，墓口南北长 20、东西宽 19 米，墓底南北长 12.4、东西宽 10.9 ~ 11.2 米。墓坑四壁从墓口至二层台设有 6 级台阶。墓口向下深 1.4 米处为第一层台阶，台面宽 0.3 ~ 0.5、高 1.7 米。第二级台阶面宽 0.4、高 1.7 米。第三级台阶面宽 0.4 ~ 0.5、高 1.8 米。第四级台阶面宽 0.35 ~ 0.5、高 1.6 米。第五级台阶面宽 0.4、高 1.6 米。第六级台阶面宽 0.3 ~ 0.4、高 1.8 米。墓口距二层台 11.6 米。墓坑壁及台阶表面都经过加工修整，平整光洁，表面涂刷一层很薄的灰白粉。

墓葬有南北两条对称的墓道，分别设置于墓室南、北两壁中部，呈斜坡状，

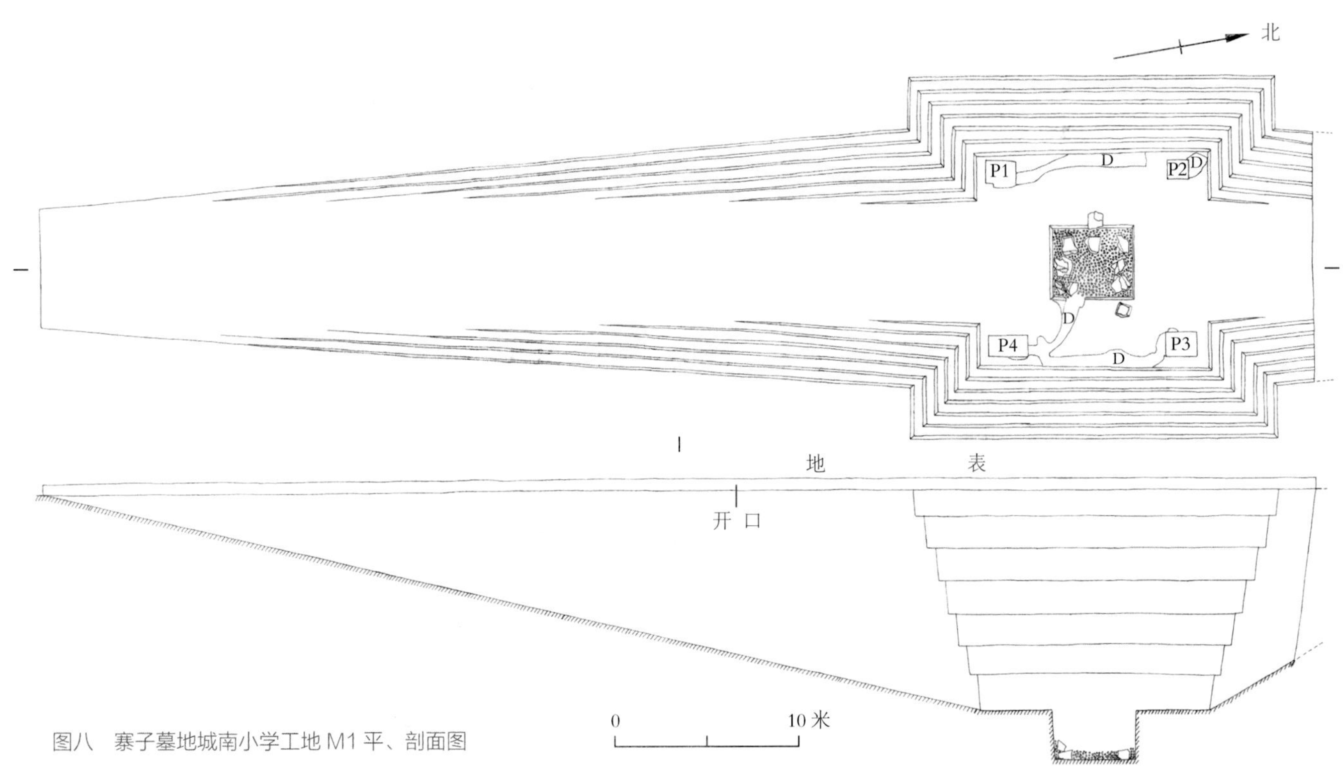

图八　寨子墓地城南小学工地 M1 平、剖面图

北墓道伸出学校外的部分，为路面所压，未发掘。南墓道上口长 47、外口宽 6.2、里端上口宽 13.6 米。墓道底部与二层台相连，里端底口宽 6.4、坡长 52 米。北墓道与南墓道对称，里端口宽度相同，上口发掘长 2 米，坡发掘长 6.2 米。南、北墓道两侧壁上各有 6 级台阶，与墓室内的分别对应并相连，由于墓道呈坡状，台阶随墓道的延长而逐渐变矮，台面变窄，最后消失于墓道侧壁上。

椁室位于墓底二层台中部，呈长方形，口略大于底，椁口南北长 4.6、东西宽 3.8 米，椁底南北长 4.24、东西宽 3.54 米，深 2.6 米。椁室底部铺设一层大石块，空隙用河卵石填平。椁室遭严重盗扰，葬具、器物、墓主骨骼均不存。

墓底椁室四周有宽大的生土二层台，四角各有一座长方形陪葬坑。陪葬坑被盗扰，未见随葬器物。

从墓葬形制推测，墓葬年代应属于战国晚期，墓主当属齐国贵族。

6. 赵家徐姚墓地取土场工地 M11

M11 为长方形竖穴土坑墓，口底相同，墓向 23°。墓坑长 2.6、宽 1.3 米，口至底深 1.9、地表至底深 4.4 米。墓坑内填黄、黑、褐色相间的五花土，土质结构紧密。墓坑西、北两壁各有 2 个相对的梯形脚窝，脚窝高 0.16 ~ 0.18、底宽 0.18、进深 0.13 米。木质葬具为一棺，棺长 2.12、宽 0.64 ~ 0.68、

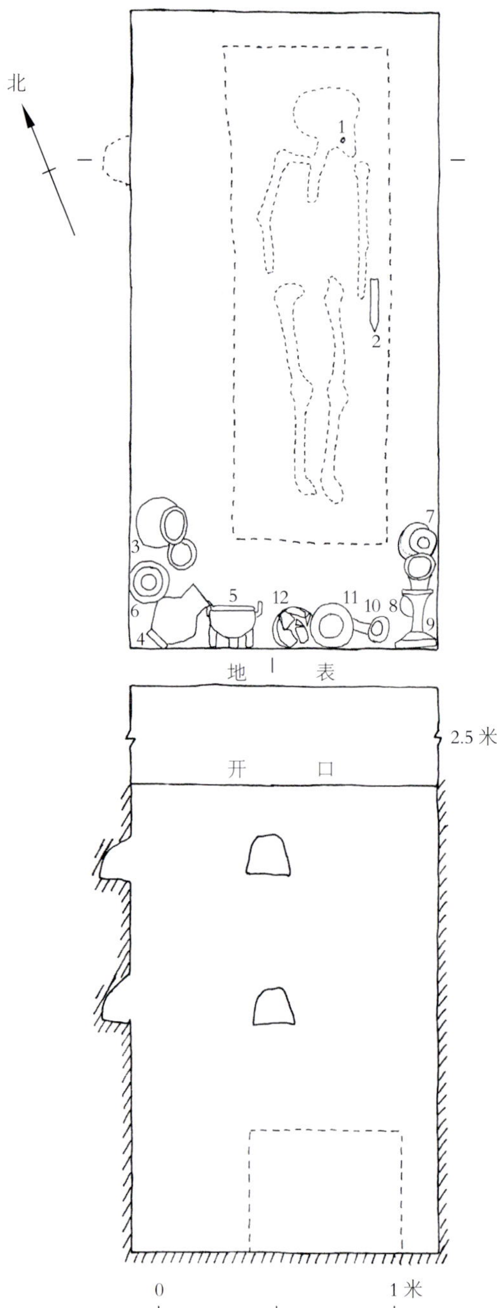

图九　赵家徐姚墓地取土场工地 M11 平、剖面图
1. 玉片　2. 铜剑　3、4. 陶壶　5. 陶鼎　6 ~ 10. 陶豆　11、12. 陶盖豆

图一〇　赵家徐姚墓地取土场工地 M11（南→北）

残高 0.5 米。棺内人骨腐朽严重，头朝北，面向东，仰身直肢，双手置于身体两侧，两腿并拢。随葬的铜剑置于棺内墓主右手部，口含玉片；陶器有鼎、豆、盖豆、壶，放置于墓坑南端棺外填土内距底 0.3 米处（图九、一〇）。

7. 赵家徐姚墓地取土场工地 M22

M22 为长方形竖穴土坑墓，墓向 110°。墓坑长 3.4、宽 2.9 米，口至底深 1.8、地表至底深 4.3 米。墓内填黄、灰、褐色相间的五花土，结构疏松，质黏。东端有生土二层台，台宽 0.4、高 1.3 米。葬具已朽，一椁一棺，椁长 2.6、宽 1.9、残高 1.3 米，棺长 2.4、宽 1.12、残高 0.5 米。棺内人骨腐朽，

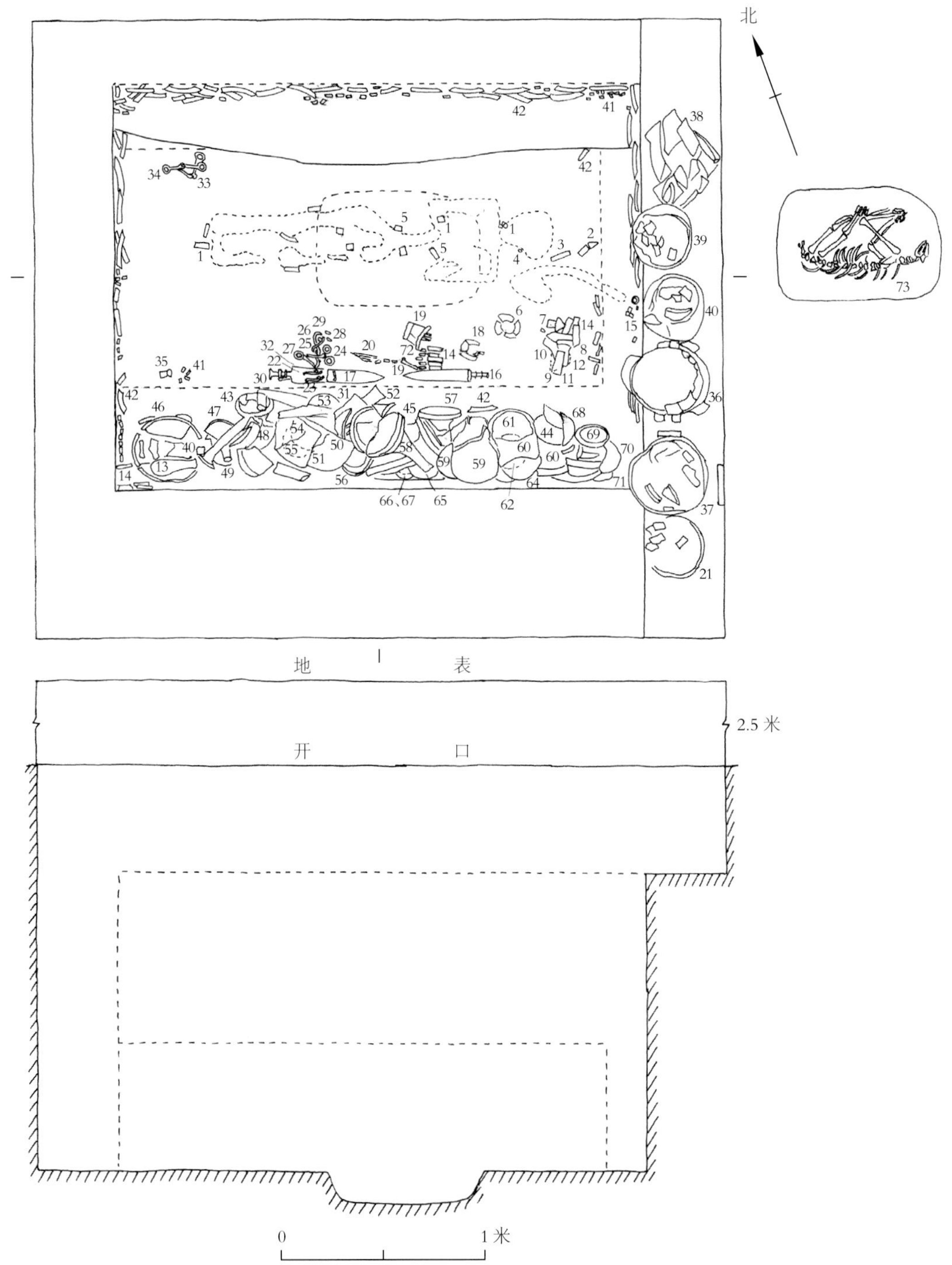

图一一　赵家徐姚墓地取土场 M22 平、剖面图

1. 石配饰（1 组）　2. 石圭（2 件）　3. 石簪　4. 石玦　5. 石珮　6. 石环　7、35. 铜镈　8 ~ 12. 铜戈　13、36、37. 陶鼎　14. 蚌器（40 件）　15. 铜管状串饰　16、17. 铜剑　18、19. 铜车軎　20. 铜镞（18 件）　21、38、47、58. 陶壶　22 ~ 29. 铜带钩　30、31.、42. 石磺（12 件）32. 水晶玛瑙串饰（1 组）　33、34. 铜马衔　39、40. 陶罍　41. 石管（190 件）　43 ~ 45、47. 陶豆　46、48、51、63. 陶盘　49、54、55、59. 陶盖豆　50、56. 陶敦　52、53、57、60 陶笾　61、62、68、69. 陶杯　64 ~ 67. 陶盖　70. 陶舟　72. 铜帽形饰　73. 殉狗

图一二　赵家徐姚墓地取土场工地 M22（西→东）

图一三　范家墓地淄江花园 J 组团工地 M236（南→北）

呈粉末状，头朝东，双手置于腹部，两腿并拢，仰身直肢。椁底中部有一圆角长方形腰坑，长 0.8、宽 0.54、深 0.16 米，内殉狗一只。墓内随葬器物丰富，铜器、石器放于棺内和棺椁之间，陶器集中放置在东端二层台和右侧棺椁之间（图一一、一二）。

8. 范家墓地淄江花园 J 组团工地 M236

M236 为长方形竖穴土坑积石子墓，墓向 7°。墓坑长 3.2、宽 1.8 米，口至底深 3.2、地表至底深 9.2 米。墓内填黄褐色五花土，底部充填 1.8 米厚的河卵石，填土经夯打，土质较硬，夯面平整，夯层厚 15 ~ 18 厘米。夯窝为圆形，平底，直径 5 ~ 7 厘米。墓坑西北角和东南角各有对称的两排脚窝，脚窝呈梯形，底宽 21、高 20、进深 0.15 ~ 0.16 厘米。在墓坑东壁距墓底 1.8 米处有一壁龛，龛长 2、高 0.8、进深 0.4 米，未发现任何遗物。葬具已朽，有一椁一棺，椁长 2.3、宽 0.9、残高 0.9 米，椁底铺 0.2 米厚的河卵石，棺长 1.9、宽 0.6、残高 0.4 米。棺内人骨腐朽，呈粉末状，头朝北，两腿并拢，为仰身直肢葬。随葬器物有铜镜、铜刀削、水晶环、滑石环、骨珠，放置于葬具内（图一三、一四）。

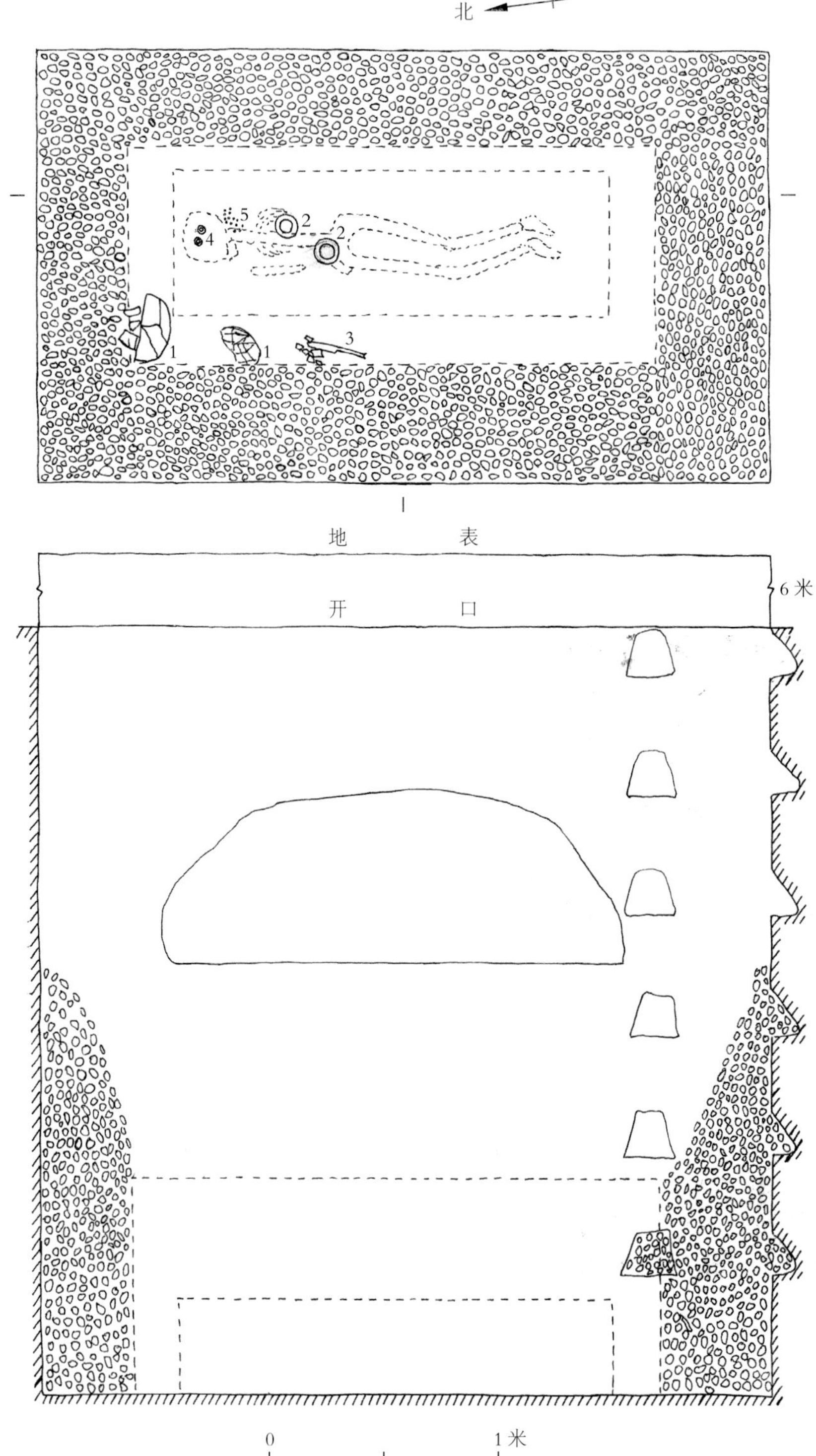

图一四　范家墓地淄江花园 J 组团工地 M236 平、剖面图

1. 铜镜　2. 滑石环（2件）　3. 铜刀削　4. 水晶环（2件）　5. 骨珠（1串）

9. 南马墓地棠悦生活区工地 M263

M263 为长方形竖穴土坑墓，墓向10°。墓坑四壁垂直，长 2.1、宽 0.8 米，口至底深 1.8、地表至底深 5 米。墓内填黄褐色五花土，土质较硬。墓坑东、西两壁各有一排脚窝，脚窝形状呈半圆形，底宽20、进深 0.8、高 20 厘米。墓底南端有生土台，台宽 0.3、高 0.2 米。葬具为一棺，棺长 1.6、宽 0.7、残高 0.6 米。棺内骨骼上部腐朽，呈粉末状，下肢保存较好，头朝北，为仰身屈肢葬。随葬的铜铃、蚌壳和殉狗放置于棺内，陶器置放在南端二层台上面，有鬲、豆、盖豆、壶（图一五、一六）。

图一五　南马墓地棠悦生活区工地 M263（南→北）

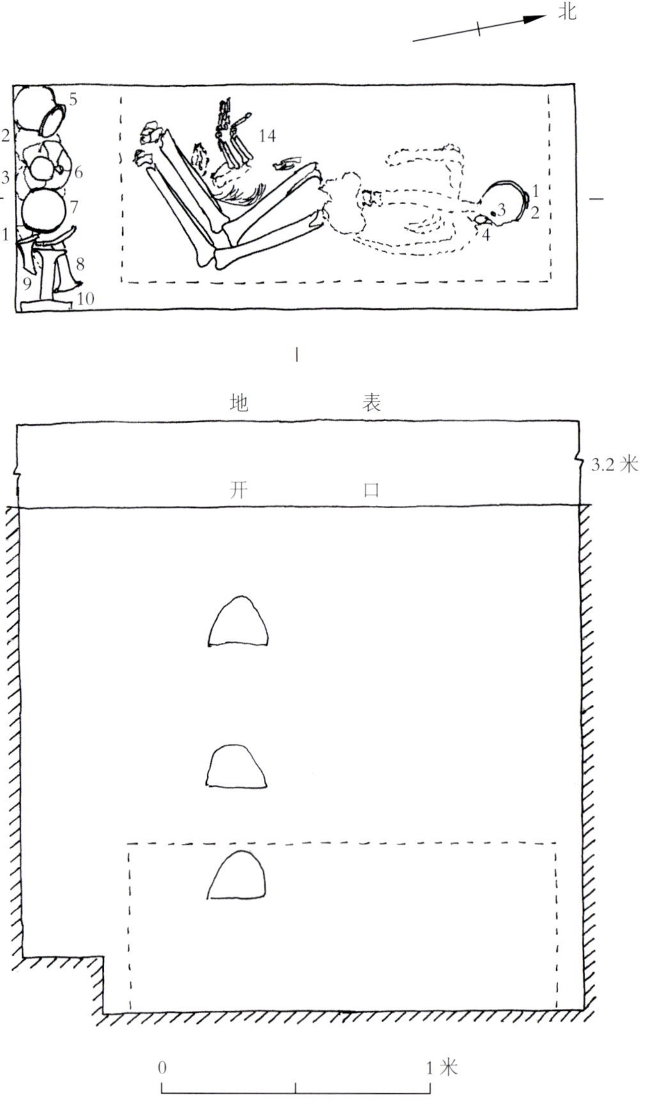

图一六　南马墓地棠悦生活区工地 M263 平、剖面图

1、2. 铜铃　3. 石块　4. 蚌壳　5. 陶鬲　6、7. 陶盖豆　8 ~ 11. 陶豆
12、13. 陶壶　14. 殉狗

10. 商王墓地鸿祥花园生活区工地 M80

M80为长方形竖穴土坑墓，墓向285°。墓坑口小底大，墓口长2.6、宽1.3米，底长2.6、宽1.44米，口至底深3.7、地表至底深6.5米。墓内填黄褐色五花土，底铺厚0.15米的河卵石。墓坑东南角有两排对称的梯形脚窝，底宽18、高14、进深13厘米。葬具为一棺，棺长2.1、宽1、残高0.45米。棺内骨骼腐朽，头朝西，双手置于身体两侧，两腿并拢，为仰身直肢葬。随葬器物22件，铜剑、陶豆盘置于棺内中部骨骼右侧；陶器有鼎、豆、盖豆、壶、笾、盘、碗、杯等，放置于墓底棺外东西两端（图一七、一八）。

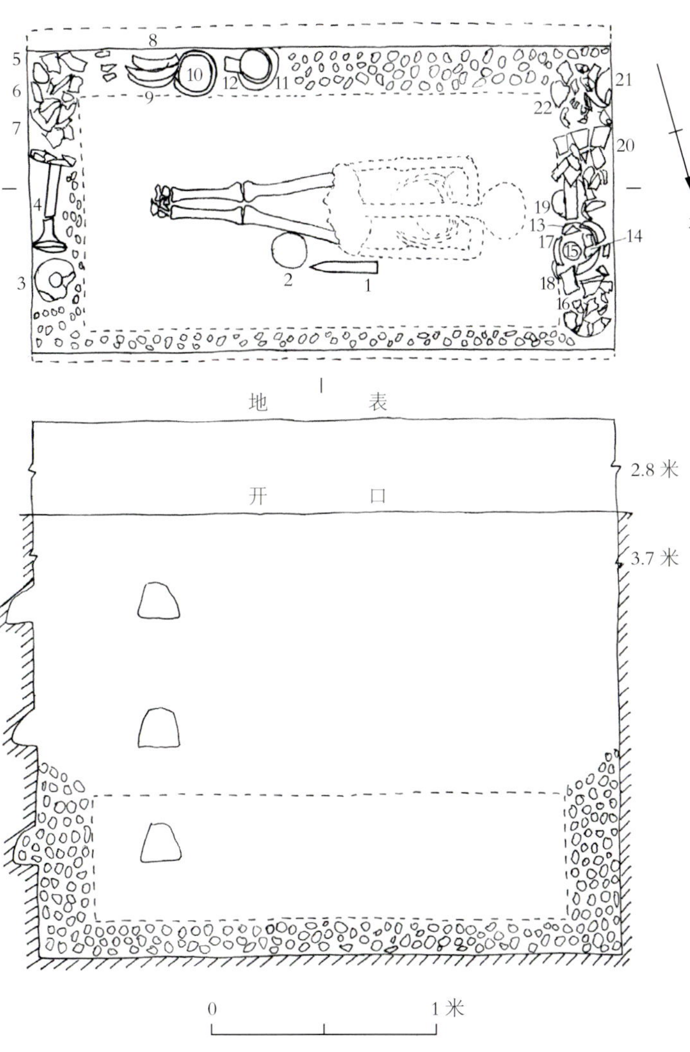

图一七 商王墓地鸿祥花园生活区工地 M80 平、剖面图

1. 铜剑 2. 陶豆盖 3～5、18. 陶豆 6. 陶壶 7、8. 陶碗 9. 陶盘 10、11. 陶壶盖 12～15. 陶杯 16、20. 陶笾 17. 陶鼎 19. 陶舟 21、22. 陶盖豆

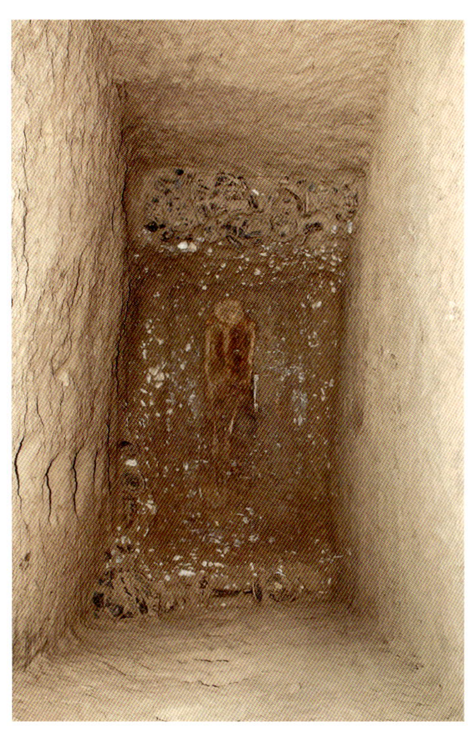

图一八 商王墓地鸿祥花园生活区工地 M80（东→西）

11. 商王墓地鸿祥花园生活区工地 M27

M27 为长方形竖穴土坑墓，墓向 15° 。墓坑长 2.7、宽 1.5 米，口至底深 1.6、地表至底深 4 米。墓内填黑褐色五花土，填土经夯打，夯层厚 20 ~ 25 厘米，夯窝不清。墓坑西南角有两排对称的脚窝，脚窝近梯形，底宽 20、高 15、进深 15 厘米。葬具为一棺，棺长 2.4、宽 1、残高 0.5 米。棺内骨骼腐朽，头朝北，为仰身直肢葬。随葬器物 18 件，玛瑙环、骨珠置于棺内；陶器放置在棺底箱内，器形有鼎、豆、盖豆、壶、罐、鬲、笾、盘、匜、杯（图一九、二〇）。

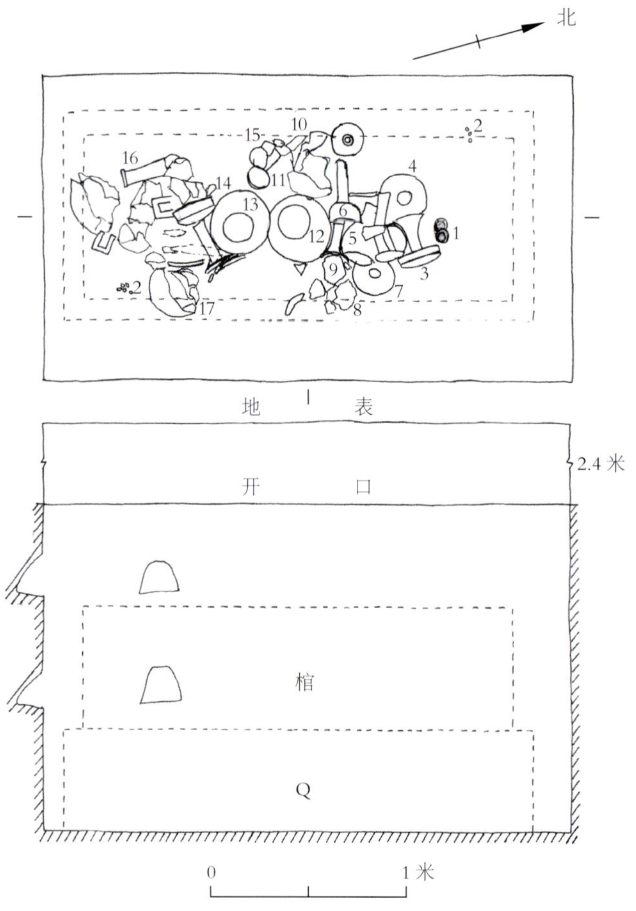

图一九　商王墓地鸿祥花园生活区工地 M27 平、剖面图

1. 玛瑙杯（2 件）　2. 骨珠　3、4、9. 陶豆　5. 陶壶　6、7. 陶盖壶　8. 陶鬲　10、17. 陶盘　11. 陶匜　12、13. 陶罐　14. 陶笾　15. 陶杯　16. 陶鼎

图二〇　商王墓地鸿祥花园生活区工地 M27（北→南）

12. 商王墓地鸿祥花园生活区工地 M61

M61 为长方形竖穴土坑墓，墓向 13° 。墓坑长 2.6、宽 1.6、口至底深 1.7、地表至底深 4.1 米。墓内填黄褐色五花土，土质疏松。墓底四周有熟土二层台，台面宽 0.2 ~ 0.34、高 0.7 米。墓底北端及东西两壁有相连接的壁龛，龛底距二层台面 0.3 米，龛高 0.6、进深 0.16 ~ 0.34 米。葬具为一棺，长 1.9、宽 1、残高 0.3 米。棺内人骨腐朽，呈粉末状，头朝北，两腿并拢，为仰身直肢葬。棺底中部有一椭圆形腰坑，长 0.54、宽 0.38、深 0.12 米。随葬器物 27 件，铜镜、铜刀削、铜匕、玛瑙环、滑石环、滑石饰放置于棺内；陶器均置于壁龛内，器形有鬲、鼎、豆、盖豆、壶、盘（图二一、二二）。

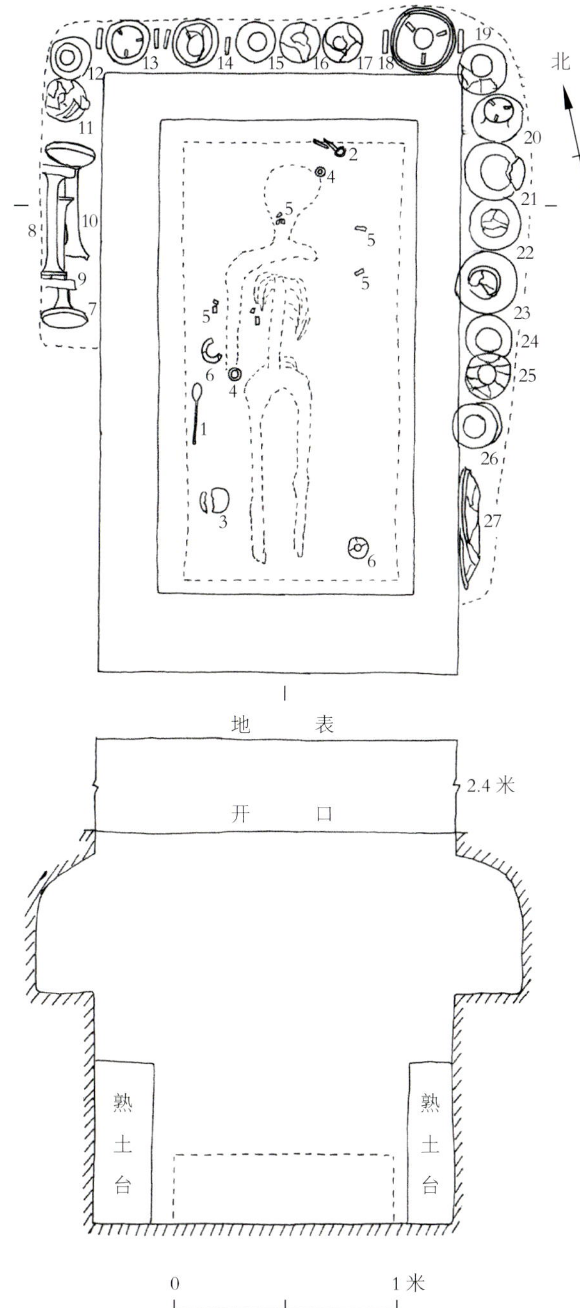

图二一 商王墓地鸿祥花园生活区工地 M61 平、剖面图

1. 铜匕 2. 铜削 3. 铜镜 4. 玛瑙环 5. 滑石饰 6. 滑石环 7 ~ 10. 陶豆 11. 陶鬲 12 ~ 14、18. 陶鼎 15 ~ 17. 陶盖豆 19、24 ~ 26. 陶罐形豆 20 ~ 23. 陶壶 27. 陶盘

图二二 商王墓地鸿祥花园生活区工地 M61（南→北）

13. 商王墓地鸿祥花园生活区工地 M151

M151 为长方形竖穴土坑墓，墓向 105° 。墓坑长 3.3、宽 2.3 米，口至底深 1.9、地表至底深 4.2 米。墓内填黄褐色五花土，夯土坚硬，夯层厚 15 ~ 21 厘米，夯窝为圆形，圜底，直径 6 厘米。墓底四周有熟土二层台，台面宽 0.4 ~ 0.6、高 1.1 米。葬具为一椁一棺，椁长 2.2、宽 1.4 米，高与二层台齐平，为 1.1 米；棺长 2、宽 1.5、残高 0.7 米。棺内人骨保存一般，头朝东，双手置于胸前，两腿并拢，为仰身直肢葬。椁底中部有一长方形腰坑，坑内殉狗一只，坑长 0.5、宽 0.4、深 0.28 米。随葬器物丰富，有铜器、石器、陶器等共65件(套)。铜车軎、蚌壳及陶器放置于二层台台面上，其余铜器、石器均放置于棺内（图二三、二四）。

图二三　商王墓地鸿祥花园生活区工地 M151（西→东）

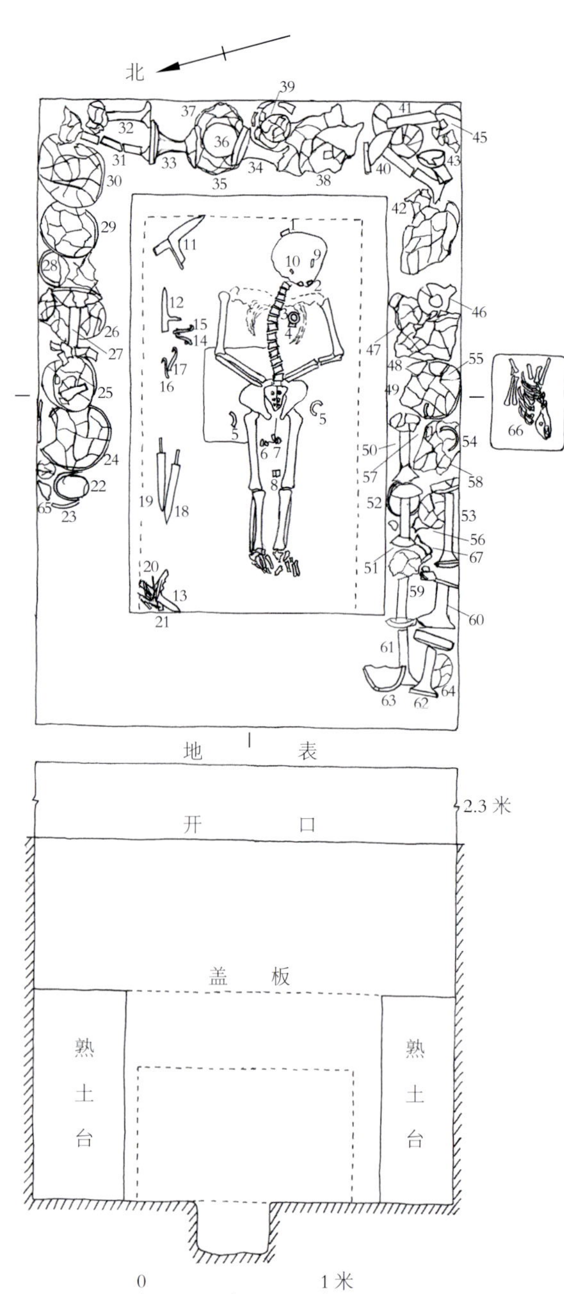

图二四　商王墓地鸿祥花园生活区工地 M151 平、剖面图

1. 石琮　2、4、6 ~ 8. 石饰　3、5. 石环　9、21. 石柱　10. 石片　11 ~ 13. 铜戈　14 ~ 17. 铜带钩　18、19. 铜剑　20. 铜镞　22、23、26、28、45、52、56、64. 陶舟　24、36、37. 陶盘　25、29、35、42. 陶鼎　27、31、32、40、41、50、53、59、61 ~ 63. 陶豆　30、47、49. 陶罐　33、34、60. 陶笾　38、48、58. 陶钫　39. 陶鬲　43、44、54、55. 陶勺　45. 陶匜　57. 铜车軎　65. 蚌壳　66. 殉狗　67. 兽骨

14. 商王墓地鸿祥花园生活区工地 M165

M165 为长方形竖穴土坑墓，墓向 12° 。墓坑长 2.6、宽 1.4 米，口至底深 3.3、地表至底深 4.9 米。墓内填黄褐色五花土，土质结构紧密。葬具为一棺，棺长 2.38、宽 1.06、残高 0.7 米。棺内人骨腐朽，头朝北，为仰身直肢葬。棺底南端有一长椭形腰坑，长 0.76、宽 0.3、深 0.18 米。随葬器物主要有铜器、陶礼器。铜器有剑、戈、镞、匜、带钩，放置于棺内；陶礼器有鬲、豆、盖豆、盘，置于棺顶右侧（图二五、二六）。

图二五　商王墓地鸿祥花园生活区工地 M165 平、剖面图

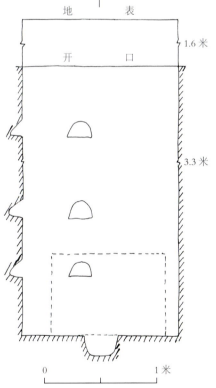

1、2、6. 陶盖豆　3. 陶鬲　4. 陶豆　5. 陶盘　7、8. 铜带钩　9 ~ 12. 铜镞　13. 铜戈　14. 铜剑　15. 骨柱　16. 陶匜

图二六　商王墓地鸿祥花园生活区工地 M165（南→北）

15. 国家墓地学府花园生活区工地 M46

M46 为长方形竖穴土坑墓，墓向 357°。墓坑长 2.6、宽 1.4、口至底深 3、地表至底深 4.5 米。墓内填黄褐色五花土，经过夯打，土质较硬，夯面平整，夯层厚 8 ~ 12 厘米，夯窝不明显。墓坑东西两壁各有 4 个梯形脚窝，底宽 20 ~ 26、进深 15、高 18 ~ 20 厘米。墓坑南北两端距墓底 0.4 米处各有一个长方形壁龛，北壁龛长 0.9、南壁龛长 0.8 米，龛高 0.4、进深 0.2 米。葬具为一棺，棺长 1.8、宽 0.7、残高 0.46 米。棺内人骨保存一般，头北足南，为仰身直肢葬。棺底南端有一长椭形腰坑，长 0.76、宽 0.3、深 0.18 厘米。随葬器物有铜方镜 1 件，置于棺内头骨右侧上方；陶礼器有鼎、豆、盖豆、壶，分别置于南、北壁龛内（图二七）。

16. 徐家墓地凤凰城二期生活区工地 M52

M52 为长方形竖穴土坑石椁墓，方向 35°。墓口底相同，长 2.7、宽 1.4 米，口至底深 2.2、地表至底深 5.2 米。墓坑填黄褐色五花土，填土夯打，土质较硬，夯层厚 9 ~ 12 厘米，石椁外用河卵石充填至与盖板齐平。墓坑南端东西两壁各有一排半圆形脚窝，底宽 10、高 15、进深 10 厘米。墓坑东壁距墓底 1.2 米处有一壁龛，壁龛坍塌，呈不规则长条形，长 2.5、进深 0.3 米。内置青石质石椁，长 2.2、宽 1.04、高 1 米，由 4 块竖板、3 块横向盖板、3 块横向底板组成，竖板厚 0.08 ~ 0.1、盖板厚 0.25、底板厚 0.1 米。石椁内木质葬具为一棺，棺长 1.9、宽 0.7、残高 0.9 米。棺内人骨腐朽严重，头朝北，为仰身直肢葬。随葬器物有铜剑 1 把，放置于棺内左侧上肢骨外侧；陶礼器有鼎、豆、盖豆、壶，置于壁龛内（图二八 ~ 三〇）。

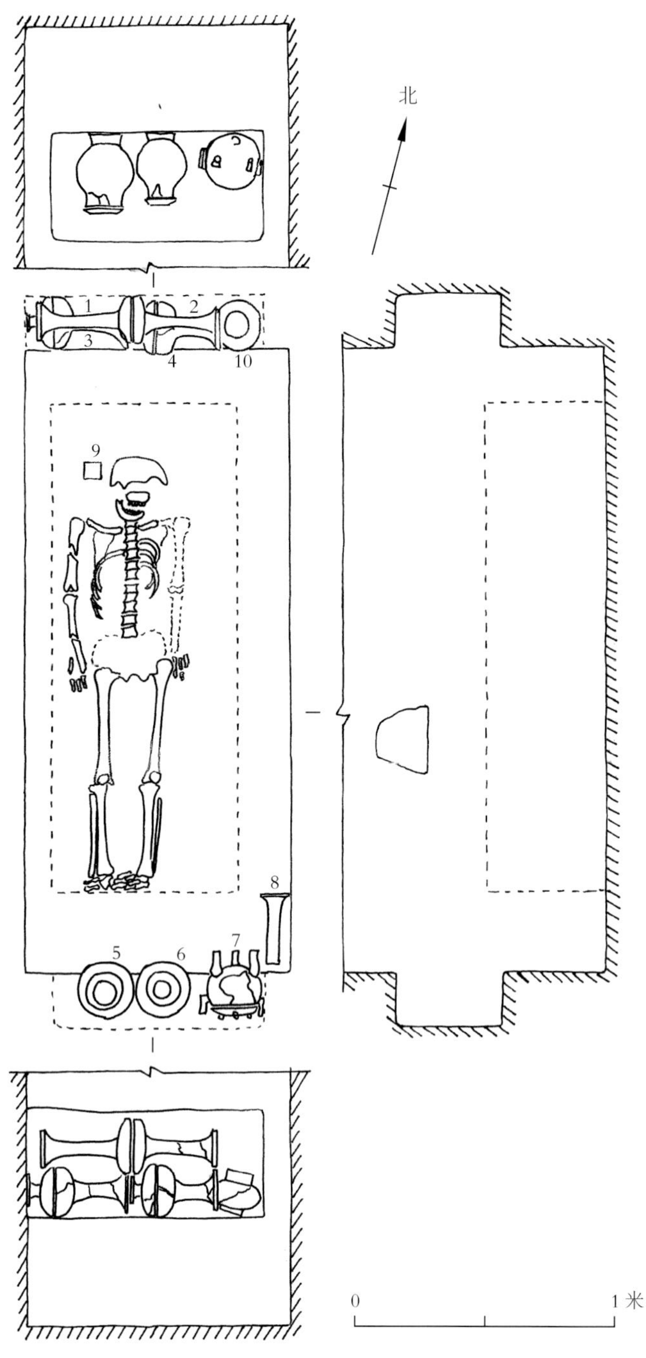

图二七　国家墓地学府花园生活区工地 M46 平、剖面图
1、2、8. 陶豆　3、4. 陶盖豆　5、6、10. 陶壶　7. 陶鼎　9. 铜方镜

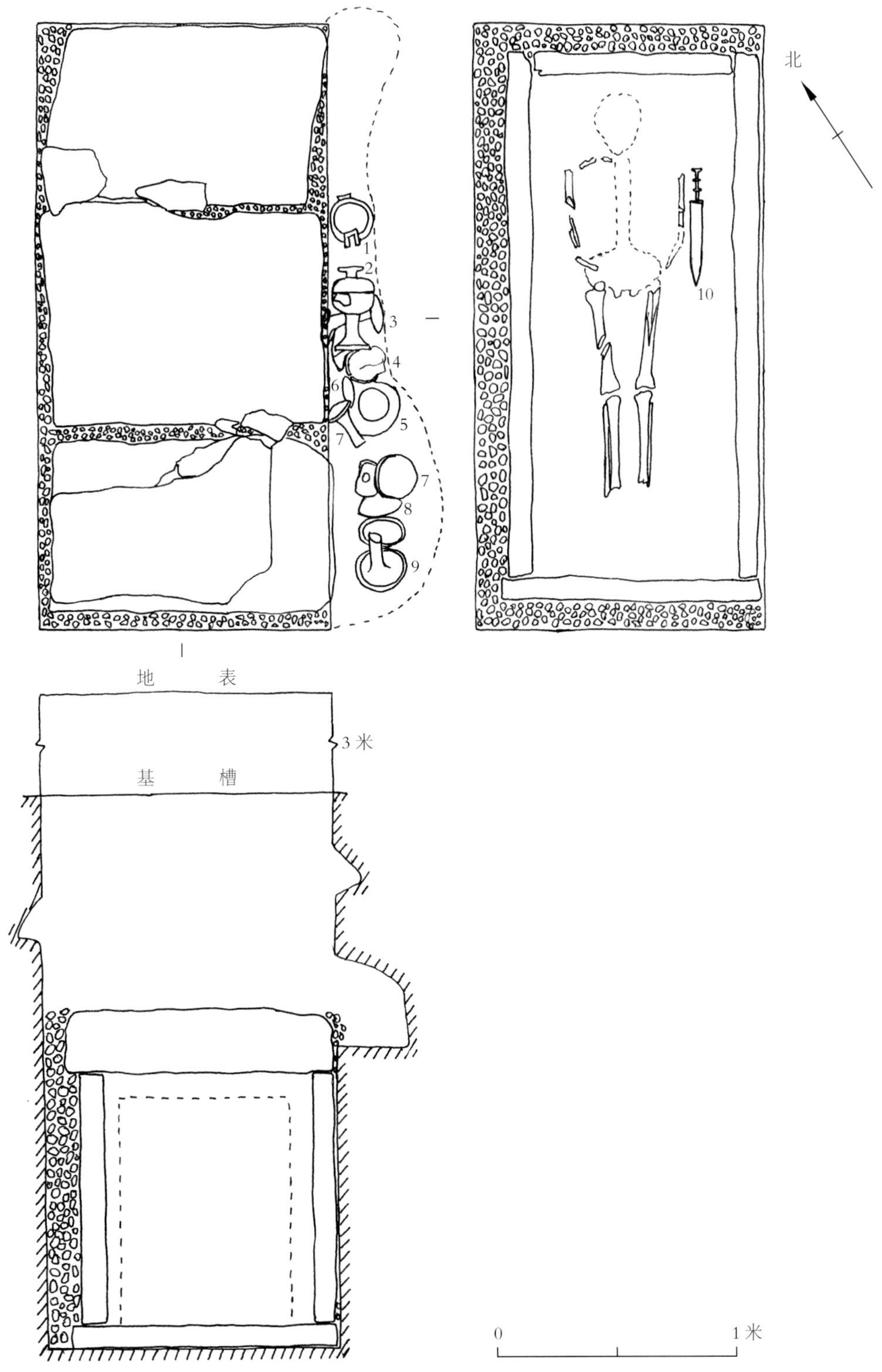

图二八　徐家墓地凤凰城二期生活区工地 M52 平、剖面图

1. 陶鼎　2、8. 陶盖豆　3、6、7、9. 陶豆　4、5. 陶壶　10. 铜剑

图二九　徐家墓地凤凰城二期生活区工地 M52（南→北）

图三〇　徐家墓地凤凰城二期生活区工地 M52（南→北）

图三一　桑家墓地实验中学工地 M13（北→南）

17. 桑家墓地实验中学工地 M13

M13 为方形竖穴土坑双人合葬墓，方向 195°。墓口、底大小相同，边长 2.5、口至底深 4.4、地表至底深 6.4 米。墓坑填黄褐色五花土，填土夯打，土质较硬，夯层均匀，厚 10 厘米，夯窝为圆形，平底，夯径 5 厘米。墓坑东北角两壁各有 6 个相对的平底弧顶形脚窝，底宽 16 ~ 18、高 17 ~ 20、进深 14 厘米。墓坑南壁距墓底 0.4 米处有一壁龛，壁龛坍塌，呈不规则长条形，长 2.5、进深 0.16 米。木质葬具，两人共用一椁，每人一棺，椁长 2.1、宽 1.95、残高 0.6 米；两棺东西并列，棺长度相同，为 1.94 米，东西两棺宽分别为 0.8、0.76 米，高不详。棺内各有人骨一具，保存一般，并列头朝南，面向西，均为仰身直肢葬。随葬的铜剑、铜戈、铜尊等放置于东侧棺内；陶礼器有鼎、豆、盖豆、壶、匜均置于壁龛内（图三一、三二）。

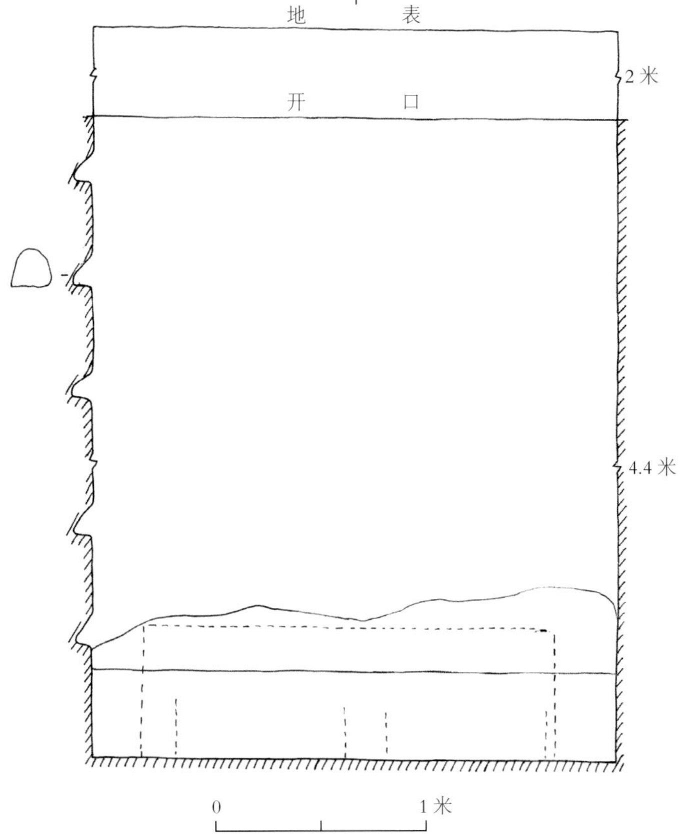

图三二 桑家墓地实验中学工地 M13 平、剖面图

1. 铜剑 2. 铜戈 3. 铜尊 4. 铜铃（一组） 5. 铜带钩 6. 铜璜 7. 玉片 8、12. 陶鼎 9、10、20、21. 陶豆 11、15 ~ 17. 陶壶 13、19. 陶盖豆 14、18. 陶匜

（二）汉代墓葬

1. 山王墓地一号陪葬坑

一号坑坑口略大于坑底，呈南北方向，由两个长方形竖穴土坑和中间过道组成。南坑坑口南北长 6.4、东西宽 3.2 米，底长 6.55、宽 3.45 米，坑深 5.2 米。北坑坑口南北长 6.5、东西宽 3.2 米，底长 6.6、宽 3.45 米，坑深 5.4 米。过道东西宽 3.45、南北进深 2.4 米，坑底通长 15.45 米。坑内器物南北向摆放，从内容上可分为三部分。从南面门阙楼到前院大门为第一部分，主要由骑俑及车马组成的护卫方阵，在前端两侧的阙楼中间向后有 5 辆独辕车和 7 组护卫骑俑组成。从前院大门到后院大门为第二部分，为步俑护卫方阵，主要有步兵俑组成，分为东、西两组，西侧为站立步兵俑，手持盾牌；东侧主要为坐俑或蹲俑，中间有建鼓和击鼓手，并有个别的骑俑、文吏俑、侍从俑等。在大门内西侧站立步兵俑前还有 2 辆双辕牛车。院落中的后院为第三部分，为主人出行方阵，由 4 辆车和武士护卫俑、侍从俑组成。东侧 3 辆车前后排列，前面 2 辆独辕轺车为主车，后面 1 辆为双辕车，驾 3 马，主车西侧还有 1 辆独辕侍从车。建筑分布于东、西、北三面，院东侧有 1 座粮仓和 1 间庖厨。院西侧前为戏楼，再后面的庑顶式正堂是院内的主要建筑，堂前有台阶，形制高大。院北侧为 4 座平房居室。建筑外侧还分布着陶羊、陶猪、陶鸭等动物。俑坑四周均匀分布着 64 件手持盾牌的兵俑，脸向外，整体组成看家护院的护卫兵[1]。

2. 山王墓地馨香园经适房工地 M5

M5 为“甲”字形土坑积石木椁墓，方向 188°。墓室平面呈长方形，四壁垂直，南北长 4.1、东西宽 3.5 米，墓口距地表 5.6、墓口距墓底 3.2、总深 8.8 米。墓道南向，长方形竖穴土坑，墓道东南角两壁各有一个梯形脚窝，脚窝底径 22、高 15、进深 10 厘米，南端 1.2 米处有一层台阶，台面宽 0.2、深 1.05 米，底呈缓坡状。墓葬内填黄褐色五花土，填土逐层夯实，夯层厚 15 ~ 23 厘米。夯窝为平底，圆形，夯径 6 厘米。

墓室内木质葬具已朽，但葬具的灰痕清晰可辨，为一椁二棺。椁长 3.1、宽 2.4、残高 2.2 米。椁内二棺，东西并列，摆放整齐，大小基本相同，棺长 2.45、宽约 0.9 米，高不详。棺椁保存完好，未发现盗扰迹象，但棺内均未发现人骨骼。椁底四角各有一块石头，空隙用河卵石充填至与石头顶齐平，椁外四周充填厚 0.7 ~ 2.8 米的河卵石。

从清理情况看，墓内发现了三个腐朽的红色彩绘木箱痕迹，分别放在不同的位置，第一个放在墓道与墓室底部交界处，第二、三个分别放于南端棺椁之间。瓷壶位于西侧棺顶部，两棺内散落着数枚铜钱，玉璧、玉圭、玉片、钱币等随葬器物分别放置于三个木箱内（图三三、三四）。

[1] 山东省文物考古研究所、淄博市临淄区文物管理局：《山东山王村汉代兵马俑坑发掘简报》，《文物》2016 年第 6 期。

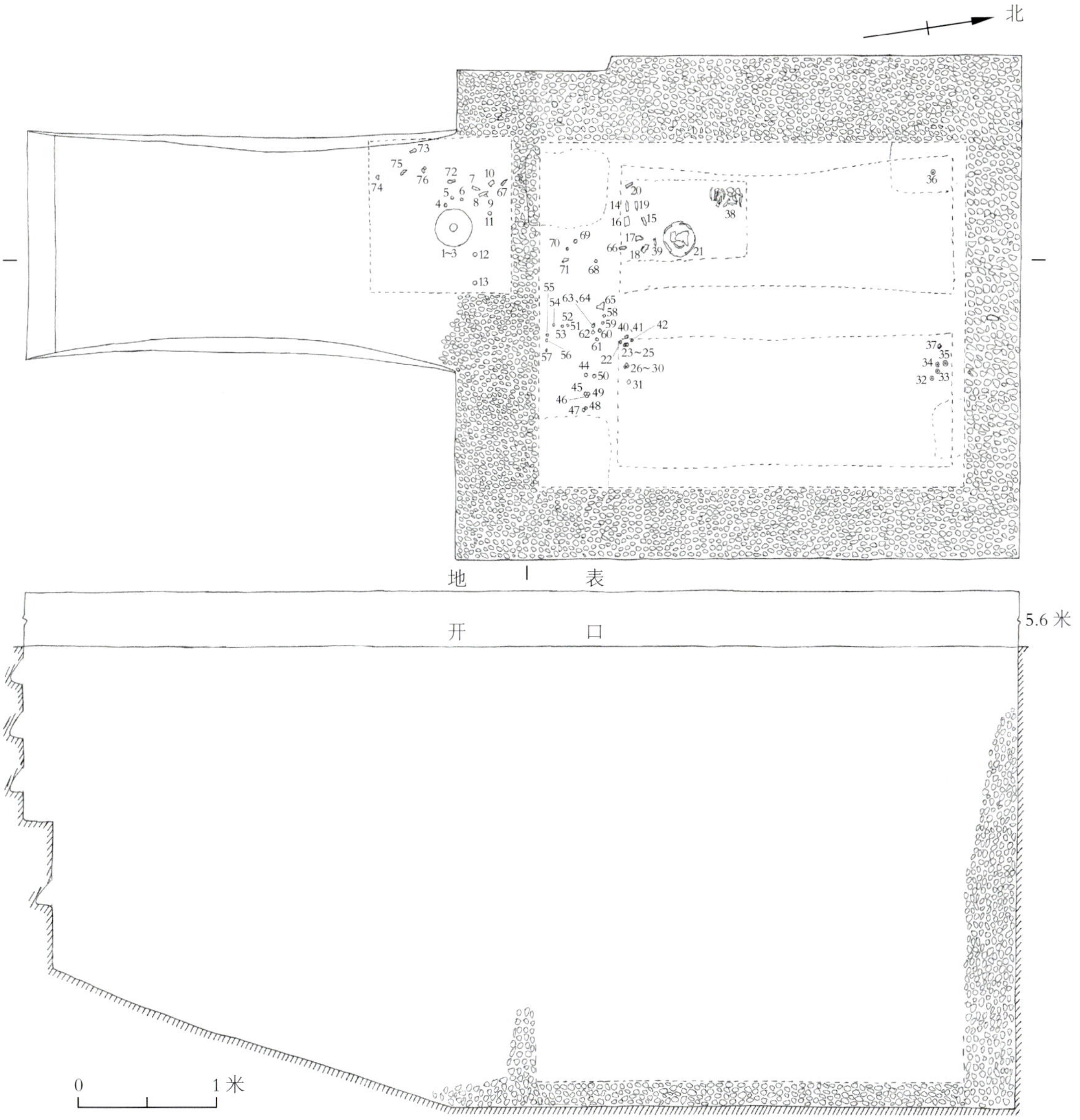

图三三　山王墓地馨香园经适房工地 M5 平、剖面图

1 ~ 3. 玉　璧　4 ~ 6、22 ~ 37、40 ~ 64、68、70. 铜钱　7 ~ 9、14、15、19、39、66、67. 玉圭　10、16 ~ 18、20. 玉片 11 ~ 13、69. 铜泡　21. 瓷壶　38. 兽骨　65、71. 铁器　72、73. 铜足　74 ~ 76. 铜饰件

图三四　山王墓地磬香园经适房工地 M5（北→南）

3. 永流墓地金鼎绿城生活区工地 M353

M353 为“甲”字形土坑积石木椁墓，方向 195°。墓室南北长 4.3、东西宽 3.9 米，开口距地表 3、开口距二层台 1.2 米。墓道设置在墓室南壁中部，呈长方形竖穴式，底呈缓坡状，墓道里口与二层台相连，墓道南北长 3.8、东西宽 2.2 米。

墓道、墓室内用河卵石充填，底部铺垫一层厚 0.3 米的细沙，葬具四角各置一块厚 6 ~ 10 厘米的石片。墓室内木质葬具已朽，又经盗扰，葬具的具体数量、结构不清，仅可辨一周灰痕，应是椁外框，椁长 3.4、宽 2.2 米，高不详。仅在葬具内西侧和南端出土玉璧、铜镜、铜钱等器物。

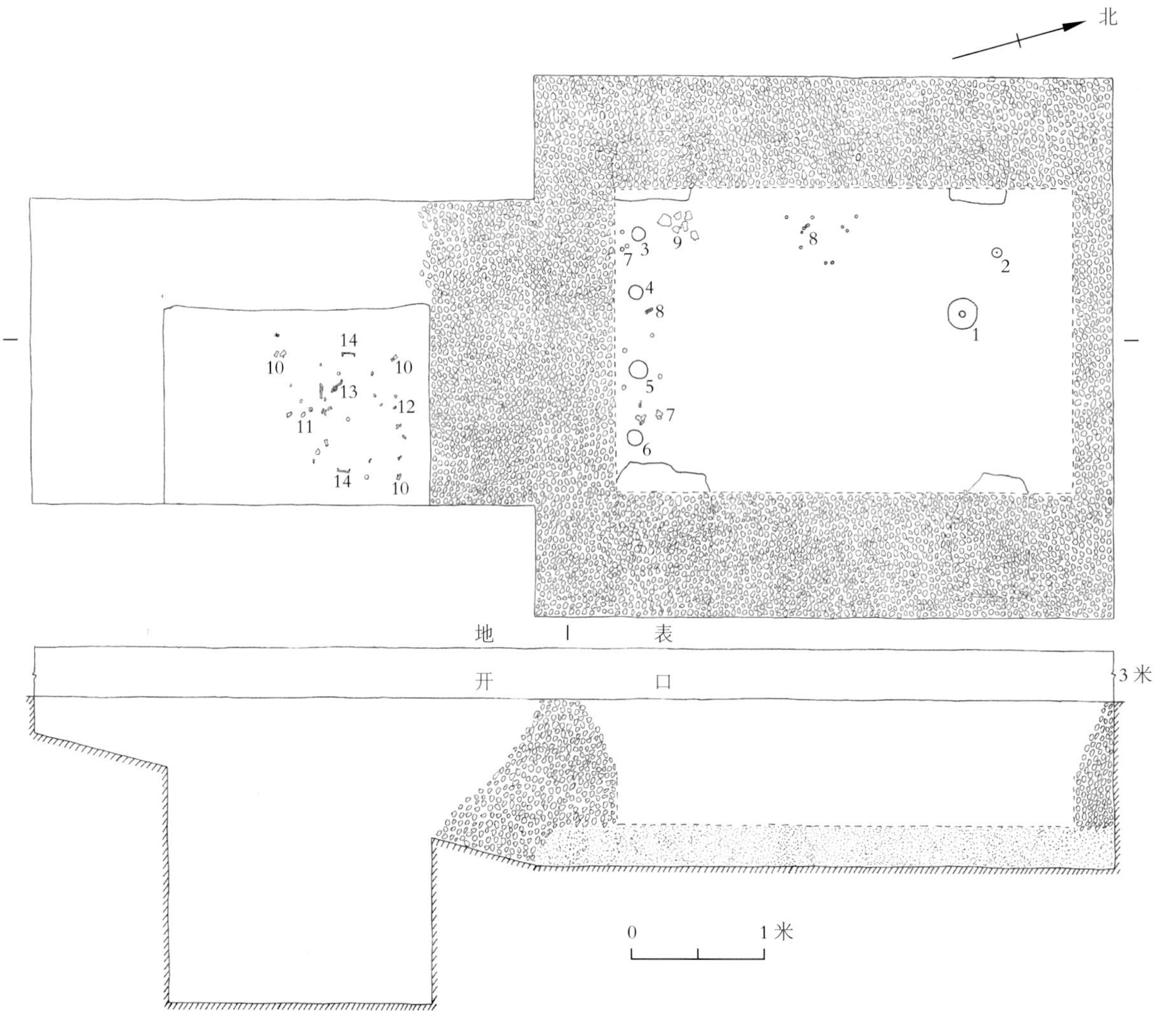

图三五　永流墓地金鼎绿城生活区工地 M353 平、剖面图

1. 玉璧　2 ~ 6. 铜镜　7. 铜饰件　8. 铜钱　9. 陶灰饼　10. 铜盖弓帽　11. 铜扣　12. 铜车軎　13. 铜当卢　14. 铜马镳

图三六　永流墓地金鼎绿城生活区工地M353（南→北）

墓道中部东壁下有一长方形器物坑，南北长2、东西宽1.4、深1.2～1.7米。器物坑内随葬铜车軎、盖弓帽、马镳、当卢等鎏金车马器（图三五、三六）。

4. 范家墓地淄江花园D组团工地M5

M5与M4原有地上封土。据航空考古资料显示，1938年，封土规模较大，形状呈圆锥形，封土底边东西长36.4、南北宽30.8米；1975年，封土被夷平。地上墓冢封土、建筑情况已不明。

M5平面呈长条形，方向14°。

墓口大于底，四壁斜直。墓口南北长10.75、东西宽3.4米，墓底南北长10.3、东西宽2.9、距墓口7.1米。墓坑北壁两角各有一排供人上下的三角形脚窝，底宽20、高28、进深20、间距20～35厘米。墓内南部填土逐层夯实，北部同时充填河卵石，当充填至2.5米时，同时用黄褐色五花土夯实至墓口。

墓底北端发现已朽的木质葬具，黑白灰痕迹清晰，为一椁一棺，平面呈长方形。椁长2.8、宽2.3米，棺长2.3、宽1.1米。由于棺椁盖板、侧板已朽塌，高度不详。棺内骨骼腐朽，头向北，为仰身直肢葬。棺板灰四周分布18个铜铺首衔环，两侧板灰下面发现对称的4个铁轮，棺内随葬有玉人、玉璜、玉珮、铜镜、铜带钩等。铜镜用布料包裹，放在圆形红色彩绘漆盒内。

棺南侧有两木箱，已朽，高度不详。从朽痕看，1号箱平面近方形，边长1.3米。板灰四周分布8个铜铺首衔环，箱内随葬陶熏炉、漆盒，盒内装有铜镜1件。2号箱平面呈长方形，长3.6、宽1.4、厚0.08米。箱内盛放铜钫、铜勺。

墓坑南部坑壁距墓底0.2米处挖设8个壁龛，壁龛多为方形，拱形顶。西壁三个为K1、K2、K3，宽均为0.9米，高分别为1.05、1、0.9米，进深分别为0.68、0.66、0.7米。东壁的三个壁龛分别与西壁的对称，为K6、K7、K8，宽均为1米，高分别为1.1、1、0.9米，进深分别为0.7、0.6、0.6米。南壁两个为K4、K5，宽分别为0.7、0.8米，高均为1.1米，进深均为0.7米。除K6外，其余龛内均发现有木箱灰痕迹。K1木箱伸出龛外，朱红色漆皮，平面呈长方形，长

1.28、宽 0.9、高 1 米。箱内随葬 1 件漆耳杯。K2 木箱伸出龛外，平面近长方形，长 0.95、宽 0.9、高 0.9 米。箱内随葬铜盘、铜洗、铜匜、铜匕、银匕、漆奁。K3 内木箱平面呈长方形，长 0.9、宽 0.58、高 0.6 米。箱内未见随葬器物。K4 内木箱平面呈方形，边长 0.7、高 0.6 米。箱内未见随葬器物。K5 内木箱平面呈长方形，长 0.8、宽 0.7、高 0.6 米。箱内随葬兽骨。K6 未见木箱，龛呈长方形，长 1 米，随葬 30 件泥俑。K7 木箱伸出龛外，平面近长方形，长 1、宽 0.95、高 0.75 米。箱内随葬铜鼎、铜盒、陶罐。K8 木箱伸出龛外，平面近长方形，长 1、宽 0.8、高 0.75 米。箱内随葬铜盘、铜甗、陶罐（图三七）。

M5 位于 M4 东侧，打破 M4，年代晚于 M4。据墓葬形制和墓内出土器物判断，M4 为战国末期，M5 为秦汉初年。

M4 与 M5 为一组，两墓东西平行并列，方向基本一致，属于夫妻并穴合葬墓。M4 规模较大，在填土内发现了兵器和车马器，墓主应为男性。M5 内随葬女性使用的生活工具及装饰品，墓主应为女性，属 M4 的陪葬墓。

M4 被盗严重，未发现证明墓主身份的随葬器物，但墓葬规模较大，有一条南向墓道。M5 保存完好，葬具为一椁一棺，出土较多的随葬器物，包括青铜礼器一套。陶俑一组，并用精美的玉人、龙形玉璜陪葬，说明墓主人的身份很高，当属齐国的贵族。M4 墓室平面呈“凸”字形，M5 是 M4 的陪葬墓，平面呈长条形。这类形制的墓葬较为特殊，在齐地同一时期尚属首次发现，对于研究齐国的墓葬制度具有重要意义[1]。

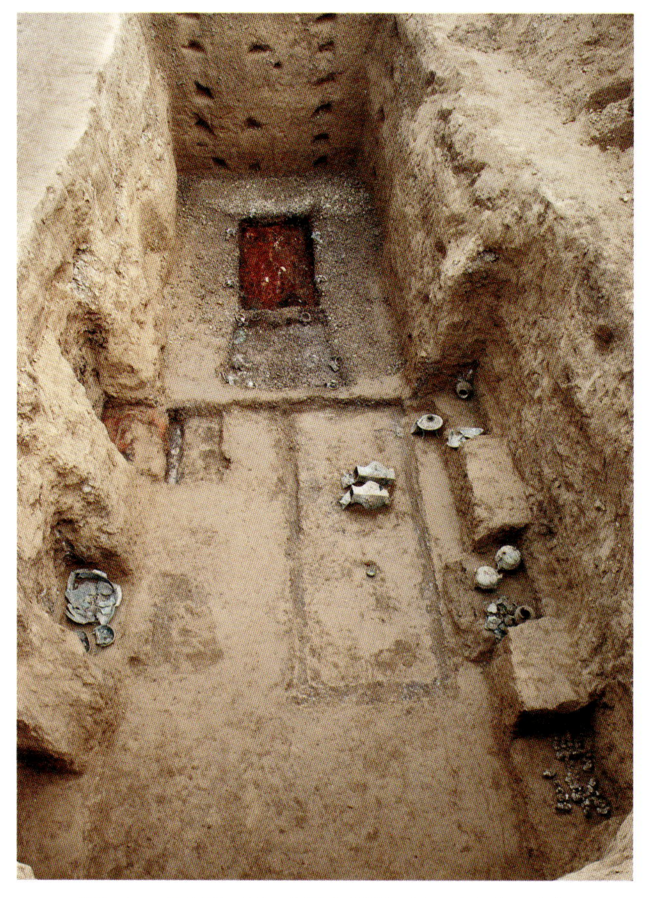

图三七　范家墓地淄江花园 D 组团工地 M5（北→南）

5. 稷山洞室墓 M1

临淄稷山山顶上的石洞室墓有竖井式墓道，在中部和底部一侧向外开设墓室，其结构类似战国晚期的洞室墓。清理的一号墓（M1），墓道为凿石开设，深达 14 米，在中部和底部向北、向南分别开设墓室[2]。

[1] 淄博市临淄区文物局：《山东临淄范家墓地 2012 年发掘简报》，《文物》2015 年第 4 期。

[2] 山东省文物考古研究所 1986 年稷山墓发掘资料。

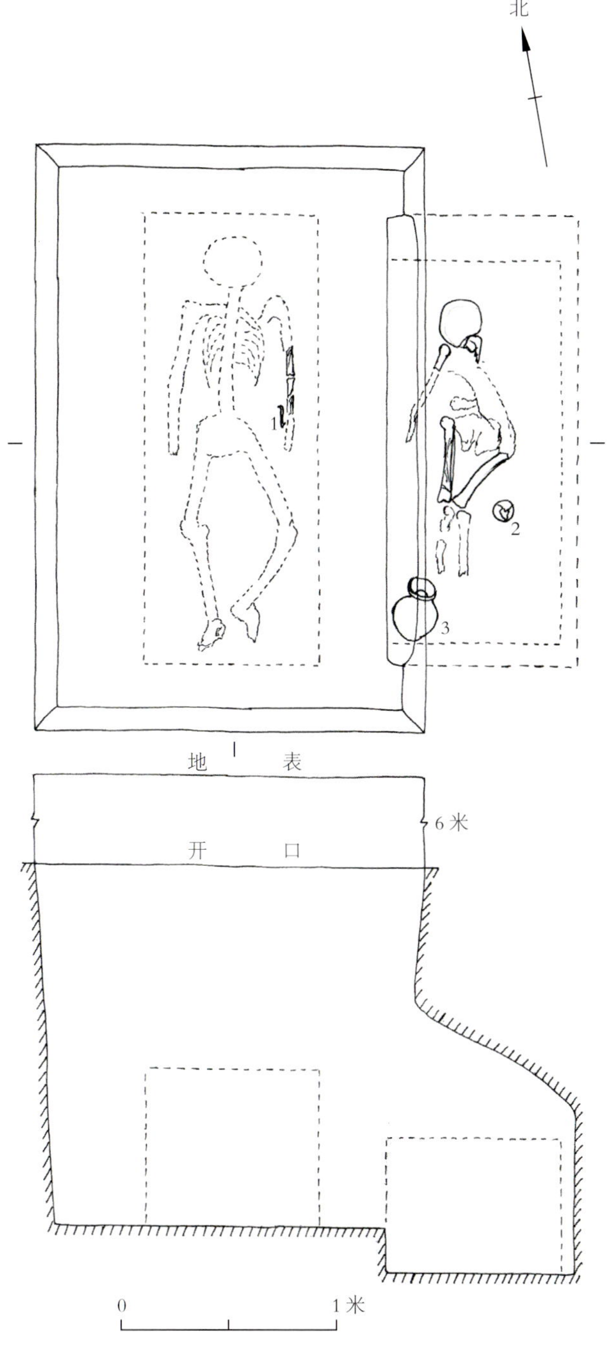

图三八　范家墓地淄江花园 J 组团工地 M211 平、剖面图

1. 铜带钩　2. 铜镜　3. 陶罐

6. 范家墓地淄江花园 J 组团工地 M211

M211 为长方形竖穴土坑洞室墓，方向 10°。墓葬口大底小，墓口长 2.6、宽 1.8 米，墓底长 2.6、宽 1.8 米，口至底深 1.6、地表至底深 7.6 米。墓坑填黄褐色五花土。墓坑西南角两壁各有一排三角形脚窝，底宽 20、高 20、进深 10 厘米。墓底东壁下挖设洞室，洞室南北长 2、进深 0.9 米。墓底和洞室内各葬一人，两具人骨东西并列，方向一致，葬具腐朽，各自一棺。坑底内棺长 2、宽 0.8、残高 0.7 米，洞室内棺长 1.7、宽 0.8、残高 0.6 米。棺内人骨腐朽，头朝北，仰身直肢。铜带钩放置于墓底棺内右上肢内侧，铜镜置于洞室棺内右下部，陶罐置于棺顶南端（图三八、三九）。

图三九　范家墓地淄江花园 J 组团工地 M211（南→北）

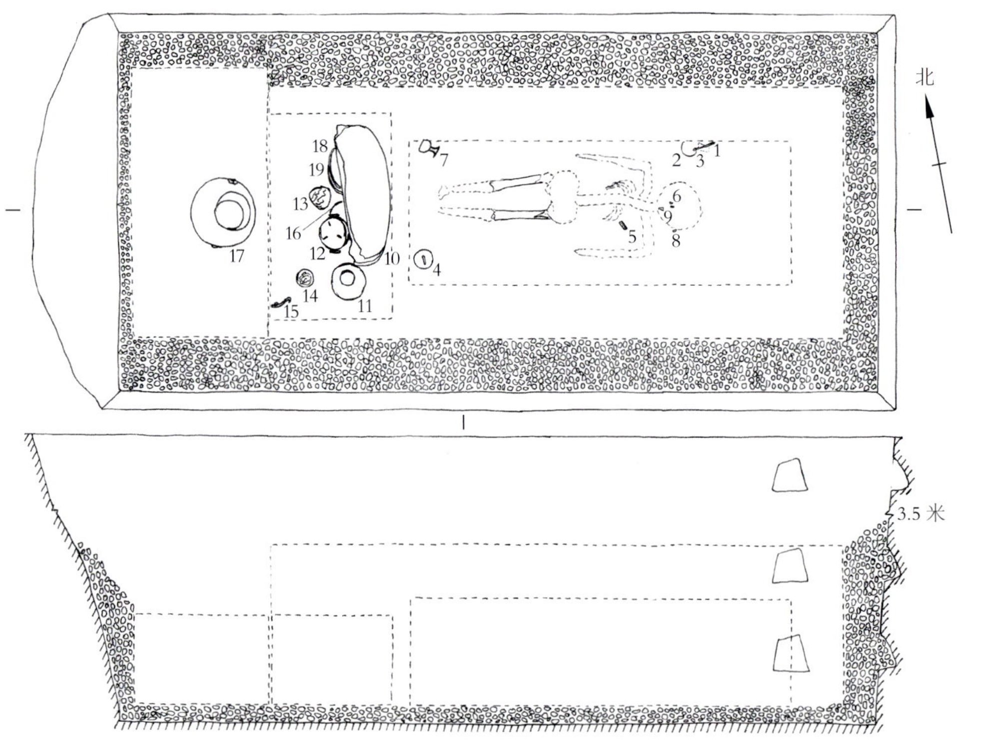

图四〇　南马墓地棠悦生活区工地 M368 平、剖面图

1、2、4. 铜镜　3. 木梳　5. 铜钱　6、8. 玉窍塞　7、13、14. 铜熏炉　9. 玉蝉　10. 铜盆　11. 铜壶　12. 铜鼎　15. 铁带钩　16. 铁壶　18、19. 铜盘

7. 南马墓地棠悦生活区工地 M368

M368 为长方形竖穴土坑石子墓，方向 102°。墓葬口大底小，墓口长 4.6、宽 2.2 米，墓底长 4.4、宽 2 米，口至底深 3.5、地表至底深 6.5 米。墓坑填黄褐色五花土，土质结构紧密，墓底充填厚 1.2 米的河卵石。墓坑东北角两壁各有一排梯形脚窝，底宽 20、高 20、进深 10 厘米。木质葬具已朽，为一椁一棺。椁长 3.6、宽 1.4、残高 0.9 米，棺长 2.2、宽 0.8、残高 0.6 米。棺内人骨腐朽，头朝东，面向北，仰身直肢葬。随葬器物放置于棺内的有铜镜、铜钱、铜熏炉、玉窍塞、口含玉蝉，铜礼器鼎、壶、盆、盘及铜熏炉和铁带钩等放置于脚端棺椁之间器物箱内，铁壶放置于墓底西端器物箱内（图四〇、四一）。

图四一　南马墓地棠悦生活区工地 M368（西→东）

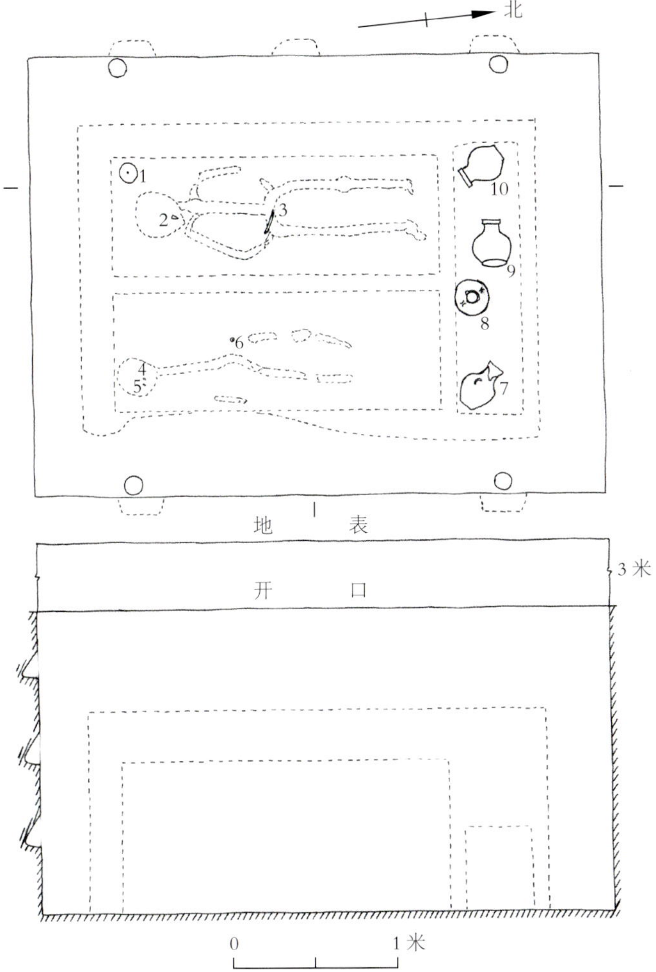

图四二　南马墓地棠悦生活区工地 M1179 平、剖面图

1. 铜镜　2. 口含玉蝉　3. 铜带钩　45. 玉窍塞　6. 铜钱　7、8. 瓷壶　9、10. 陶壶

8. 南马墓地棠悦生活区工地 M1179

M1179 为长方形竖穴土坑双人合葬墓，方向 185°。墓葬口底相同，长 3.5、宽 2.6 米，口至底深 1.8、地表至底深 4.8 米。墓坑填黄褐色五花土，土质较硬，夯层厚 12 ~ 14 厘米。夯窝为圆形，平底，直径 6 厘米。墓坑东南角两壁各有一排梯形脚窝，底宽 20、高 20、进深 10 厘米。木质葬具已朽，两人共用一椁，各自一棺。椁长 2.8、宽 1.7、残高 1.2 米。两棺东西并列，大小相同，棺长 2、宽 0.7、残高 0.9 米。棺内人骨腐朽，东西平行并列，头朝南，仰身直肢葬。铜镜、铜带钩、口含玉蝉放置于右侧棺内，玉窍塞、铜钱放置于左侧棺内，墓底北端棺椁之间器物箱内各有 2 件陶壶和瓷壶（图四二、四三）。

图四三　南马墓地棠悦生活区工地 M1179（北→南）

9．范家墓地淄江花园 K 组团工地 M393

M393 为长方形竖穴土坑砖椁墓，方向 95°。墓坑口底相同，长 2.7、宽 1.1 米，口至底深 2.2、地表至底深 5.4 米。墓坑填黄褐色五花土，土质一般。墓坑南、北两壁各有一排脚窝，底宽 22、高 20 ~ 24、进深 10 厘米。墓底棺外为砖椁，先用方砖铺底，其上四周用 10 块方砖侧立垒砌，组成砖椁，砖椁上部有朽木痕迹。砖椁内有木质葬具一棺，长 1.7、宽 0.46、残高 0.42 米。棺内人骨保存较好，头朝东，面向北，仰身直肢葬。贝壳、陶弹丸放置于棺内（图四四、四五）。

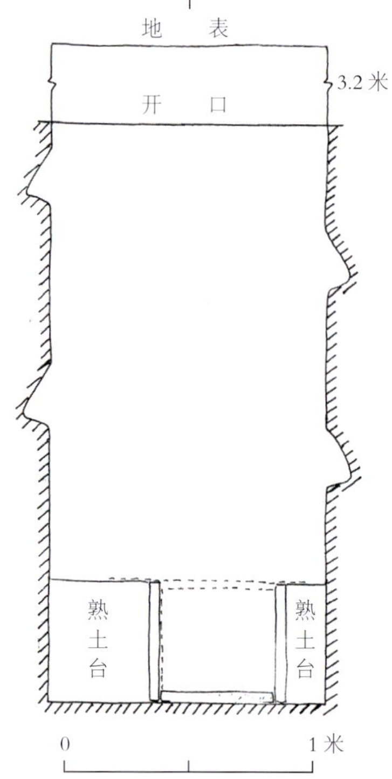

图四四　范家墓地淄江花园 K 组团工地 M393 平、剖面图

1. 陶弹丸　2. 贝壳

图四五　范家墓地淄江花园 K 组团工地 M393（西→东）

10. 徐家墓地凤凰城二期工地 M368

M368 为长方形竖穴土坑砖椁墓，方向 103°。墓坑口底相同，长 2.94、宽 1.5 米，口至底深 2.1、地表至底深 5.5 米。墓坑填黄褐色五花土，土质较为松散。墓坑西南角西南两壁各有一排脚窝，底宽 22、高 20 ~ 24、进深 10 厘米。墓底用青砖砌筑砖椁，平面呈长方形，长 2.94、宽 1.5、高 0.8 米。构筑时先在墓底斜平铺一层地砖，其上四周青砖砌筑，东端和南、北两侧底部用三层立砖斜砌成“之”字形，上部再平铺三层顺砖，西端在南、北两侧砖椁之间用单砖平铺垒砌而成。砖椁内有木质葬具，一棺，长 2.1、宽 0.84、残高 0.5 米。棺内人骨腐朽，头朝东，仰身直肢葬。铜镜、铜钱放置于棺内，铜镜用圆形漆盒盛装，在棺外西端有陶盖壶和动物骨骼，动物盛装在木箱内（图四六、四七）。

图四六　徐家墓地凤凰城二期工地 M368（西→东）

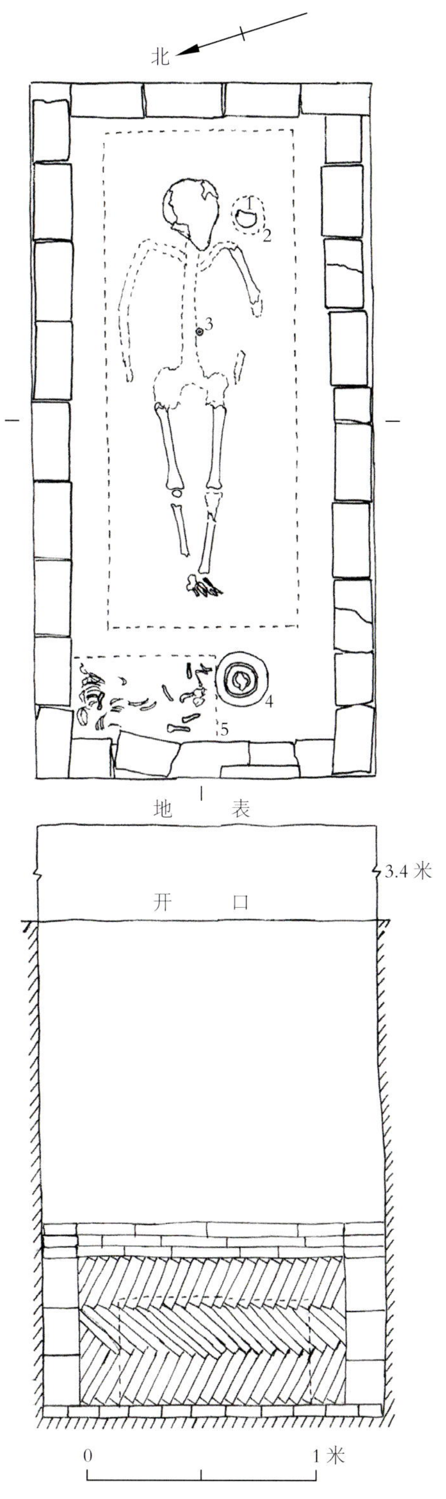

图四七　徐家墓地凤凰城二期工地 M368 平、剖面图

1. 铜镜　2. 漆盒（朽）　3. 铜钱　4. 陶壶　5. 木箱兽骨

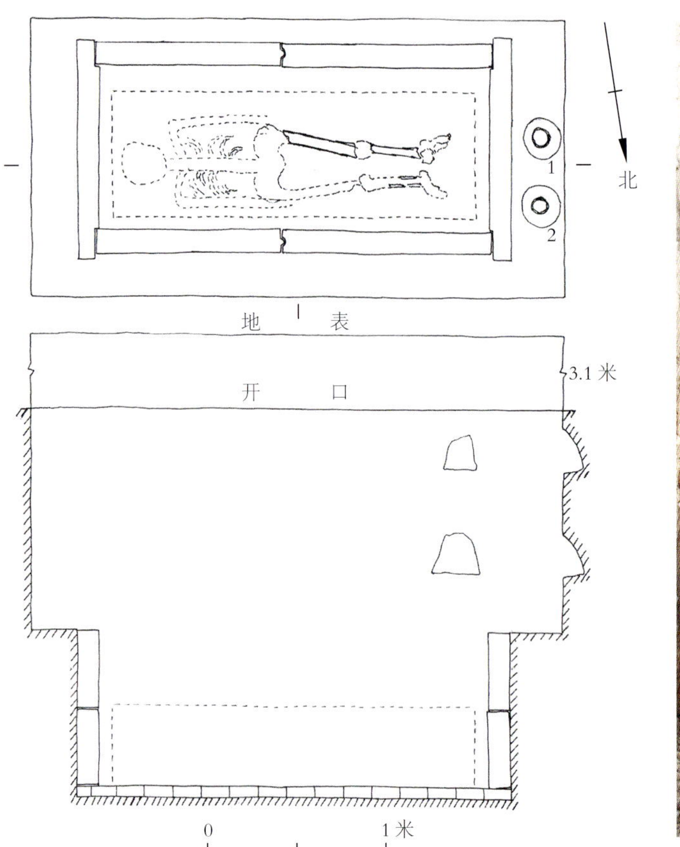

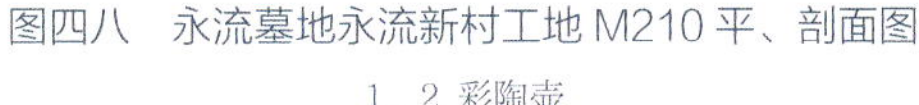
图四八　永流墓地永流新村工地 M210 平、剖面图
1、2. 彩陶壶

图四九　永流墓地新村工地 M210（西→东）

11. 永流墓地新村工地 M210

M210 为长方形竖穴土坑空心砖椁墓，方向 98°。墓坑口底相同，长 2.74、宽 1.5 米，口至底深 2.04、地表至底深 5.14 米。墓坑填黄褐色五花土，土质较为松散。墓坑西南角西、南两壁各有一排脚窝，底宽 18 ~ 24、高 15 ~ 22、进深 10 厘米。墓底四周有生土二层台，宽 0.12 ~ 0.3、高 0.9 米。四周空心砖紧贴于生土二层台里侧，平面呈长方形，长 2.44、宽 1.14 米，高与二层台齐平，为 0.9 米。墓底斜平铺一层小砖，然后四周用 12 块空心砖侧立砌筑，结合部为凹槽榫口相扣合，结构规整，空心砖里侧有模印的双龙纹，长 1.18、宽 0.42、厚 0.12 米。砖椁内有木质葬具一棺，长 1.94、宽 0.67、残高 0.44 米。棺内人骨腐朽，头朝东，仰身直肢葬。随葬器物有彩陶壶 2 件，放置于西端生土台面上（图四八、四九）。

12. 徐姚墓地新村建设工地 M1372

M1732 为长方形竖穴土坑石椁墓，方向 98°。墓坑口底相同，长 2.84、宽 1.3 米，口至底深 3.8、地表至底深 6.8 米。墓坑填黄褐色五花土，土质结构较为紧密。墓坑西北角西、北两壁各有一排梯形脚窝，底宽 26、高 24、进深 12 厘米。墓底石椁平面呈长方形，长 2.68、宽 1.06、高 1.1 米。墓底铺 3 块长方形石板，然后四周用 4 块石板侧立砌筑，上面有 3 块石板横向封盖，结构规整。石椁内有一棺，长 2.1、宽 0.82、残高 0.6 米。棺内人骨腐朽，呈粉末状，头朝东，仰身直肢葬。随葬器物有铜镜、铜带钩，放置于棺内头骨左侧（图五〇、五一）。

图五〇　徐姚墓地新村建设工地 M1372（西→东）

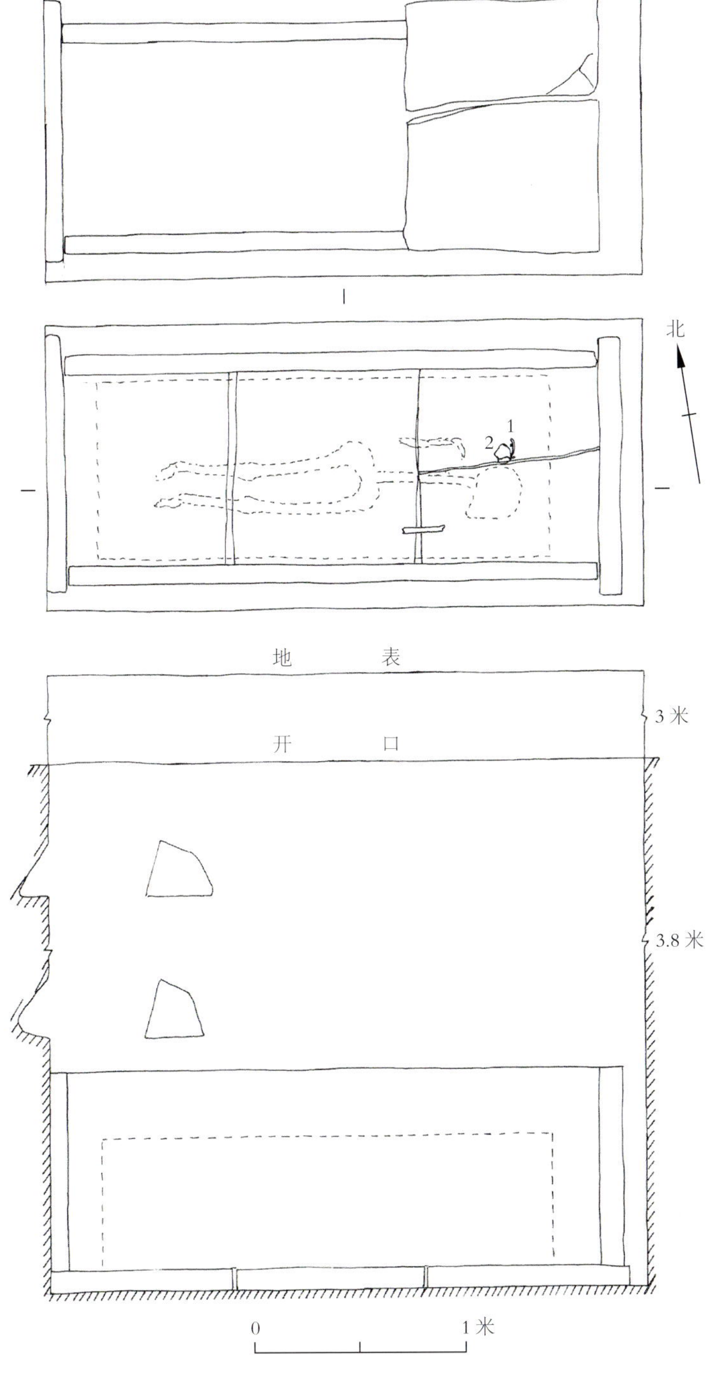

图五一　徐姚墓地新村建设工地 M1372 平、剖面图

1. 铜带钩　2. 铜镜

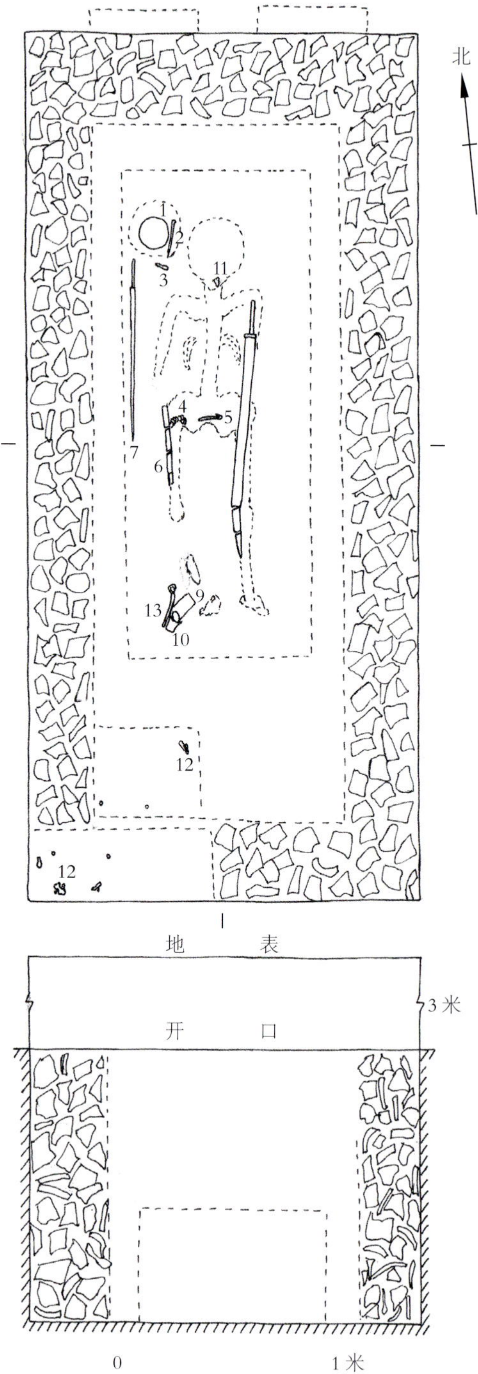

图五二 南马墓地珑悦工地 M345 平、剖面图

1. 铜镜 2. 支架 3. 车马饰件 4. 铜钱 5. 铜带钩 6. 铁匕首 7、8. 铁剑 9. 石板 10. 铜铃 11. 口含玉蝉 12. 漆盒饰 13. 铁刀削

13. 南马墓地珑悦工地 M345

M345 为长方形竖穴土坑瓦砾墓，方向 5°。墓坑上部被毁，形制不清，仅存底部。墓长 3.8、宽 1.8 米，口至底深 1.2、地表至底深 4.2 米。墓坑充填较为纯净的瓦砾。木质葬具已朽，为一椁一棺。椁长 3.04、宽 1.14 米，残高不详，棺长 2.14、宽 0.86、残高 0.5 米。棺内人骨腐朽，头朝北，仰身直肢葬。随葬器物较为丰富，放置于棺内的有铜镜、铜钱、铜带钩、铜铃、铁剑、铁匕首、铁刀削、石板以及车马饰件等。铜镜下面有苇席印痕，椁外南端有一长方形彩绘漆盒（图五二、五三）。

图五三 南马墓地珑悦工地 M345（南→北）

14. 南马墓地珑悦工地 M384

M384 为长方形竖穴土坑沙石墓，方向 8° 。墓坑上部被毁，仅保存下部，中间窄，两端宽，口大底小。墓口长 4.8、宽 2.2 ~ 2.4 米，底长 4.3、宽 2 米，口至底深 2.8、地表至底深 5.8 米。墓坑内用细沙和河卵石混合充填。木质葬具腐朽，保留较多的红彩漆皮。葬具为一棺，棺长 2.24、宽 0.86、残高 0.3 米。棺内人骨腐朽，头朝北，仰身直肢葬。随葬器物较为丰富，放置于棺内的有铜镜、铜钱、铜带钩、铜铃、铁剑、铁匕首。棺外南端有长方形彩绘漆盒，内盛有兽骨和陶罐（图五四、五五）。

图五四　南马墓地珑悦工地 M384（南→北）

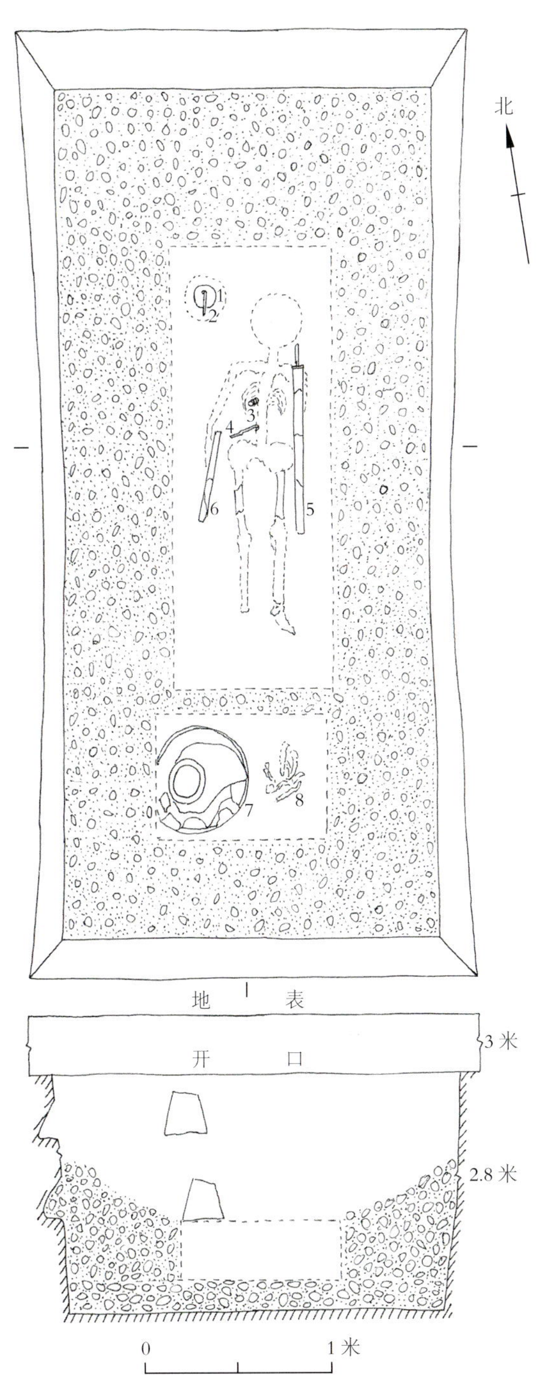

图五五　南马墓地珑悦工地 M384 平、剖面图

1. 铜镜　2. 支架　3. 铜钱　4. 铜带钩　5. 铁剑　6. 铁匕首　7. 陶罐　8. 兽骨

15. 范家墓地淄江花园北二区工地 M294

M294 为长方形竖穴土坑瓮棺墓，方向 10°。墓坑长 1.9、宽 0.8 米，口至底深 0.9、地表至底深 3.9 米。墓坑填黄褐色五花土，土质较为松散。墓底 2 件陶瓮对接组成瓮棺，棺内人骨保存较好，头朝北，面向上，仰身直肢葬。随葬陶罐 1 件，放置于墓底南端瓮棺外侧（图五六～五八）。

图五七　范家墓地淄江花园北二区工地 M294（南→北）

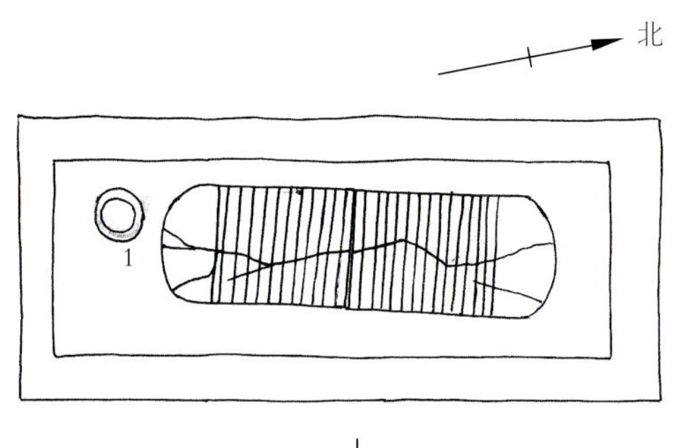

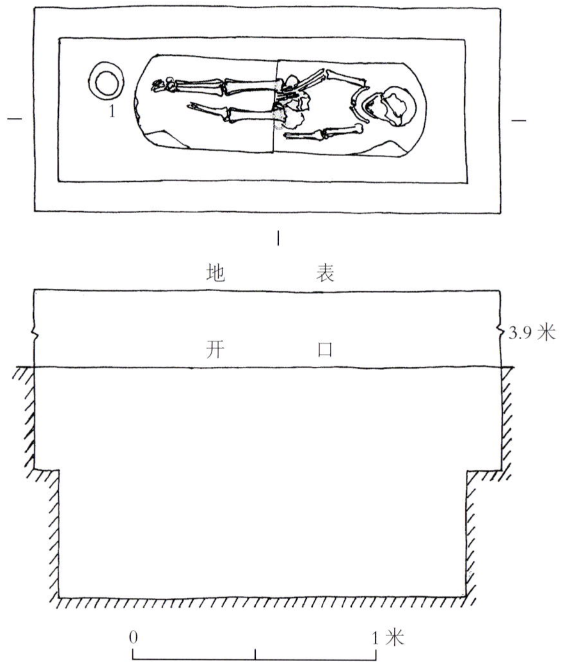

图五六　范家墓地淄江花园北二区工地 M294 平、剖面图

1. 陶罐

图五八　范家墓地淄江花园北二区工地 M294（南→北）

16. 刘家墓地棕榈城一期工地 M426

M426 为长方形竖穴土坑墓，方向 192° 。墓长 2.8、宽 1.3 米，口至底深 1.6、地表至底深 8.3 米。墓坑填黄褐色五花土，土质较硬，夯层 21 ~ 25 厘米。夯窝为圆形，平底，夯径 6 厘米。墓坑残存底部，脚窝位置不详。墓底四周有生土二层台，宽 0.12 ~ 0.2、高 1 米。葬具为一棺，长 1.86、宽 0.58 ~ 0.7、残高 0.5 米。棺内人骨腐朽，头朝南，仰身蜷屈葬。随葬器物有陶壶、陶罐、陶碗，放置于棺外北端二层台下面（图五九、六〇）。

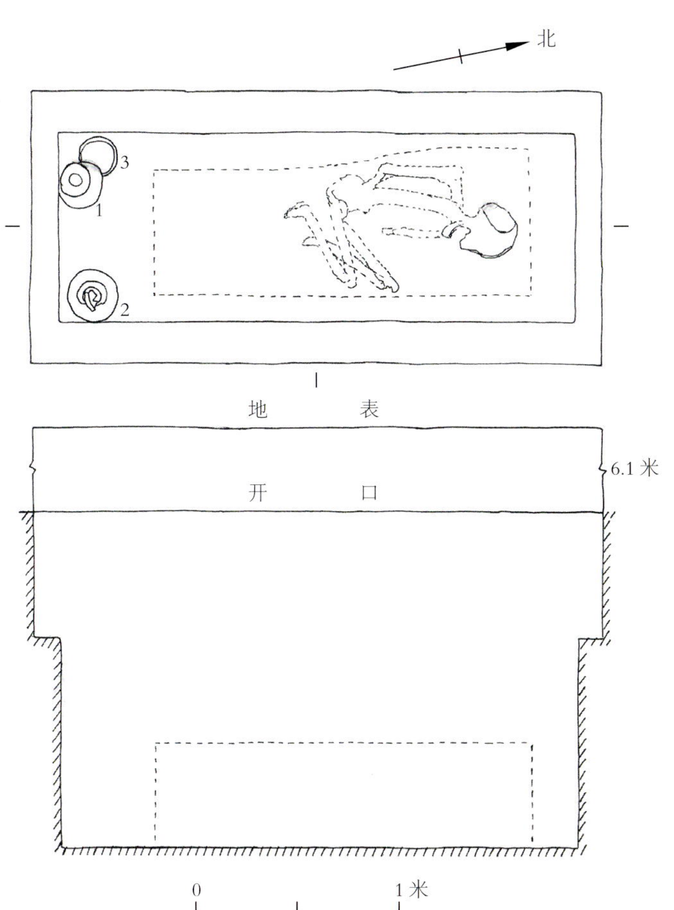

图五九 刘家墓地棕榈城一期工地 M426 平、剖面图

1. 陶壶 2. 陶罐 3. 陶碗

图六〇 刘家墓地棕榈城一期工地 M426（北→南）

17. 范家墓地淄江花园 K 组团工地 M498

M498 为长方形竖穴土坑墓，方向 85° 。墓长 2.4、宽 1.2 米，口至底深 3、地表至底深 6 米。墓坑填黄褐色五花土，土质一般。墓坑西北角西、北两壁有相对的两排脚窝，底宽 20、高 18 ~ 20、进深 10 厘米。墓底两侧有生土二层台，宽 0.14、高 1.2 米。葬具为一棺，长 1.9、宽 0.8、残高 0.6 米。棺内人骨保存一般，头朝东，面向北，仰身，两下肢略向右弯屈。铜镜、铜钱放置于棺内头部和盆骨上部，墓底西南角脚端棺外发现一具动物骨骼（图六一、六二）。

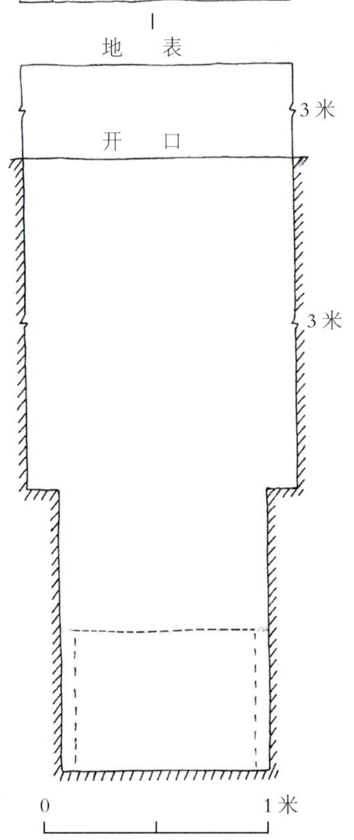

图六一 范家墓地淄江花园 K 组团工地 M498 平、剖面图
1. 铜镜 2、3. 铜钱 4. 兽骨

图六二 范家墓地淄江花园 K 组团工地 M498（西→东）

18. 范家墓地淄江花园 J 组团工地 M442

M442 为长方形竖穴土坑墓，方向 95°。墓坑残存下部，口大底小，墓口长 2.5、宽 1.2 米，墓底长 2.1、宽 0.96 米，口至底深 1.5、地表至底深 8 米。墓坑填黄褐色五花土，经夯打，土质较硬，夯层厚 12 ~ 14 厘米，夯面平整，夯窝不清。墓底西端有生土二层台，宽 0.12 ~ 0.2、高 1.1 米。位于墓坑西北角有一壁龛，龛底与二层台齐平，台宽 0.8、进深 0.3 米。葬具为一棺，长 1.9、宽 0.8、残高 0.7 米。棺内人骨腐朽，头朝东，面向上，仰身直肢葬。铜镜放置于棺内头部右上部，墓底西端二层台上有彩陶壶 1 件，壁龛内发现一具动物骨骼（图六三、六四）。

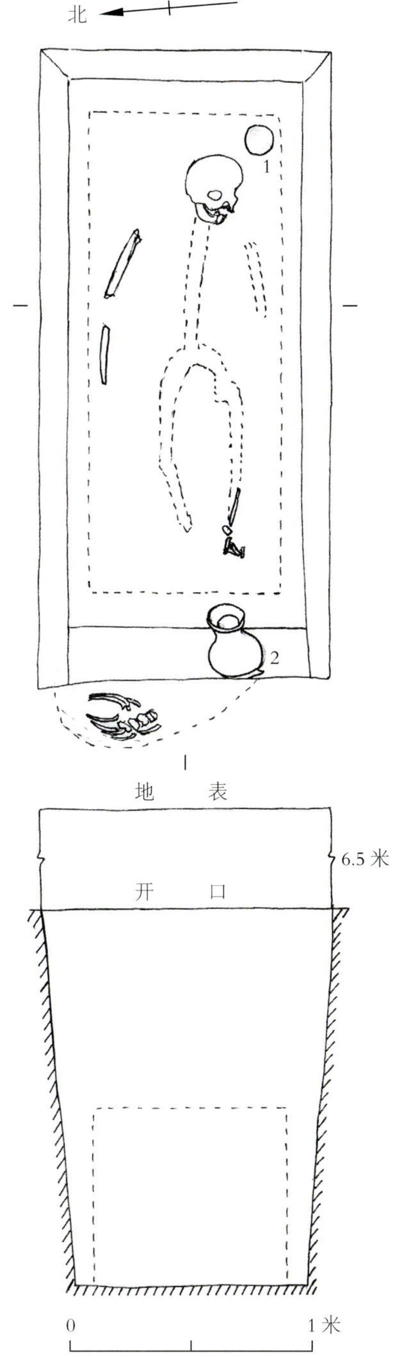

图六四　范家墓地淄江花园 J 组团工地 M442 平、剖面图
1. 铜镜　2. 彩陶壶

图六三　范家墓地淄江花园 J 组团工地 M442（西→东）

19. 范家墓地淄江花园 J 组团工地 M314

M314 为长方形竖穴土坑墓，方向 98°。墓坑上部被毁，仅残存底部，墓长 2、宽 0.9 米，口至底深 0.5、地表至底深 7.1 米。墓坑填黄褐色五花土，土质松散。葬具为一棺，棺底铺一层白石灰，棺长 1.9、宽 0.6、残高 0.4 米。棺内人骨保存良好，头朝东，面向北，仰身直肢葬。铜镜置于棺内左下角漆盒内（图六五、六六）。

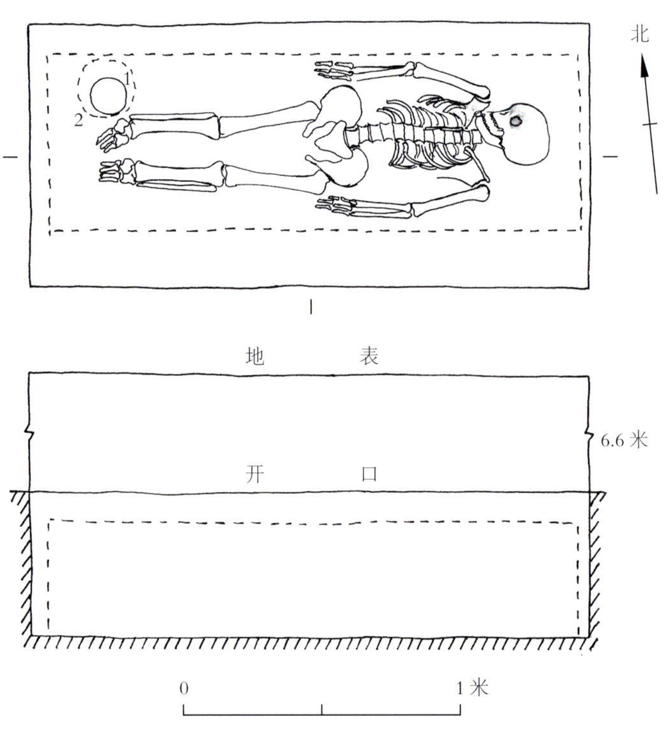

图六五　范家墓地淄江花园 J 组团 M314 平、剖面图

1. 铜镜　2. 漆盒

图六六　范家墓地淄江花园 J 组团工地 M314（西→东）

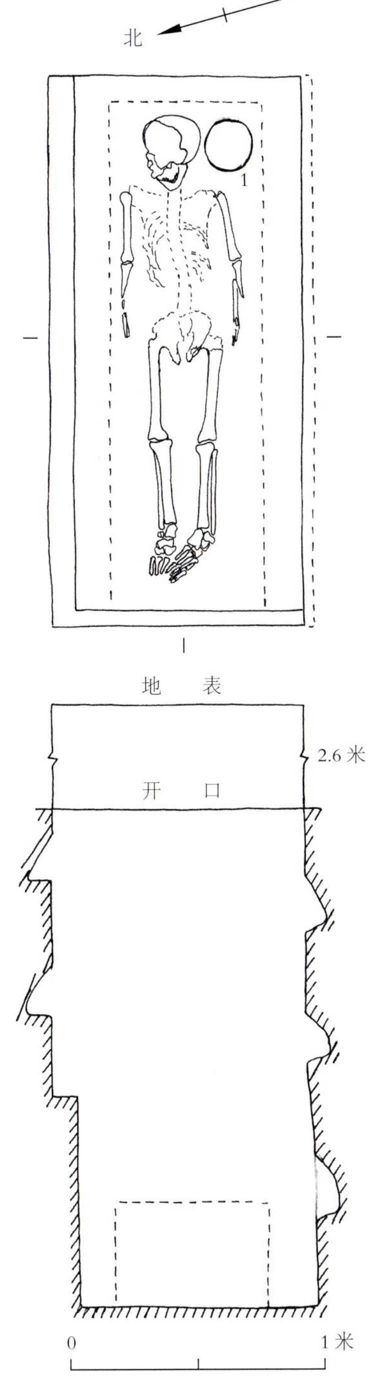

图六七　刘家墓地棕榈城工地 M15 平、剖面图

1. 铜镜

20. 刘家墓地棕榈城工地 M15

M15 为长方形竖穴土坑墓，方向 115°。墓坑口小底大，墓口长 2.1、宽 1 米，底长 2.1、宽 1.04 米，口至底深 1.9、地表至底深 4.5 米。墓坑填黄褐色五花土，土质松散。墓坑南、北两壁各有一排脚窝，底宽 24、高 20 ~ 24、进深 8 ~ 10 厘米。墓底西北两侧有生土二层台，宽 0.06 ~ 0.1、高 0.8 米。葬具为一棺，棺长 2、宽 0.6、残高 0.4 米，棺底铺一层草木灰。棺内人骨保存一般，头朝东，仰身直肢葬。铜镜置于棺内头骨右侧，有漆盒盛装的痕迹（图六七、六八）。

图六八　刘家墓地棕榈城工地 M15（西→东）

21. 范家墓地淄江花园K组团工地M641

M641为长方形竖穴土坑墓，方向5°。墓坑长2.5、宽0.9米，口至底深1.7、地表至底深3.8米。墓坑填黄褐色五花土，土质松散。墓坑东、西两壁各有一排相对的脚窝，底宽32、高22、进深10～14厘米。葬具为一棺，长2.4、宽0.76、残高0.6米。棺内人骨保存较好，头朝北，面向上，仰身屈肢葬，张口，两下肢分别向外弯屈。铜钱置于棺内盆骨处，陶壶放于东南角棺顶（图六九、七〇）。

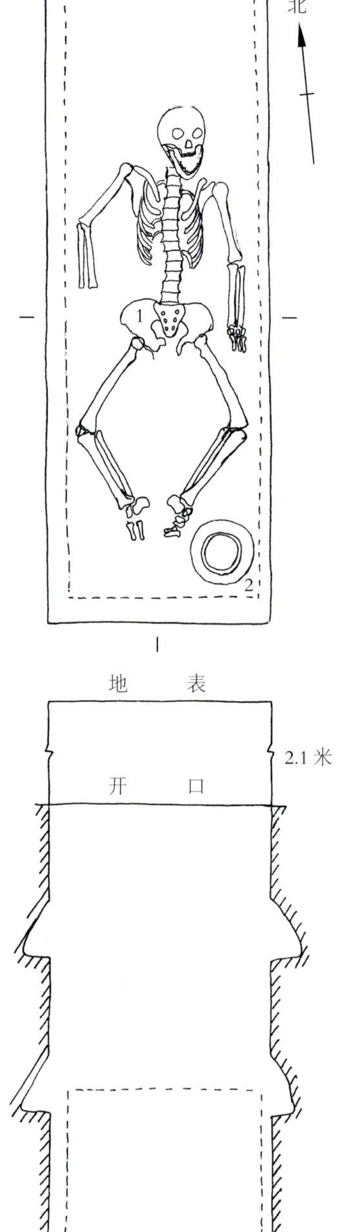

图六九 范家墓地淄江花园K组团工地M641平、剖面图

1. 铜钱 2. 陶壶

图七〇 范家墓地淄江花园K组团工地M641（南→北）

22. 徐家墓地凤凰城三期工地 M338

M338 为长方形竖穴土坑墓，方向 8°。墓坑残存底部，长 2、宽 0.8 米，口至底深 0.8、地表至底深 3.3 米。墓坑填黄褐色五花土，土质松散。葬具为一棺，长 1.7、宽 0.6、残高 0.4 米。棺内人骨保存较好，头朝北，面向东，仰身屈肢葬，上肢弯屈，双手搭于左肩部。铜带钩置于棺内下肢弯屈处（图七一、七二）。

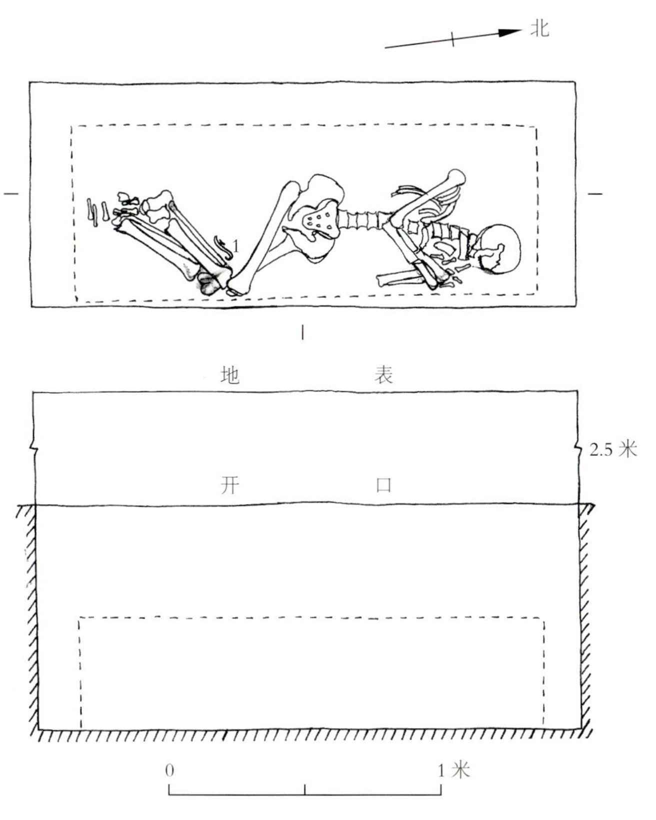

图七一　徐家墓地凤凰城三期工地 M338 平、剖面图

1. 铜带钩

图七二　徐家墓地凤凰城三期工地 M338（南→北）

23. 范家墓地淄江花园K组团工地M210

M210为竖穴土坑砖室墓，方向275°。墓葬上部被毁去3.2米，下部坑壁早年坍塌，形状不规则。墓葬由墓道、耳室、前室和后室组成。墓内砖室破坏严重，墓顶不存，残存砖壁和铺地砖局部。墓内填土松散，掺杂残碎砖块，与剩余砌筑的砖相同，应属于被盗后的二次回填土。

墓道位于墓室西部，竖穴土坑式，底呈斜坡状，坡度为16°。墓道残长12.08、宽2～2.56米，外端开口至底深0.5、里口开口至底深3.36米。

耳室位于墓道南壁中部，门洞为拱顶，宽0.72、高1.3、进深0.48米。先在墓底斜平铺单层地砖，然后用单砖错缝平铺砌筑砖壁，东、西两壁外弧，顶部毁坏，从残存迹象看应为券顶。内长3.12、中间宽1.52、残存高1.95米。与耳室相对的北壁挖有长2.2、宽0.4米的长方形缺口，用单砖平铺垒筑砖墙将缺口封住。

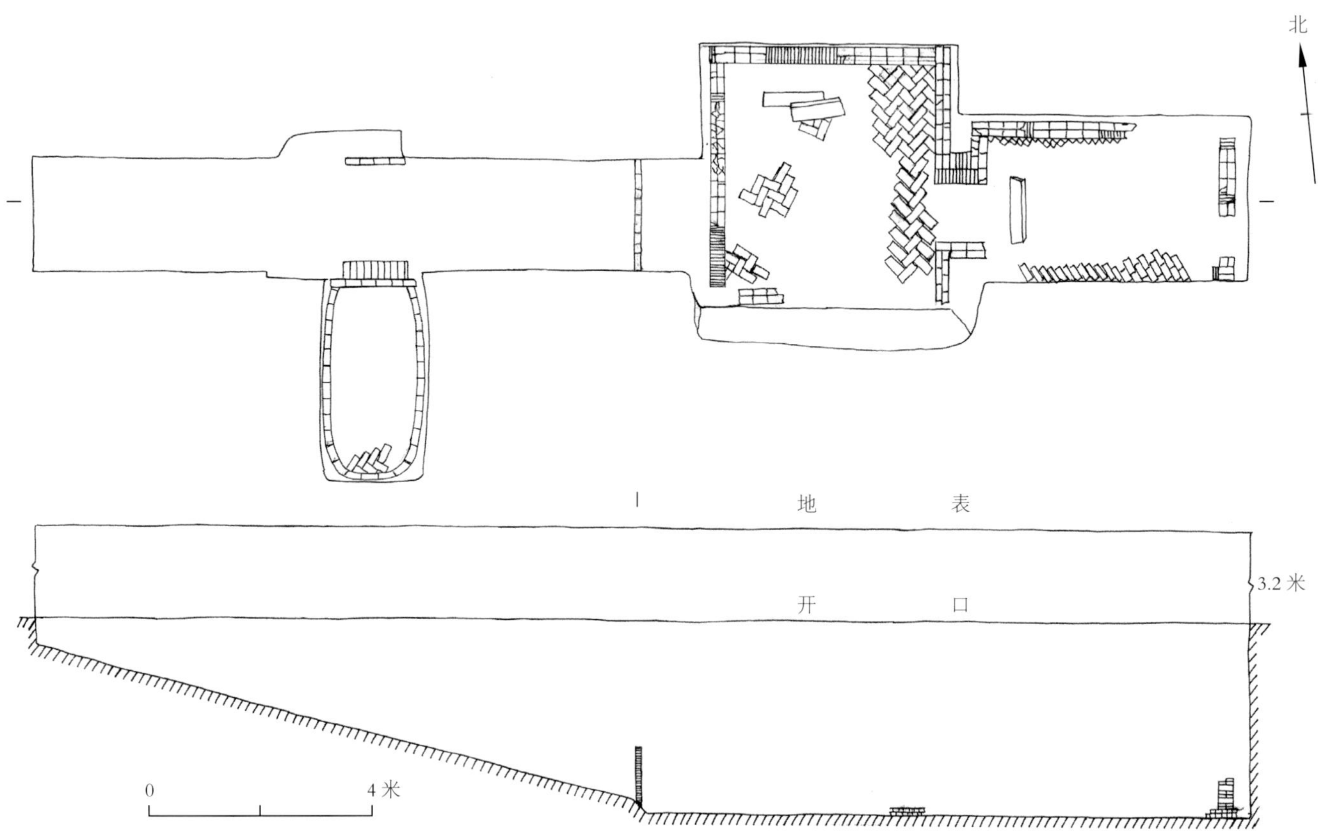

图七三　范家墓地淄江花园K组团工地M210平、剖面图

前室平面呈扁方形，南北长 4.48、东西宽 3.68 米。破坏严重，残存西壁和铺地砖，三面墙体及顶均不存在。铺地砖为两层，上层错缝平铺，呈“人”字形，其上用二顺一丁逐层垒砌墙体。西墙留有门洞并与墓道相对应，门洞为半圆形券顶，宽 1、高 1.52 米。门洞前单砖平铺垒砌一道砖墙封住门洞。

后室平面呈长方形，墙体破坏严重，长宽不详。从残存情况看，结构同前室。后室西壁有一门道与前室相连，门道宽 0.96、进深 0.96 米。

由于盗扰严重，随葬器物和墓主骨骼皆已不存（图七三、七四）。

24. 范家墓地淄江花园峰尚国际工地 M79

M79 为竖穴土坑砖室墓，墓葬上部被毁去 3 米，残存高度 1.62 米。由墓道、门洞、墓室组成，方向 172°。墓内砖室破坏严重，墓顶无存，残存墙体底部和铺地砖。填土为黑褐色五花土，掺杂较多与墓内砌筑相同的碎砖块，属于盗掘后的二次回填土。

墓道位于墓室南部，呈斜坡状，坡度为 21°。墓道残长 3.8、宽 1.5 米。

门洞东、西墙体采用平铺和侧立混合垒砌而成，平铺一层铺地砖，门洞前用单砖平铺垒砌一道砖墙。门洞宽 0.98、

图七四　范家墓地淄江花园 K 组团工地 M210（东→西）

图七五　范家墓地淄江花园峰尚国际工地 M79（北→南）

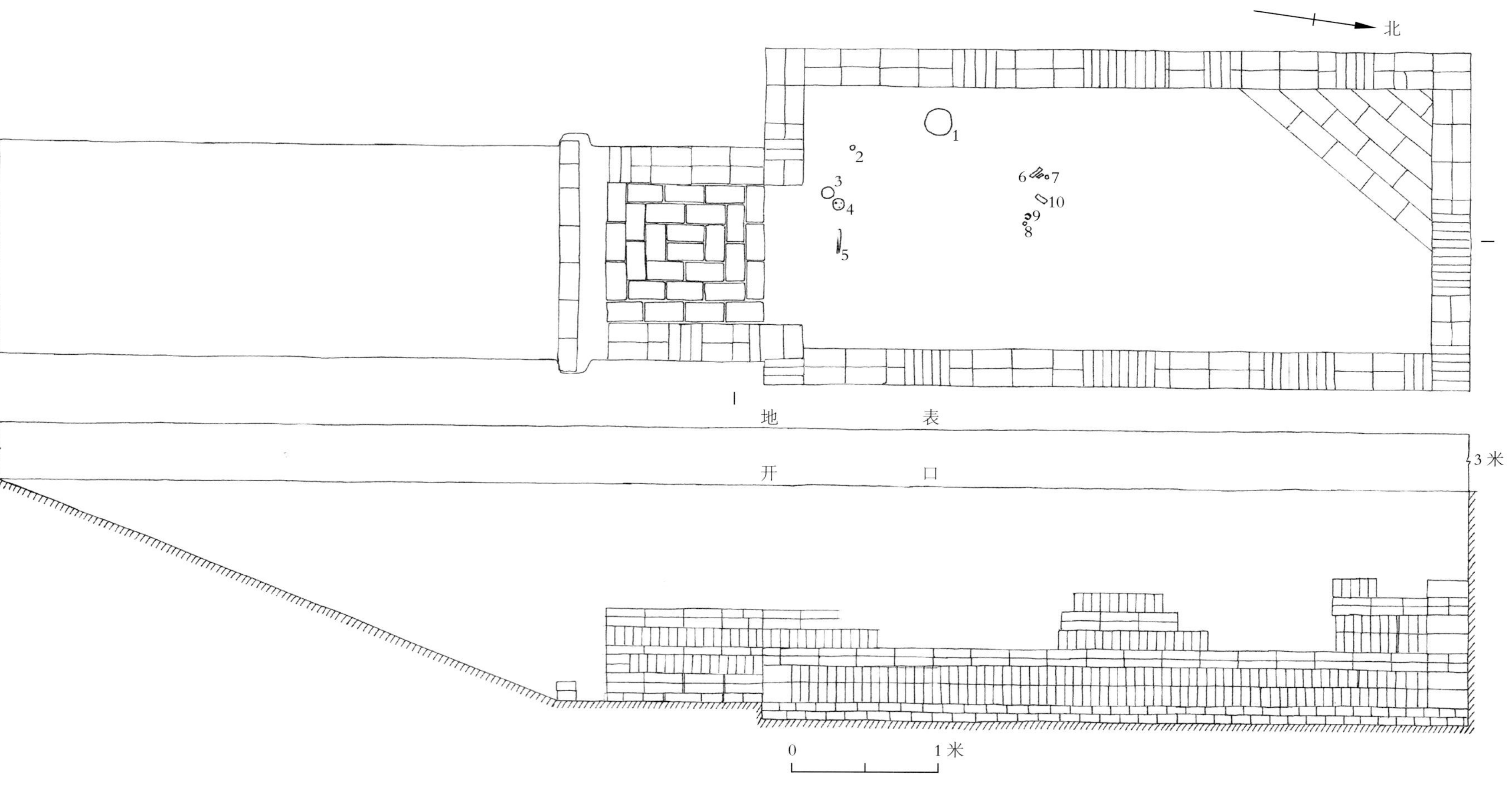

图七六 范家墓地淄江花园峰尚国际工地M79平、剖面图

1. 铜盂 2. 铜泡 3、4. 铁灯碗 5、6. 铜刀削 7、8. 铜钱 9. 铜环 10. 铜剑璏

进深 1.1 米。

墓室平面呈长方形，南北长 4.28、东西宽 1.84 米。先铺两层铺地砖，然后四面垒砌墙体，铺地砖从墓室一角斜对角错缝平铺，墙体采用二顺二丁逐层砌筑。随葬器物有铜盂、铜泡、铜钱、铜环、铜剑璏、铜刀削、铁灯碗等，散落于墓室南部。棺椁和墓主骨骼均不存（图七五、七六）。

25. 金岭镇一号东汉墓

金岭镇一号东汉墓由墓道、东西耳室、前室、后室和环绕后室的三面回廊组成。封土残存形状为圆台状，夯筑而成，夯层清晰，土质坚硬。斜坡状墓道，两侧呈阶梯状内收，长约 40 米。封门砖以内至前室间为甬道。甬道平面呈长方形，顶部已塌陷，从残存情况看，应为券顶。甬道两侧各有一耳室，结构相同，保存较好，平面皆呈长方形，周砌砖墙；均为券顶，底部铺砖。主室与甬道间为前室，前室平面呈横长方形，券顶，墓底铺砖。后室为墓葬的主体部分，平面为长方形，券顶。前、后室券顶皆为三层砖起券。围绕后室左、右及后面有三面回廊相连通，左、右回廊的入口都与前室相通。回廊保存基本完好，全长 32.8 米，双层砖起券。墓室被盗扰，主室遭严重破坏，棺椁葬制不明。主室内还出土银缕玉衣片。从墓葬规模、结构和出土的玉衣片判断该墓为东汉齐国诸侯王墓。

该墓虽扰乱严重，仍出土 160 余件随葬器物。陶器有鼎、罐、甑、壶、瓮、魁、盒、尊、奁、案、耳杯、仓、灶、井、厕所、风车推磨、楼、厩、镇墓兽等。铜器有灯、带钩、镦、承弓器、牌饰、合页、铺首衔环、锯齿形器、盖弓帽、铜泡及各类构件。玉器有璧、环、璜、璏、格、剑首、窍塞等。另有钱币、石器和画像石等[1]。

六　铜镜的分类与特征

临淄战国、汉代墓葬内出土了 6100 余面铜镜，其中战国墓葬出土 100 余面，两汉墓葬时期 6000 余面。根据铜镜的镜体、主题纹饰及铭文的不同，可分为 17 类。

（一）透雕纹镜

透雕纹镜出土数量较少，是一种独具特色的复合式铜镜，即镜面和镜背分别铸造。镜面是较薄的平铜片，镜背铸造成透雕形图案作为装饰，镜面略小于镜背，嵌入镜背凸起的边缘内，然后铆合为一体，组配成整镜。透雕镜纹饰图案精美，制作精致。据镜体的不同，分圆形和方形两种。

圆形镜发现较少，镜体直径较大，镜背有一周宽弦纹将纹饰分隔为内、外两区。内区在几何三角、圆涡状云雷地纹上饰四蟠螭，四蟠螭均匀分布，同向环绕，作奔跑状。外区饰一周连续的勾连云纹。

方形镜镜体大小不一，主纹由八龙或四龙组成，镜背均为桥形纽，圆纽座。主纹为八龙的，龙身躯呈扁圆形，相互蟠曲回旋缠绕在一起，纹饰复杂。主纹为四龙的，

[1] 山东省文物考古研究所：《山东临淄金岭镇一号东汉墓》，《考古学报》1999 年第 1 期。

龙纹形态各异，龙身躯呈S或“8”字形弯曲，构图简洁，流畅生动。依据墓葬资料推断，这类铜镜应属战国中晚期。

（二）四山镜

“山”字纹镜根据纹饰特征可分两种，一种为凹面“山”字纹，另一种为重线“山”字纹。

凹面四山镜，三弦纽或桥形纽，方纽座，座外为宽凹面方格带。方格带外四角向外伸出四组桃形花叶，每组两叶，上下排列，分别将四山隔开。地纹较稀疏，饰羽状纹或勾连云纹，主纹为四个左旋的“山”字，“山”字底边与方框底边平行排列。

重线四山镜，结构与凹面四山镜基本相近，唯一不同的是重线“山”字镜与凹面“山”字镜在于“山”字的构成不同，凹面“山”字由宽体凹弧面组成，而重线“山”字镜的“山”字由数条短线构成，看起来象数个重合的“山”字形。四山镜是战国时期最流行的镜类，与其他同时期镜类相比，出土的数量相对较多。

（三）云雷纹镜

战国时期云雷纹铜镜，三弦纽，圆纽座，纽座外一周宽凹弧面圈带。圈带外两周绹索状弧弦纹之间饰主纹，由圆涡纹和两个长边相对的三角纹组成的云雷纹，三角纹由一大一小两个重三角组成。纹饰交错网状密集排列，组成规整的云雷纹。宽素缘，边缘上卷。

汉代铜镜的装饰手法发生了变化，出现了圆纽，四叶形纽座，座外云雷纹呈现出多种形式，依据镜缘的不同可分两种。一种为直角折线方形组成的云雷纹，或为近似J形的小方形云雷纹图案，其上均匀分布四枚乳丁，主纹外饰一周内向十六连弧纹，宽素缘，缘边上卷。另一种为长条小乳丁方形组成的云雷纹，有的镜体较小，在两周细线方格间装饰铭文，镜缘为内向十六连弧或二十连弧纹镜缘，此镜也被称为云雷连弧纹镜。

东汉时期的云雷纹镜一般镜体较厚，镜背装饰手法呈多样化，圆纽，纽座有圆纽座、四叶形纽座和并蒂连珠纹纽座，座外一至两周凸圈带，圈带间装饰铭文或双瓣花枝、圆圈纹，主纹由相对的弧边多重三角形或单边三角形组成一周云雷纹，组间用圆涡纹或乳丁纹相隔。宽平素缘。此类战国铜镜出土较少，西汉铜镜发现的数量逐渐增多，东汉铜镜发现较多。各时期铜镜背面装饰的云雷纹纹饰风格均有各自特点，形制也有较大差异。

（四）素面镜

战国时期素面镜出土最多，西汉早期也很常见，镜背面除了纽外，没有任何装饰，有圆形和方形两种，主要为圆形镜，方形镜较为少见。

圆形镜镜体较薄，镜面平整，镜纽一

般较小，有弓形纽、桥形纽和弦纹纽。弓形纽极少见，纽比较窄，纽孔小，近似圆形。桥形纽比弓形纽要短，但纽鼻略厚，纽孔拱起，呈桥形。弦纹纽一般在纽的上部铸有三条凸起的弦纹，称之为三弦纽。战国晚期墓葬中未见弓形纽、桥形纽的素镜，可见这两类纽的素镜主要流行于战国早中期。三弦纽比上述两种纽都要宽，纽两端与镜面结合处逐渐变宽，显得更加坚固，缘边略厚。

素方镜较为少见，呈方形或近似方形，桥形纽，四边缘略厚，锈蚀严重，断裂，略有残缺。

此类镜从战国早期一直沿用到西汉前期。

（五）弦纹镜

弦纹镜在战国、汉代都有发现，但数量并不多。镜体均为圆形，一般以镜纽为圆心在镜背装饰一周或两周以上的弦纹，可分凹弦纹和凸弦纹两种。凹弦纹镜一般形体较大，为宽凹弧面弦纹。凸弦纹为细线弦纹。商王墓地发现的弦纹镜，镜背均饰有三周宽凹弦纹，出土时均以红彩为地，用黑、银等色绘制图案，但已模糊不清。汉代出现了镜背连峰纽和镜背无纽的铜镜，或在镜缘一侧安装镂空的短柄，内向连弧纹缘。

（六）龙纹镜

临淄战国时期透雕镜类中的龙纹镜前已介绍。

临淄汉代墓葬中不见透雕龙纹镜，除临淄大武西汉齐王墓陪葬坑出土的浅浮雕大方镜外，其余铜镜均为圆形。西汉时期铜镜一般为三弦纽，纽外一周凹弧面圈带，圈带外弦纹间圆涡云雷地纹上饰四乳四龙纹，也有二龙、三龙或八龙纹，宽素卷缘，个别的为内向连弧纹缘。作为主纹的龙形纹，造型多样，龙首有凸起的双目，有龙口大张，吐舌，露牙，有的龙首后部伸出犄角，身躯一般细长，多作S形弯曲，卷尾。

范家墓地淄江花园D区M996出土的铜镜，镜体较大，三弦纽，圆纽座。座外圆涡地纹上饰两条龙形纹，两龙首相对，龙身弯曲，尖尾。其外两圈短线纹之间有一周宽凹弧面圈带。主纹为内向八连弧纹叠压在圆涡状云雷地纹和夔龙纹之上。每个连弧间各有夔龙一条，八条夔龙作环绕式同向排列。龙首靠近外缘，张口，露牙，圆目，凸珠，每条龙有两身躯。一身躯弯曲叠压交叉呈“8”字形回转，两龙足弯曲前伸，身躯末端与另一龙的身躯末端相背同向弯曲。另一身躯弯曲细长，叠压在另组一龙的菱形纹的身躯上面，龙尾下卷。这面铜镜工艺精湛，纹饰表现丰富生动，造型比较独特，在已发现的龙形纹镜中较为罕见。

东汉时期的龙纹镜镜体较厚，纹饰表现手法发生了根本变化。圆纽，纽座外一周凸圈带，两周短斜线纹间饰主纹，主纹为四乳四龙纹。乳丁间四龙右向环绕，龙首头顶单角，身躯前倾，龙尾下垂，尖尾上翘，富于动感。宽平素缘。

此类铜镜与同时期其他镜类相比，数量不多，多属于西汉早期，东汉时期的并不多见。

（七）连弧纹镜

连弧纹镜属于西汉早期新出现的镜类，出土数量不多。镜背有两种不同的装饰手法，一种为圈带连弧纹镜，三弦纽，纽外有两周凹弧面圈带，外宽凹弧面弦纹圈带上均匀分布着四枚乳丁，在靠近镜缘的凹弦纹内侧饰内向连弧纹。另一种为细凸弦连弧纹镜，三弦纽，纽外一周凹弧面圈带，近缘处一周凸弦纹，凹弧面圈带与弦纹之间装饰单线内向连弧纹。此类铜镜出现并流行于西汉早期。

（八）连珠纹镜

连珠纹镜出土较少。圆纽，外向连弧纹纽座，有与纽座相对应的连珠纹。平缘。此类铜镜年代为西汉中期。

（九）花叶纹镜

用花叶作为铜镜装饰在战国时期比较常见，多用羽状纹或云雷纹作为地纹，其上用三叶纹、四叶纹以及多叶纹作为主体纹饰，花叶一般为桃形或长叶形。此次整理的花叶纹镜均属汉代，虽然数量不多，但镜背纹饰较为丰富，有圈带花叶镜、方格铭花叶镜及四叶纹镜。

圈带花叶镜，三弦纽，纽外两周凹弧面圈带，外圈带均匀分布四枚乳丁，乳丁围以四桃形花瓣，大部分乳丁间装饰重叠式双叶纹，有的在双叶间伸出一花苞。方格铭花叶镜，镜钮有圆纽或伏兽纽，纽外四面有宽凹弧面圈带和方形铭框，铭框外四面各有一枚乳丁。在方形铭框的四角伸出双叶或一支花苞，多数铜镜在乳丁上或其两侧饰有双叶，双叶下垂。镜缘均为十六连弧纹缘。铭文主要内容有“长相思毋相忘常贵富乐未央”“见日之光长乐未央”等吉语。四叶纹镜，镜体较大，镜面平直，均为三弦纽，纽外一周宽凹弧面圈带，圈带外均匀分布四扁叶形纹，内向十六连弧纹缘。圈带花叶镜和四叶纹镜主要流行西汉早期，方格铭花叶镜时代稍晚，为西汉中晚期。

（一〇）蟠螭纹镜

蟠螭纹镜数量不多，前已介绍透雕蟠螭纹镜。西汉时期，透雕蟠螭纹镜已消失不见，其他种类的蟠螭纹镜数量增多。这一时期的铜镜，基本都用地纹作装饰，地纹多为圆涡状，或用斜折线云雷地纹，均为三弦纽，宽素缘，缘边上卷。根据纹饰形制的不同，主要分为蟠螭纹镜、蟠螭圈带纹镜、蟠螭菱形纹镜、蟠螭连弧纹镜。

蟠螭纹镜，主纹一般为蟠旋环绕的四螭，螭首、尾相互缠绕连接。螭近龙形，平面为浅浮雕粗线条状，螭首为比较明显的龙头形，身躯、足、尾均弯曲成各种弧形的竹节形线条。这种铜镜的纹饰与战国时期的铜镜比较接近，出土数量较少。

蟠螭圈带纹镜，纽外两周宽凹弧面圈带，主纹为四组相互缠绕的蟠螭纹，表现手法多样，有的四组蟠螭相互缠绕在一起，有的由四大四小的C形连接环绕而成，也有的蟠螭两端回卷呈S形。主纹被外周宽凹弧面圈带弦断，四枚乳丁均匀叠压在圈带上。个别镜体较大，乳丁外围以圆环，环外四个桃形花瓣或从桃形花瓣向外伸出一单体桃形叶纹，近缘处一周内向连弧纹。

蟠螭菱形纹镜，镜体一般较小，纽外一周宽凹弧面圈带，圈带外两周凹弦纹间饰主纹，根据纹饰差异，可大体分为两种。一种主纹由三螭、三菱形和三叶组成。三叶均匀分布于座外两周凹圈带间，三叶之间分别饰有一组弯曲的蟠螭和折叠状菱形纹，螭身中部多呈折叠形，螭身前后两端对称弯曲，首尾回卷。另一种由菱形和蟠螭纹组成，主纹中的蟠螭已经简化，螭身弯曲，首尾相连，有的蟠螭与折叠菱纹互相叠压相交。

蟠螭连弧纹镜，极个别的铜镜纹饰较为复杂，主纹为四组相互弯曲缠绕的蟠螭，中间被一周宽凹面内向八连弧圈带弦断。多数镜纽外一周宽凹弧面圈带，圈带与内向十六连弧纹之间饰主纹，主纹清晰简单，有四简体蟠螭纹，纹饰主要有三种表现形式：蟠螭弯曲呈S形、一正一反的C形、盘绕呈互相连接的“8”字形。此类铜镜主要流行于西汉早期，与素面镜在同时期出土数量最多。

（一一）蟠虺纹镜

蟠虺纹是西汉早期铜镜上由蟠螭纹演化而来的一种纹饰，其特点是作为主纹的虺首、尾演化得不明显，有的首、尾相同。个别铜镜为三弦纽，纽外两周短斜线纹之间圆涡状云雷地纹上饰三条蟠虺纹。虺纹身躯蟠曲，尾部回卷。绝大多数铜镜主纹为四条蟠虺纹，据镜体和纹饰的不同，分为方格蟠虺铭文镜、连弧蟠虺镜、四乳四虺纹镜三种。

方格蟠虺铭文镜，在这三类镜中出土最少。镜体较小，三弦纽，纽外凹弧面方格及大方格，方格间为铭文带，方格外侧装饰蟠虺纹，素卷缘。铭文内容多为“常贵乐未央毋相忘”“见日之光长毋相忘”、“常贵富乐毋事”“见日之光天下大明”等吉语。方格四面在斜折线地纹上饰四乳四虺纹，每面乳丁居中，虺纹由三个C形相连，中间C形大，两侧C形小，与大C形相反配置相连接。

连弧蟠虺镜，据乳丁的有无可分为四虺镜和四乳四虺镜两种。四虺镜，三弦纽，纽外凹弧面圈带与内向十六连弧纹之间饰主纹，在斜折线地纹上饰四组S形蟠虺纹，蟠虺首尾不分，有的虺纹由正反两个C形中间用细复线连接构成。四乳四虺镜，与四虺镜的形制基本一致，四枚乳丁均匀分布，四虺居于乳丁之间。极个别的铜镜在圆涡状地纹上饰四乳四虺纹，虺纹由正反的两个C形组成；有的纽外为凹弧面方格，格外均匀分布四枚乳丁，蟠虺围乳丁内卷似C形卷云状，四虺之间在近缘处用弧线相连，形似树木卷云纹。

四乳四虺纹镜，镜体较厚，出土数量最多。圆纽，圆纽座，个别铜镜为四叶形、并蒂连珠纹纽座，多数铜镜纽座外饰一周凸圈带，还有的座外饰一周连珠纹或内向连弧纹，但主纹均在内外两周短斜纹之间，一般为宽素缘，极个别的为双线三角波折纹缘。四枚乳丁间饰四虺纹，四枚乳丁有圆底座，四虺位于圆座乳丁之间，由复线构成，整个虺纹呈钩形躯体状，头近扁圆或近三角形，靠近右侧乳丁，身躯多为弧形，有的近直，尾部回卷内钩，回钩甚者呈扁圆形，一般身躯上下各饰有1～3个数量不等的小鸟及鸟纹。

方格蟠虺铭文镜、连弧蟠虺镜时代稍早，流行于西汉早期，四乳四虺纹镜则流行于西汉中晚期。

（一二）星云镜

星云镜数量比较多，根据小乳丁数目的多少分为四星式、五星式、七星式、八星式、九星式、十星式和二十一星式，其中又以七星式星云镜的数量最多。

星云镜一般为连峰纽，纽外有一至两周细弦纹、内向十六连弧圈带，两周短线纹或弦纹间装饰主纹，内向十六连弧纹缘。四星式星云镜比较少见，根据纹饰和乳丁排列不同有三种形式。一种是四枚圆座乳丁分为四区，每区间有四枚小乳丁，并用弧线相连。另一种八连珠纹底座的乳丁分为四区，每区内中间有一枚圆座大乳丁，两侧各有上下并列两枚小乳丁，并用弧线相连。第三种区内的四枚小乳丁两两并列，从小乳丁中间及圆座乳丁的外围用复线连接成弧边四角形，形似盛开的莲花，非常少见。五星式星云镜比较多见，根据纹饰和乳丁排列不同有三种形式。一种是四枚圆座乳丁间有五枚小乳丁，中间一枚，两侧各有并列的两枚，并用弧线相连，有的弧线在大乳丁两侧内卷成云纹，非常美观。另一种纽外短线纹与近缘处两周弦纹间饰主纹，八连珠底座的乳丁分隔四区，乳丁外侧三枚，内侧两枚，交错排列，并用一至三条弧线相连。第三种圆座大乳丁每区间五枚小乳丁内外横向排列，外侧三枚，内侧两枚，用弧线连接，此种镜体较小。七星式星云镜虽然出土数量最多，但区间小乳丁排列方式变化不大，有圆座大乳丁或八连珠底座的乳丁将主纹分为四区，每区内有七枚小乳丁，外侧四枚，内侧三枚，相互之间用一至三条弧线相连。八星式星云镜较为常见，纹饰和乳丁有两种表现手法。一是纽与两周细弦纹间均匀分布四枚乳丁，其外一周内向十六连弧纹圈带，圈带外细弦纹和短斜线纹间饰主纹，八连珠底座的乳丁将主纹分为四区，每区内有八枚小乳丁，外侧五枚，内侧三枚，用一至三条弧线相连，弧线尾端内卷成卷云纹。二是纽与两周细弦纹之间饰主纹，四枚圆座乳丁分为四区，区内八枚小乳丁交错排列并用弧线相连。九星式星云镜比较少见，据纹饰和乳丁布局不同有两种形式。一种是镜体较大，纽外有二至三周细弦纹、一周内向十六连弧纹圈带，圈带外两周短斜线纹间饰主纹，八连珠底座的乳丁将主纹分为四区，每区内有九枚小乳丁交错排列并用三弧线相连。另一种是镜体较小，纽外一周细弦纹与短线纹之间饰主纹，四枚圆座大乳丁分隔为四区，区内九枚小乳丁，一枚居于区中间，两侧各有相互对称的四枚，并用单弧线相连，布局清晰，乳丁密而不乱。十星式星云镜极为少见。连峰纽，纽外四枚乳丁，两周细弦纹和一周内向十六连弧纹。两周短线纹之间饰主纹，四枚八连珠纹底座的乳丁分为四区，每区内十枚小乳丁交错排列并用弧线相连。二十一星式星云镜极为少见。兽首纽，纽外一周绹索纹，内向十六连弧纹与绞索纹间饰主纹，四枚圆座大乳丁分四区，每区内有二十一和二十枚不等的小乳丁，小乳丁交错排列并用弧线相连。伏兽纽似坐立的熊，两竖耳，凸目，张嘴，四肢弯曲前伸，四爪合并。这类铜镜流行于西汉中晚期。

（一三）草叶纹镜

草叶纹镜数量较多，依据纹饰布局的差异可分为草叶镜、草叶规矩镜、草叶铭文镜三种形制。

草叶镜，一般为圆纽，圆纽座，座外为一至二个正方形方格，格外饰主纹，内向十六连弧纹缘。又据纹饰布局的不同分三种形式。第一种，两方格中间对称的单叠式草叶或三短斜线纹，四角有多重三角组成的正方形或数条短斜线组成方形，方格外每面中间各有一乳丁花苞纹，两侧对称单叠式草叶，四角伸出二叶花枝纹。第二种，方格内中间对称的卷云纹，方格外中间四对称的单叠式草叶纹，卷云中间伸出的主杆与草叶相连，四角伸出一花苞二叶花枝纹。第三种，柿蒂形纽座，凹弧面方格外中间饰四对称的单叠式草叶纹，四角各有一枚圆座乳丁纹。此类铜镜出土的数量较少，一般镜体较小，纹饰简洁清晰。

草叶规矩镜或称博局镜，圆纽，四柿蒂形纽座，方框外由宽体凹弧面 I 或 T、V、L 形构成规矩纹，内向十六连弧纹缘。据铭文、纹饰布局不同分为三种形式。第一种，座外细线或凹弧面小方格，方格外四角两层纹饰，小方格四角饰一桃形叶纹，其上叠压 V 形，中间饰四组对称叠压 T、

L形纹，T与L中间用三竖线连接，L纹两侧有单叠式草叶纹。第二种，座外由凹弧面小方格和细线大方格构成铭框，框内铭文右旋，内容为“长富贵，乐毋事，日有喜，宜酒食”。铭框外侧四面中间各有一组I 、L和一花苞纹，I与铭框平行，I与L有三组短线相连，两侧饰二叠式草叶纹，四角各伸出V形纹。第三种，在方格四角伸出一花苞和直角V形，V两侧为对称的二叠式草叶纹。方格四面中间向外伸出一个T形，外侧与之相对拐角向外的L形，T与L中间有三条短线相连，或用一短线连接两边的卷云纹，L底横中间向外伸出一枝花苞。格外每边T形下部隔开两字，右旋读为“见日之光天下大阳”。此类铜镜出土不多，比较少见。

草叶铭文镜，不仅出土数量多，而且种类比较繁杂。此类铜镜一般为圆纽，也有少量的伏兽纽和兽首纽，四柿蒂形纽座或圆纽座，座外两方格间饰有铭文，方格外装饰草叶纹和花叶纹，内向十六连弧纹缘。依据纹饰构图的不同主要有九种表现形式。

第一种，为三弦纽，纽外凹弧面方格与细线方格间饰有铭文，铭文为“长贵富乐未央长相思毋相忘”。方格每边中间为对称的二叠式草叶纹，两侧对称的花枝纹，叶片反卷下垂，四角一支单叠草叶纹，外一周内向十六连弧纹。宽素卷缘。此种较少，为西汉早期。第二种，大多数为圆纽，柿蒂形纽座或圆纽座，有少量伏兽纽，方格内四角多有对称重三角组成的正方形或有正方形内饰数条短斜线，或有一支花苞，方格间四面布列铭文。方格外每面中间各有一乳丁花苞纹，两侧为对称的单叠式、重叠式草叶纹，也有个别的三重式草叶纹，四角伸出一花苞二叶花枝纹或二叶花枝纹。此类铜镜出土数量最多，镜铭也较为丰富，主要内容有“见日之光天下大明”“见日之光长毋相忘”“见日之光长乐未央”“见日之明天下大明”“见日之光”“见日之光天下大阳”“见日之明天下未央”“见日之光天下大阳所言必当”“见日之光服者君卿所言必当”“见日之光天下大阳长乐未央”“见日之光服者君卿乐而未央”“见日之光千秋万岁长乐未央□□□明”“日有喜宜酒食长贵富乐毋事”“长相思勿相忘长贵富乐未央”等。第三种，镜体相对较小，较为常见，圆纽或伏兽纽，四柿蒂形纽座及圆纽座。方格内四角多饰乳丁或单体花苞，四面布列铭文。方格外每边中间各一支单叠式或重叠式草叶纹，四角伸出一花苞二叶花枝纹或一乳丁二叶花枝纹，极个别的伸出单叠式草叶两侧为对称的花叶纹。主要镜铭为“见日之光天下大明”“见日之光君月之明”“见日之光所言必当，长毋相忘”“见日之光天下大阳服者君卿”“长相思毋相忘长贵富乐未央”“长毋相忘”等。第四种，为圆纽，四柿蒂形纽座。座外方格内四边布列铭文，方格外中间有对称的四枚乳丁，乳丁围以桃形四花瓣，花瓣两侧饰三叠式草叶纹，四角各伸出一花苞二叶花枝纹。铭文为“见日之光天下大阳君月之明所言必当”。此类镜体较大，保存完好，铭文及纹饰构图清晰庄重，规整美观，实属镜中精品，较为少见。第五种，伏兽纽，纽外宽凹弧面小方格和细线大方格，方格内铭文左旋读为“见日之光天下大阳服者君卿延年千岁幸至未央”。方格外中间为对称的圆座乳丁围以桃形四花瓣，方格四角伸出单叠式草叶二叶花枝纹。第六种，伏兽纽，纽外凹弧面小方格和细线大方格，方格外每边四字，铭文左旋顺读为“见日之光天下明服者君王长幸至未央”。铭文外侧各有一条与方格平行对应的宽凹弧面线段，线段外中间有对称的四组桃形叶纹和二叠式草叶纹，两侧对称的两支二叶花枝纹，叶片下垂，四角乳丁围以桃形四花瓣。这面铜镜二叠草叶叠压在桃形叶纹之上，似塔形，纹饰绚丽，构图新奇。第七种，为圆纽，柿蒂形纽座，纽外凹弧面小方格和细线大方格，方格内四角饰花苞纹，中间饰“∩”纹，方格内每边各有二字铭文，铭文右读为“见日之光天下大明”。方格外中间饰四组对称的乳丁花苞纹，两侧为花枝纹，四角各伸出单叠式草叶纹。第八种，为圆纽，纽外细线小方格和凹弧面大方格，方格内四角各有一支花苞，每边二字，右读为“见日之光所言必当”。方格外中间为四组对称乳丁花苞纹，两侧饰二叠式草叶纹，四角各伸出单叠草叶和二叶花枝纹。从格外伸出复线与草叶相连，草叶由数条短斜线构成，草叶细长，极为独特。第九种，为圆纽，四柿蒂形纽座，座外两周细线方格间为凹弧面方格，方格外中间有对称的二叠式草叶纹，四角各伸出一花苞二叶花枝纹，两叶肥大下垂，其外为一周内向二十连弧纹。两周细弦纹间为铭文圈带，铭文为“□愿见其不可得兮，气焉吸而增伤；乌委迤其不胜风兮，悔妢妢而俞则；思曰揗而不衰兮，尚相见其能容”。内向十六连弧纹缘。这面铜镜镜体较大，镜背整体构图与其他草叶纹镜都不相同，较为独特。

草叶纹铭镜的镜纽西汉早期为三弦纽，宽素缘。西汉中期逐渐变为圆纽，开始出现少量的伏兽纽或兽首纽，并且均为十六连弧镜缘。此类铜镜出现于西汉早期，大量流行于西汉中晚期。

（一四）铭文镜

铭文镜数量最多，主要依据镜铭以及纹饰特征的不同，大致划分为家常富贵镜、日光铭文镜、昭明铭文镜、日光昭明连弧铭文镜、清白连弧铭文镜、重圈铭文镜六种。

家常富贵镜，比较常见，一般是圆纽，圆纽座，座外一周凸圈带，圈带外两周短线纹间为主纹，宽素缘或窄素缘。根据纹饰和文字排列的不同主要有五种形式。第一种在四枚圆座乳丁间各有一字，右上方二字为“家常”，左下方二字为“富贵”，这种铜镜数量最多。第二种，四圆座乳丁间各有一字一鸟，鸟居于字的左侧，鸟首对字，“家常富贵”顺序读法同第一种，这种铜镜比较少见。第三种，铭文“家常富贵”排列方式与上面两种相同，在“富”和“常”的右侧各有对称的一鸟，鸟首对乳丁，比较少见。第四种，座外有一周内向八连弧纹，“家常富贵”字间无乳丁间隔，顺序读法同上，比较少见。第五种铜镜形制特殊，连峰纽，纽与短斜线纹间饰细线方格，方格四角各有一枚乳丁，四边中间乳丁围八个扁平连珠纹，四角内侧各有一字，“家常富贵”左旋排列。内向十六连弧纹缘，极为少见。这类铜镜流行于西汉中晚期。

日光铭文镜，数量最多的一类，一般为圆纽，圆纽座或极少并蒂连珠纹纽座，两周短斜线纹间为铭文带，素缘。有日光铭文镜、日光连弧铭文镜、日光圈带铭文镜三种形制。

日光铭文镜，比较少见，圆纽座外两周短斜线纹间铭文分别为“内日月心勿而不泄”“日月心勿夫”等。

日光连弧铭文镜，座外凸圈带外饰一周内向连弧纹，据铭文内容分为以下四组。第一组镜铭的起首为“日月心……”，其内容为“日月心勿夫毋之忠勿相忘”“日月心勿见之毋见日勿心长塞相”“日月心忽而扬忠然雍塞而不泄”“日月心忽而□扬毋□□忠之长日雍相毋忘□塞而不泄”等，铭文字数不等，且字铭较多。第二组镜铭均为八字，起首为“见日月……”，其内容为“见日月心勿不相忘”“见日月心勿夫毋相”“见日月心勿夫毋忘”“见日月之天下大明”等。第三组镜铭也为八字，铭文内容为“见日之光长不相忘”“见日之光天下大明”等。第四组镜铭的起首为“见”字，铭文内容为“见日夫日月忽长忠”“见长毋相忘久不相”“见之日月□心忽日夫扬忠见长毋不泄”等，铭文字数不等，铜镜也较为少见。

日光圈带铭文镜，座外饰一周凸圈带，此种形制大致与日光连弧铭文镜相同，铭文比连弧铭文镜要简洁，据铭文内容以及起首的不同大致分为六组。第一组镜铭的起首为“日月心勿……”，其内容为“日月心勿夫毋勿相忘”“日月心勿毋之忠勿相忘”“日月心勿毋忘”等。第二组镜铭的起首为“日月心忽……”，其内容为“日月心忽而扬不然雍塞以而”“日月心忽而扬忠然雍塞不泄”“日月心忽而扬忠然雍塞而泄”等。第三组镜铭起首为“见日月心……”，其内容为“见日月心勿夫毋相忘”“见日月心忽夫毋勿相忘”“见日月心勿夫毋相”“见日月心忽而扬然雍塞不泄”等。第四组镜铭为八字，铭文内容为“见日之光长不相忘”“见日之光天下大明”等。第五组镜铭的起首为“见日……”，其内容为“见日夫长毋相忘之”“见日之夫长毋相忘”等，铭文均为八字，比较少见。第六组镜铭的起首为“内日月心……”，其内容为“内日月心勿而不泄”“内日月心勿夫”等，这组铭文也较为少见。这类铜镜镜体一般较小，大多数铜镜镜背铭文带文字之间用1～2个符号相间隔，主要流行于西汉中晚期。

昭明铭文镜，是汉代最常见的镜类之一，也是临淄地区墓葬内出土数量较多的铭文镜。镜体一般较日光铭文镜厚而大，制作较精，可分昭明连弧铭文镜和昭明圈带铭文镜。

昭明连弧铭文镜，基本为圆纽，少见圆柱形纽和连峰纽，圆纽座或少见并蒂连珠纹纽座及柿蒂纹纽座，座外一周内向连弧纹，连弧纹主要为八连弧，其次为十二连弧、十连弧，十六连弧纹较为少见，连弧纹与座之间多装饰有一周凸圈带、“e”、“⊗”符号、弧线、短直线等简单纹样，其外两周短斜线纹间为铭文带，多为宽素缘，少见窄素缘和双线三角形波折纹缘。

据镜体和字体的不同分为三种形式。第一种，铭文字体瘦长，似篆似隶，字体简化，笔画较细，有的文字间用“而”字间隔，此种铜镜的数量相对较少。第二种，镜体较大，铭文一般右旋顺读，无字符间隔，变形篆体，字体较大，笔画较粗，出土数量最多。第三种，镜体较大而且较厚，座外一周凸圈带，装饰的弧线、短直线也极为简洁，铭文字体方正，规整清秀，为隶体，铭文字间常用“而”字作间隔，此种形式的铜镜较为常见。在铭文中减笔、省字以及减句的现象常见，镜铭的起首主要有“内清质以……”“内清以……”“内清而以……”“内清之以……”“内清日月……”“内象日月……”“内不象夫……”“内日月心……”“以昭清忠……”等。其内容为“内清质以昭明光辉夫象而长毋相忘日月心忽而扬忠然雍塞而不泄”“内清以昭明光象辉夫日月心忽而愿扬忠然雍塞而不泄”“内清而以昭之夫毋日月心忽而扬忠然雍塞而心不泄”“内清之以昭明光之象而日月心忽扬而□忠而不泄”“内清日月心忽扬忠然雍塞不泄”“以昭清忠而象光日月忽心扬而然雍塞泄”“内象日月心忽而扬忠然雍塞泄以而昭”“内不象夫日月心忽而扬忠然雍塞泄以而昭”“内日月心忽而不扬忠然雍塞而不泄”“内清以昭光象日月扬忠不泄”“内清昭明光象夫日月心不”“内青以昭光明日月”“内清以昭明光象日月泄”“内青以昭光象日月之”等。

昭明圈带铭文镜，出土的数量较昭明连弧铭文镜要少的多，镜体也相对较小。铜镜一般为圆纽，圆纽座，少见连峰纽和并蒂连珠纹纽座或柿蒂形纽座，座外一周宽凸圈带或饰一周细弦纹，个别的饰两周凸圈带，有的座外装饰一至三条短直线或短弧线，也有的装饰“e”符号等简单纹样，其外两周短斜线纹间为铭文带，宽素缘。

据镜体和字体的不同分三种，与昭明连弧铭文镜基本一致。镜铭的起首主要有“内清质以……”“内青质以……”“内以昭明……”“内清以昭明……”“内日月心……”“内以日月心……”“内夫日月心……”“内夫光日月……”等。其内容为“内清质以昭明光日月忽不泄”“内以昭明光辉象夫日月心忽而扬忠然雍塞而不泄”“内以日月心忽而扬忠然雍塞不泄”“内日月心忽而扬然雍塞泄以而”“内清以昭明之心忽不泄”“内夫日月心忽而忠夫然雍塞而不泄”“内夫光日月心忽不泄”“内青质以昭光日月夫”等。这种铜镜因镜体较小，铭文较昭明连弧铭文镜的要简短。

此类铜镜主要流行于西汉中晚期，其中第一、二种铜镜流行于西汉中晚期，第三种则主要流行于西汉晚期。

日光昭明连弧铭文镜，圆纽，并蒂连珠纹纽座，座外一周短斜线纹、凸圈带和内向八连弧纹，其间装饰双圈弧线、花草纹。两周短斜线纹间为铭文带，铭文为“见日之光长毋相忘以为信光内清明昭□忘□”。窄素缘。这类铜镜文字书写流畅、美观，较为少见，流行于西汉中晚期。

清白连弧铭文镜，圆纽，并蒂连珠纹纽座，座外一周凸圈带和内向八连弧纹，其间装饰简单纹样。两周短斜线纹间为铭文带，铭文为“洁清白而事君志愿之合明□玄□而日心□美之而忠然雍塞而不以”。宽素缘。发现极少，流行于西汉中晚期。

重圈铭文镜，一般为圆纽，并蒂连珠纹纽座，少见圆纽座或柿楴形纽座，座外装饰两周凸起的宽体弦带纹，构成双圈铭文带，宽素缘。根据铭文的内容可分为日光昭明重圈镜、昭明重圈铭文镜、昭明连弧重圈铭文镜。

日光昭明重圈铭文镜，座外凸起的两周弦纹间为内圈铭文带，两周短斜纹间为外圈铭文带。内圈铭文为“见日之光，长勿或毋或不相忘”，文字之间多用“e”符号间隔。外圈铭文的起首为“内清质以昭……”或“内清以……”。内容为“内清质以昭明日月心忽而愿忠然雍塞不泄而”“内清质以昭明光辉象而日月心忽而愿扬忠然雍塞而不泄”“内清以昭日月心忽而忠然雍塞而不泄”等。内外圈铭文均右旋顺读，镜铭中省字和减笔的现象常见，有的内外圈字体有所差别。

昭明重圈铭文镜，内圈铭文起首有“内清以昭……”“内清愿昭……”“内清以日月……”“内日月心忽……”“日月心忽……”等。内容有“内清以昭明光辉而象不质日月心忽而扬忠然雍塞泄”“内清愿昭日月心忽而愿扬忠然雍塞而不泄”“内清以日月心忽而扬忠然雍塞泄”“日月心忽夫扬忠然雍塞不泄”“内日月心忽而扬忠然雍塞泄”等，铭文间未见用符号间隔。外圈铭文起首多数为“内清以昭……”，也可见“内清质以……”“内清以象……”等。具体铭句有“内清以昭明光辉而象不质日月心忽而扬忠然雍塞泄”“内清质以昭明光而不象忠□□日月心忽而愿忠然雍塞而不泄”“内清以象而日月心忽而扬忠然雍塞泄”等。内外圈铭文均右旋顺读，镜铭中省字和减笔的现象常见，内外圈字体基本相同。

昭明连弧重圈铭文镜，圆纽，并蒂连珠纹纽座，凸圈带与内向十六连弧纹间为内圈铭文，铭文为“长毋相忘”。两周短斜线纹间为外圈铭文，铭文为“内清质以昭明光夫日月心忽夫扬忠然雍塞不泄”。宽素缘。内圈铭文左旋，字间有纹样间隔，纹样为用弧线相连的两枚小乳丁，外圈铭文右旋顺读。

日光昭明重圈镜、昭明重圈铭文镜在临淄地区墓葬内比较多见，而昭明连弧重圈铭文镜较少，流行时间均为西汉中晚期。

（一五）禽兽纹镜

禽兽纹镜一般较为厚重，主要纹饰由在乳丁之间排列的龙、虎、朱雀、凤、禽鸟或瑞兽、羽人等组成，形成独具特色的镜类。据镜背动物以及纹饰的不同，可分为四乳四猴龙凤镜、四乳禽鸟镜、四乳龙虎镜、四乳四虎镜、四乳禽兽镜、四乳羽人禽兽镜、六乳羽人禽兽镜、树木龙凤镜和飞鸟镜。

四乳四猴龙凤镜，兽首纽，为猴首形，主纹在圆涡状云雷地纹上由龙、凤、猴组成的纹饰，中间被一周凹弧面圈带弦断，四枚乳丁均匀叠压在圈带上，将纹饰分隔为相间环绕的四组。龙安排于每组的中部，龙口抵缘，身躯弯曲，前后四足弯曲前伸，尾回卷呈C形。龙两侧为相对的两凤，长喙，细长颈，扁尾，欲作起飞状。乳丁叠压在猴的身躯上面，猴首抵缘，立耳，圆眼、凸目，上肢弯曲怀抱乳丁，下肢屈肢站立。此种铜镜纹饰精美，较为少见。

四乳禽鸟镜，镜体较小，有四乳八鸟镜和四乳四鸟镜两种形式。四乳八鸟镜，较为常见，圆纽，圆纽座，有的座外一周宽凸圈带，两周短斜线纹间为主纹，宽素缘。主纹由四枚圆座乳丁和八鸟组成，四乳间八只鸟相间环绕，两乳之间各有两鸟，两鸟相对而立，造型简单，尖喙，二岐冠或单岐冠，覆羽翼，翘尾。四乳四鸟镜，较为少见，圆纽，圆纽座，两周细弦纹间或细弦纹与短线纹间饰主纹，宽缘，有的在缘内侧饰细弦纹、锯齿状纹或波折纹。主纹由四枚圆座乳丁和四鸟组成，两乳间各有一鸟，鸟首同向相间环绕或两鸟隔乳相对，尖喙，两羽翼张开，作飞翔状。

四乳龙虎镜，临淄墓葬内出土较少，镜体大小不一，较为厚重，一般为圆纽，圆纽座或少见四叶纹纽座，座外宽凸圈带，两周短斜线纹间饰主纹，宽素缘或少有的在缘上饰细弦纹、锯齿纹和波折纹。主纹由四枚圆座乳丁和两龙两虎构成，龙虎周围充填云气纹，四枚圆座乳丁均匀分布于四面，龙虎头向一致，一般左旋，交叉分布于乳丁之间。两龙形态一致，为蛇颈、龙首、张嘴、杏仁眼，有的头顶上长角，兽身，躯上有圆圈和短线条的斑纹，直尾后伸上翘或长尾后伸回卷，四肢粗壮作奔驰行走状。两虎造型逼真，昂首张口狂啸，身躯上有条形的斑纹，直尾上翘或长尾后伸或直立前伸，四肢前伸后蹬作奔跑状。其中有一面铜镜四叶纹座间装饰“程”字和三个简单的纹样，龙和龙、虎和虎隔乳丁前后右旋排列，作行进状，前面的龙、虎张口回首，分别注视后面追赶的龙和虎，龙、虎排列特殊，制作精良。

四乳禽兽镜，较为少见，一般为圆纽，圆纽座，座外宽凸圈带，两周短斜线纹间饰主纹，宽素缘或宽缘中间凹圈带上饰双线波折纹。主纹由四枚圆座乳丁和四禽兽构成，禽兽左旋相间环绕。按照四乳间禽兽组成的不同，分为四乳四神镜、四乳四兽镜、四乳禽兽镜三种形式。四乳四神镜，四乳间有青龙、白虎、朱雀和玄武四神。青龙的颈和头部类似蛇形，兽身，躯上有圆点和短线条的斑纹，长尾后伸，四肢粗壮作奔驰行走状。虎首颌下有须，身上有条纹，长尾后伸，作奔跑状。朱雀头顶花冠，引颈长鸣，羽翼张开，拖着长尾，作飞翔状。玄武似蛇形，身躯卷曲细长，头尾回卷呈S形，身上有短条纹。四乳四兽镜，一龙一玄武二虎相间环绕。龙为蛇首，头长吻有角，兽身有圆点纹，四肢粗壮呈奔跑状，长尾后伸。玄武为龟蛇叠压相交，龟居于蛇的中部，伸颈回首，龟背装饰短线条和短弧线纹；蛇回首，身细长，上有密集的短线斑纹，尾回卷与身相交。四乳禽兽镜，有龙、虎、朱雀和瑞兽相间环绕。龙细长颈回卷前伸，头长吻有角，兽身有圆点和短条斑纹，长尾弯曲后伸，呈奔腾状。虎昂首，颌下有须，身上有短条斑纹，作奔跑状，长尾后伸。朱雀站立，引颈长鸣，羽翼丰满，长尾翼。瑞兽昂首，短颈，体态丰满，身上有圆圈和条形斑纹，长尾后伸，四肢粗壮，呈奔走状。

四乳羽人禽兽镜，镜体厚重，较为少见，据禽兽的不同，可分四乳羽人兽纹镜、四乳羽人禽兽镜两种形式。四乳羽人兽纹镜，四乳丁间各有两组相同的纹饰，虎和鹿为一组、羽人与龙为一组，四组相间左旋环绕。虎追逐小鹿，鹿在前逃奔，虎在后紧追不舍。龙与羽人相对，龙昂首狂奔，追赶前面的羽人，羽人右腿斜直，左腿屈膝，侧身回首，作射箭状。四乳羽人禽兽镜，装饰方法和纹饰有两种形式。一种座外四枚圆座乳丁间以浮雕式的羽人禽兽左旋相间环绕，羽人跪蹲身躯前倾，双手向前呈跪拜式，禽兽有朱雀、龙和虎，均昂首，作飞行或奔驰状。其外两周细弦纹间为铭文带，铭文锈蚀严重，模糊不清。另一种四乳丁间分别为羽人对龙、羽人对虎、祥鸟对朱雀、祥鸟对玄武，羽人均与龙虎相对，羽人跪蹲，弯腰抬手向前，龙虎昂首，张口翘尾，形态威猛。一祥鸟体态虽小，但极为丰满，朱雀两翼张开，拖着长尾翼，伸出长颈与祥鸟双喙相交，富于亲切感。另一只祥鸟对玄武，祥鸟在前，曲颈回首，头顶花冠，玄武细长颈，昂首，奔跑追赶前面的祥鸟。

六乳羽人禽兽镜，较为少见，圆纽，圆纽座，座外一周凸圈带，圈带外两周细弦纹间为主纹，其外各一周短斜线纹和两周锯齿纹，三角缘。主纹为在六枚圆座乳丁间饰浮雕式羽人禽兽相间环绕，羽人屈膝弯腰，双手抬起与肩齐平，鹿、朱雀等禽兽均作奔走状，外两周细弦纹间铭文为“上方富贵大工长宜子孙”。

树木龙凤镜，较为少见，圆纽，并蒂连珠纹纽座，座外一周短斜线纹和凸圈带，两周短斜线纹间为主纹，宽素缘。主纹为四棵树，均匀分布四面，树间龙、凤、祥鸟以及云气纹相间环绕，树由树干和二叠卷云纹组成，龙、凤和祥鸟形态简化，身躯由两条不加修饰、弯曲的蛇形细线构成，祥鸟昂首，尖喙，两翼张开，双腿交叉分开，龙凤均为鸟首形，尖喙，圆眼，龙回首，长角，身躯弯曲，四足粗壮，凤曲颈昂首，头顶花冠，两翼张开，身躯两侧的长短线条似两翼和羽毛。

飞鸟镜，较为少见，圆纽，圆纽座，座外与细凸弦纹间为主纹，其外一周细弦纹和锯齿状纹，三角缘。主纹由四枚圆座乳丁和飞鸟组成，纽和纽座叠压在飞鸟身躯上面，上侧露出鸟颈和头，纽下露长尾，两侧为对称展开的鸟翅。

四乳四猴龙凤镜年代为西汉早中期，四乳禽鸟镜、四乳龙虎镜、四乳四虎镜、四乳禽兽镜、树木龙凤镜主要流行于西汉中晚期，而四乳羽人禽兽镜、六乳羽人禽兽镜和飞鸟镜时代稍晚，属于东汉时期。

（一六）博局镜

博局镜又称规矩镜，临淄地区墓葬内较为少见。这类镜镜体较厚，大小不一，依据纹饰以及禽兽的不同，可分四神博局镜、羽人禽兽博局镜、禽兽简化博局镜、八鸟博局镜、几何博局镜。

四神博局镜，一般为圆纽，四叶形纽座或少见圆纽座，座外凹弧面方格或各一个细线小方格和凹弧面大方格，有的在大、小方格之间有十二枚小圆座乳丁间隔十二地支铭文，或有“见日月之光天下大明长乐未央”铭文，方格与近缘处一周短斜线纹间饰主纹，宽缘，缘上装饰锯齿纹、细弦纹和流云纹，或双线波折纹及流云纹。主纹在凹弧面方格四边中间向外伸出一T形符号与其外的L形符号相对，方格四角又与V形符号相对置，T、L、V形纹分为四方八区，四神和配置的禽鸟置于四方八区内。表现手法有两种。第一种，四方内分别配置青龙、白虎、朱雀、玄武四神，身躯都在T、L纹之间左旋环绕，添加羽人、禽鸟和鱼等，分别位于四神头尾斜下方，四神各部位描绘较为细致，青龙的发须、身躯的鳞纹及尾的骨节，白虎的斑纹，朱雀长长拖地的尾羽，玄武龟背的斑纹、伸颈张口与蛇对峙，均表现得生动逼真。第二种，四神分别位于八区L的右侧，多由青龙与羽人或独角兽或山羊，白虎与瑞兽或飞鸟，朱雀与禽鸟或羽人和小鸟，玄武与禽鸟或蟾蜍或羽人及瑞兽组配。有的在主纹外细弦纹与短斜线纹间饰一周铭文，铭文有“大哉孔子志也美哉厨□食也乐哉居无事好哉□人异也贤哉□掌吏也喜哉负□□□□□ 文字也”等。

羽人禽兽博局镜，圆纽，四叶形纽座，座外凹弧面方格，方格四面与短斜线纹间饰八圆座乳丁和博局纹，四方八区配置分别为：青龙配以祥鸟，虎配以飞鸟，玄武配以飞鸟，羽人配以蟾蜍，各方隔L纹相背而立，隔V纹两两相对。

禽兽简化博局镜，圆纽，四柿蒂形纽座，座外凹弧面方格，方格与短斜线纹间饰主纹，主纹为四圆座乳丁和博局纹，方格每边中间向外伸出一个T形，方格四角与四枚圆座乳丁相对置，四方配有禽鸟，有龙、虎、玄武、蟾蜍和祥鸟或虎、朱雀和各一个瑞兽，宽缘，缘上饰流云纹或勾连云纹。

八鸟博局镜，圆纽，四柿蒂形纽座，座外凹弧面方格，方格四边中间各伸出T形符号与其外的L形符号相对，方格四角与V形符号相对置，T、L、V形纹分为四方八区，各方配置二禽鸟，二禽鸟隔T、L相背，隔V相对，外一周短线纹和两周弦纹间饰云气纹。三角缘。

几何博局镜，圆纽，圆纽座，座外凹弧面方格或细线方格和凹弧面大方格之间有十二乳丁与十二地支纹，凹弧面方格与短斜线纹间饰主纹，主纹由八圆座乳丁和博局纹组成，凹弧面方格四边中间均匀向外伸出一个T形或“一”形，与L形符号相对，四角又与V形符号相对置，分为四方八区，八枚乳丁各占一区，空间充填卷云纹，宽缘，缘上饰锯齿纹、细弦纹和双线波折纹。此类铜镜流行于东汉时期。

（一七）彩绘纹镜

彩绘纹镜是在铸造好的素镜镜背上用彩色描绘各种图案。彩绘纹镜在临淄地区墓葬中发现较少。由于不易保存，彩绘镜的彩绘纹饰有些已脱落，模糊不清，有的铜镜残破，纹饰图案不完整。据镜体的不同，可分圆形和方形两种。

圆形镜，镜体较薄，镜面平整，镜背纽一般都比较小，弓形纽或桥形纽。彩绘纹饰的表现手法有三种形式。第一种，用朱红色和白色描绘，纽外两周朱红彩带间描绘“井”字形方格纹，井字空格间各绘制一个C形卷云纹，缘边一周宽彩带。第二种，用朱红色和白色描绘，镜缘内侧朱红色两周圈带间，绘制朱红色和白色彩绘相间的连枝纹、花叶纹。缘边一周宽彩带。第三种，用朱红和淡蓝色描绘，几乎占满整个镜面。两周朱红圈带将纹饰分为内、外两区。

内区镜纽两侧各有一只展翅飞翔的凤鸟，外轮廓用朱红色勾勒，凤首抵近镜纽，喙下似衔朱红色圆果，凤身弯曲回旋，末端分为双尾，双尾较长。凤鸟用淡蓝色装饰羽毛，颈部及上身涂圆点和弯月条状羽毛，双尾羽毛用短弧线描绘。外区有朱红色单线绘制的三角折线几何纹，折角处均用朱红色涂宽半环纹，半环纹内点缀淡蓝色圆点以及涡旋状卷云纹。镜缘涂一周宽朱红彩带。

方形镜，镜体较厚，镜面平整，镜背中央三弦纽，纽衔圆环。绘制朱红、白色和淡蓝色彩绘图案布满整个镜背，主纹为盘龙纹。镜纽与边框之间装饰四组龙纹，龙纹大体相同，龙首长吻张口，圆目，双耳，头上有独角，身躯盘曲涡旋，近“8”字形。龙身上布满近似蝌蚪状和圆点组成的鳞纹，鳞片形态清晰逼真。内框里侧龙纹空间绘制圆圈纹、T形纹、云纹、牛角状纹以及近似伞形、圭首形、蝙蝠形等图案。镜缘内侧的边框内由朱红色复线和白色单线组成的连续性三角纹、菱形纹，折角处描绘组合成近似弧角菱形图案以及勾连云纹。镜缘涂一周朱红彩。

彩绘纹镜发现较少，流行于战国中晚期。

七 结 语

通过对战国、汉代时期墓葬形制和随葬器物及对所出铜镜的对比研究，有以下几点认识。

（一）临淄有封土的墓葬，由于风雨侵蚀、土地平整、建设取土等原因，遭到不同程度的破坏，大部分墓葬的封土已失去原貌。但残存的封土依然对于研究封土的形制、结构和建筑方法有重要价值。

迄今为止，临淄发掘了29座有封土的墓葬，均位于齐国故城以南。在同一座封土下并穴埋葬的有9座墓，相家庄墓地LXM1～LXM3、东夏庄墓地LDM4与LDM5、刘家墓地LIM1与LIM2、商王墓地M85与M86。这类形制的墓葬东西并列，属于夫妻并穴合葬墓，其余每座封土下都有一座地下墓室。考古发掘表明，墓葬封土结构有起冢式、柱心式和平铺式三种。起冢式有7座，即在地下墓口的外围修筑略大于地下墓口的地上墓圹，增加墓室的高度，以使墓葬壮观宏伟，时代为战国早中期。柱心式有3座，即在墓口上方夯筑大于墓口呈长方形或方形的台柱，将墓口封住，长方形柱心墓年代为战国早期，方形柱心墓年代为战国晚期。大部分墓葬封土采用平铺式，是最为简单的一种建筑方式，即在墓口上部夯筑大于墓口的长方形或方形陵台，封住墓口，此种构筑方法从战国早期一直延续至东汉晚期。

（二）从发掘的180余座战国贵族墓葬情况看，仅有相家墓地LXM3打破LXM4墓道南部，其他墓葬没有打破和叠压的现象。多处墓地内有数座或几十座墓葬，少则一排，多则南北数排，每排几座或数座东西向排列在一起，井然有序，基本处于同一条直线上，分布具有一定的规律墓位显然事先经过统一规划，死后按规定的墓位下葬。在这180余座墓葬中，2座墓为一组的近30组，3墓或4墓为一组的有3组，组间的墓葬平行并列，相距较近，方向基本一致，属于夫妻并穴合葬墓。

临淄地区发掘的战国时期大中型贵族墓均为土坑积石木椁墓，平面呈“甲”字形，在墓室的一侧开挖一条墓道，绝大多数墓道南向，西向7座，东向3座，北向3座。战国晚期出现了墓室平面呈“中”字形及“凸”字形两种形制的墓葬。无论哪种形制的墓葬，墓道底均呈斜坡状，墓室底部都有宽大的生土二层台，二层台近中部设置椁室。齐国的贵族墓葬有自身的特点，并有一定的规律。

1. 有封土的墓葬都是大型贵族墓，封土越大，高度越高，地下墓室越大，墓主的等级身份也就越高。

2. 大部分墓葬的墓室平面呈“甲”字形，有一条墓道，贯穿于整个战国时期。有两条墓道的“中”字形墓或墓室平面呈“凸”字形的墓葬时代较晚，属战国晚期。

3. 墓壁经加工修整，多数墓葬的墓壁涂抹一层极薄的灰白膏泥，墓葬形制规整。

4. 墓壁内没有设置台阶或台阶较少的墓葬，时代较早，为战国早中期。台阶设置数量较多的墓葬时代较晚，为战国晚期。

5. 陶礼器放置于二层台上面且有殉人的墓葬时代较早，基本属于战国早、中期。战国晚期墓葬内未见有殉人陪葬。

6. 二层台随葬的陶礼器、乐器、漆木器数量较多，少则几十件（套），多者上百件（套），并且陶礼器组合齐全，鼎与簋、簠相配伴出，殉人数量较多，有的在墓室外围设置车马坑或殉马坑，此类形制墓葬的墓主身份地位较高，属于齐国的上层贵族，时代为战国早期。

7. 墓室内挖设壁龛、二层台上设置器物坑的现象，贯穿于整个战国时期。有器物沟的墓葬发现较少，时代为战国早期。战国早期的墓葬壁龛内常随葬形体较小的陶、泥俑，中期以后主要放置陶礼器。器物坑内随葬一套青铜礼器，或一组陶礼器。在同一坑内随葬铜、陶礼器各一套的现象较为少见。

8. 战国早期随葬的陶、铜礼器较为丰富，种类繁多。中期以后，陶、铜礼器的数量和种类逐步减少，器形变化也较为明显。例如陶鼎，早期的鼎足为蹄足，晚期变为柱状足，早期鼎耳为长方形，晚期短小，腹部下垂。

9. 战国早期随葬的陶礼器为仿铜器烧造，火候较低，易破碎，非实用器，是专为死者烧制、用以陪葬的冥器。战国中期以后，陶礼器烧制火候较高，质地较硬，具备实用功能。

临淄地区发掘的有随葬器物的战国时

期小型墓葬约2000余座，在这20余处墓地内基本都有发现，分布比较广泛，主要有以下特征。

1．墓葬形制主要以长方形竖穴土坑墓为主，也可见到石椁墓和双人合葬墓，战国晚期出现了洞室墓。

2．墓内填土多经夯打，土质较硬，夯层较薄；夯窝为圆形，有平底和圜底两种。墓底常见用河卵石充填的现象。

3．墓坑底部多有生土二层台，距墓底较近处设置壁龛或墓底设腰坑。腰坑内一般殉狗或放置豆盘。

4．墓葬内葬具一般为一棺，个别的无葬具，稍大的墓葬多有一棺一椁。墓主头向以向东者居多，向北者次之，向西、向南者较少，葬式主要为仰身直肢葬，个别的为仰身屈肢葬，少见侧身屈肢葬。

5．大多数墓葬内随葬一组陶礼器，极个别墓内随葬铜礼器，随葬的陶、铜礼器一般放置于二层台或壁龛内，也有的放置于棺椁之间或墓底葬具外，少有墓葬将器物随葬于棺顶或棺底底箱内。兵器、铜镜、带钩、水晶、玛瑙等装饰品一般放置于棺内。

6．战国早期，有的墓葬随葬的陶礼器组合丰富，数量和种类较多，少则十几件，多则几十件，常伴出彩绘陶器。战国中晚期，陶礼器组合较为简单，数量和种类也大为减少，其组合为鼎、豆、壶，鼎或鬲、豆、盖豆、壶，外加盘等形式，说明战国时期对礼制的僭越。

（三）临淄发掘的24000余座汉代墓葬，主要集中在临淄齐故城以南的辛店城区。从墓地情况看，墓葬分布不均匀，有的墓地墓葬非常密集，有的较为分散。临淄地区的汉墓与战国墓相比，在墓葬结构、形制以及随葬器物等方面既有相同之处，但也有很多不同。

汉代贵族墓葬有如下特征。

1．整个汉代保留了战国时期的两座墓葬平行并列、方向一致、夫妻并穴合葬的埋葬习俗。

2．西汉早期，贵族墓葬大体上保留了战国晚期平面呈“中”字形的墓葬形制。西汉中期，有的“甲”字形墓葬的墓道转化为长方形竖穴式，墓室底部不再挖置椁室，墓主直接安放于底部的台面上。新出现了平面呈长方形和山顶而成的竖穴石坑的洞室墓。东汉时期墓葬形制发生了巨大改变，墓室均用砖构筑，特别是上层贵族构建的墓室规模巨大，结构复杂，完全模仿墓主生前居住的府第建造，反映出统治阶级“视死如事生”的思想观念。

3．西汉中小型贵族与东汉时期贵族随葬的器物放置于墓室内。大型贵族墓葬器物坑设置于墓室之外，属于外葬椁。

4．西汉早期上层贵族基本保留了战国时期随葬陶礼器、铜礼器、乐器、车马器、兵器、漆木器和装饰品等习俗，但其器物的组合形式在观念上不断变化。战国贵族墓铜礼器组合中的鬲、豆、盉、舟等器物不再出现，新增了釜、钫、甑等。西汉中期以后铜礼器在墓内较为少见。西汉时期，陶礼器组合中不见战国时期的陶鬲、簋、豆、盖豆、笾、敦等器物，新增了钫、甑、釜、瓮等器物，东汉时期保留了西汉时期原有的组合，新出现了魁、奁、尊等器物。整个汉代随葬的陶器以泥质灰陶为主，东汉时期出现绿釉和红陶，灰陶器物上多见朱红彩绘纹饰。

5. 整个西汉时期，贵族墓内出土了数量较多的乐器和车马器，但均为微型的明器。

6. 西汉早期大型墓葬内随葬的兵器沿用了战国时期的习俗，同时增加了弩机、木弓等具杀伤力的兵器。另外铍、殳、矛、戟、镞等铁制兵器得到广泛使用。

7. 西汉早期，贵族墓继续使用真车马陪葬，但车马殉葬的数量大幅减少。西汉中期以后，未见用真车马殉葬，而用陶车马替代，随葬的人物俑和动物俑形体较大，新出现了灶、井、猪圈、粮仓、寝房、戏楼等模型；东汉时期，更加盛行，增加了风车碓磨、厩、案等多种模型。由此可以看出，时代越晚，陶制明器的种类和数量愈多，也说明了统治阶级在随葬观念上的变化。西汉前期，讲究厚葬，多将生前实用器随葬。西汉中晚期以后，思想观念有了改变，追求享乐，将生前生活居住场所、器具实物制成模型，以供带入地下享用。

西汉中小型墓葬与战国小型墓相比，在墓葬形制和随葬器物的变化上更为明显，主要表现在以下几方面。

1. 临淄发掘的这批汉代墓葬，西汉初期继承了战国时期的习俗，仍以长方形竖穴土坑墓为主，石椁墓、双人合葬墓和洞室墓继续流行，但已不多见，新出现了砖椁墓，西汉中期，又出现了大型的空心砖墓、瓮棺墓。西汉晚期，砖椁墓发展成为砖室墓，并流行于东汉时期。

2. 砖室墓和瓮棺墓内的填土基本不经夯打，其余形制的墓葬填土多经夯打，土质较硬，战国时期墓底充填河卵石的习俗得以继续沿用，新出现了墓底用碎瓦砾或用沙石混合充填的葬俗。有的墓葬为了防潮，在葬具底部铺垫一层石灰或草木灰。

3. 延续了战国时期葬俗中墓底留有二层台、壁龛的习俗，新出现了墓底设置木箱的风俗，设置腰坑的现象已不见。

4. 整个两汉时期，基本为两座墓葬并列或数座墓葬有规律地排列在一起，异穴合葬为主，仅极个别的为同穴合葬墓。木质葬具基本为一棺，墓主葬式与战国时期的基本一致，以仰身直肢葬为主，有少量仰身屈肢葬，新出现了下肢向两侧外凸呈菱形以及下肢弯屈较甚的蜷屈葬。

5. 沿用了战国时期将随葬器物放置于二层台或壁龛内、棺外脚端或脚端的器物箱内的习俗，常见墓葬的壁龛内或木箱内随葬禽兽类动物的现象。

6. 随葬器物的种类和数量与战国时期

相比发生了很大变化，战国墓内多随葬一组鼎、豆、壶等类的陶礼器，而两汉时期竖穴土坑墓内随葬的陶礼器较少，并且器类单一，以壶、罐为主，一般每墓随葬1～2件，二者很少共出。东汉中晚期，砖室墓内随葬的器物增加了耳杯、钵、案、盘等祭奠器。在棺内随葬铜镜、钱币、带钩等日常生活用品的现象流行于整个两汉时期。

（四）通过对临淄地区战国、汉代墓出土铜镜的初步研究，可将出土的6100余面铜镜大致分为17类，时代自战国时期一直延续到东汉晚期。

1. 依据铜镜的形制及纹饰特征，可分为四个阶段。

战国时期：透雕纹镜、四山镜、云雷纹镜、素面镜、弦纹镜和彩绘纹镜出现并流行。其中素面镜出土数量最多，是最为常见的镜类之一，延续至西汉早期。弦纹镜和云雷纹镜出土的数量虽然不多，但延续时间较长，弦纹镜延续至西汉中期，而云雷纹镜流行于整个两汉时期。

西汉早期：龙纹镜、连弧纹镜、花叶纹镜、草叶纹镜、蟠螭纹镜和蟠虺纹镜出现并流行。花叶纹镜出土的相对较少，流行至西汉中期。草叶纹镜、蟠螭纹镜和蟠虺纹镜是最为常见的镜类，在这一时期出土数量最多。草叶纹镜、蟠虺纹镜流行时间较长，延续至西汉中、晚期。

西汉中期：连珠纹镜、星云镜、铭文镜和禽兽纹镜出现并流行。禽兽纹镜延续的时间更长，可至东汉晚期。西汉早期出现的草叶纹镜、星云镜和铭文镜在西汉中、晚期是最为常见的镜类，出土数量最多。与战国和西汉早期相比，这一时期的铜镜数量大增，镜类更为丰富，呈现出多样化的表现形式。

东汉时期：博局镜或称规矩纹镜，出现于东汉早期，流行于整个东汉时期。此类镜在临淄虽然发现不多，但表现手法丰富多样，有四神博局镜、羽人禽兽博局镜、禽兽简化博局镜、八鸟博局镜、几何简化博局镜等多种形式。

2. 铜镜的形制演变以及各时期特征。

战国时期：临淄地区战国时期的铜镜多数为圆形，也有方形，一般镜身质地薄而轻巧，镜面平直，纹饰内容丰富，表现手法多样化。战国早中期，镜背中央镜纽一般为桥形纽，中晚期为三弦纽，素面镜和彩绘镜无纽座外，其余镜类均有纽座，山字镜为方纽座，透雕镜、弦纹镜和云雷镜为圆纽座，镜缘有平缘和素卷缘两种形式。除了素面镜无纹饰外，其余镜类背部均装饰纹饰图案，主要表现形式有以下几种。一是无地纹镜，装饰清晰简洁的凹弦纹和凸弦纹圈带的弦纹镜。二是用细线条浅浮雕的纯地纹镜，由圆涡纹和两个相对的三角纹组成一组云雷纹，云雷纹呈交错网状密集排列，构成布局规整的云雷地纹镜。三是用绘画的方式装饰镜背，用朱红色、白色、淡蓝色描绘几何、植物、凤鸟纹图案；特别是彩绘方镜，镜体较大，用多种颜色描绘植物连枝花叶、动物龙形纹和几何纹等图案，纹饰布满整个镜背。四是地纹与主纹相结合的方式，在精细地纹的基础上，用粗线条来表现主纹，形成层次分明的二层或三层花纹结构的重叠式镜子，主地纹巧妙搭配相互映衬，整个图案组织得完美和谐，成为时代特征之一。五是夹层透雕纹镜，是战国时期独具特色的一种复合式铜镜，镜面和镜背分别铸造，镜面是较薄的平铜片，镜背铸造成透雕的纹饰图案，然后合贯为一体，组配成整镜。

西汉早期：战国时期流行的山字纹镜和透雕纹镜至西汉初期已消失不见，素面镜和云雷纹镜继续流行。西汉初期的铜镜基本保留了战国晚期的风格，镜身较薄，镜面平直，三弦纽，素卷缘。同时也有了一些新变化，铜镜的数量急剧增多，新的镜类不断出现，类型更加多样，纹饰、铭文复杂。有的铜镜镜体较大，镜身稍厚，绝大多数铜镜无纽座，出现了内向十六、十二连弧纹缘。镜背纹饰更加丰富，增加了无地纹的连弧纹镜和花叶纹镜，在精细地纹上用粗线条来表示主纹的蟠螭纹镜和蟠虺纹镜在这一时期数量最多，图案纹饰形式多样，成为当时盛行的主流镜类。最大的变化是蟠虺纹镜、草叶纹镜和龙纹镜开始用铭文作装饰，尤其是龙纹镜基本以云雷纹为地，用浅浮雕的方法，以细线、宽粗线和双复线等多种手法勾勒出龙的形体。作为主纹的龙纹，有二龙、三龙、四龙或八龙，纹饰表现手法变化多样，龙首有凸起的双目，有龙口大张，吐舌，露牙，有的首后部伸出犄角，身躯一般细长，多作S形弯曲，有的身躯蟠曲交缠。构图流畅，纹饰表现丰富生动，是西汉初期齐国比较独特的镜类。

西汉中晚期：西汉初期流行的龙纹镜、连弧纹镜和蟠螭纹镜在西汉中期已消失不见，而战国、西汉早期的弦纹镜、云雷纹镜、花叶纹镜、草叶纹镜和蟠虺纹镜在西汉中晚期继续流行。西汉中期铜镜在形制、纹饰题材以及布局方面发生了重大变化，铜镜的镜体、镜缘逐渐加厚。镜面微凸，镜背用来衬托主纹的地纹逐渐消失，镜纽由三弦纽变为圆纽和独具特色的连峰式纽，也有个别的伏兽纽和兽首纽。以圆纽座为主，新出现四叶形、柿蒂形和并蒂连珠形纽座，素平缘或内向十六连弧纹缘，少见几何三角波折纹缘。这一时期铜镜出土的数量最多，纹饰题材也最为广泛，铜镜的制作逐渐趋于定制。西汉早期出现了以铭文带和草叶为主题纹饰的十六内连弧镜缘的草叶纹镜，由四枚乳丁和四钩形躯体虺纹构成主题纹饰的四乳四虺镜。其后又出现以多种形式镜铭作为主要装饰的铭文镜。四枚圆座大乳丁或连珠底座的乳丁之间，装饰数量不一的小乳丁，并用曲线连接，组成星云状图案连峰纽的星云镜，在西汉中晚期极为盛行，成为制作精美的主流镜类。禽兽纹镜，其中有一面铜镜镜体较薄，猴首纽，精细的云雷地纹上装饰龙、凤、猴图案，纹饰精美，形制特殊，年代为西汉早中期。四乳禽鸟镜、四乳龙虎镜、四乳四虎镜、四乳禽兽镜等多种形式的禽兽纹镜，在四乳间以禽鸟、瑞兽为主题纹饰，构图精巧，线条流畅，禽兽表现得生动活泼，栩栩如生，该类镜主要流行西汉晚期。

东汉时期：西汉中晚期作为主流镜类的草叶纹镜、蟠虺纹镜、星云镜和铭文镜到东汉时期已消失不见，而战国时期出现的云雷纹镜和西汉中期禽兽纹镜类的四乳羽人禽兽镜、六乳羽人禽兽镜和飞鸟镜在东汉时期得以继续流行，新出现的博局纹镜有多种表现形式。这一时期的铜镜基本沿袭了西汉晚期的风格，但铜镜的形制和纹饰布局也发生了变化，镜身变得更厚重，镜面较凸，纽更厚大结实，以柿蒂形和四叶形纽座为主，三角缘和宽缘上饰几何三角、波折、流云纹等。这一时期的铜镜主要在乳丁和 T、L、V 纹之间分别配置青龙、白虎、朱雀、玄武、山羊、蟾蜍、独角兽、瑞兽、祥鸟以及羽人，形成四神博局镜、羽人禽兽博局镜、八鸟博局镜、几何博局镜等形式的镜类。博局纹镜中的 T、L、V 符号，到东汉晚期已简化为其中的一个或两个，演变为禽兽简化博局镜和几何简化博局镜。这一时期铜镜主要特点纹饰布局严谨，铸造雕镂都非常精致细腻，也是汉镜中最为优秀镜类之一。

铜镜·拓片

Bronze mirrors
and
rubbings

001

透雕蟠螭纹镜

战国

范家墓地淄江花园J组团工地M3陪葬坑出土

直径19.7厘米，厚0.2～0.5厘米

桥形纽，四桃形纽座。以镜纽为圆心的一周宽弦纹带分隔为内、外两区，内区细腻的几何三角、圆涡状云雷地纹上饰透雕的四蟠螭纹，四蟠螭均匀分布，同向环绕排列，作奔跑状。蟠螭长鼻内勾，圆眼，螭顶伸出犄角与叶尖衔接，螭体平直，尾巴圆角下垂，尖尾内卷，足、尾与圈带相连接。外区饰数组连续的勾连云纹。宽缘，两周弦纹圈带间饰并排的环带纹。

Studies on the Bronze Mirrors Unearthed from the Burials of the
Warring-States Period and Han Dynasty in Linzi, Shandong

002

透雕蟠螭纹方镜

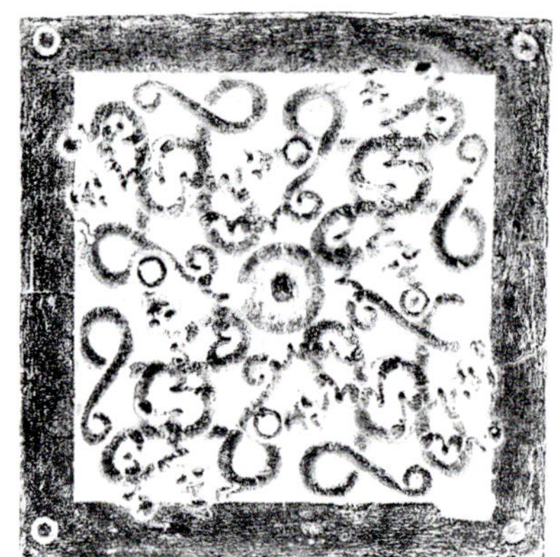

战国

东孙墓地博物院工地 M246 出土

边长 13.5 厘米，厚 0.2 ~ 0.4 厘米

桥形纽，圆纽座。主纹由透雕的八条龙组成，四圆圈将八条龙分隔为四组，每组两龙，一龙首位于近角处，口含镜缘，另一龙口衔圆环，身躯呈扁圆形，相互缠绕，尖尾内卷，呈圆环状。宽平缘，四角各有一圆涡纹。镜面平整光洁，略小于镜背，恰好嵌入镜背凸起的边缘内，铆合为一体。

003

透雕蟠螭纹方镜

战国

国家墓地学府花园工地 M2 陪葬墓 2 出土

边长 11.5 厘米，厚 0.2～0.4 厘米

桥形纽，圆纽座，座外伸出等距离四桃形叶纹。主纹由透雕的四条龙组成，两两对称，龙首相背，分列叶纹两侧，张口，上吻回卷，长舌外吐与叶相连，圆目，龙身扁平，呈 S 形卷曲，上饰短斜线纹，尾回卷与镜缘中间里侧的云气纹相连接。宽缘，四角各有一双环纹，环纹间各有五组『品』字纹。镜面平整光洁，略小于镜背，恰好嵌入镜背凸起的边缘内，铆合为一体。

004

透雕蟠螭纹方镜

战国

范家墓地淄江花园工地J组团M72出土

边长10厘米，厚0.1～0.3厘米

桥形纽，圆纽座，座外伸出等距离四桃形叶纹。主纹由透雕的四条龙组成，龙首相背，弯曲，张口，长上吻下勾，圆眼，首顶两角，短角与龙身相连，长角弯曲为半圆，与叶相接，龙身平整，呈S形弯曲，龙身两弧线间饰圆环纹，两龙身下部背向连接外卷。窄缘，缘中部各饰一组勾连云纹，两侧饰重环纹。镜面平整光洁，略小于镜背，恰好嵌入镜背凸起的边缘内，铆合为一体。

005

透雕龙纹方镜

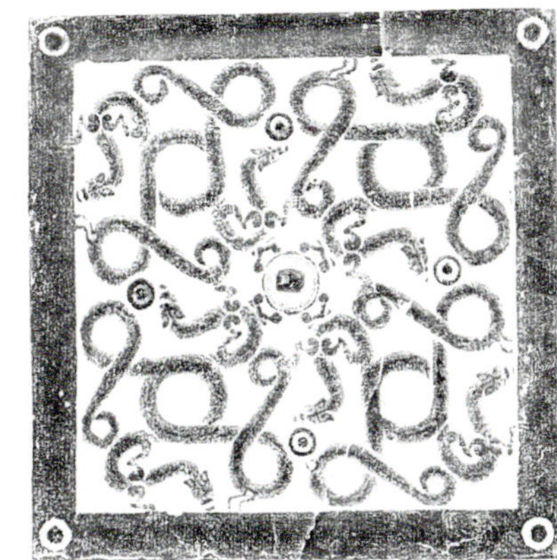

战国

刘家墓地棕榈城工地 M114 出土

边长 13.2 厘米，厚 0.15 ~ 0.4 厘米

桥形纽，圆纽座，座外饰四柿蒂纹，柿蒂尖与龙身衔接。主纹由透雕的八条龙组成，四圆圈将八条龙分隔为四组，每组两龙，一龙首位于近角处，口含镜缘，另一龙首与圆圈相衔接，身躯呈扁圆形，相互缠绕，尖尾内卷，呈圆环状。宽平缘，四角各有一圆涡纹。镜面平整光洁，略小于镜背，恰好嵌入镜背凸起的边缘内，铆合为一体。

透雕龙纹方镜

战国

国家墓地学府花园工地 M2 陪葬墓 1 出土

边长 9.5 厘米，厚 0.2 ~ 0.3 厘米

桥形纽，圆纽座，座外伸出等距离四桃形叶纹。主纹由透雕的四条龙组成，四龙两两对称，龙首相背，分列叶纹两侧，张口，上吻回卷，长舌外吐，舌尖下勾，圆目，龙身扁平，呈 S 形卷曲，上饰短斜线纹，尾回卷与镜缘相连接。窄平缘，缘边中间各有一组圆环、云气纹。镜面略小于镜背，恰好嵌入镜背凸起的边缘内，铆合为一体。

007

透雕龙纹方镜

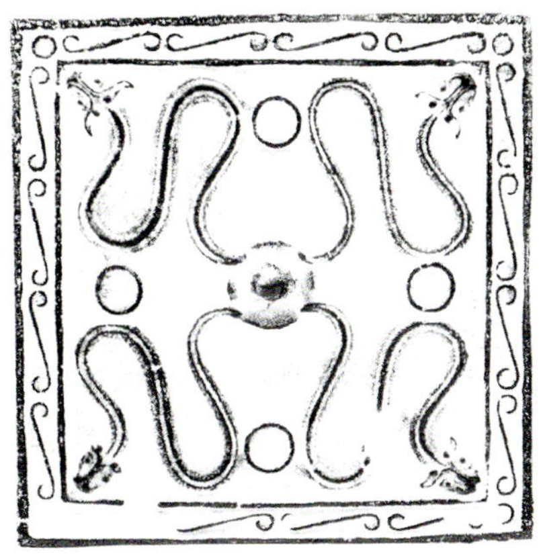

战国

永流墓地泰东城小义乌商品城工地 M193 出土

边长 7.9 厘米，厚 0.2 ~ 0.3 厘米

桥形纽，圆纽座。主纹由透雕的四条龙组成，两两斜对称，龙首于缘角处，分列叶纹两侧，口与缘相连，水滴状眼睛，短角，龙身扁圆，呈 S 形弯曲，渐细至尾与纽座连接。宽缘，四角各有一圆环纹，环纹间饰勾连云纹。

008

透雕龙纹方镜

战国

范家墓地淄江花园峰尚国际工地 M270 出土

边长 7.5 厘米，厚 0.2 厘米

桥形纽，圆纽座，座外伸出四道扁平梁，梁上饰桃形叶纹。十字梁将主区纹饰分隔为四区，区内各有一龙，四龙相互对称。龙昂首，等距离分布于纽座外围，龙身扁圆，近『8』字形弯曲，尾部回卷与镜缘相接。宽平缘，缘边一周顶角相对的等腰三角形图案。

009

四山镜

战国

范家墓地淄江花园J组团工地M178出土

直径12厘米，厚0.2～0.5厘米

三弦纽，方纽座，座外四面为宽凹面方格带。方格带外四角向外伸出四组桃形花叶，每组两叶，上下排列，分别将四山隔开。羽状纹地上饰四个左旋的凹弧面山字，山字底边与方框底边平行排列。窄素缘，缘边上卷。

四山镜

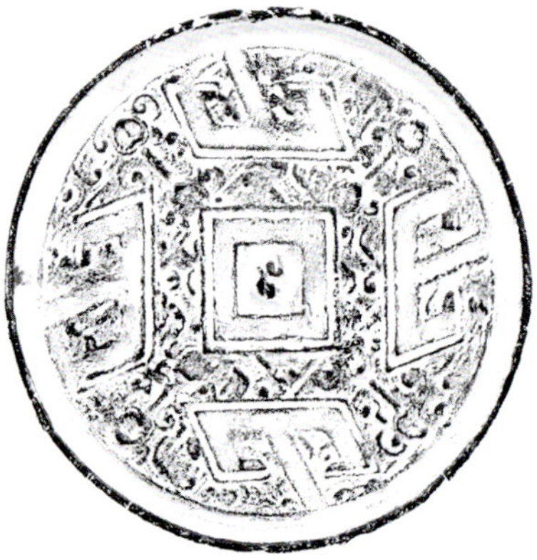

战国

官道墓地新村工地 M7 出土

直径 9.5 厘米，厚 0.15 ~ 0.4 厘米

桥形纽，方纽座，座外四面为宽凹面方格带。方格带外四角向外伸出四组桃形花叶，每组两叶，上下排列，分别将四山隔开。稀疏的勾连云纹地上饰四个左旋的凹弧面山字，山字底边与方框底边平行排列。宽素缘，缘边上卷。

011

四山镜

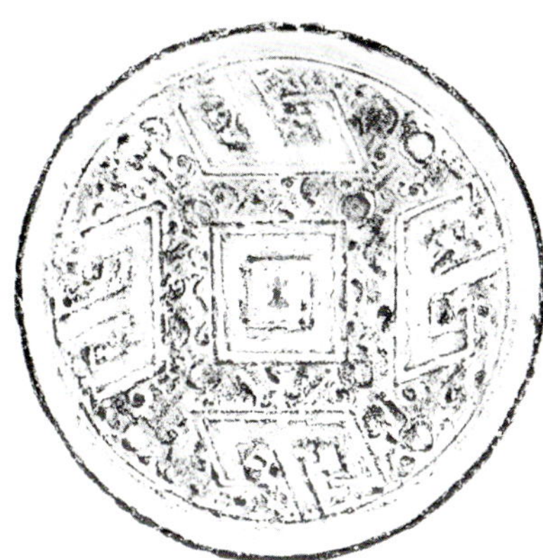

战国

永流墓地新村沿街工地 M54 出土

直径 9.3 厘米，厚 0.15 ~ 0.4 厘米

桥形纽，方纽座，座外四面为宽凹面方格带。方格带外四角向外伸出四组桃形花叶，每组两叶，上下排列，分别将四山隔开。稀疏的勾连云纹地上饰四个左旋的凹弧面山字，山字底边与方框底边平行排列。窄素缘，缘边上卷。

012

四山镜

战国

永流墓地金鼎绿城三期工地 M198 出土

直径 7.5 厘米，厚 0.1 ~ 0.2 厘米

三弦纽，方纽座，座外为细线方格。方格与细弦纹间饰主纹，羽状纹地上饰四个左旋的山字，山字由数条线构成，山字底边与方座底边平行排列。窄素缘，缘边上卷。

013

四山镜

战国

永流墓地金鼎绿城二期工地 M429 出土

直径 8.5 厘米，厚 0.1 ~ 0.2 厘米

三弦纽，方纽座，座外为细线方格。方格与细弦纹间饰主纹，羽状纹地上饰四个左旋的山字，山字由数条线构成，山字底边与外框底边平行排列。宽素缘，缘边上卷。

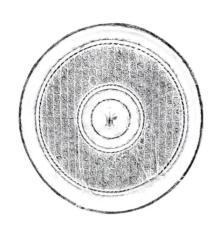

014

云雷纹镜

战国

东孙墓地博物院工地 M289 出土

直径 16.5 厘米，厚 0.2 ~ 0.7 厘米

三弦纽，圆纽座，座外一周宽凹弧面圈带。圈带外两周绹索状弧弦纹之间饰主纹，主纹由圆涡纹和两个三角纹间隔排列组成密集的云雷纹。宽素缘，缘边上卷。

015

云雷纹镜

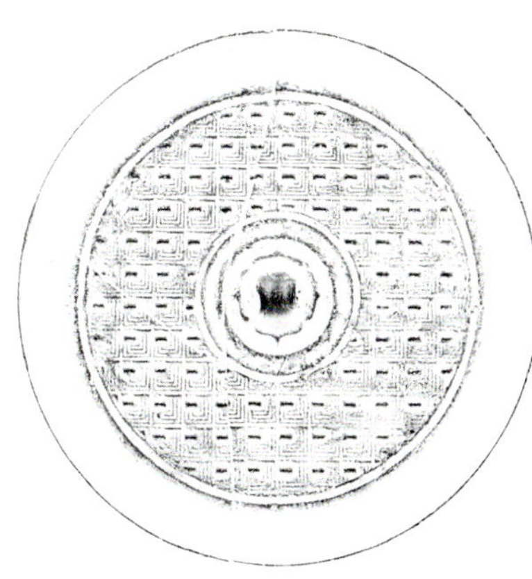

西汉早中期

范家墓地淄江花园C组团工地M206出土

直径16厘米，厚0.4～0.7厘米

圆纽，四叶形纽座，座外一周凹弧面圈带。圈带外两周凹弦纹之间饰主纹，主纹由长条乳丁方形图案排列组成云雷纹。宽素缘，缘边缓慢上卷。

云雷纹镜

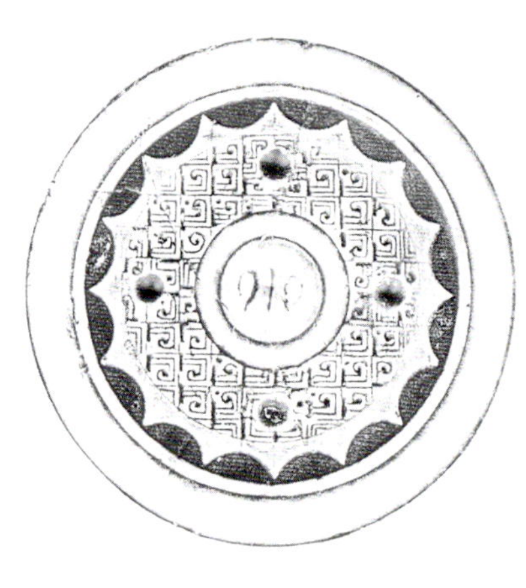

西汉早期

永流墓地金鼎绿城三期工地 M1028 出土

直径 11.1 厘米，厚 0.1 ~ 0.35 厘米

三弦纽，圆纽座，座外一周宽凹弧面圈带。凹弧面圈带与近缘处一周内向十六连弧纹之间饰主纹，主纹由近似 J 形的小方形图案排列组成云雷纹，四乳丁均匀分列在云雷纹上。宽素缘，缘边上卷。

017

云雷纹镜

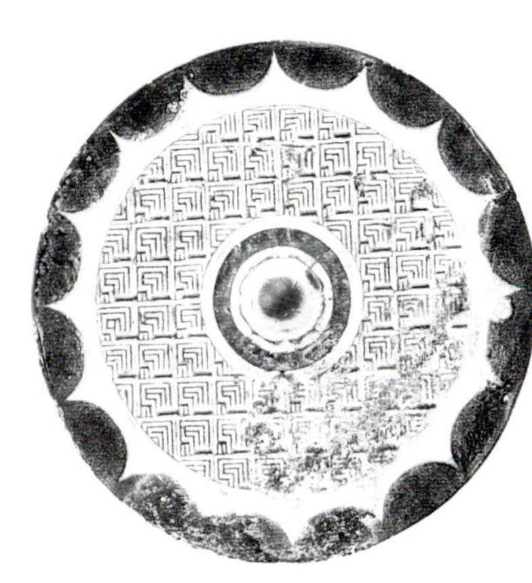

西汉早中期

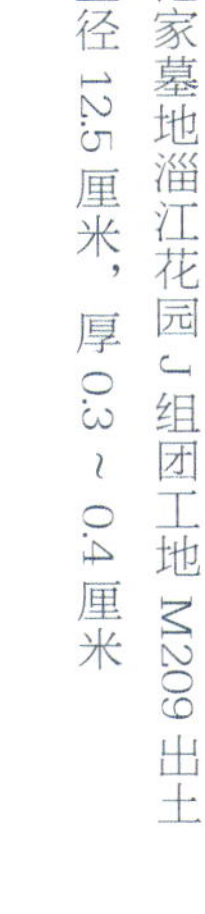

范家墓地淄江花园 J 组团工地 M209 出土

直径 12.5 厘米，厚 0.3 ~ 0.4 厘米

圆纽，四叶形纽座，座外一周宽凹弧面圈带。圈带外饰主纹，主纹由长条乳丁方形图案排列组成云雷纹。内向十六连弧纹缘。

018

云雷纹镜

西汉中晚期

徐家墓地凤凰城四期 M349 出土

直径 7.2 厘米，厚 0.2 ~ 0.3 厘米

圆纽，纽外两周细线方格间为铭文带，铭文为『常贵富乐未央长相思毋相□』，方格外四边外饰云雷纹。内向二十连弧纹缘。

019

云雷纹镜

东汉

范家墓地淄江花园方正 2009 工地 M73 出土

直径 14 厘米，厚 0.3 ~ 0.5 厘米

圆纽，四叶形纽座，座外一周短斜线、凸弦纹和八内向连弧纹圈带。圈带外两周短斜线纹之间饰主纹，由八组两两相对弧边多重三角形组成的云雷纹，每组间有圆涡纹相隔。宽平素缘。

020

云雷纹镜

东汉

南马墓地棠悦一期工地 M368 出土

直径 13.3 厘米，厚 0.2 ~ 0.5 厘米

圆纽，并蒂连珠纹纽座。座外两周凸圈带间装饰一圈铭文，铭文为『清治铜华以为镜昭察衣服观容貌丝组杂遝以为信清光乎宜佳人』。外圈为四组两两相对的弧边多重三角形组成的云雷纹，每组中间和两端各饰一个圆涡纹。平素缘。

云雷纹镜

东汉

永流墓地金鼎绿城三期工地 M449 出土

直径 10 厘米，厚 0.2 ~ 0.4 厘米

圆纽，并蒂连珠纹纽座。座外两周凸圈带间饰四个重圆圈、四个双瓣花枝纹。外圈带与缘间饰主纹，为四组两两相对的弧边双重三角组成的云雷纹，每组中间和两端各饰一个圆涡纹。平素缘。

022

云雷纹镜

东汉

范家墓地淄江花园峰尚国际工地 M294 出土

直径 9.3 厘米，厚 0.2 ~ 0.5 厘米

圆纽，四叶形纽座，座外一周凸弦纹圈带。两周短斜线圈带间饰主纹，两细弦纹间由八组相对的弧边三角组成的云雷纹，其间用圆涡纹相隔。宽平素缘。

云雷纹镜

东汉

范家墓地淄江花园方正 2009 工地 M101 出土

直径 8 厘米，厚 0.2 ~ 0.4 厘米

圆纽，圆纽座。座外两周短斜线圈带间饰主纹，四枚乳丁间各饰一组两两相对的弧边双重三角组成的云雷纹。宽平素缘。

024

素面镜

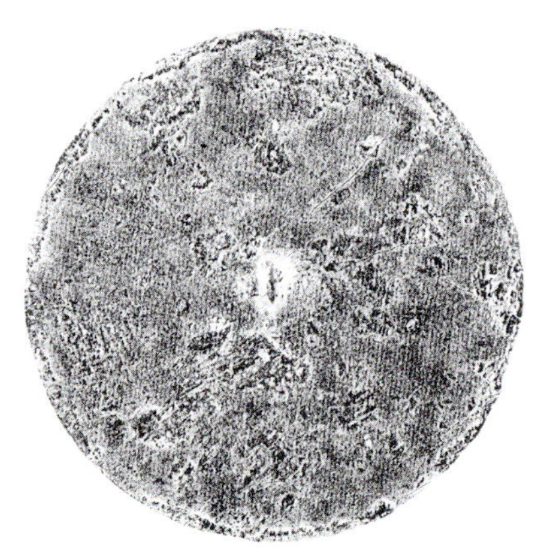

战国

范家墓地淄江花园北二区工地 M188 出土

直径 10 厘米，厚 0.1 厘米

桥形纽，镜体较薄，镜面平整。

素面镜

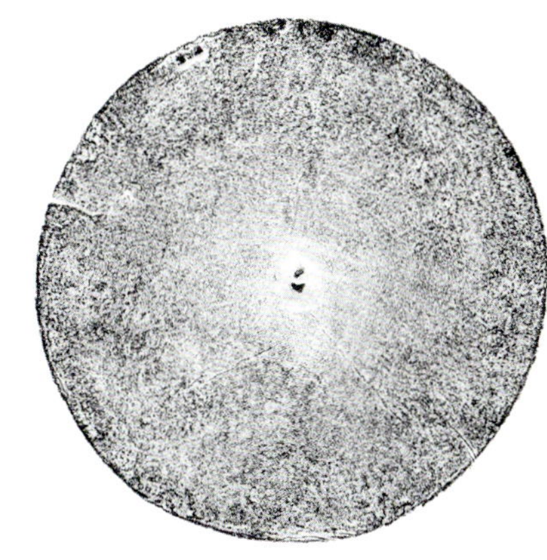

战国
永流墓地金鼎绿城三期工地 M206 出土
直径 8 厘米，厚 0.2 厘米

桥形纽，镜体较小，镜面平整。

026

素面镜

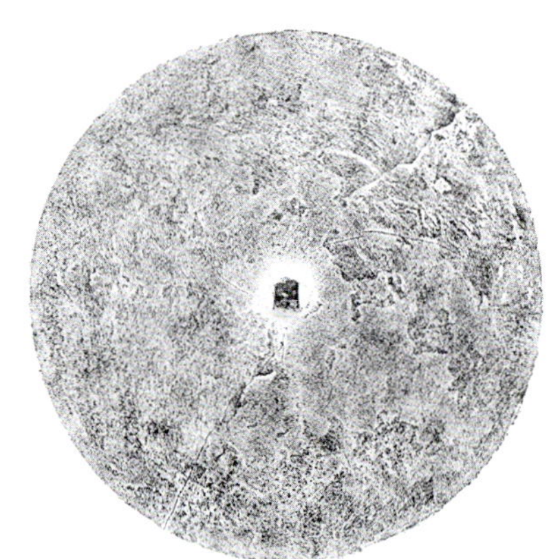

战国

刘家墓地棕榈城一期工地 M149 出土

直径 10.5 厘米，厚 0.2 厘米

桥形纽，镜体较薄，镜面平整。

027

素面镜

西汉早期

官道墓地新村工地 M109 出土

直径 12.5 厘米，厚 0.1 厘米

三弦纽，镜体较薄，镜面平整。

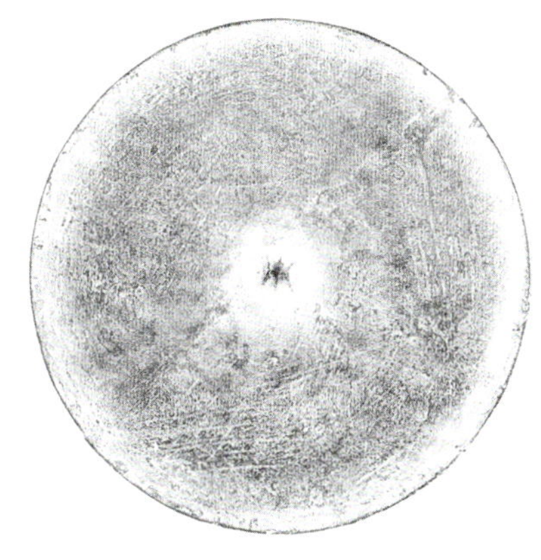

素面镜

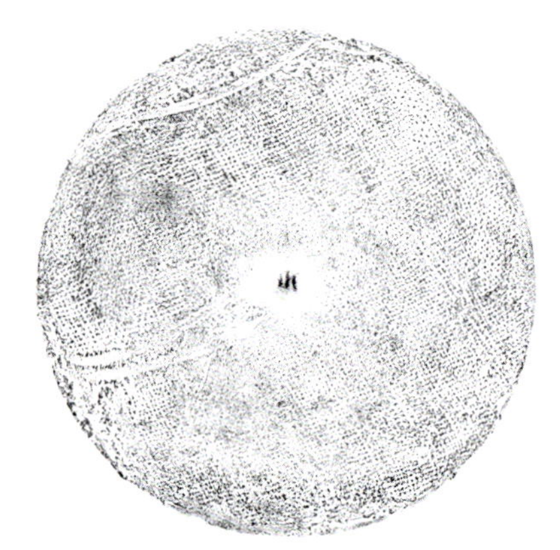

西汉早期

范家墓地淄江花园D组团工地M382出土

直径12厘米，厚0.2厘米

三弦纽，镜体较薄，镜面平整。缘边略厚。镜体有清晰的布料包裹痕迹。

029

素面镜

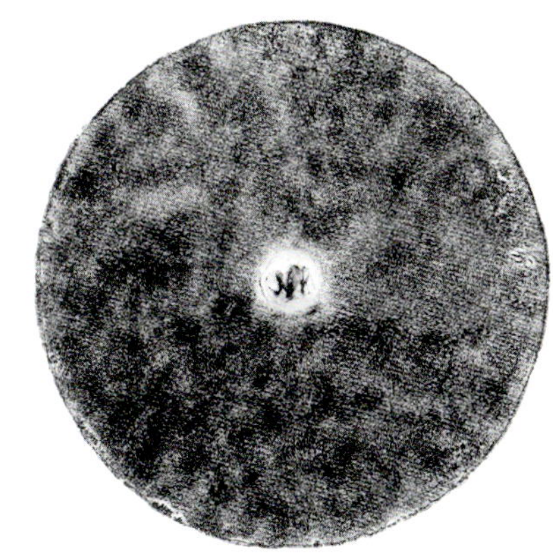

西汉早期

山王墓地恒光花园工地 M55 出土

直径 10.5 厘米，厚 0.1 厘米

三弦纽，镜体较薄，镜面平整光亮。

030

素面镜

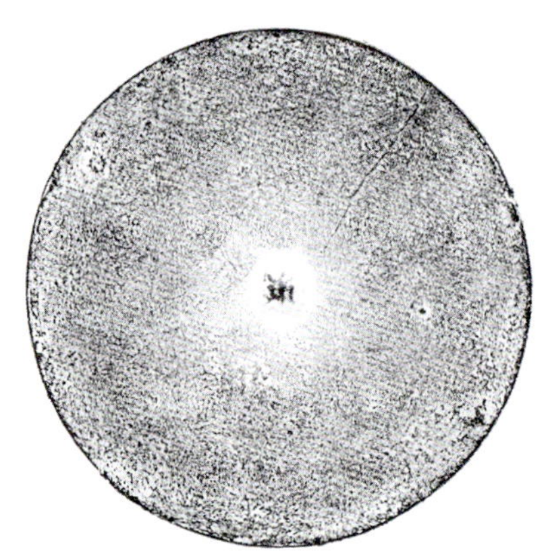

西汉早期

赵家徐姚墓地中轩热电提取车间工地 M27 出土

直径 7 厘米，厚 0.1 厘米

三弦纽，镜体较薄，镜面平整。缘边略厚。

031

素面镜

西汉早期

徐家墓地交运小区工地 M9 出土

直径 12厘米，厚 0.2厘米

三弦纽，镜体较薄，镜面平整光亮。

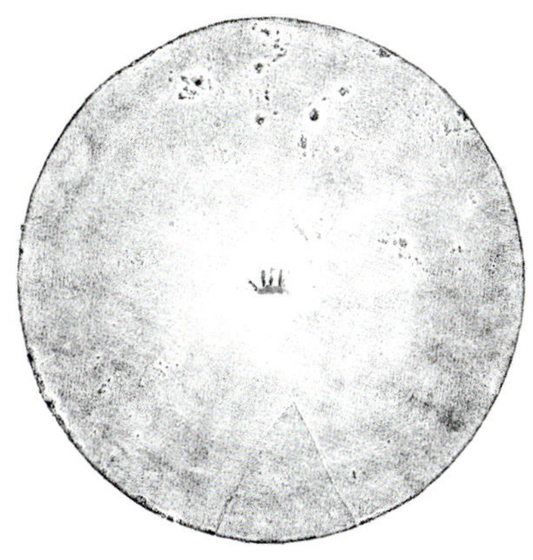

032

弦纹镜

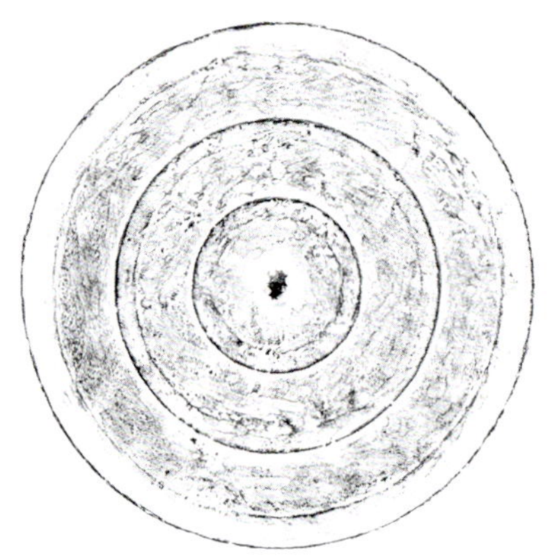

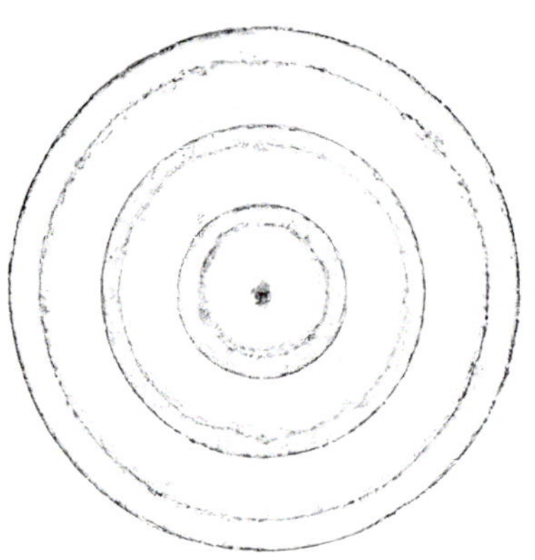

战国

张家墓地新村工地 M7 出土

直径 14.5 厘米，厚 0.15 ~ 0.4 厘米

桥形纽，圆纽座，座外两周宽凹弧面弦纹圈带和一周细弦纹圈带。素卷缘。

033

弦纹镜

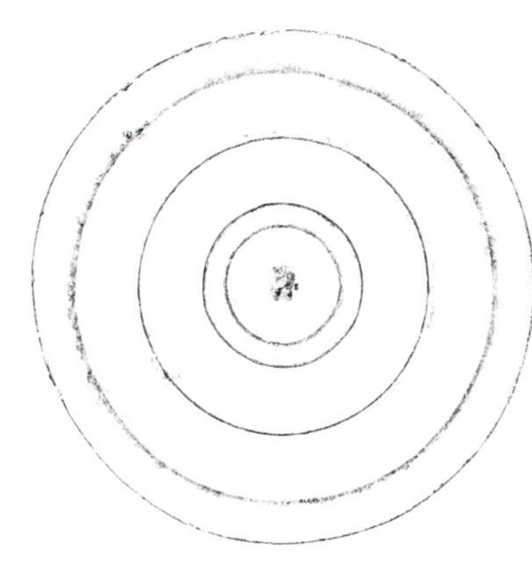

战国

西高墓地C组团工地M1出土

直径10.8厘米，厚0.2～0.3厘米

三弦纽，纽外一周宽凹弧面弦纹圈带和两周细弦纹圈带。素卷缘。

弦纹镜

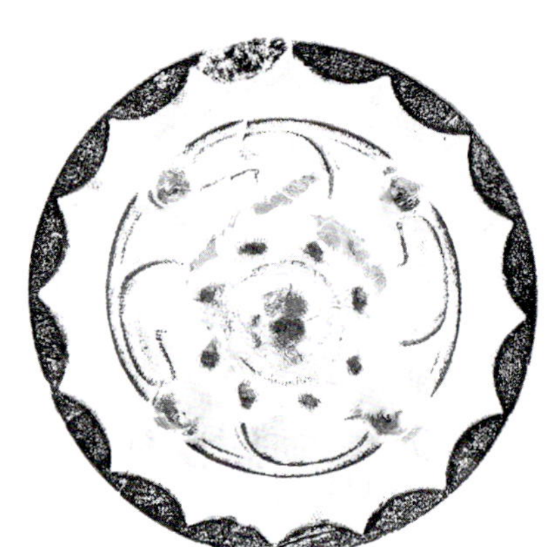

西汉中期

永流墓地金鼎绿城三期工地 M1074 出土

直径 5 厘米，厚 0.2 ~ 0.35 厘米

连峰纽，圆纽座，座外两周凸弦纹圈带。外圈凸弦纹上均匀叠压四枚乳丁，内圈圈带外侧有八枚小乳丁，小乳丁间用短弧线相连，小乳丁各伸出一条弧线或折角短线与外圈四枚乳丁相间连接。内向十六连弧纹缘。

弦纹镜

西汉中期

商王墓地康平里工地 M23 出土

直径 6.3 厘米，厚 0.2 ~ 0.5 厘米

连峰纽，纽外两周凸弦纹。内圈弦纹极细，纽外伸出四组弧线与内圈弦纹相连。内向十六连弧纹缘。

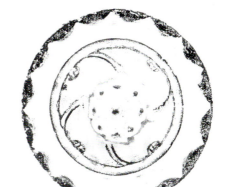

036

弦纹镜

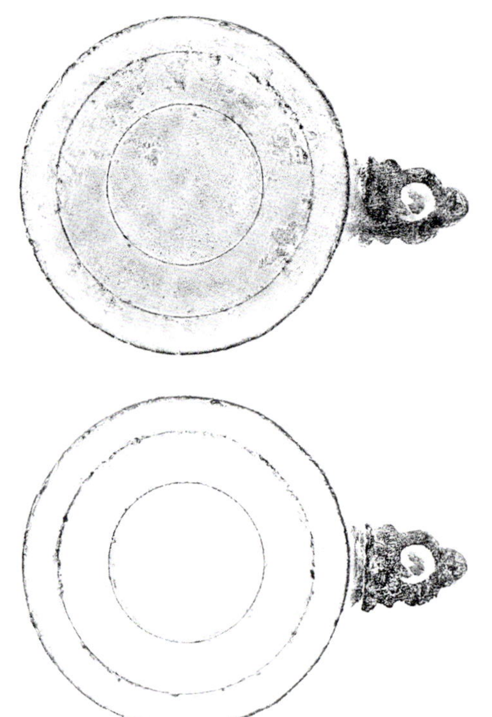

汉

徐家墓地凤凰城工地 M432 出土

直径 9.5 厘米，厚 0.15 ~ 0.3 厘米

圆形，一侧有镂空短柄。镜背饰两周细弦纹圈带。卷缘。

037

龙纹镜

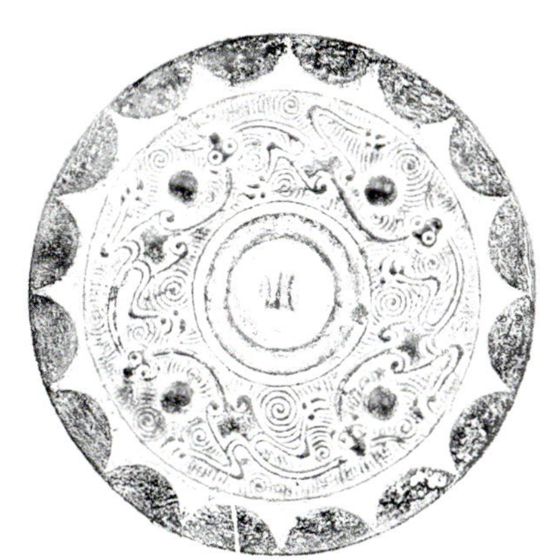

西汉早期

永流墓地金鼎绿城三期工地 M365 出土

直径 11.5 厘米，厚 0.2 ~ 0.3 厘米

三弦纽，纽外一周宽凹弧面圈带。圈带外两周凸弦纹间饰主纹，主纹在圆涡状云雷地纹上饰四乳四龙纹，四龙同向环绕，首尾相连，首朝外于近缘处，叠压在另一条龙的尾部。龙圆眼，身躯细长作弧形弯曲，中腰纠结成扁叶形，两侧对称的勾连纹连接两足，两足外伸呈『八』字形，尖尾。内向十六连弧纹缘。

038

龙纹镜

西汉早期

范家墓地淄江花园D区M996出土

直径25.5厘米，厚0.2～0.7厘米

三弦纽，圆纽座，座外一周圆涡地纹上饰两条龙形纹，两龙首相对，龙身弯曲，尖尾。其外两圈短线纹之间有一周宽凹弧面圈带。主纹为内向八连弧纹叠压在圆涡状云雷地纹和夔龙纹之上。每个连弧间各有夔龙一条，八条夔龙作环绕式同向排列，两龙为一组，分为四组。龙首靠近外缘，张口，露牙，圆目，凸珠，有两身躯。一身躯弯曲叠压交叉呈「8」字形回转，两龙足弯曲前伸，身躯末端与另一龙的身躯末端相背，同向弯曲。另一身躯弯曲细长，叠压在另组一龙的菱形纹的身躯上面，龙尾下卷。宽素缘，缘边上卷。

Studies on the Bronze Mirrors Unearthed from the Burials of the
Warring-States Period and Han Dynasty in Linzi, Shandong

039

龙纹镜

西汉早期

范家墓地淄江花园K组团工地M475出土

直径23.5厘米，厚0.2～0.6厘米

三弦纽，纽四周饰排列规整的双线菱形格，格内饰圆涡状云雷纹。两周短斜线纹之间饰一周凹弧面圈带，外圈短斜线纹与缘边凹弧面圈带间饰主纹，云雷地纹上饰同向环绕的四条龙纹。龙首有角，张口，露牙，长舌外吐，舌尖上卷，身躯细长，呈S形弯曲，四肢爪呈『八』字形向外伸张，尾部卷成C形。头顶后部身躯上向一侧伸出一支S形弯曲的枝条。宽素卷缘。

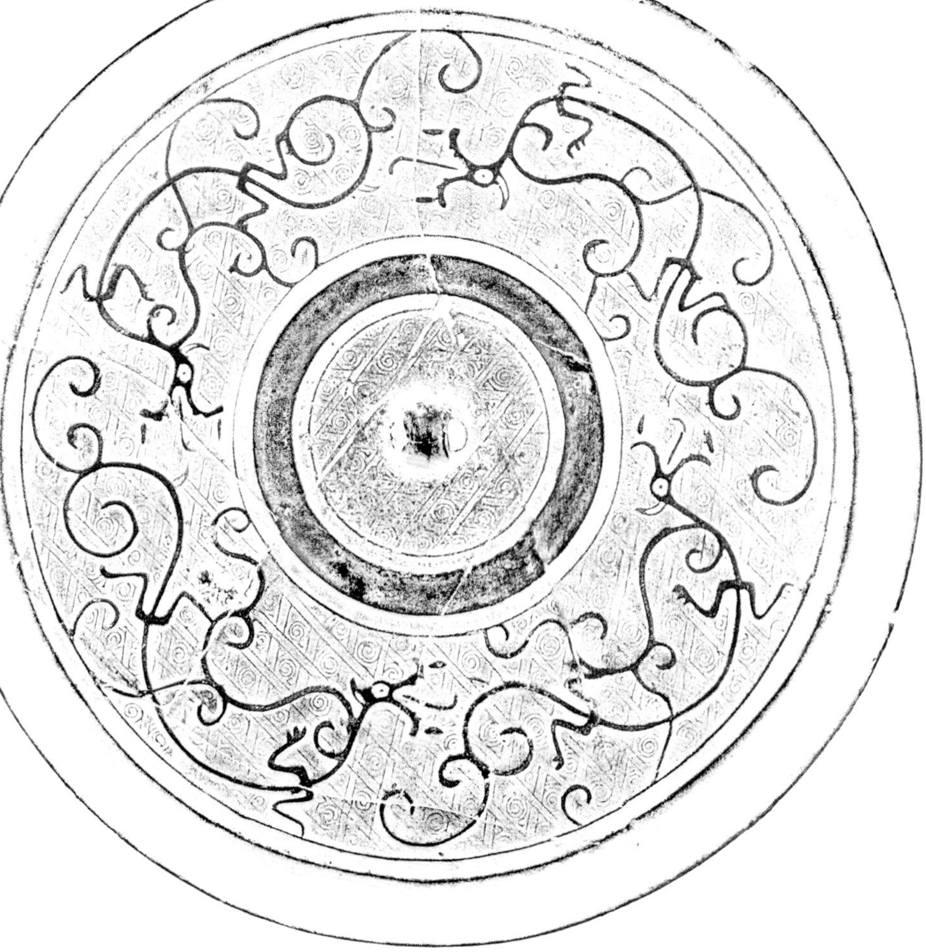

Studies on the Bronze Mirrors Unearthed from the Burials of the
Warring-States Period and Han Dynasty in Linzi, Shandong

040

龙纹镜

西汉早期

范家墓地淄江花园方正 2009 工地 M271 出土

直径 17.4 厘米，厚 0.15 ~ 0.4 厘米

三弦纽，纽外凹弧面圈带与内向十六连弧纹之间饰主纹，圆涡云雷地纹上饰四龙纹，纹饰被一周宽凹弧面圈带弦断，四枚乳丁均匀叠压在圈带上。龙头弯曲回首，抵近乳丁内侧，身躯弯曲近 S 形，尾部呈 C 形回卷，龙的肢足粗壮，向外伸张。宽素卷缘。

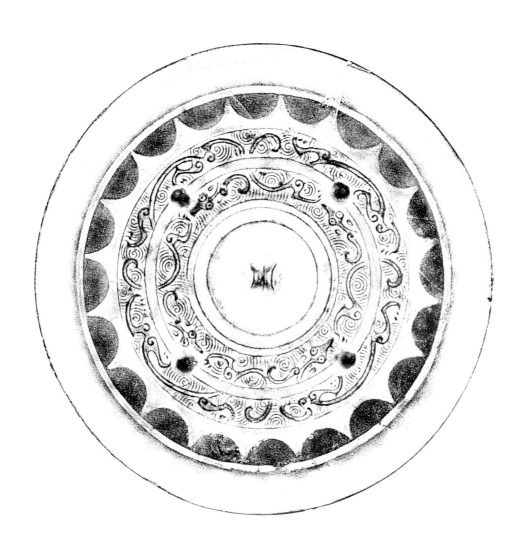

Studies on the Bronze Mirrors Unearthed from the Burials of the
Warring-States Period and Han Dynasty in Linzi, Shandong

041

龙纹镜

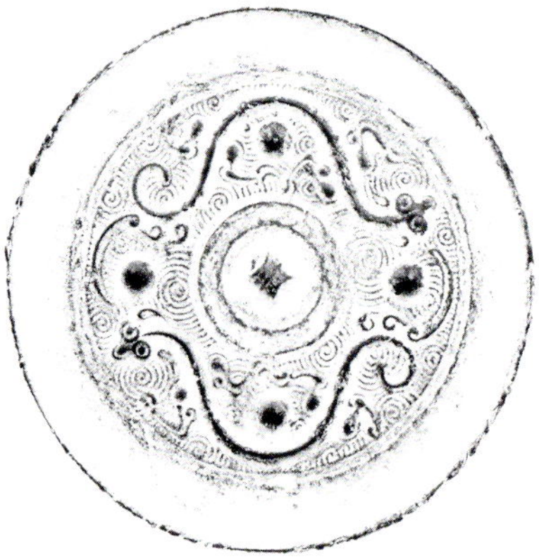

西汉早期

范家墓地淄江花园D组团工地M443出土

直径10.5厘米，厚0.15～0.4厘米

三弦纽，纽外一周凹弧面圈带，圈带外两周凹弦纹间饰主纹，圆涡状云雷地纹上饰四乳双龙纹。双龙相背，龙首朝外近缘处，身躯围乳丁，弯曲呈U形，尾部渐细回卷，四肢足向两侧外伸。素卷缘。

042

龙纹镜

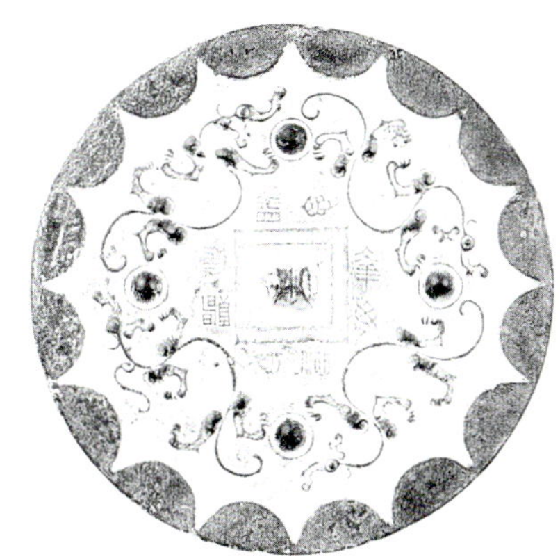

西汉早期

范家墓地淄江花园方正 2009 工地 M340 出土

直径 11.6 厘米，厚 0.2 ~ 0.3 厘米

三弦纽，纽外四面为宽凹弧面方格，方格外为铭文和四乳四龙组成的主纹。铭文为『愿长相思幸毋见忘』。四龙分列四乳之间，同向环绕，龙首在乳丁左上近缘处，张口呈长啸状，身躯细长，呈 S 形弯曲，四足粗壮弯曲前伸。内向十六连弧纹缘。

043

龙纹镜

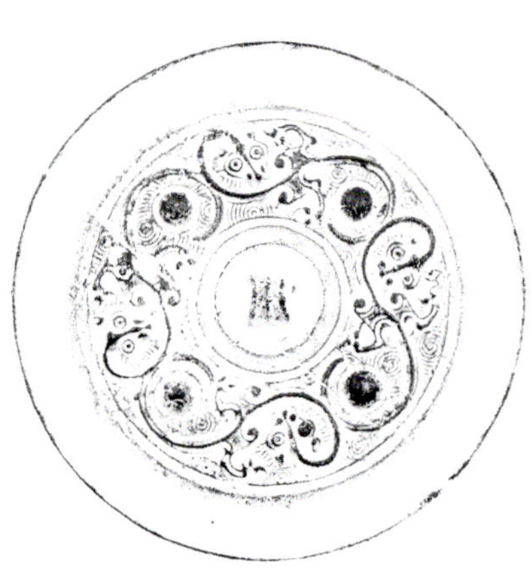

西汉早期

范家墓地淄江花园A组团工地M455出土

直径11.5厘米，厚0.15～0.5厘米

三弦纽，圆纽座，座外一周凹弧面圈带，圈带外两周凹弧弦纹间饰主纹，圆涡状云雷地纹上饰四乳四龙纹。四乳均匀分布，四龙同向环绕，龙首较大，弯曲朝向纽座，身躯细长呈S形弯曲，尾部围乳丁，环绕呈半圆形，双足呈"八"字形伸张。宽素卷缘。

龙纹镜

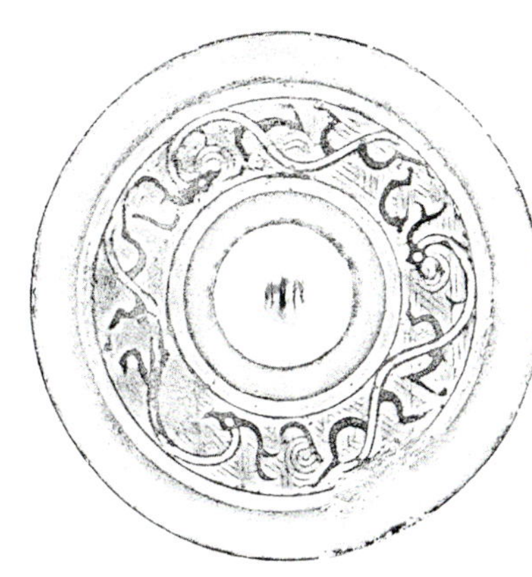

西汉早期

范家墓地淄江花园工地 M80 出土

直径 9 厘米，厚 0.1 ~ 0.2 厘米

三弦纽，纽外一周宽凹弧面圈带，圈带外两周凹弧弦纹间饰主纹，云雷地纹上饰三龙纹。三龙左向环绕，龙首靠近内弦圈带，首顶向后伸出弯曲的长角，角上端分叉，身躯弯曲细长，龙足粗壮，向两侧伸张弯曲。宽素卷缘。

045

龙纹镜

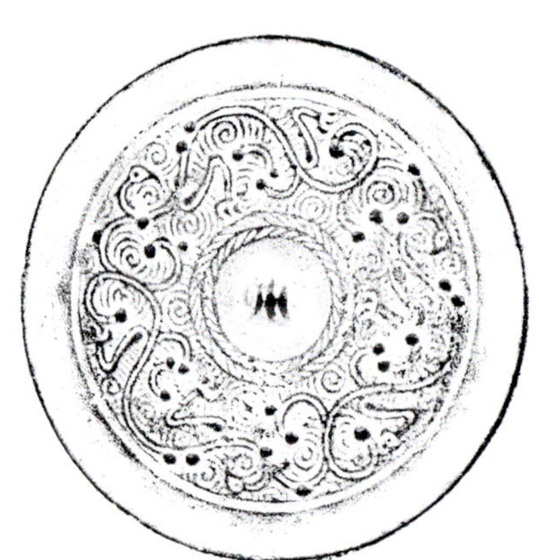

西汉早期

山王墓地牛山园工地 M21 出土

直径 6.7 厘米，厚 0.1 厘米

三弦纽，纽外两周短斜线纹圈带，外圈带与镜缘弦纹间饰主纹，圆涡状云雷地纹上饰三龙纹。三龙右向环绕，龙首细小，抵凹弧面圈带，身躯细长，呈 S 形弯曲。卷缘。

046

龙纹镜

西汉早期

石鼓墓地光明二期工地 M95 出土

直径 9.5 厘米，厚 0.2 ~ 0.4 厘米

三弦纽，纽外一周宽凹弧面圈带，圈带外饰主纹，圆涡状云雷地纹上饰四乳四龙纹。躯体弯曲呈 S 形，上部为凸线条形，尾部则在复线内添加短斜线纹，首、尾均弯曲，呈 C 形回卷，四龙足粗壮，弯曲侧伸。宽素卷缘。

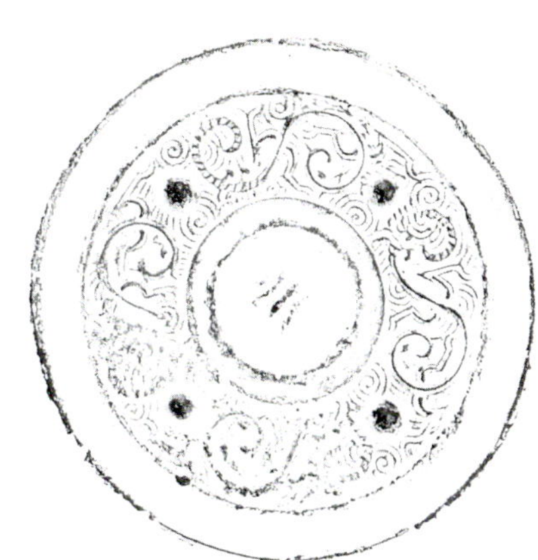

047

龙纹镜

东汉

石鼓墓地光明二期工地 M67 出土

直径 11 厘米，厚 0.2 ~ 0.6 厘米

圆纽，圆纽座，纽座外一周凸圈带。圈带外两周短斜线纹之间饰主纹，主纹为四乳四龙纹。乳丁间四龙右向环绕，龙首有单角，身躯前倾，龙尾下垂弯曲，尖尾上翘，四肢交叉作奔跑状。宽平素缘。

048

连弧纹镜

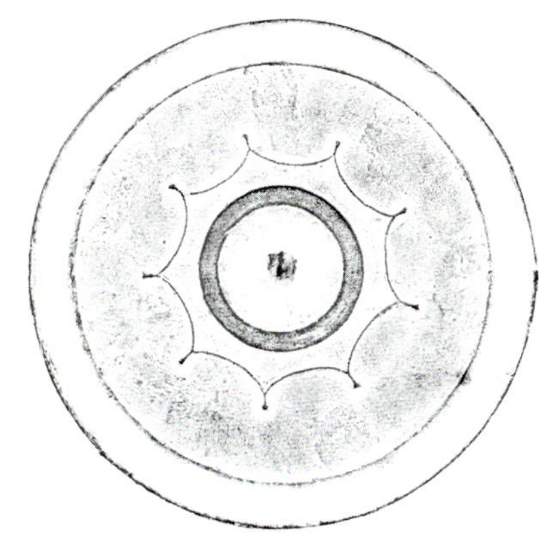

西汉早期

东孙墓地博物院工地 M223 出土

直径 11.7 厘米，厚 0.2 ~ 0.3 厘米

三弦纽，纽外一周宽凹弧面圈带，近缘处饰一周凸弦纹，圈带与凸弦纹间饰内向九连弧纹。缘边略上卷。

049

连弧纹镜

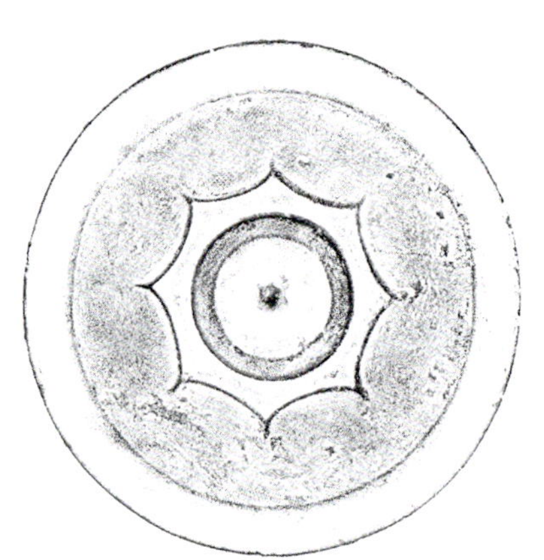

西汉早期

永流墓地金鼎绿城三期工地 M527 出土

直径 8.5 厘米，厚 0.1 ~ 0.2 厘米

三弦纽，纽外一周宽凹弧面圈带，圈带与凸弦纹间饰内向八连弧纹。缘边略上卷。

050

圈带连弧纹镜

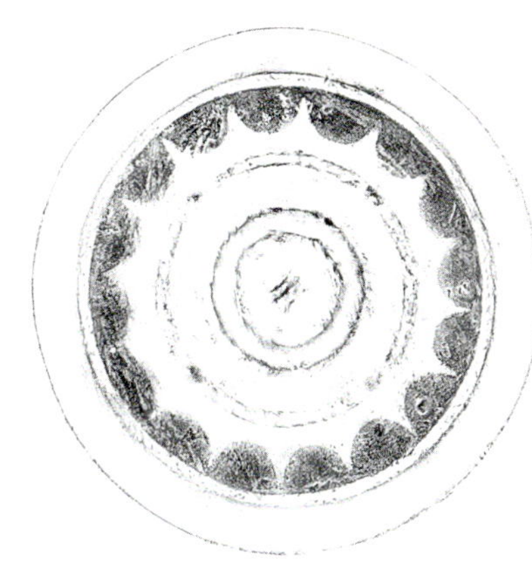

西汉早期

范家墓地淄江花园 A–03 组团工地 M143 出土

直径 12.8 厘米，厚 0.2 ~ 0.4 厘米

三弦纽，圆纽座，座外两周宽凹弧面圈带，四枚乳丁均匀叠压在外圈带上，近缘一周短斜线纹内侧饰内向十六连弧纹。缘边略上卷。

051

圈带连弧纹镜

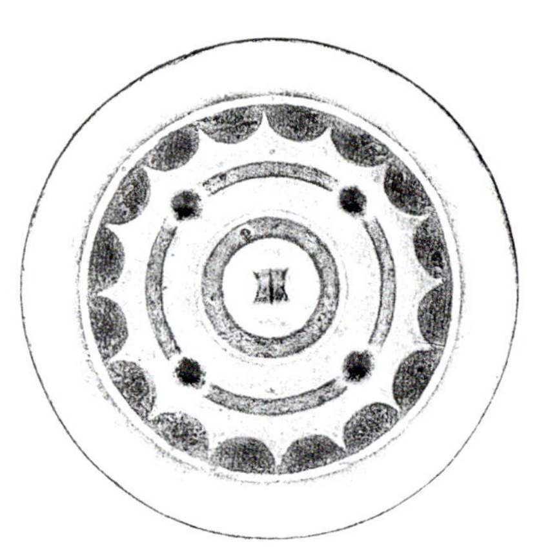

西汉早期

范家墓地淄江花园 J 组团工地 M303 出土

直径 10.4 厘米，厚 0.15 ~ 0.35 厘米

三弦纽，纽外两周宽凹弧面圈带间饰一周凸弦纹，四枚乳丁均匀叠压在外圈带上，近缘一周凹弦纹内侧饰内向十六连弧纹。缘边略上卷。

052

圈带连弧纹镜

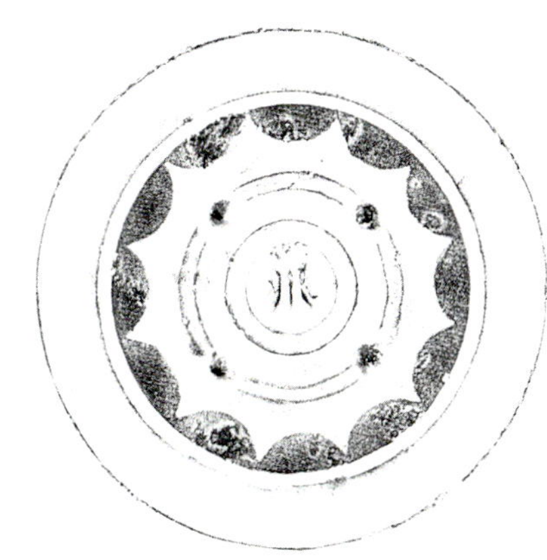

西汉早期

石鼓墓地光明二期工地 M114 出土

直径 9.7 厘米，厚 0.2 ~ 0.4 厘米

三弦纽，纽外两周宽凹弧面圈带，四枚乳丁均匀叠压在外圈带上，近缘一周凹弦纹内侧饰内向十二连弧纹。缘边略上卷。

053

圈带连弧纹镜

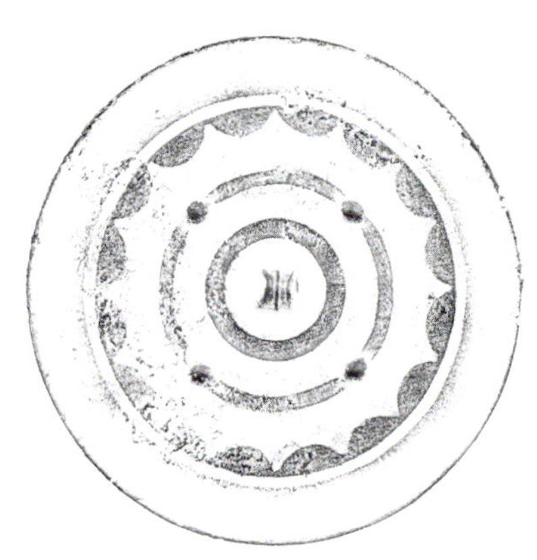

西汉早期

永流墓地金鼎绿城三期工地 M125 出土

直径 8.3 厘米，厚 0.1 ~ 0.3 厘米

三弦纽，纽外两周宽凹弧面圈带，四枚乳丁均匀叠压在外圈带上，近缘一周凹弦纹里侧饰内向十六连弧纹。缘边略上卷。

连珠纹镜

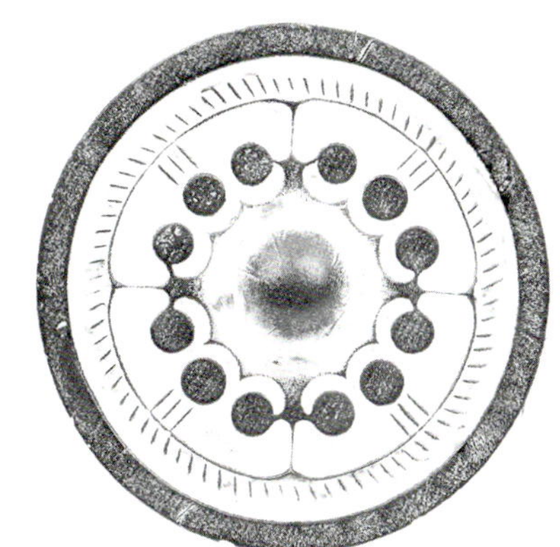

西汉中期
南马墓地翰林院工地 M86 出土
直径 7.3 厘米，厚 0.2 ~ 0.5 厘米

圆纽，外向十二连珠纹纽座，连弧间各有相对应扁圆形连珠纹，其外一周短斜线纹。平缘。

055

花叶纹镜

西汉早期

永流墓地金鼎三期工地 M689 出土

直径 18.5 厘米，厚 0.2 ~ 0.5 厘米

三弦纽，纽外一周内向九连弧纹，弧纹外有两周凹弧面圈带，外圈带上均匀分布四枚圆环乳丁，圆环外围以四桃形花瓣。四乳丁环间有重叠式双叶纹，上下两层双叶大小不同，方向相反。近缘一周凹弦纹内侧饰内向二十连弧纹。宽素缘，缘边上卷。

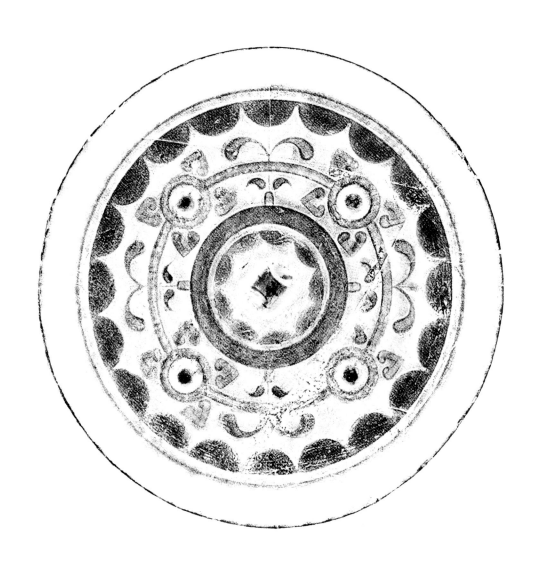

Studies on the Bronze Mirrors Unearthed from the Burials of the
Warring-States Period and Han Dynasty in Linzi, Shandong

056

花叶纹镜

西汉早期

范家墓地淄江花园C组团工地M185出土

直径19厘米，厚0.3～0.6厘米

三弦纽，纽外一周内向八连弧纹，弧纹外有两周凹弧面圈带，外圈带上均匀分布四枚圆环乳丁，圆环外围以四桃形花瓣。四乳丁环间有重叠式双叶纹，上层双叶间伸出一花苞，圈带之间的双叶纹与圈带外的双叶纹大小不同，方向相反。近缘一周凹弦纹内侧饰内向十六连弧纹。宽素缘，缘边上卷。

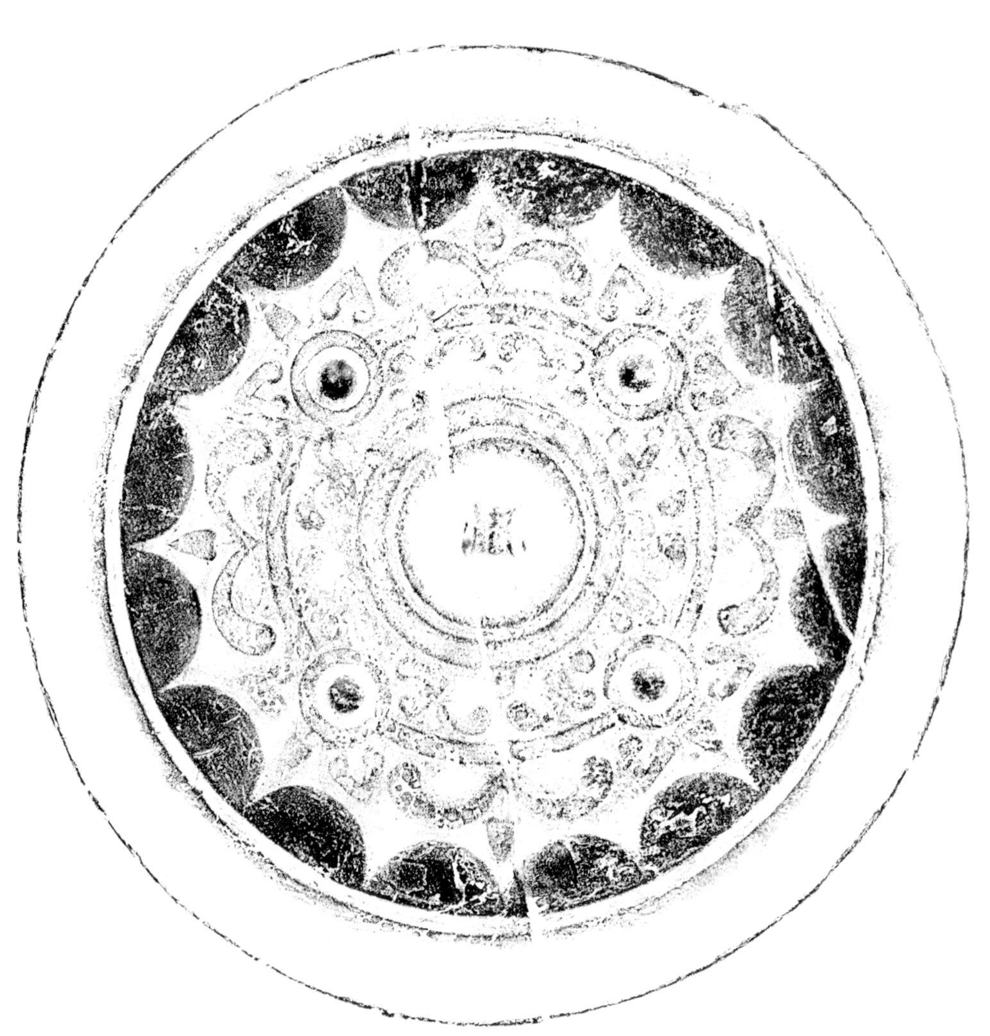

Studies on the Bronze Mirrors Unearthed from the Burials of the
Warring-States Period and Han Dynasty in Linzi, Shandong

057

花叶纹镜

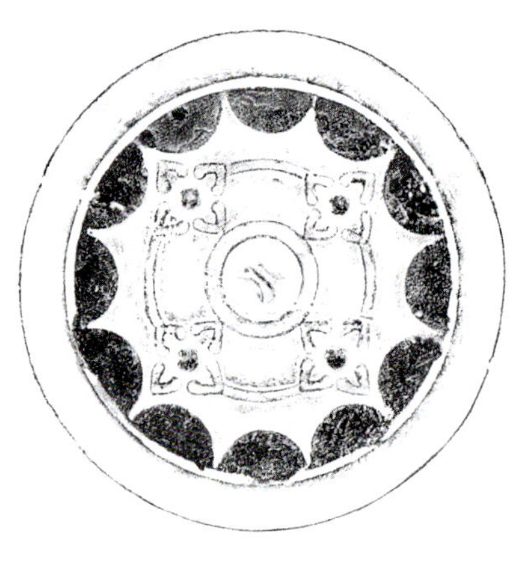

西汉早期

范家墓地淄江花园方正2009工地M52出土

直径13.2厘米，厚0.2～0.4厘米

三弦纽，纽外有两周凹弧面圈带，外圈带上均匀分布四枚乳丁，乳丁外围以四桃形花瓣。近缘一周凹弦纹内侧饰内向十二连弧纹。宽素缘，缘边上卷。

058

花叶纹镜

西汉早期

范家墓地淄江花园 D 组团工地 M969 出土

直径 11.5 厘米，厚 0.2 ~ 0.3 厘米

三弦纽，纽外两周凹弧面圈带，外圈带上均匀分布四枚乳丁，乳丁围以四桃形花瓣。四乳丁间有重叠式双叶纹，圈带之间的双叶纹与圈带外的双叶大小不同，方向相反。内向十六连弧纹缘。

059

花叶纹镜

西汉早中期

东孙墓地博物院工地 M440 出土

直径 13.7 厘米，厚 0.25 ~ 0.35 厘米

伏兽纽，纽外一周凹弧面方格，其外两周细线方格，方格内为铭文带，铭文为『镜生清明如日之光服者君卿幸至未央长毋相忘』。方格外中间有四枚对称的乳丁，乳丁下为勾连纹，上为一花苞二叶花枝纹，叶片下垂，两侧饰S形纹，四角各一支二叶花枝纹。内向十六连弧纹缘。

060

花叶纹镜

西汉早中期

范家墓地淄江花园K组团工地M609出土

直径11.5厘米，厚0.3～0.4厘米

伏兽纽，纽外两周凹弧面方格，两周方格内四角为方形重三角纹，每边有三字铭文，铭文为『长相思毋相忘常贵富乐未央』。方格外中间有四枚对称的圆座乳丁，两侧各有一支花叶纹，四角伸出一支花苞纹。内向十六连弧纹缘。

061

花叶纹镜

西汉早中期

范家墓地淄江花园 D 组团工地 M497 出土

直径 6.5 厘米，厚 0.2 厘米

圆纽，纽外一周铭文方格带，铭文为『愿长相思幸毋见忘』。铭文每边各有一枚对称的乳丁纹，四角各一支双叶花枝纹。内向十六连弧纹缘。

062

花叶纹镜

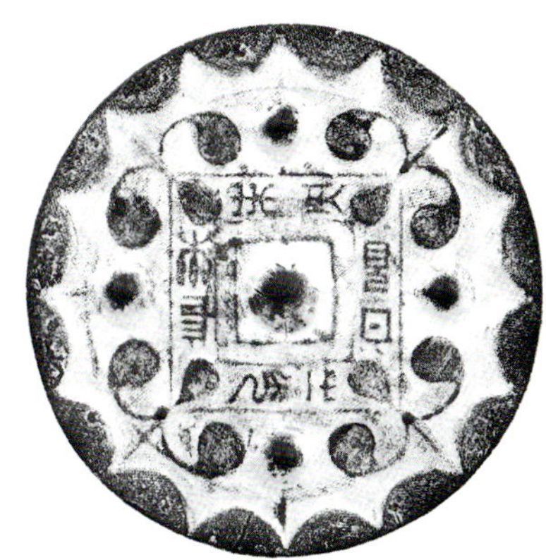

西汉中晚期

永流墓地金鼎绿城三期工地 M695 出土

直径 7 厘米，厚 0.2 ~ 0.3 厘米

圆纽，纽外凹弧面小方格和细线大方格，方格内四角各有一枚花苞纹，每边均有二字铭文，铭文为『见日之光长乐未央』。方格外中间四枚对称的乳丁纹，四角各伸出一支二叶花枝纹。内向十六连弧纹缘。

063

花叶纹镜

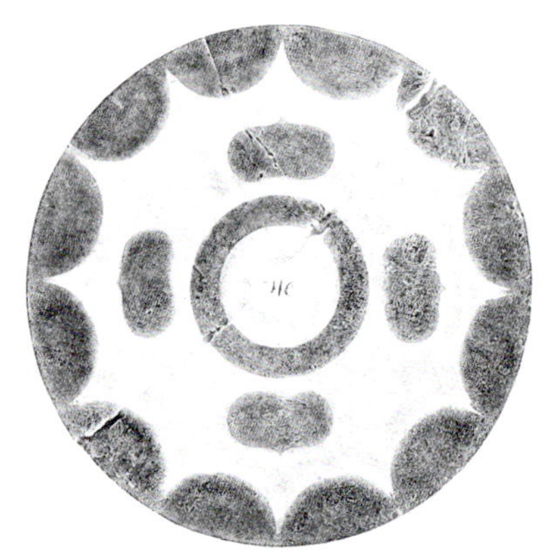

西汉早期

范家墓地新村工地 M100 出土

直径 19.7 厘米，厚 0.15 ~ 0.2 厘米

三弦纽，纽外一周宽凹弧面圈带，圈带外均匀分布四叶纹。内向十二连弧纹缘。

064

花叶纹镜

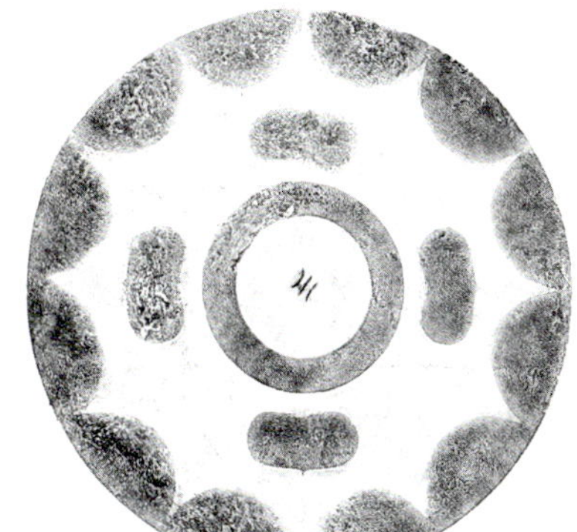

西汉早期

赵家徐姚墓地中轩提取车间工地 M18 出土

直径 18 厘米，厚 0.2 厘米

三弦纽，纽外一周宽凹弧面圈带，圈带外均匀分布四叶纹。内向十二连弧纹缘。

065

花叶纹镜

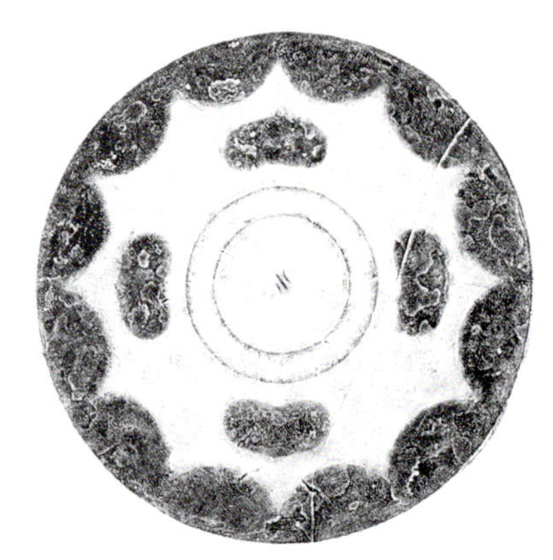

西汉早期

范家墓地淄江花园 A 组团工地 M122 出土

直径 18 厘米，厚 0.3 厘米

三弦纽，纽外一周宽凹弧面圈带，圈带外均匀分布四叶纹。内向十二连弧纹缘。

花叶纹镜

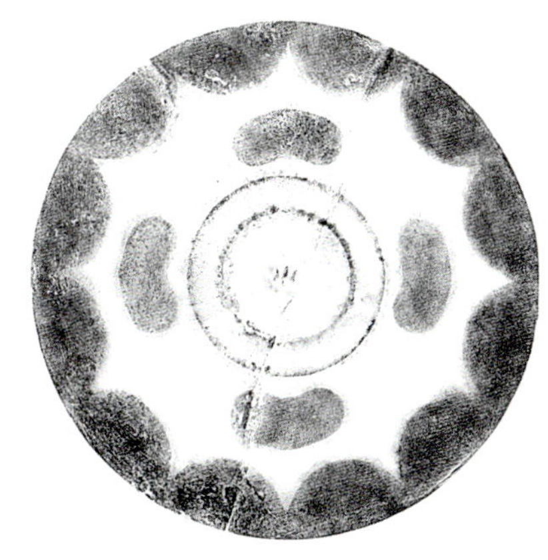

西汉早期

范家墓地新村工地 M11 出土

直径 15.7 厘米，厚 0.1 ~ 0.2 厘米

三弦纽，纽外一周宽凹弧面圈带，圈带外均匀分布四叶纹。内向十二连弧纹缘。

067

花叶纹镜

西汉早期

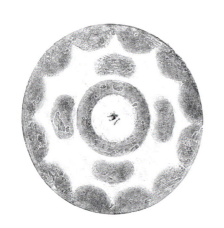

范家墓地淄江花园 D 组团工地 M407 出土

直径 14.5 厘米，厚 0.2 厘米

三弦纽，纽外一周宽凹弧面圈带，圈带外均匀分布四叶纹。内向十二连弧纹缘。

068

蟠螭纹镜

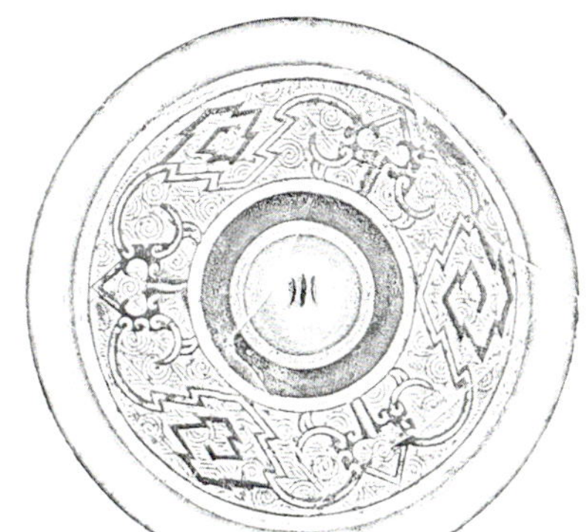

西汉早期

永流墓地金鼎绿城三期 M884 出土

直径 13 厘米，厚 0.1 ~ 0.3 厘米

三弦纽，圆纽座，座外一周宽凹弧面圈带。圈带外两周弦纹间饰主纹，圆涡状云雷地纹上由三个桃形叶纹分成三组蟠螭纹，螭身简化，呈折叠菱形。宽素缘，缘边上卷。

069

蟠螭纹镜

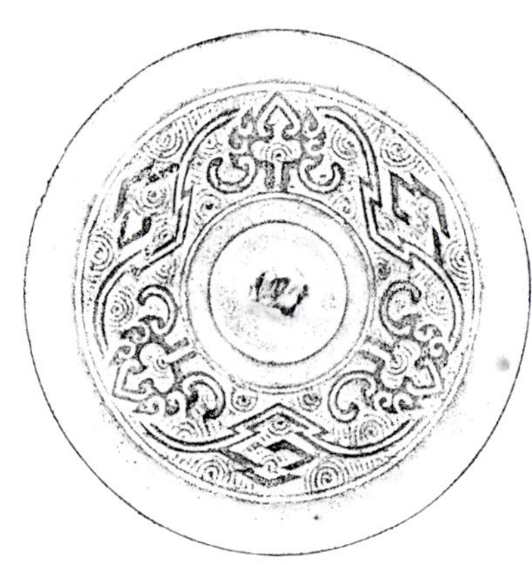

西汉早期

永流墓地金鼎绿城三期 M897 出土

直径 8.1 厘米，厚 0.1 ~ 0.2 厘米

三弦纽，纽外一周宽凹弧面圈带。圈带外两周弦纹间饰主纹，圆涡状云雷地纹上由三个桃形叶纹分成三组蟠螭纹，螭身简化呈折叠菱形。宽素缘，缘边上卷。

070

蟠螭纹镜

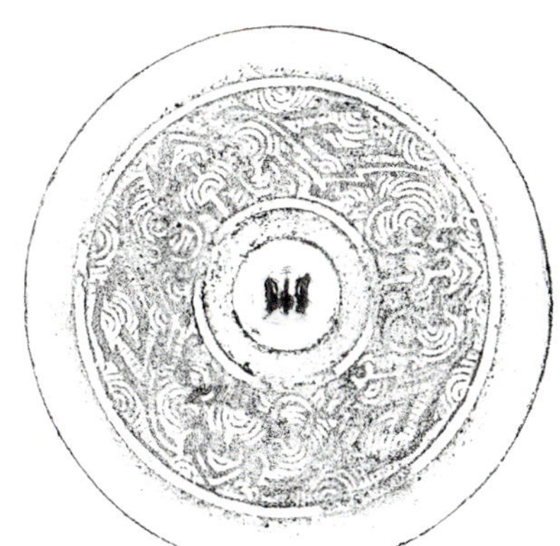

西汉早期

永流墓地金鼎绿城三期 M980 出土

直径 7.8 厘米，厚 0.1 ~ 0.15 厘米

三弦纽，纽外一周宽凹弧面圈带。圈带外两周弦纹间饰主纹，圆涡状云雷地纹上由三个桃形叶纹分成三组蟠螭纹，螭身简化，呈折叠菱形。宽素缘，缘边上卷。

071

蟠螭纹镜

西汉早期

范家墓地淄江花园 D 组团 M850 出土

直径 8.2 厘米，厚 0.15 ~ 0.2 厘米

三弦纽，纽外一周宽凹弧面圈带。圈带外短斜线纹间饰主纹，圆涡状云雷地纹上由三个树叶形纹分成三组蟠螭纹。螭首在中部，伸出一长一短的两身躯，短躯为折叠的菱形，与细长弯曲的螭身相交。宽素缘，缘边上卷。

072

蟠螭纹镜

西汉早期

范家墓地淄江花园北二区 M593 出土

直径 7.5 厘米，厚 0.1 ~ 0.15 厘米

三弦纽，纽外一周宽凹弧面圈带。圈带外两周弦纹间饰主纹，圆涡状云雷地纹上由三个树叶纹分成三组蟠螭纹，螭身简化，呈折叠菱形。宽素缘，缘边上卷。

073

蟠螭纹镜

西汉早期

范家墓地淄江花园 M184 出土

直径 7.6 厘米，厚 0.1 ~ 0.2 厘米

三弦纽，纽外一周宽凹弧面圈带。圈带外两周弦纹间饰主纹，圆涡状云雷地纹上由三个树叶纹分成三组蟠螭纹，螭身简化，呈折叠菱形。宽素缘，缘边上卷。

蟠螭纹镜

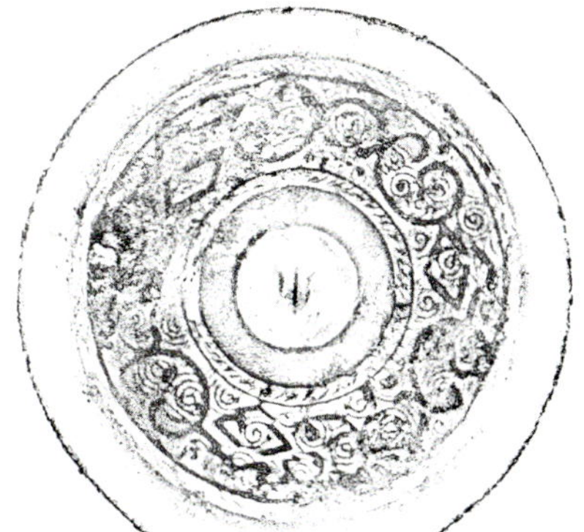

西汉早期

范家墓地淄江花园 D 组团 M302 出土

直径 8.5 厘米，厚 0.1 ~ 0.2 厘米

三弦纽，纽外一周宽凹弧面圈带。圈带外两周短斜线之间饰主纹，圆涡状云雷地纹上由三组简体蟠螭纹和折叠菱形纹连接组成，蟠螭纹由二大一小、正反相连的 C 形组成。宽素缘，缘边上卷。

075

蟠螭纹镜

西汉早期

永流墓地泰东城住宅区 M39 出土

直径 8.5，厚 0.1 ~ 0.2 厘米

三弦纽，纽外一周宽凹弧面圈带。圈带外两周弦纹间饰主纹，圆涡状和斜折线云雷地纹上饰四组简体蟠螭纹。宽素缘，缘边上卷。

蟠螭纹镜

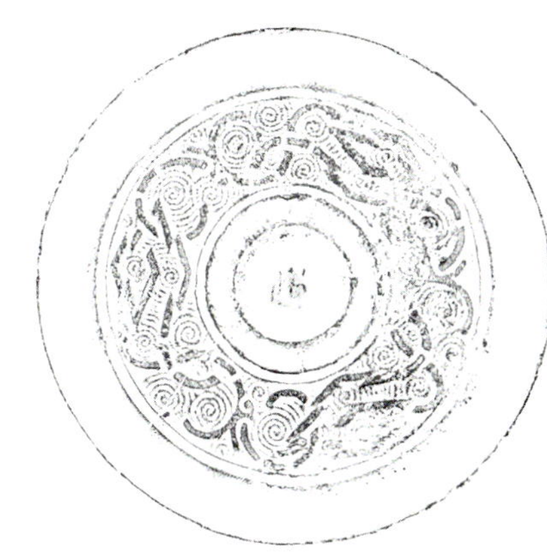

西汉早期
东孙墓地博物院工地 M203 出土
直径 10.9 厘米，厚 0.2 ~ 0.5 厘米

三弦纽，纽外一周宽凹弧面圈带。圈带外两周弦纹间饰主纹，圆涡状云雷地纹上由三组蟠螭纹和折叠菱形纹组成，螭身相互缠绕在一起，并互相叠压相交。宽素缘，缘边上卷。

077

蟠螭纹镜

西汉早期

商王墓地盛世豪庭工地 M301 出土

直径 8 厘米，厚 0.15 ~ 0.3 厘米

三弦纽，纽外一周宽凹弧面圈带。圈带外两周弦纹间饰主纹，圆涡状和短斜线云雷地纹上由三组简体蟠螭纹和折叠菱形纹组成，并互相叠压相交。宽素缘，缘边上卷。

078

蟠螭纹镜

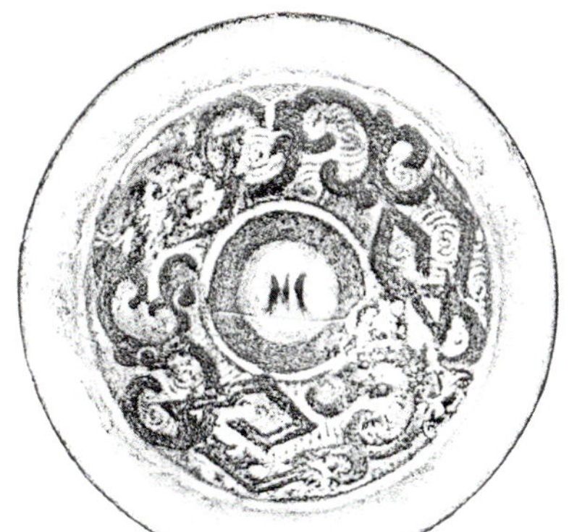

西汉早期

石鼓墓地画苑工地 M151 出土

直径 7.1 厘米，厚 0.1 ~ 0.2 厘米

三弦纽，纽外一周宽凹弧面圈带。圈带外两周弦纹间饰主纹，圆涡状云雷地纹上由三组简体的 S 形蟠螭纹和折叠菱形纹组成，并互相叠压相交。宽素缘，缘边上卷。

079

蟠螭纹镜

西汉早期

永流墓地金鼎绿城三期 M272 出土

直径 9.5 厘米，厚 0.2 ~ 0.45 厘米

三弦纽，纽外一周宽凹弧面圈带。圈带外两周短斜纹间饰主纹，圆涡状云雷地纹上由三组简体的 S 形蟠螭纹和折叠菱形纹组成，并互相叠压相交。宽素缘，缘边上卷。

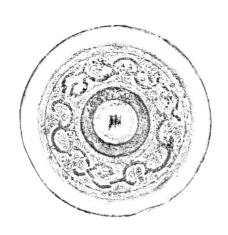

080

蟠螭纹镜

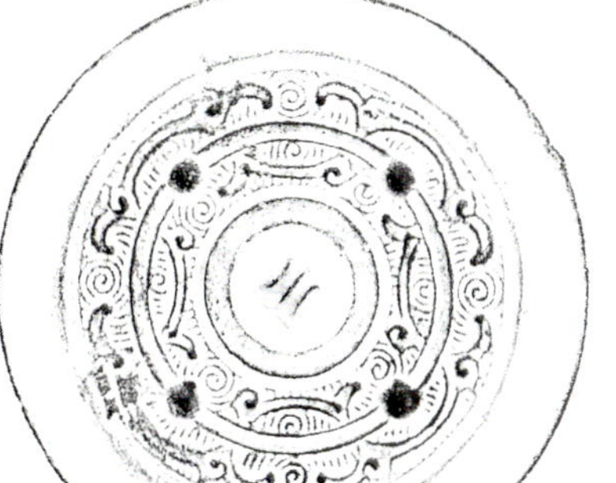

西汉早期

刘家墓地棕榈城工地 M416 出土

直径 8.1 厘米，厚 0.1 ~ 0.2 厘米

三弦纽，纽外一周宽凹弧面圈带。圈带外两周弦纹间饰主纹，圆涡状云雷地纹上饰四组蟠螭纹，蟠螭由四大四小的C形正反连接而成，主纹中间被一周凹弧面圈带弦断，四枚乳丁均匀叠压在圈带上面。宽素缘，缘边上卷。

081

蟠螭纹镜

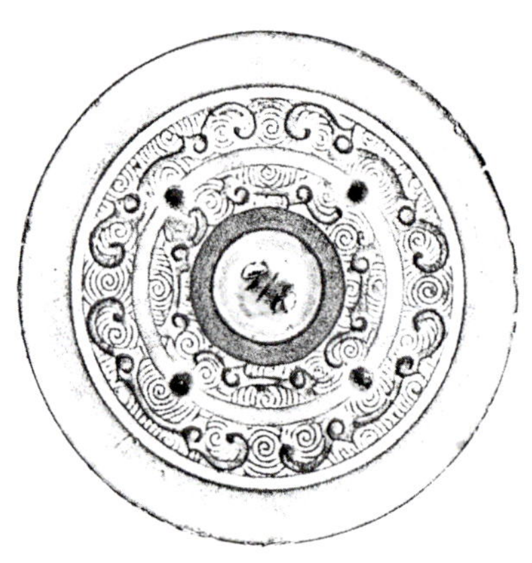

西汉早期

范家墓地淄江花园 D 组团 M58 出土

直径 8.7 厘米，厚 0.1 ~ 0.2 厘米

三弦纽，纽外一周宽凹弧面圈带。圈带与近缘一周弦纹间饰主纹，圆涡状云雷地纹上饰四组缠绕变形的蟠螭纹，主纹中间被一周凹弧面圈带弦断，四枚乳丁均匀叠压在圈带上面。宽素缘，缘边上卷。

082

蟠螭纹镜

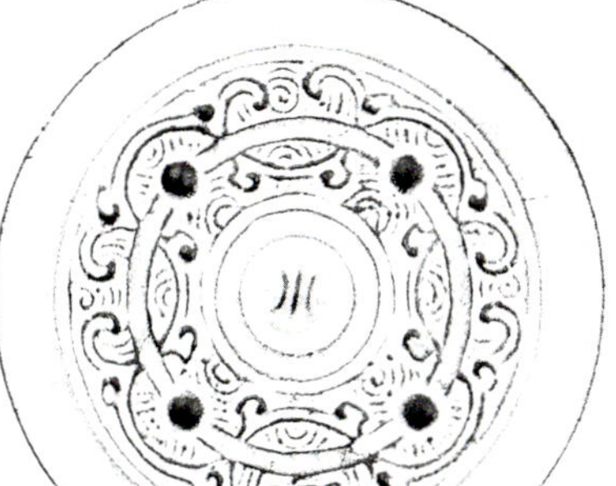

西汉早期

范家墓地淄江花园D组团M345出土

直径7.1厘米，厚0.1～0.2厘米

三弦纽，纽外一周宽凹弧面圈带。圈带外两周弦纹间饰主纹，圆涡状云雷地纹上饰四组蟠螭纹，蟠螭呈S形环绕连接，主纹中间被一周凹弧面圈带弦断，四枚乳丁均匀叠压在圈带上面。宽素缘，缘边上卷。

083

蟠螭纹镜

西汉早期

范家墓地淄江花园 G 组团工地 M311 出土

直径 9.7 厘米，厚 0.1 ~ 0.2 厘米

三弦纽，纽外一周宽凹弧面圈带。圈带外两周弦纹间饰主纹，圆涡状云雷地纹上饰四组蟠螭纹，蟠螭由四大四小的C形正反环绕连接，主纹中间被一周凹弧面圈带弦断，四枚乳丁均匀叠压在圈带上面。宽素缘，缘边上卷。

084

蟠螭纹镜

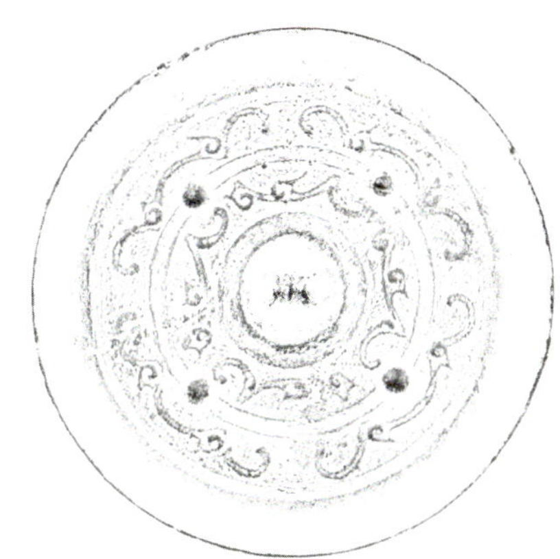

西汉早期

范家墓地淄江花园D组团工地M949出土

直径10.2厘米，厚0.1～0.2厘米

三弦纽，纽外一周宽凹弧面圈带。圈带外两周弦纹间饰主纹，圆涡状云雷地纹上饰四组蟠螭纹，蟠螭由四大四小的C形正反环绕连接，主纹中间被一周凹弧面圈带弦断，四枚乳丁均匀叠压在圈带上面。宽素缘，缘边上卷。

085

蟠螭纹镜

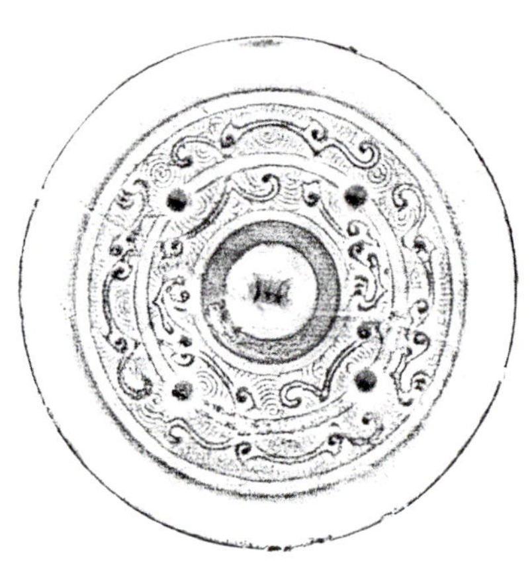

西汉早期

范家墓地淄江花园A-03组团工地M20出土

直径9.4厘米，厚0.14～0.4厘米

三弦纽，纽外一周宽凹弧面圈带。圈带外两周弦纹间饰主纹，圆涡状云雷地纹上饰四组缠绕变形的蟠螭纹，蟠螭由四大四小的C形正反环绕连接，主纹中间被一周凹弧面圈带弦断，四枚乳丁均匀叠压在圈带上面。宽素缘，缘边上卷。

086

蟠螭纹镜

西汉早期

范家墓地淄江花园方正 2009 工地 M286 出土

直径 9.7 厘米，厚 0.1 ~ 0.2 厘米

三弦纽，纽外一周宽凹弧面圈带。圈带外两周弦纹间饰主纹，圆涡状云雷地纹上饰四组蟠螭纹，蟠螭近 S 形，左向环绕连接而成，主纹中间被一周凹弧面圈带弦断，四枚乳丁均匀叠压在圈带上面。宽素缘，缘边上卷。

087

蟠螭纹镜

西汉早期

张家墓地华盛园生活区工地 M9 出土

直径 9.8 厘米，厚 0.1 ~ 0.2 厘米

三弦纽，纽外一周宽凹弧面圈带。圈带外两周弦纹间饰主纹，斜折线地纹上饰四组蟠螭纹，蟠螭由四大四小的C形正反连接而成，主纹中间被一周凹弧面圈带弦断，四枚乳丁均匀叠压在圈带上面。宽素缘，缘边上卷。

蟠螭纹镜

西汉早期

范家墓地淄江花园 D 组团工地 M993 出土

直径 9.8 厘米，厚 0.1 ~ 0.2 厘米

三弦纽，纽外一周宽凹弧面圈带。圈带外两周弦纹间饰主纹，圆涡状云雷地纹上饰四组相互缠绕的蟠螭纹，主纹中间被一周凹弧面圈带弦断，四枚乳丁均匀叠压在圈带上面。宽素缘，缘边上卷。

089

蟠螭纹镜

西汉早期

范家墓地淄江花园 D 组团工地 M347 出土

直径 9.5 厘米，厚 0.2 ~ 0.3 厘米

三弦纽，纽外一周宽凹弧面圈带。圈带外两周弦纹间饰主纹，圆涡状云雷地纹上饰四组弯曲变形的蟠螭纹，主纹中间被一周凹弧面圈带弦断，四枚乳丁均匀叠压在圈带上面。宽素缘，缘边上卷。

090

蟠螭纹镜

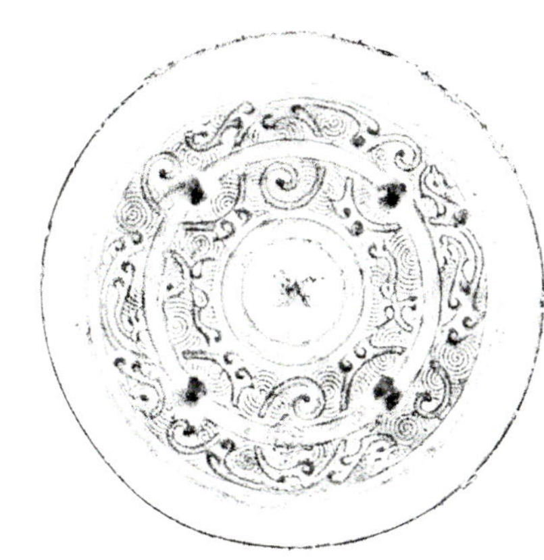

西汉早期

范家墓地淄江花园高阳工地 M41 出土

直径 10.6 厘米，厚 0.1 ~ 0.2 厘米

三弦纽，纽外一周宽凹弧面圈带。圈带外两周弦纹间饰主纹，圆涡状云雷地纹上饰四组蟠螭纹，蟠螭弯曲，两端回卷呈 S 形，主纹中间被一周凹弧面圈带弦断，四枚乳丁均匀叠压在圈带上面。宽素缘，缘边上卷。

091

蟠螭纹镜

西汉早期

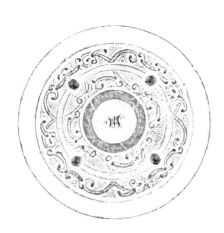

永流墓地金鼎绿城三期工地 M850 出土

直径 10.5 厘米，厚 0.1 ~ 0.2 厘米

三弦纽，纽外一周宽凹弧面圈带。圈带外两周弦纹间饰主纹，圆涡状云雷地纹上饰四组相互缠绕的蟠螭纹，主纹中间被一周凹弧面圈带弦断，四枚乳丁均匀叠压在圈带上面。宽素缘，缘边上卷。

092

蟠螭纹镜

西汉早期

商王墓地瑞泉阳光工地 M39 出土

直径 13 厘米，厚 0.2 ~ 0.5 厘米

三弦纽，纽外一周宽凹弧面圈带。圈带外两周弦纹间饰主纹，圆涡状云雷地纹上饰四组相互缠绕的蟠螭纹，主纹中间被一周宽凹面内向八连弧圈带弦断。宽素缘，缘边上卷。

093

蟠螭纹镜

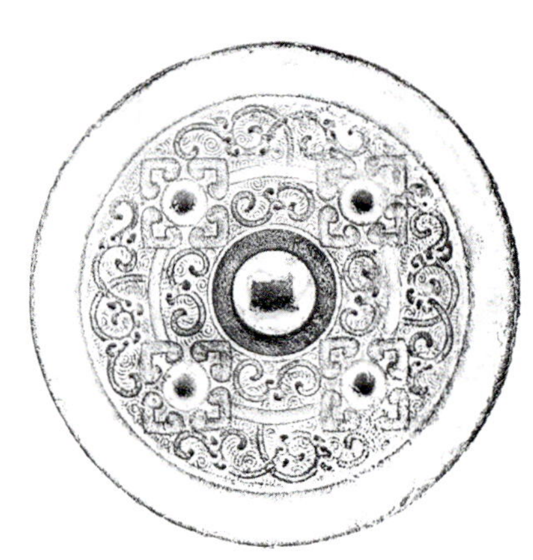

西汉早期

范家墓地淄江花园 D 组团工地 M965 出土

直径 14.3 厘米，厚 0.2 ~ 0.5 厘米

三弦纽，纽外一周宽凹弧面圈带。圈带外两周弦纹间饰主纹，圆涡状云雷地纹上饰四组相互缠绕的蟠螭纹，主纹中间被一周凹弧面圈带弦断，四枚乳丁均匀叠压在圈带上面，乳丁围以四个桃形花瓣。宽素缘，缘边上卷。

蟠螭纹镜

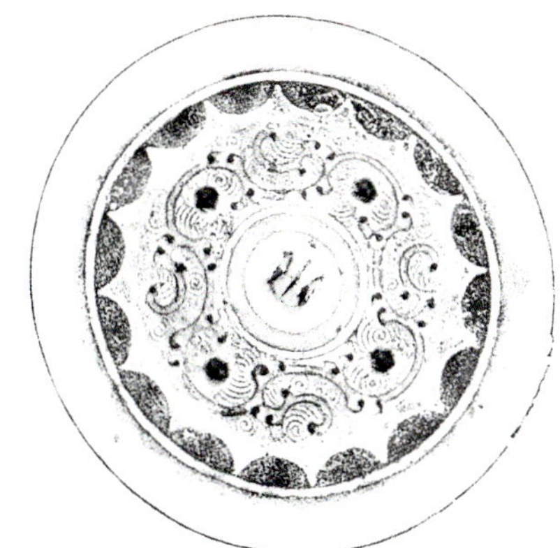

西汉早期

张家墓地金芃苑工地 M12 出土

直径 11.5 厘米，厚 0.15 ~ 0.4 厘米

三弦纽，纽外一周宽凹弧面圈带。圈带与内向十六连弧纹之间饰主纹，圆涡状云雷地纹上饰四乳四简体蟠螭纹。宽素缘，缘边上卷。

095

蟠螭纹镜

西汉早期

永流墓地金鼎绿城三期工地 M362 出土

直径 23 厘米，厚 0.15 ~ 0.5 厘米

三弦纽，纽外一周宽凹弧面圈带。圈带与内向十六连弧纹之间饰主纹，主纹为四组相互缠绕的蟠螭纹，主纹中间被一周凹弧面圈带弦断，四枚乳丁圆环均匀叠压在圈带上面，乳丁圆环围以四桃形花瓣及向外的单体桃形叶纹。宽素缘，缘边上卷。

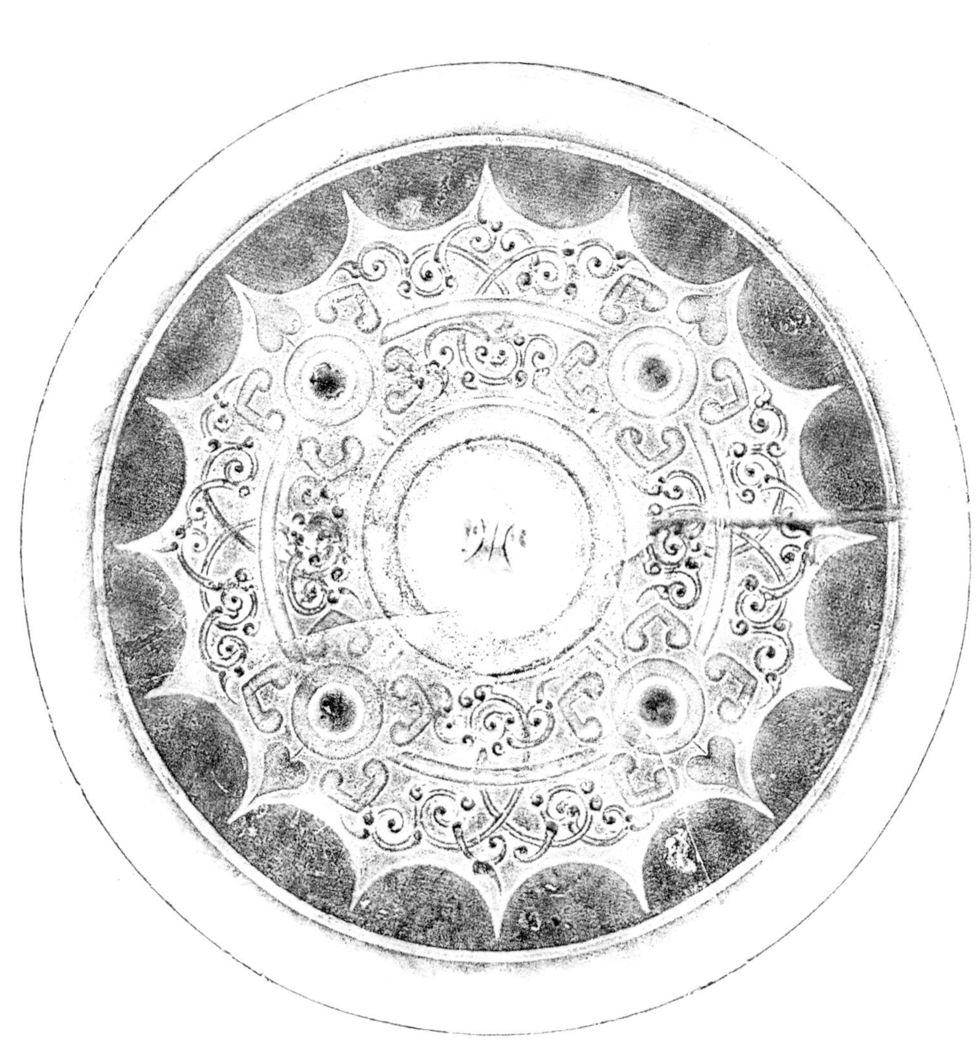

Studies on the Bronze Mirrors Unearthed from the Burials of the
Warring-States Period and Han Dynasty in Linzi, Shandong

096

蟠螭纹镜

西汉早期

官道墓地新村工地 M346 出土

直径 18.5 厘米，厚 0.15 ~ 0.6 厘米

三弦纽，纽外短斜线纹、圆涡状云雷纹圈带、绹索纹、宽凹弧面圈带。两周短线纹间饰主纹，圆涡状云雷地纹上饰四组相互缠绕的蟠螭纹。宽素缘，缘边上卷。

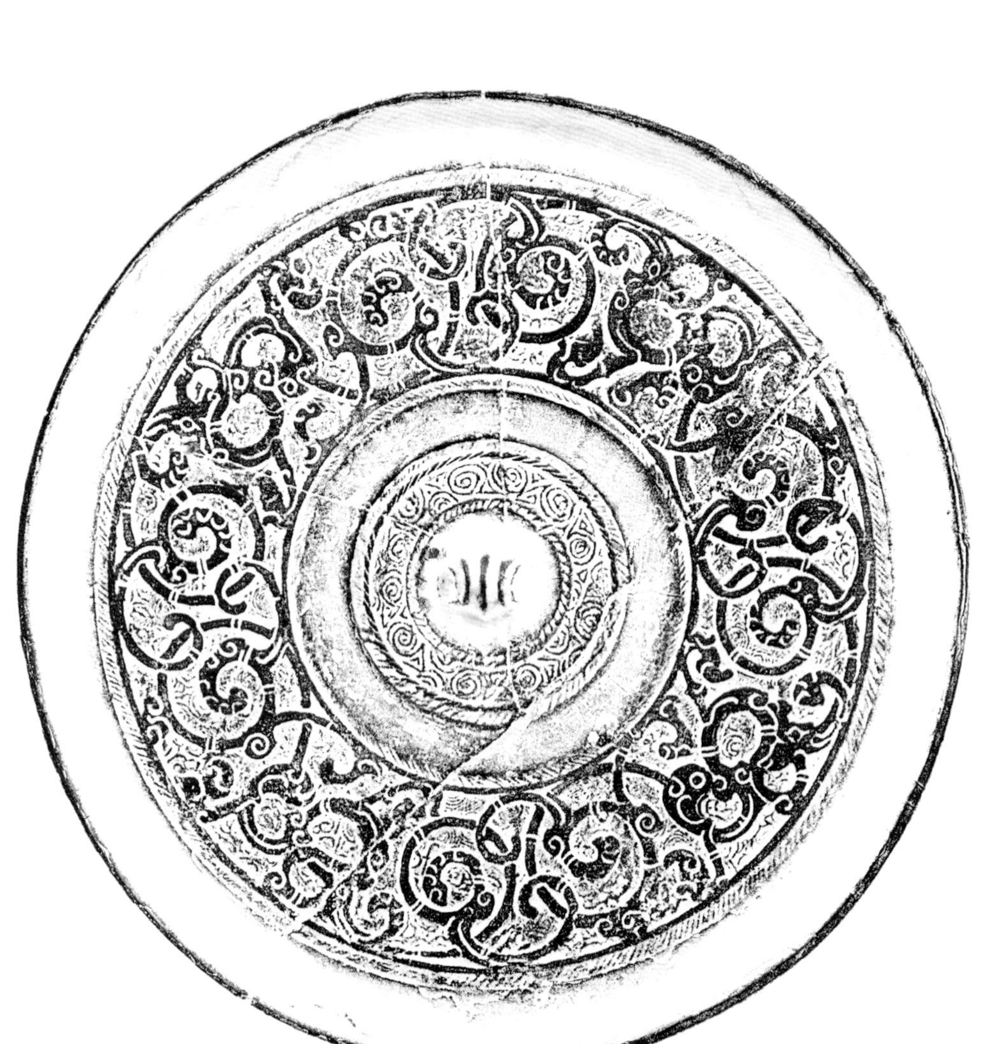

Studies on the Bronze Mirrors Unearthed from the Burials of the
Warring-States Period and Han Dynasty in Linzi, Shandong

097

蟠螭纹镜

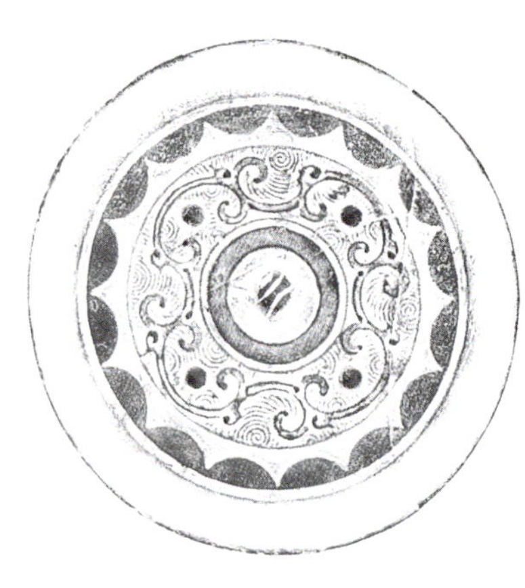

西汉早期

范家墓地淄江花园方正 2009 工地 M37 出土

直径 12 厘米，厚 0.15 ~ 0.4 厘米

三弦纽，纽外一周宽凹弧面圈带。圈带与内向十六连弧纹之间饰主纹，圆涡状云雷地纹上饰四乳四简体蟠螭纹，蟠螭弯曲，呈 S 形。宽素缘，缘边上卷。

蟠螭纹镜

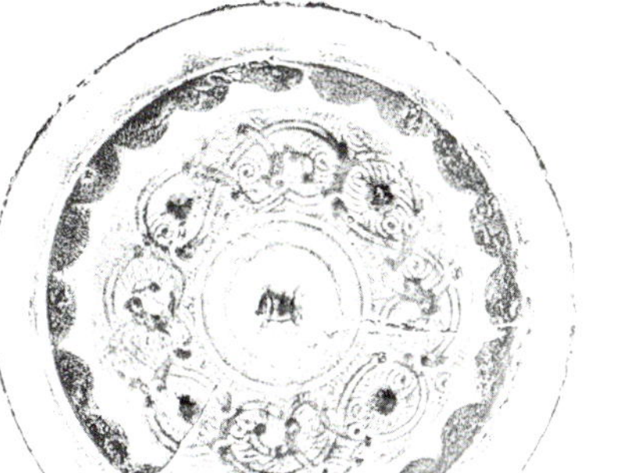

西汉早期

官道墓地名仕庄园工地 M73 出土

直径 11 厘米，厚 0.2 ~ 0.4 厘米

三弦纽，纽外一周宽凹弧面圈带。圈带与内向十六连弧纹之间饰主纹，圆涡状云雷地纹上饰四乳四简体蟠螭纹，螭首在中部，螭尾弯曲回卷，呈『8』字形。宽素缘，缘边上卷。

099

蟠螭纹镜

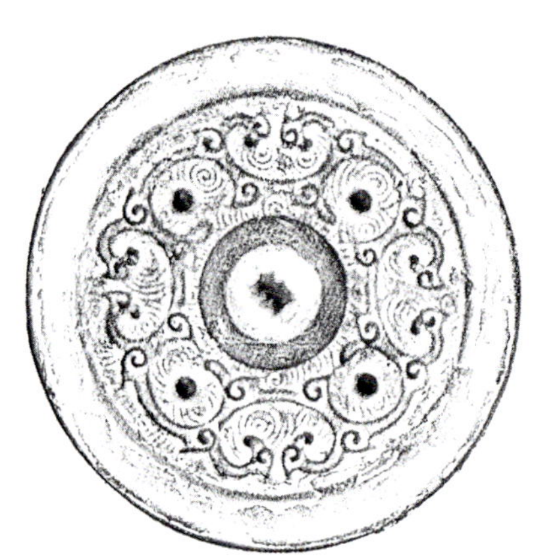

西汉早期

南马墓地棠悦工地采集

直径 8.2 厘米，厚 0.1 ~ 0.2 厘米

三弦纽，纽外一周宽凹弧面圈带。圈带外饰主纹，圆涡状云雷地纹上饰四乳四简体蟠螭纹，蟠螭由一大一小的 C 形正反连接而成。宽素缘，缘边上卷。

100

蟠螭纹镜

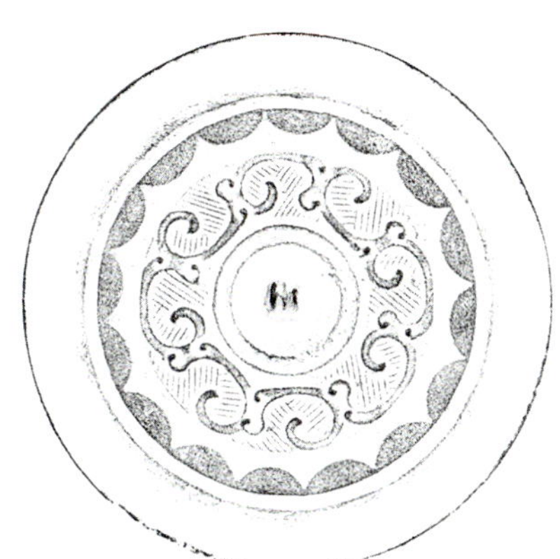

西汉早期

徐家墓地凤凰城工地 M359 出土

直径 9.4 厘米，厚 0.1 ~ 0.2 厘米

三弦钮，圆钮座，座外一周宽凹弧面圈带。圈带与近缘处一周凹弦纹内侧内向十六连弧纹之间饰主纹，斜折线地纹上饰八个 C 形相连的蟠螭纹。宽素缘，缘边上卷。

101

蟠螭纹镜

西汉早期

商王墓地齐银北区工地 M199 出土

直径 8 厘米，厚 0.1 ~ 0.2 厘米

三弦纽，纽外一周宽凹弧面圈带。圈带与内向十六连弧纹之间饰主纹，圆涡状云雷地纹上饰简体蟠螭纹，蟠螭由一正一反的八个C形连接而成。宽素缘，缘边上卷。

蟠螭纹镜

西汉早期

永流墓地金鼎绿城工地 M451 出土

直径 8.1 厘米，厚 0.1 ~ 0.2 厘米

三弦纽，纽外一周宽凹弧面圈带。圈带与内向十六连弧纹之间饰主纹，圆涡状云雷地纹上饰四组简体蟠螭纹，蟠螭由四个 S 形连接而成。宽素缘，缘边上卷。

103

蟠螭纹镜

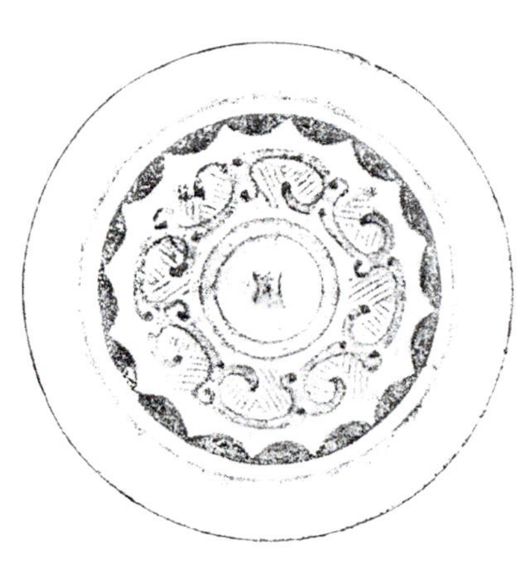

西汉早期

范家墓地淄江花园D组团工地M27出土

直径8.5厘米，厚0.1～0.2厘米

三弦纽，纽外一周宽凹弧面圈带。圈带与内向十六连弧纹之间饰主纹，斜折线地纹上饰简体蟠螭纹，蟠螭由一正一反的八个C形连接而成。宽素缘，缘边上卷。

104

蟠虺纹镜

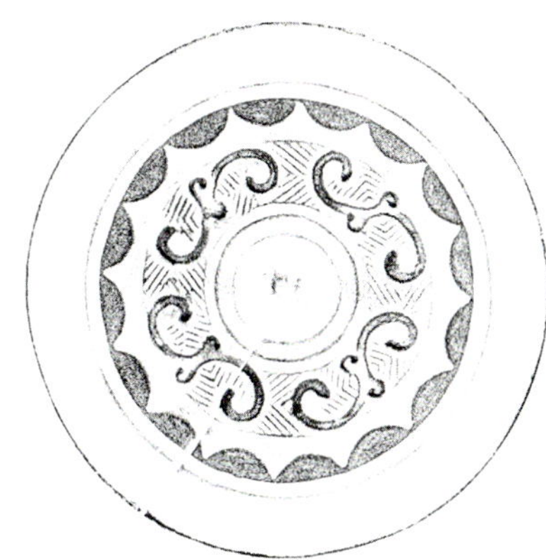

西汉早期

永流墓地泰东城小义乌商品城工地 M182 出土

直径 9 厘米，厚 0.15 ~ 0.2 厘米

三弦纽，纽外一周宽凹弧面圈带。圈带与内向十六连弧纹之间饰主纹，斜折线地纹上由八个正反的 C 形连接成四个 S 形蟠虺纹。宽素缘，缘边上卷。

105

蟠虺纹镜

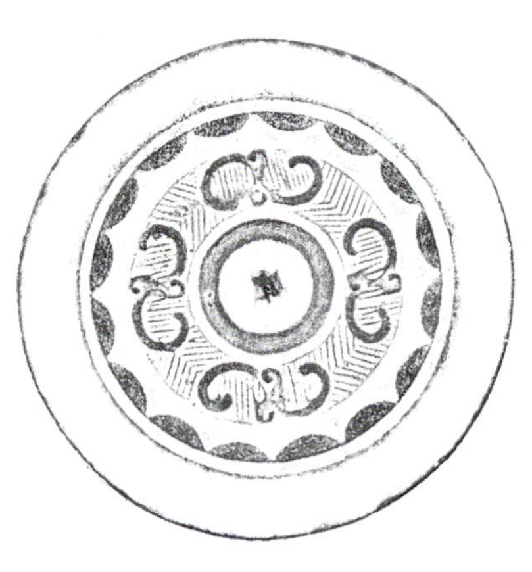

西汉早期

范家墓地淄江花园太公小学工地 M7 出土

直径 9 厘米，厚 0.1 ~ 0.2 厘米

三弦纽，纽外一周宽凹弧面圈带。圈带与内向十六连弧纹之间饰主纹，斜折线地纹上由八个正反的 C 形连接成四个 S 形蟠虺纹。宽素卷缘。

蟠虺纹镜

西汉早期

永流墓地金鼎绿城工地 M638 出土

直径 9.2 厘米，厚 0.1 ~ 0.2 厘米

三弦纽，纽外一周宽凹弧面圈带。圈带与内向十六连弧纹之间饰主纹，斜折线地纹上由八个正反的 C 形连接成四个 S 形蟠虺纹。宽素卷缘。

107

蟠虺纹镜

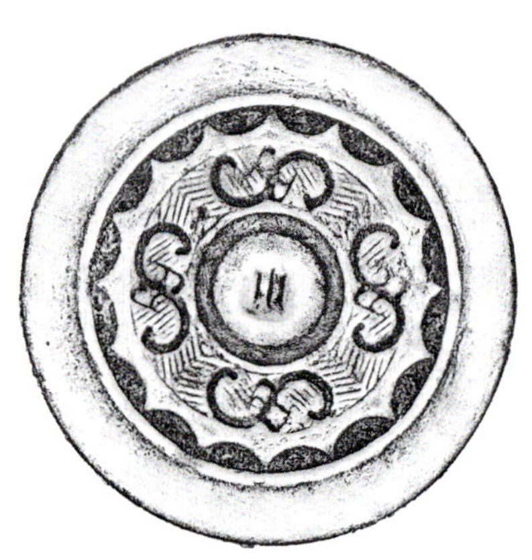

西汉早期

刘家墓地齐都国际绿茵工地 M85 出土

直径 9.2 厘米，厚 0.1 ~ 0.2 厘米

三弦纽，纽外一周宽凹弧面圈带。圈带与内向十六连弧纹之间饰主纹，斜折线地纹上饰四个 S 形蟠虺纹。宽素卷缘。

108

蟠虺纹镜

西汉早期

永流墓地金鼎绿城三期工地 M520 出土

直径 8 厘米，厚 0.1 ~ 0.2 厘米

三弦纽，纽外一周宽凹弧面圈带。圈带与内向十六连弧纹之间饰主纹，斜折线地纹上由八个正反的 C 形连接成四个 S 形蟠虺纹。宽素卷缘。

109

蟠虺纹镜

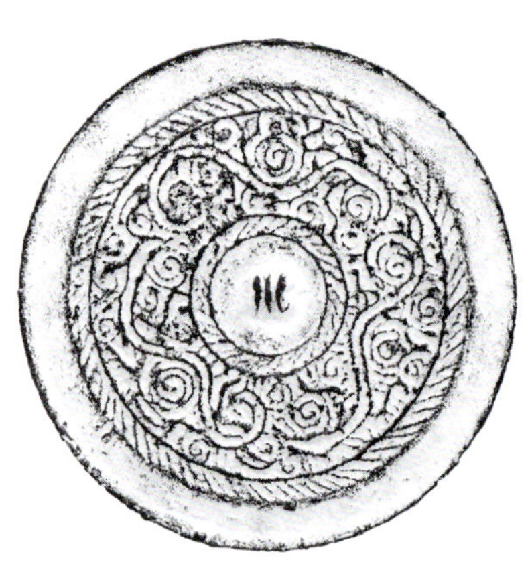

西汉早期

刘家墓地齐都国际绿茵工地 M103 出土

直径 6.9 厘米，厚 0.1 ~ 0.2 厘米

三弦纽，纽外两周短斜线纹之间饰主纹，圆涡状云雷地纹上饰三条蟠虺纹，虺纹身躯蟠曲，尾部回卷。素卷缘。

蟠虺纹镜

西汉早期

永流墓地淄江花园 K 组团工地 M320 出土

直径 9 厘米，厚 0.1 ~ 0.15 厘米

三弦纽，纽外一周宽凹弧面圈带。圈带与内向十六连弧纹之间饰主纹，斜折线地纹上由八个正反的 C 形连接成四个 S 形蟠虺纹。宽素卷缘。

111

蟠虺纹镜

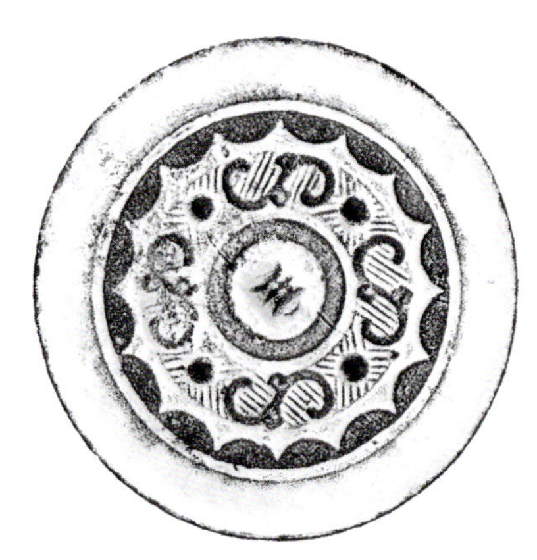

西汉早期

永流墓地金鼎绿城三期 M1067 出土

直径 7.8 厘米，厚 0.1 ~ 0.2 厘米

三弦纽，纽外一周宽凹弧面圈带。圈带与内向十六连弧纹之间饰主纹，斜折线地纹上饰四个 S 形蟠虺纹。宽素卷缘。

蟠虺纹镜

西汉早期

永流墓地金鼎绿城三期 M270 出土

直径 8.9 厘米，厚 0.1 ~ 0.2 厘米

纽残，纽外凹弧面方格及大方格，方格间为铭文带，铭文为『常贵富乐毋事』。大方格外四面在斜折线地纹上饰四乳四虺纹，每面乳丁居中，虺纹由三个C形相连，中间C形大，两侧C形小，与大C形相反配置。素卷缘。

113

蟠虺纹镜

西汉早期

范家墓地淄江花园 D 组团工地 M400 出土

直径 8.7 厘米，厚 0.15 ~ 0.3 厘米

三弦纽，纽外凹弧面方格及大方格，方格间为铭文带，铭文为『见日之光天下大明』。大方格四面在斜折线地纹上饰四乳四虺纹，每面乳丁居中，虺纹由三个 C 形相连，中间 C 形大，两侧 C 形小，与大 C 形相反配置。素卷缘。

114

蟠虺纹镜

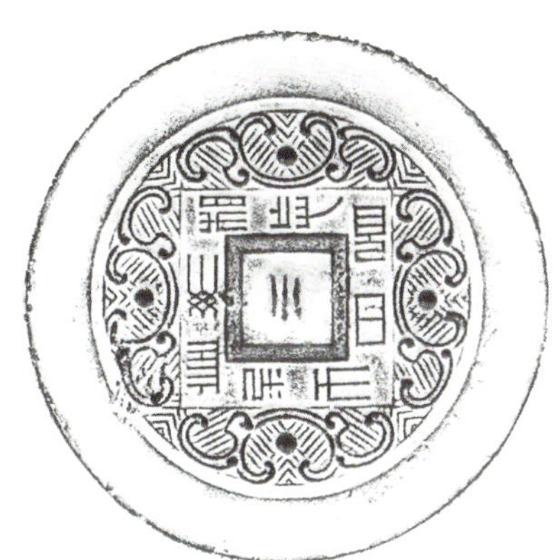

西汉早期

范家墓地淄江花园D组团工地M401出土

直径7厘米，厚0.15～0.3厘米

三弦纽，纽外凹弧面方格及大方格，方格间为铭文带，铭文为『见日之光长毋相忘』。大方格四面在斜折线地纹上饰四乳四虺纹，每面乳丁居中，虺纹由三个C形相连，中间C形大，两侧C形小，与大C形相反配置。素卷缘。

115

蟠虺纹镜

西汉早期

范家墓地淄江花园K组团工地M498出土

直径8.8厘米，厚0.1～0.2厘米

三弦纽，纽外凹弧面方格及大方格，方格间为铭文带，铭文为『常贵乐未央毋相忘』。大方格四面在斜折线地纹上饰四乳四虺纹，每面乳丁居中，虺纹由三个C形相连，中间C形大，两侧C形小，与大C形相反配置。素卷缘。

116

蟠虺纹镜

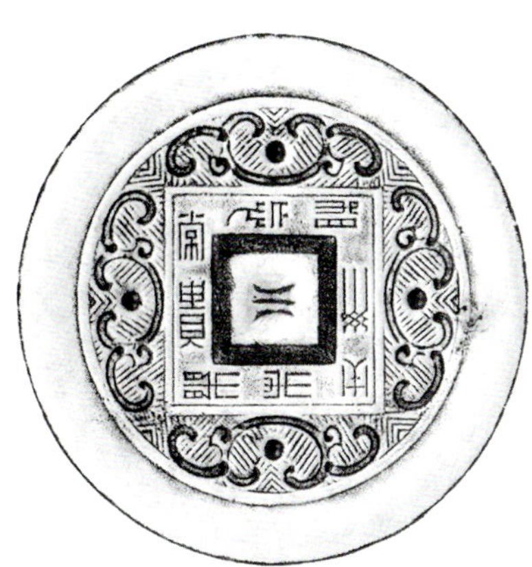

西汉早期

永流墓地金鼎绿城三期工地 M728 出土

直径 8.9 厘米，厚 0.1 ~ 0.2 厘米

三弦纽，纽外凹弧面方格及大方格，方格间为铭文带，铭文为『常贵乐未央毋相忘』。大方格四面在斜折线地纹上饰四乳四虺纹，虺纹由三个 C 形相连，中间 C 形大，两侧 C 形小，与大 C 形相反配置。素卷缘。

117

蟠虺纹镜

西汉早期

永流墓地金鼎绿城三期工地 M448 出土

直径 9.5 厘米，厚 0.1 ~ 0.2 厘米

三弦纽，圆纽座，座外凹弧面方格，方格与内向十六连弧纹之间为主纹，斜折线地纹上饰四乳四虺纹，四虺纹呈 C 形。宽素卷缘。

118

蟠虺纹镜

西汉早期

永流墓地金鼎绿城三期工地 M355 出土

直径 7.6 厘米，厚 0.1 ~ 0.2 厘米

三弦纽，纽外一周凹弧面圈带，圈带与内向十六连弧纹之间为主纹，圆涡状地纹上饰四乳四虺纹，四乳丁间虺纹由一正一反的两个 C 形组成。宽素卷缘。

119

蟠虺纹镜

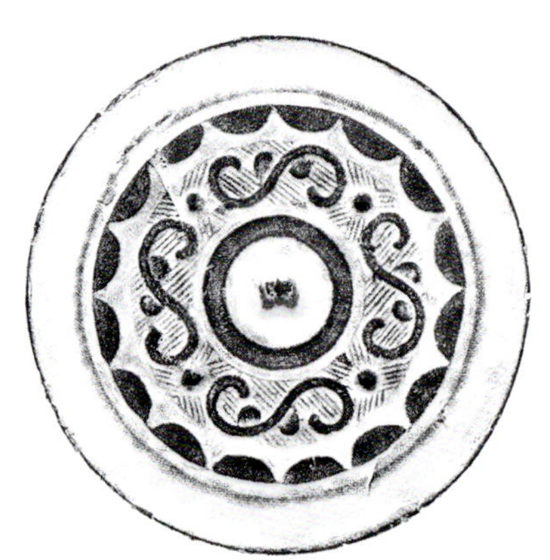

西汉早期

范家墓地淄江花园D组团二期工地M430出土

直径9.4厘米，厚0.1～0.2厘米

三弦纽，纽外一周凹弧面圈带，圈带与内向十六连弧纹之间为主纹，斜折线地纹上饰四乳四虺纹，四乳丁间虺纹呈S形。宽素卷缘。

蟠虺纹镜

西汉早期

永流墓地金鼎绿城二期工地 M89 出土

直径 9.5 厘米，厚 0.1 ~ 0.2 厘米

三弦纽，纽外一周凹弧面圈带，圈带与内向十六连弧纹之间为主纹，斜折线地纹上饰四乳四虺纹，四乳丁间虺纹呈 S 形。宽素卷缘。

121

蟠虺纹镜

西汉早期

刘家墓地农信办公楼工地 M12 出土

直径 8.9 厘米，厚 0.1 ~ 0.2 厘米

三弦纽，纽外一周凹弧面圈带，圈带与内向十六连弧纹之间为主纹，斜折线地纹上饰四乳四虺纹，四乳丁间虺纹呈 S 形。宽素卷缘。

蟠虺纹镜

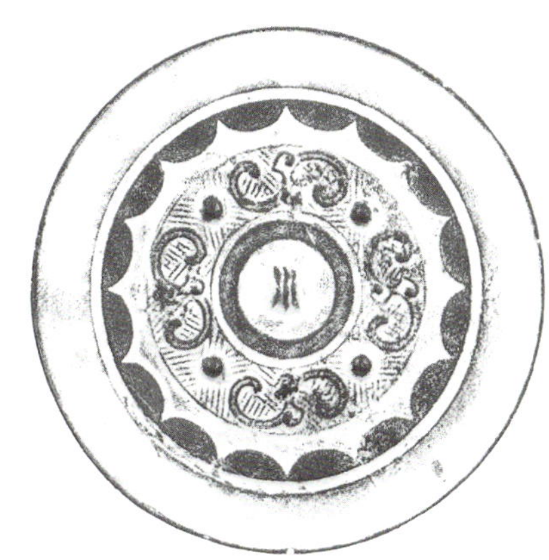

西汉早期

范家墓地淄江花园方正 2009 工地 M265 出土

直径 8.8 厘米，厚 0.1 ~ 0.2 厘米

三弦纽，纽外一周凹弧面圈带，圈带与内向十六连弧纹之间为主纹，斜折线地纹上饰四乳四虺纹，四乳丁间虺纹由两个正反的 C 形连接成四个 S 形蟠虺纹。宽素卷缘。

123

蟠虺纹镜

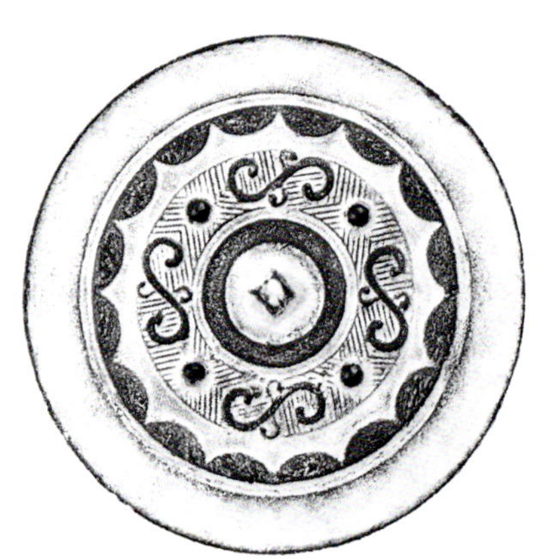

西汉早期

张家墓地金芃苑工地 M3 出土

直径 9.8 厘米，厚 0.1 ~ 0.2 厘米

三弦纽，纽外一周凹弧面圈带，圈带与内向十六连弧纹之间为主纹，斜折线地纹上饰四乳四虺纹，四乳间虺纹呈 S 形。宽素卷缘。

124

蟠虺纹镜

西汉早期

永流墓地金鼎绿城三期工地 M692 出土

直径 9.4 厘米，厚 0.1 ~ 0.2 厘米

三弦纽，纽外一周凹弧面圈带，圈带与内向十六连弧纹之间为主纹，斜折线地纹上饰四乳四虺纹，四乳丁间虺纹呈 S 形。宽素卷缘。

125

蟠虺纹镜

西汉早期

范家墓地淄江花园J组团工地M11出土

直径9.1厘米，厚0.1～0.2厘米

三弦纽，纽外一周凹弧面圈带，圈带与内向十六连弧纹之间为主纹，斜折线地纹上饰四乳四虺纹，四乳丁间虺纹由两个一正一反的C形连接成S形蟠虺纹。宽素卷缘。

蟠虺纹镜

西汉早期
石鼓墓地光明二期工地 M211 出土
直径 9.2 厘米，厚 0.1 ~ 0.2 厘米

三弦纽，纽外一周凹弧面圈带，圈带与内向十六连弧纹之间为主纹，斜折线地纹上饰四乳四虺纹，四乳丁间虺纹呈 S 形。宽素卷缘。

127

蟠虺纹镜

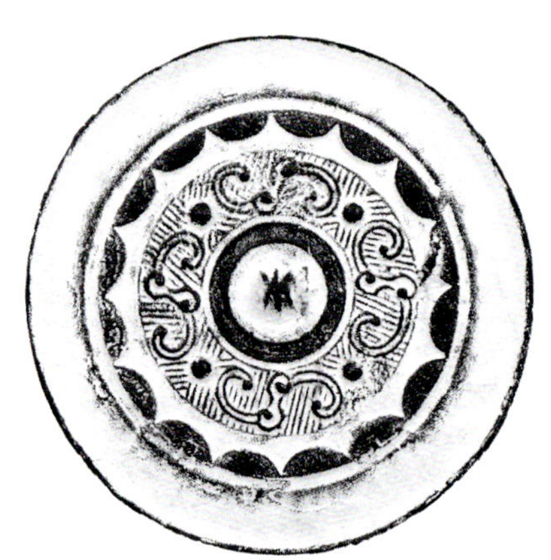

西汉早期

南马墓地棠悦工地 M395 出土

直径 8.8 厘米，厚 0.1 ~ 0.2 厘米

三弦纽，纽外一周凹弧面圈带，圈带与内向十六连弧纹之间为主纹，斜折线地纹上饰四乳四虺纹，四乳丁间虺纹呈 S 形。宽素卷缘。

128

蟠虺纹镜

西汉中晚期

南马墓地棠悦工地 M648 出土

直径 13.6 厘米，厚 0.25 ~ 0.7 厘米

圆纽，并蒂连珠纽座，座外一周宽圈带，两周短斜线纹间饰相间环绕的四乳四虺纹。四乳丁带圆座，四虺两端钩形躯体，躯体两侧有两只小鸟，尾端左上部有一鸟纹。宽素缘。

129

蟠虺纹镜

西汉中晚期

张家墓地金芃苑工地 M14 出土

直径 14 厘米，厚 0.3 ~ 0.7 厘米

圆纽，并蒂连珠纽座，座外一周宽凸圈带，两周短斜线纹间饰相间环绕的四乳四虺纹。四乳丁带圆座，四虺两端钩形躯体，躯体两侧有三只小鸟。宽素缘。

130

蟠虺纹镜

西汉中晚期

范家墓地新村工地 M65 出土

直径 13.4 厘米，厚 0.3 ～ 0.6 厘米

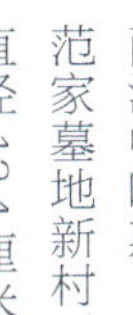

圆纽，四叶形纽座，座外一周宽凸圈带，两周短斜线纹间饰相间环绕的四乳四虺纹。四乳丁带圆座，四虺两端钩形躯体，躯体两侧有三只小鸟。宽素缘。

131

蟠虺纹镜

西汉中晚期

刘家墓地棕榈城工地 M67 出土

直径 15.1 厘米，厚 0.3 ~ 0.5 厘米

圆纽，四叶形纽座，座外一周宽凸圈带，两周短斜线纹间饰相间环绕的四乳四虺纹。四乳丁带圆座，四虺两端钩形躯体，躯体两侧各有一只小鸟和一个鸟纹。宽素缘。

132

蟠虺纹镜

西汉中晚期

石鼓墓地光明二期工地 M48 出土

直径 10.1 厘米，厚 0.2 ~ 0.6 厘米

圆纽，圆纽座，座外一周内向十六连弧纹。两周短斜线纹间饰相间环绕的四乳四虺纹。四乳丁带圆座，四虺两端钩形躯体，躯体两侧各有一只小鸟。宽素缘。

蟠虺纹镜

西汉中晚期

南马墓地棠悦二期工地 M16 出土

直径 9.3 厘米，厚 0.25 ~ 0.6 厘米

圆纽，圆纽座，座外一周内向八连弧纹。两周短斜线纹间饰相间环绕的四乳四虺纹。四乳丁带圆座，四虺两端钩形躯体，躯体外侧有一只小鸟，内侧有一个鸟纹。宽素缘。

134

蟠虺纹镜

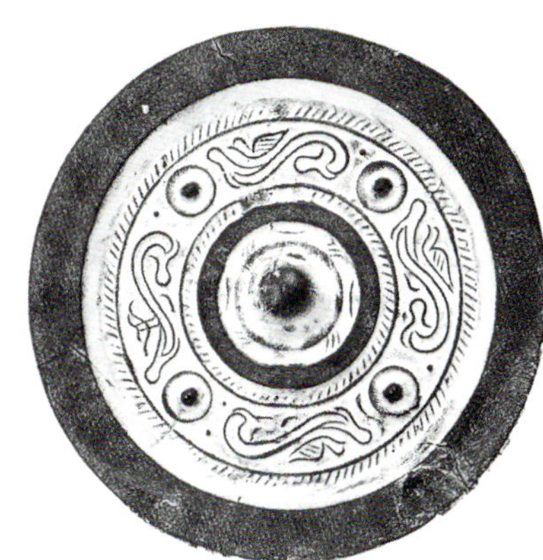

西汉中晚期

国家墓地齐兴花园工地 M37 出土

直径 9.1 厘米，厚 0.2 ~ 0.5 厘米

圆纽，圆纽座，座外一周宽凸圈带。两周短斜线纹间饰相间环绕的四乳四虺纹。四乳丁带圆座，四虺两端钩形躯体，躯体两侧各有一只小鸟。宽素缘。

135

蟠虺纹镜

西汉中晚期

南马墓地翰林院工地 M322 出土

直径 13 厘米，厚 0.3 ~ 0.65 厘米

圆纽，四叶形纽座，座外一周宽凸圈带。两周短斜线纹间饰相间环绕的四乳四虺纹。四乳丁带圆座，四虺两端钩形躯体，躯体两侧有两只小鸟，尾端外侧有一个鸟纹。宽素缘。

蟠虺纹镜

西汉中晚期

西关南墓地现代学校工地 M140 出土

直径 12.3 厘米，厚 0.3 ~ 0.8 厘米

圆纽，圆纽座，座外一周宽凸圈带。两周短斜线纹间饰相间环绕的四乳四虺纹。四乳丁带圆座，四虺两端钩形躯体，躯体两侧有两只小鸟和一个鸟纹。宽素缘。

137

蟠虺纹镜

西汉中晚期

南马墓地棠悦工地 M632 出土

直径 11 厘米，厚 0.25 ~ 0.6 厘米

圆纽，圆纽座，座外一周宽凸圈带。两周短斜线纹间饰相间环绕的四乳四虺纹。四乳丁带圆座，四虺两端钩形躯体，躯体两侧有两只小鸟和一个鸟纹。宽素缘。

蟠虺纹镜

西汉中晚期
石鼓墓地天齐北工地 M67 出土
直径 12 厘米，厚 0.35 ~ 0.7 厘米

圆纽，圆纽座，座外一周宽凸圈带。两周短斜线纹间饰相间环绕的四乳四虺纹。四乳丁带圆座，四虺两端钩形躯体，躯体两侧有三只小鸟。宽素缘。

蟠虺纹镜

西汉中晚期

南马墓地棠悦工地 M1059 出土

直径 11.5 厘米，厚 0.3 ~ 0.6 厘米

圆纽，圆纽座，座外一周宽凸圈带。两周短斜线纹间饰相间环绕的四乳四虺纹。四乳丁带圆座，四虺两端钩形躯体，躯体两侧有三只小鸟。宽素缘。

蟠虺纹镜

西汉中晚期

南马墓地棠悦工地 M81 出土

直径 10.6 厘米，厚 0.2 ~ 0.6 厘米

圆纽，圆纽座，座外一周宽凸圈带。两周短斜线纹间饰相间环绕的四乳四虺纹。四乳丁带圆座，四虺两端钩形躯体，躯体两侧有两只小鸟和一个鸟纹。宽素缘。

141

蟠虺纹镜

西汉中晚期

石鼓墓地光明二期工地 M53 出土

直径 10.2 厘米，厚 0.2 ~ 0.5 厘米

圆纽，圆纽座，座外一周宽凸圈带。两周短斜线纹间饰相间环绕的四乳四虺纹。四乳丁带圆座，四虺两端钩形躯体，躯体两侧有三只小鸟。宽素缘。

蟠虺纹镜

西汉中晚期

范家墓地新村工地 M103 出土

直径 10.5 厘米，厚 0.2 ~ 0.5 厘米

圆纽，圆纽座，座外一周宽凸圈带。两周短斜线纹间饰相间环绕的四乳四虺纹。四乳丁带圆座，四虺两端钩形躯体，躯体两侧有三只小鸟。宽素缘。

143

蟠虺纹镜

西汉中晚期

范家墓地淄江花园工地 M106 出土

直径 11 厘米，厚 0.2 ~ 0.6 厘米

圆纽，圆纽座，座外一周宽凸圈带。两周短斜线纹间饰相间环绕的四乳四虺纹。四乳丁带圆座，四虺两端钩形躯体，躯体两侧有两只小鸟和一个鸟纹。宽素缘。

蟠虺纹镜

西汉中晚期

南马墓地新村二期工地 M169 出土

直径 12厘米，厚 0.3 ~ 0.7 厘米

圆纽，圆纽座，座外一周宽凸圈带。两周短斜线纹间饰相间环绕的四乳四虺纹。四乳丁带圆座，四虺两端钩形躯体，躯体两侧有两只小鸟和一个鸟纹。宽素缘。

145

蟠虺纹镜

西汉中晚期

永流墓地新村工地 M235 出土

直径 11.2 厘米，厚 0.2 ~ 0.5 厘米

圆纽，圆纽座，座外一周宽凸圈带。两周短斜线纹间饰相间环绕的四乳四虺纹。四乳丁带圆座，四虺两端钩形躯体，躯体两侧各有一只小鸟。宽素缘。

蟠虺纹镜

西汉中晚期

国家墓地齐兴花园工地 M50 出土

直径 10.7 厘米，厚 0.2 ~ 0.5 厘米

圆纽，圆纽座，座外一周宽凸圈带。两周短斜线纹间饰相间环绕的四乳四虺纹。四乳丁带圆座，四虺两端钩形躯体，躯体两侧各有一只小鸟。宽素缘。

147

蟠虺纹镜

西汉中晚期

石鼓墓地光明二期工地 M225 出土

直径 10.2 厘米，厚 0.2 ~ 0.4 厘米

圆纽，圆纽座，座外一周宽凸圈带。两周短斜线纹间饰相间环绕的四乳四虺纹。四乳丁带圆座，四虺两端钩形躯体，躯体两侧有一只小鸟和两个鸟纹。宽素缘。

蟠虺纹镜

西汉中晚期
永流墓地金鼎绿城二期工地 M127 出土
直径 10.3 厘米，厚 0.2 ~ 0.5 厘米

圆纽，圆纽座，座外一周宽凸圈带。两周短斜线纹间饰相间环绕的四乳四虺纹。四乳丁带圆座，四虺两端钩形躯体，躯体外侧各有一只小鸟。宽素缘。

149

蟠虺纹镜

西汉中晚期

东孙墓地博物院工地 M296 出土

直径 9.1 厘米，厚 0.2 ~ 0.5 厘米

圆纽，圆纽座，座外一周宽凸圈带。两周短斜线纹间饰相间环绕的四乳四虺纹。四乳丁带圆座，四虺两端钩形躯体，躯体外侧各有一只小鸟。宽素缘。

150

蟠虺纹镜

西汉中晚期

范家墓地淄江花园方正 2009 工地 M198 出土

直径 9 厘米，厚 0.15 ~ 0.5 厘米

圆纽，圆纽座，座外两周短斜线纹间饰相间环绕的四乳四虺纹。四乳丁带圆座，四虺两端钩形躯体，躯体外侧各有一只小鸟。宽素缘。

151

蟠虺纹镜

西汉中晚期

范家墓地淄江花园太公小学工地 M66 出土

直径 9 厘米，厚 0.2 ~ 0.5 厘米

圆纽，圆纽座，座外两周短斜线纹间饰相间环绕的四乳四虺纹。四乳丁带圆座，四虺两端钩形躯体，躯体外侧各有一只小鸟，内侧各有一个鸟纹。宽素缘。

152

蟠虺纹镜

西汉中晚期

张家墓地太公苑工地 M9 出土

直径 8.8 厘米，厚 0.15 ~ 0.3 厘米

圆纽，圆纽座，座外两周短斜线纹间饰相间环绕的四乳四虺纹。四乳丁带圆座，四虺两端钩形躯体，躯体两侧各有一个鸟纹。宽素缘。

153

蟠虺纹镜

西汉中晚期

南马墓地新村二期工地 M206 出土

直径 9 厘米，厚 0.15 ~ 0.3 厘米

圆纽，圆纽座，座外两周短斜线纹间饰相间环绕的四乳四虺纹。四乳丁带圆座，四虺两端钩形躯体，躯体两侧各有一个鸟纹。宽素缘。

154

蟠虺纹镜

西汉中晚期

张家墓地华盛园工地 M76 出土

直径 8.3 厘米，厚 0.15 ~ 0.4 厘米

圆纽，圆纽座，座外两周短斜线纹间饰相间环绕的四乳四虺纹。四乳丁带圆座，四虺两端钩形躯体，躯体外侧各有一只小鸟。宽素缘。

155

蟠虺纹镜

西汉中晚期

张家墓地方正太公苑工地 M22 出土

直径 8.3 厘米，厚 0.15 ~ 0.6 厘米

圆纽，圆纽座，座外两周短斜线纹间饰相间环绕的四乳四虺纹。四乳丁带圆座，四虺两端钩形躯体，躯体外侧各有一只小鸟。宽素缘。

156

蟠虺纹镜

西汉中晚期

商王墓地鸿祥花园工地 M127 出土

直径 9 厘米，厚 0.2 ~ 0.5 厘米

圆纽，圆纽座，座外两周短斜线纹间饰相间环绕的四乳四虺纹。四乳丁带圆座，四虺两端钩形躯体，躯体外侧各有一只小鸟，两侧各有一至二个鸟纹。宽素缘。

157

蟠虺纹镜

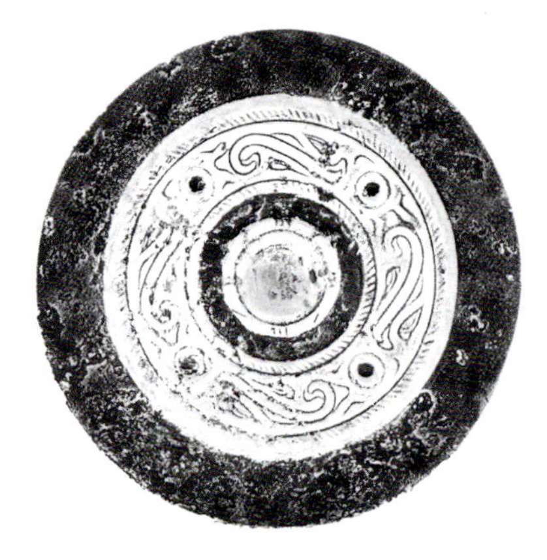

西汉中晚期

范家墓地淄江花园方正 2009 工地 M154 出土

直径 11 厘米，厚 0.2 ~ 0.5 厘米

圆纽，圆纽座，座外一周凸圈带，圈带外两周短斜线纹间饰相间环绕的四乳四虺纹。四乳丁带圆座，四虺两端钩形躯体，躯体两侧各有一只小鸟。宽素缘。

158

蟠虺纹镜

西汉中晚期

范家墓地淄江花园J组团工地M97出土

直径8.3厘米，厚0.3～0.4厘米

圆纽，圆纽座，座外两周短斜线纹间饰相间环绕的四乳四虺纹。四乳丁带圆座，四虺两端钩形躯体，躯体两侧有一只小鸟和一个鸟纹。宽素缘。

159

蟠虺纹镜

西汉中晚期

南马墓地棠悦工地 M212 出土

直径 8.1 厘米，厚 0.2 ~ 0.35 厘米

圆纽，圆纽座，座外两周短斜线纹间饰相间环绕的四乳四虺纹。四乳丁带圆座，四虺两端钩形躯体，躯体两侧各有一个鸟纹。宽素缘。

160

蟠虺纹镜

西汉中晚期

商王墓地盛世豪庭工地 M366 出土

直径 8.8 厘米，厚 0.2 ~ 0.4 厘米

圆纽，圆纽座，座外两周短斜线纹间饰相间环绕的四乳四虺纹。四乳丁带圆座，四虺躯体略弧，尾端回卷，呈扁圆形。宽素缘。

161

蟠虺纹镜

西汉中晚期

南马墓地棠悦工地 M438 出土

直径 8.5 厘米，厚 0.2 ~ 0.4 厘米

圆纽，圆纽座，座外两周短斜线纹间饰相间环绕的四乳四虺纹。四乳丁带圆座，四虺躯体略弧，尾端回卷，呈扁圆形。宽素缘。

蟠虺纹镜

西汉中晚期

商王墓地盛世豪庭工地 M19 出土

直径 8.8 厘米，厚 0.2 ~ 0.4 厘米

圆纽，圆纽座，座外两周短斜线纹间饰相间环绕的四乳四虺纹。四乳丁带圆座，四虺躯体略弧，尾端回卷，呈扁圆形。宽素缘。

163

蟠虺纹镜

西汉中晚期

临淄东部排污管线工地 M73 出土

直径 8.8 厘米，厚 0.15 ~ 0.5 厘米

圆纽，圆纽座，座外两周短斜线纹间饰相间环绕的四乳四虺纹。四乳丁带圆座，四虺躯体略弧，尾端回卷，呈扁圆形。宽素缘。

蟠虺纹镜

西汉中晚期

山王墓地皇城太公苑工地 M5 出土

直径 9 厘米，厚 0.1 ~ 0.6 厘米

圆纽，圆纽座，座外两周短斜线纹间饰相间环绕的四乳四虺纹。四乳丁带圆座，四虺躯体略弧，尾端回卷呈扁圆形。宽素缘。

165

蟠虺纹镜

西汉中晚期

徐家墓地方正凤凰城工地 M23 出土

直径 8 厘米，厚 0.35 ~ 0.5 厘米

圆纽，圆纽座，座外两周短斜线纹间饰相间环绕的四乳四虺纹。四乳丁带圆座，四虺两端钩形躯体，躯体外侧各有一只鸟。宽素缘。

166

蟠虺纹镜

西汉中晚期

永流墓地新村工地 M254 出土

直径 8 厘米，厚 0.2 ~ 0.4 厘米

圆纽，圆纽座，座外两周短斜线纹间饰相间环绕的四乳四虺纹。四乳丁带圆座，四虺两端钩形躯体，躯体两侧各有一只鸟和一个鸟纹。宽素缘。

167

蟠虺纹镜

西汉中晚期

南马墓地棠悦工地 M642 出土

直径 8.5 厘米，厚 0.2 ~ 0.6 厘米

圆纽，圆纽座，座外两周短斜线纹间饰相间环绕的四乳四虺纹。四乳丁带圆座，四虺两端钩形躯体，躯体外侧各有一只鸟。宽素缘。

蟠虺纹镜

西汉中晚期

辛店墓地裕华住宅工地 M61 出土

直径 8.8 厘米，厚 0.2 ~ 0.4 厘米

圆纽，圆纽座，座外两周短斜线纹间饰相间环绕的四乳四虺纹。四乳丁带圆座，四虺两端钩形躯体，躯体外侧各有一只鸟。宽素缘。

169

蟠虺纹镜

西汉中晚期

永流墓地金鼎绿城三期工地 M550 出土

直径 8.3 厘米，厚 0.2 ~ 0.5 厘米

圆纽，圆纽座，座外两周短斜线纹间饰相间环绕的四乳四虺纹。四乳丁带圆座，四虺两端钩形躯体，躯体外侧各有一只鸟。宽素缘。

蟠虺纹镜

西汉中晚期

永流墓地泰东城小义乌商品城工地 M117 出土

直径 9.1 厘米，厚 0.2 ~ 0.6 厘米

圆纽，圆纽座，座外两周短斜线纹间饰相间环绕的四乳四虺纹。四乳丁带圆座，四虺两端钩形躯体，躯体外侧各有一只鸟。宽素缘。

171

蟠虺纹镜

西汉中晚期

永流墓地金鼎绿城三期工地 M266 出土

直径 8 厘米，厚 0.2 ~ 0.5 厘米

圆纽，圆纽座，座外两周短斜线纹间饰相间环绕的四乳四虺纹。四乳丁带圆座，四虺两端钩形躯体。宽素缘。

172

蟠虺纹镜

西汉中晚期

临淄东部排污管线工地 M47 出土

直径 8.3 厘米，厚 0.2 ~ 0.5 厘米

圆纽，圆纽座，座外两周短斜线纹间饰相间环绕的四乳四虺纹。四乳丁带圆座，四虺两端钩形躯体，躯体外侧各有一只鸟。宽素缘。

173

蟠虺纹镜

西汉中晚期

石鼓墓地静心家园工地 M18 出土

直径 8.3 厘米，厚 0.2 ~ 0.45 厘米

圆纽，圆纽座，座外两周短斜线纹间饰相间环绕的四乳四虺纹。四乳丁带圆座，四虺两端钩形躯体，躯体外侧各有一鸟纹。宽素缘。

174

蟠虺纹镜

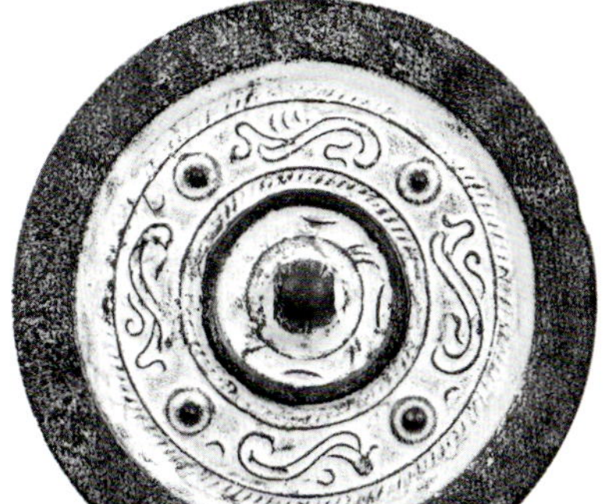

西汉中晚期

徐家墓地方正凤凰城工地 M482 出土

直径 9.1 厘米，厚 0.15 ~ 0.4 厘米

圆纽，圆纽座，座外一周凸圈带，圈带外两周短斜线纹间饰相间环绕的四乳四虺纹。四乳丁带圆座，四虺两端钩形躯体。宽素缘。

175

蟠虺纹镜

西汉中晚期

南马墓地新村工地采集

直径 10 厘米，厚 0.2 ~ 0.5 厘米

圆纽，圆纽座，座外一周凸圈带，圈带外两周短斜线纹间饰相间环绕的四乳四虺纹。四乳丁带圆座，四虺两端钩形躯体，躯体两侧各有二至三小鸟。宽素缘。

176

蟠虺纹镜

西汉中晚期

永流墓地金鼎绿城二期工地 M44 出土

直径 9.1 厘米，厚 0.2 ~ 0.35 厘米

圆纽，圆纽座，座外两周短斜线纹间饰相间环绕的四乳四虺纹。四乳丁带圆座，四虺尾端卷曲近半圆。双线三角波折纹缘。

177

蟠虺纹镜

西汉中晚期

南马墓地翰林院工地 M4 出土

直径 9 厘米，厚 0.2 ~ 0.4 厘米

圆纽，圆纽座，座外三周短斜线纹，其外两周短斜线纹间饰相间环绕的四乳四虺纹。四乳丁带圆座，四虺尾端卷曲，躯体两侧各有一鸟纹。双线三角波折纹缘。

178

星云纹镜

西汉中晚期

永流墓地金鼎绿城二期工地 M379 出土

直径 17.1 厘米，厚 0.25 ~ 0.7 厘米

连峰纽，纽外三周凸弦纹、一周内向十六连弧纹。其外两周短斜纹之间饰主纹，四枚八连珠纹底座的乳丁将主纹分为四区，每区内各有九枚弧线相连的乳丁。内向十六连弧纹缘。

179

星云纹镜

西汉中晚期

西关南墓地临淄中学工地 M355 出土

直径 15.5 厘米，厚 0.3 ~ 0.6 厘米

连峰纽，纽外四枚乳丁和一周内向十六连弧纹间饰两周细弦纹。其外两周短线纹之间饰主纹，四枚八连珠纹底座的乳丁将主纹分为四区，每区内各有十枚弧线相连的乳丁。内向十六连弧纹缘。

180

星云纹镜

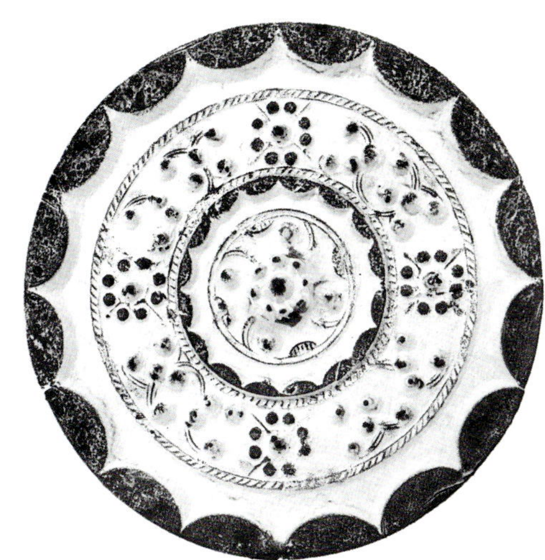

西汉中晚期

范家墓地淄江花园 J 组团工地 M156 出土

直径 15.3 厘米，厚 0.2 ~ 0.5 厘米

连峰纽，纽外两周凸弦纹、一周内向十六连弧纹。其外两周短斜纹之间饰主纹，四枚八连珠纹底座的乳丁将主纹分为四区，每区内各有九枚弧线相连的乳丁。内向十六连弧纹缘。

181

星云纹镜

西汉中晚期

南马墓地棠悦工地 M1067 出土

直径 15.3 厘米，厚 0.3 ~ 0.6 厘米

连峰纽，纽外各有一周凸弦纹和内向十六连弧纹。其外两周短斜纹之间饰主纹，四枚八连珠纹底座的乳丁将主纹分为四区，每区内各有七枚弧线相连的乳丁。内向十六连弧纹缘。

星云纹镜

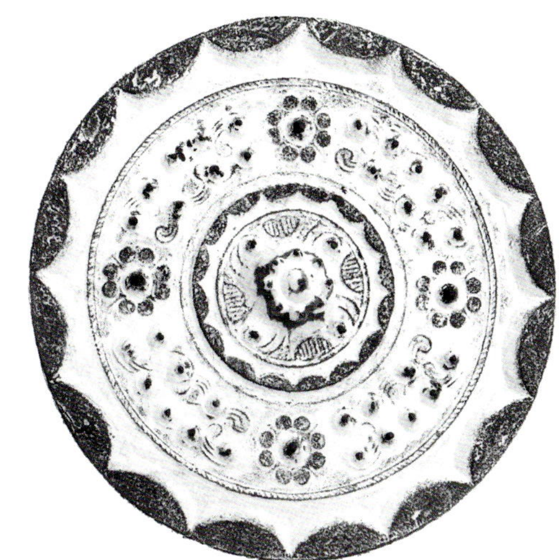

西汉中晚期

范家墓地淄江花园方正 2009 工地 M427 出土

直径 15.3 厘米，厚 0.2 ~ 0.6 厘米

连峰纽，纽外各有一周凸弦纹和内向十六连弧纹。其外两周短斜纹之间饰主纹，四枚八连珠纹底座的乳丁将主纹分为四区，每区内各有八枚弧线相连的乳丁。内向十六连弧纹缘。

183

星云纹镜

西汉中晚期

山王墓地馨香园工地 M51 出土

直径 15.3 厘米，厚 0.2 ~ 0.5 厘米

连峰纽，纽外两周凸弦纹、一周内向十六连弧纹。其外凸弦纹与短斜纹之间饰主纹，四枚八连珠纹底座的乳丁将主纹分为四区，每区内各有八枚弧线相连的乳丁。内向十六连弧纹缘。

星云纹镜

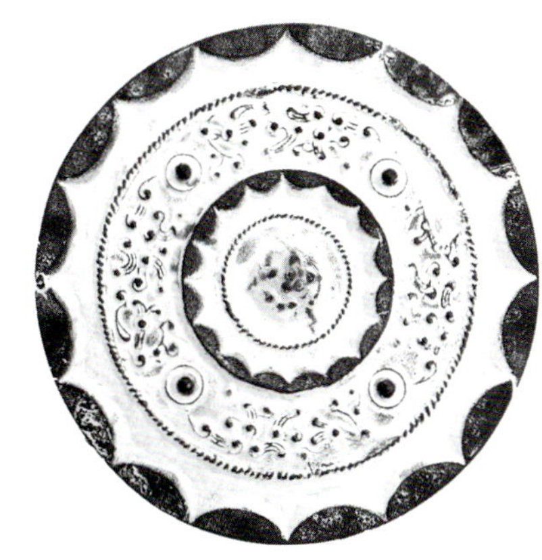

西汉中晚期

刘家墓地棕榈城工地 M278 出土

直径 14.3 厘米，厚 0.3 ~ 0.6 厘米

兽首纽，纽外一周绹索纹。其外内向十六连弧纹与近缘处绹索纹之间饰主纹，四枚圆座大乳丁将主纹分为四区，每区内各有二十至二十一枚不等的乳丁，乳丁间用一至三条短弧线相连。内向十六连弧纹缘。

185

星云纹镜

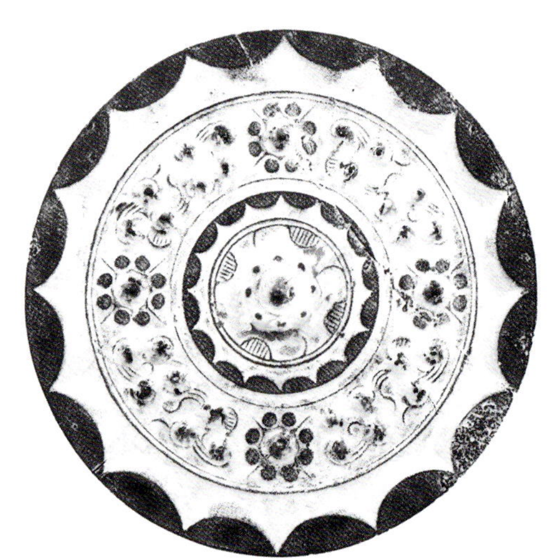

西汉中晚期

永流墓地泰东城住宅区工地 M241 出土

直径 12.8 厘米，厚 0.2 ~ 0.4 厘米

连峰纽，纽外两周凸弦纹、一周内向十六连弧纹。其外两周凸弦纹之间饰主纹，四枚八连珠纹底座的乳丁将主纹分为四区，每区内各有七枚弧线相连的乳丁。内向十六连弧纹缘。

186

星云纹镜

西汉中晚期

范家墓地淄江花园高阳工地 M7 出土

直径 12.8 厘米，厚 0.15 ~ 0.4 厘米

连峰纽，纽外两周凸弦纹、一周内向十六连弧纹。其外两周凸弦纹之间饰主纹，四枚八连珠纹底座的乳丁将主纹分为四区，每区内各有七枚弧线相连的乳丁。内向十六连弧纹缘。

187

星云纹镜

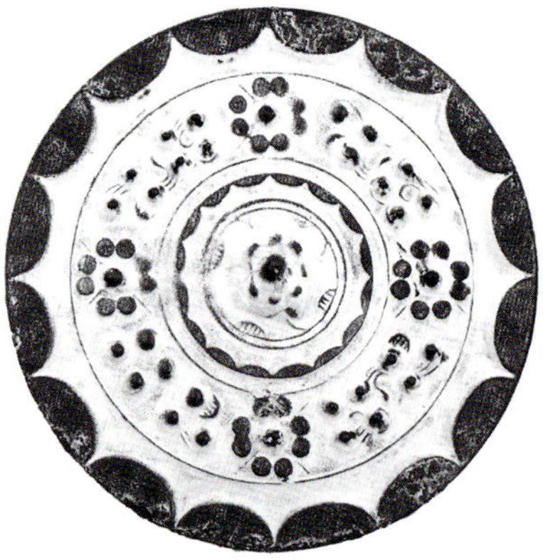

西汉中晚期

范家墓地淄江花园峰尚国际工地 M92 出土

直径 12.5 厘米，厚 0.2 ~ 0.4 厘米

连峰纽，纽外两周凸弦纹、一周内向十六连弧纹。其外两周凸弦纹之间饰主纹，四枚八连珠纹底座的乳丁将主纹分为四区，每区内各有七枚弧线相连的乳丁。内向十六连弧纹缘。

星云纹镜

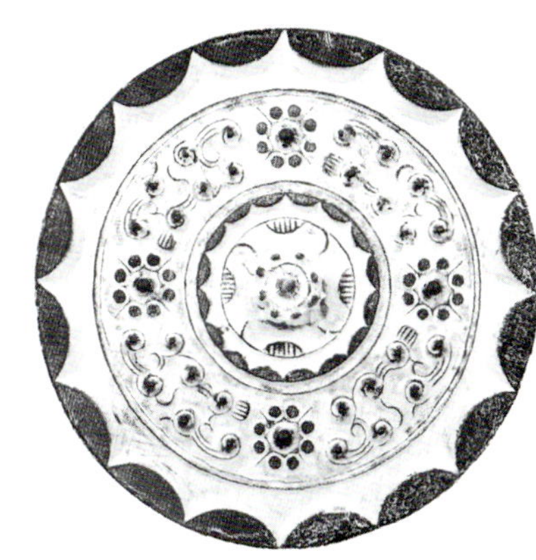

西汉中晚期

范家墓地淄江花园D组团工地M49出土

直径12.8厘米，厚0.2～0.6厘米

连峰纽，纽外各有一周凸弦纹和内向十六连弧纹。其外两周凸弦纹之间饰主纹，四枚八连珠纹底座的乳丁将主纹分为四区，每区内各有七枚弧线相连的乳丁。内向十六连弧纹缘。

189

星云纹镜

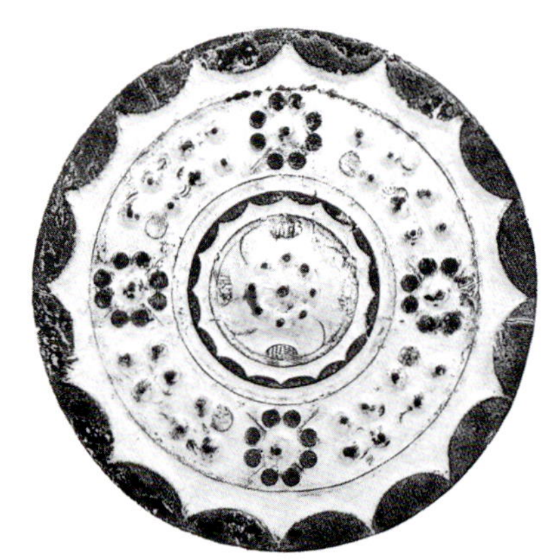

西汉中晚期

西关南墓地临淄中学工地 M85 出土

直径 12.5 厘米，厚 0.15 ~ 0.3 厘米

连峰纽，纽外两周凸弦纹、一周内向十六连弧纹。其外两周凸弦纹之间饰主纹，四枚八连珠纹底座的乳丁将主纹分为四区，每区内各有七枚弧线相连的乳丁。内向十六连弧纹缘。

190

星云纹镜

西汉中晚期

范家墓地淄江花园方正 2009 工地 M190 出土

直径 10.7 厘米，厚 0.3 ~ 0.4 厘米

连峰纽，纽外各有一周凸弦纹和内向十六连弧纹。短斜线纹与凸弦纹之间饰主纹，四枚八连珠纹底座的乳丁将主纹分为四区，每区内各有七枚弧线相连的乳丁。内向十六连弧纹缘。

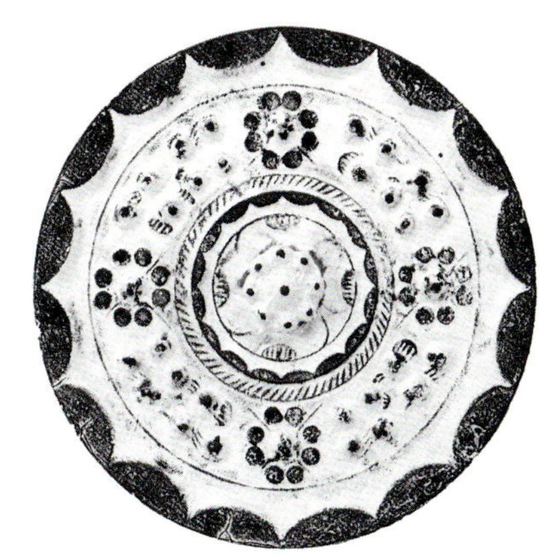

191

星云纹镜

西汉中晚期

山王墓地恒光花园工地 M44 出土

直径 12.2 厘米，厚 0.15 ~ 0.3 厘米

连峰纽，纽外两周凸弦纹、一周内向十六连弧纹。其外两周凸弦纹之间饰主纹，四枚八连珠纹底座的乳丁将主纹分为四区，每区内各有七枚弧线相连的乳丁。内向十六连弧纹缘。

192

星云纹镜

西汉中晚期

刘家墓地棕榈城三期工地 M137 出土

直径 13.2 厘米，厚 0.4 ~ 0.5 厘米

连峰纽，纽外两周凸弦纹、一周内向十六连弧纹。其外短斜线纹与凸弦纹之间饰主纹，四枚圆座乳丁将主纹分为四区，每区内各有七枚弧线相连的乳丁。内向十六连弧纹缘。

193

星云纹镜

西汉中晚期

范家墓地淄江花园方正 2009 工地 M277 出土

直径 11 厘米，厚 0.2 ~ 0.5 厘米

连峰纽，纽外两周凸弦纹、一周内向十六连弧纹。其外两周短斜线纹之间饰主纹，四枚圆座乳丁将主纹分为四区，每区内各有五枚弧线相连的乳丁。内向十六连弧纹缘。

星云纹镜

西汉中晚期

商王墓地盛世豪庭工地 M37 出土

直径 11 厘米，厚 0.15 ~ 0.4 厘米

连峰纽，纽外凸弦纹与短斜线纹之间饰主纹，四枚圆座乳丁将主纹分为四区，每区内各有九枚弧线相连的乳丁。内向十六连弧纹缘。

195

星云纹镜

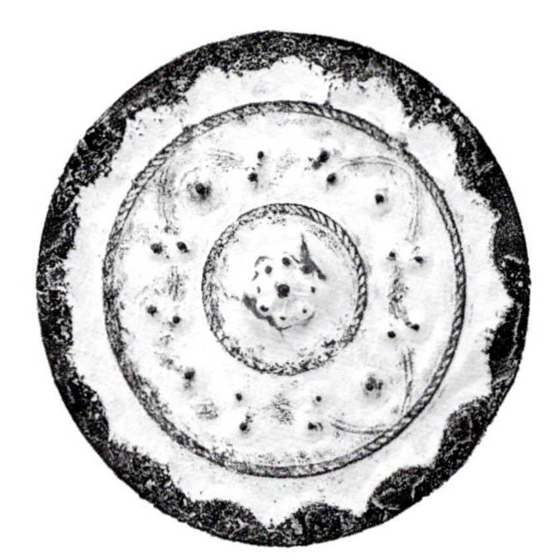

西汉中晚期

范家墓地淄江花园D组团工地M272出土

直径10厘米，厚0.15～0.3厘米

连峰纽，纽外一周细弦纹。弦纹外两周短斜线纹之间饰主纹，四枚圆座乳丁将主纹分为四区，每区内各有两两并列的四枚小乳丁，复线从两小乳丁中间和圆座乳丁外围穿过连接成大四角星。内向十六连弧纹缘。

星云纹镜

西汉中晚期

永流墓地金鼎绿城二期工地 M1024 出土

直径 10 厘米，厚 0.2 ~ 0.45 厘米

连峰纽，纽外各有一周凸弦纹和内向十六连弧纹。其外两周凸弦线纹之间饰主纹，四枚圆座乳丁将主纹分为四区，每区内各有五枚弧线相连的乳丁。内向十六连弧纹缘。

197

星云纹镜

西汉中晚期

永流墓地金鼎绿城三期工地 M1021 出土

直径 10.5 厘米，厚 0.1 ~ 0.3 厘米

连峰纽，纽外两周短斜线纹之间饰主纹，四枚八连珠纹底座的乳丁将主纹分为四区，每区内中间有一枚圆座乳丁，两侧各有两枚乳丁，两两并列，相互对称，用弧线相连。内向十六连弧纹缘。

198

星云纹镜

西汉中晚期

范家墓地淄江花园高阳工地 M12 出土

直径 10.8 厘米，厚 0.25 ~ 0.5 厘米

连峰纽，纽与两周细弦纹之间饰主纹，四枚圆座乳丁将主纹分为四区，每区内各有八枚弧线相连的乳丁。内向十六连弧纹缘。

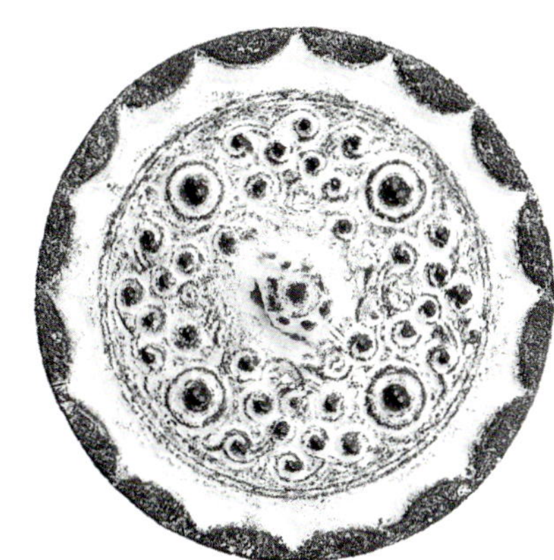

199

星云纹镜

西汉中晚期

刘家墓地棕榈城三期工地 M143 出土

直径 10.5 厘米，厚 0.1 ~ 0.4 厘米

连峰纽，纽外各有一周凸弦纹和内向十六连弧纹。其外两周凸弦线纹之间饰主纹，四枚圆座乳丁将主纹分为四区，每区内各有五枚弧线相连的乳丁。内向十六连弧纹缘。

星云纹镜

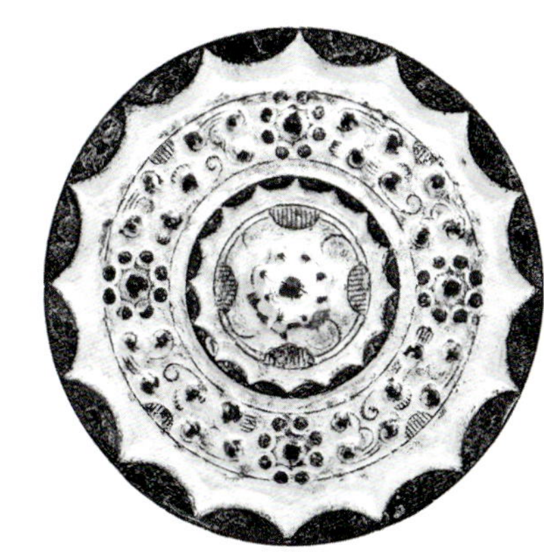

西汉中晚期

范家墓地淄江花园K组团工地M752出土

直径10.6厘米，厚0.1～0.4厘米

连峰纽，纽外各有一周凸弦纹和内向十六连弧纹。其外两周凸弦纹之间饰主纹，四枚八连珠纹底座的乳丁将主纹分为四区，每区内各有七枚弧线相连的乳丁。内向十六连弧纹缘。

201

星云纹镜

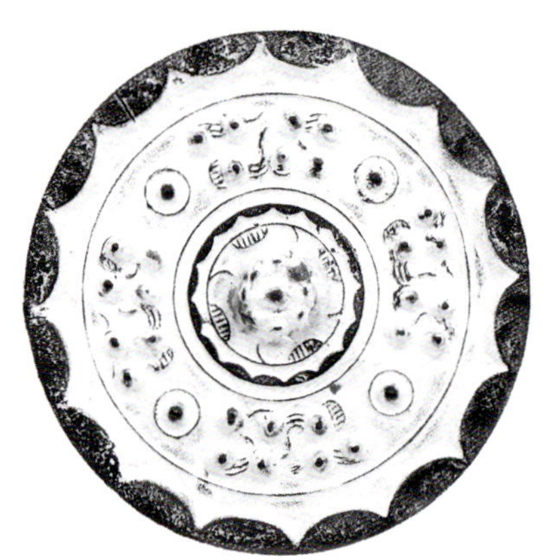

西汉中晚期

范家墓地淄江花园 D 组团工地 M429 出土

直径 10.5 厘米，厚 0.15 ~ 0.35 厘米

连峰纽，纽外各有一周凸弦纹和内向十六连弧纹。其外两周凸弦纹之间饰主纹，四枚圆座乳丁将主纹分为四区，每区内各有七枚弧线相连的乳丁。内向十六连弧纹缘。

202

星云纹镜

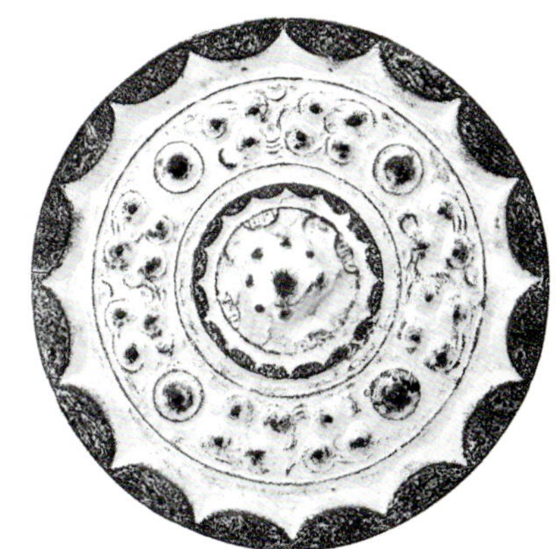

西汉中晚期

商王墓地盛世豪庭工地 M405 出土

直径 10.5 厘米，厚 0.2 ~ 0.4 厘米

连峰纽，纽外各有一周凸弦纹和内向十六连弧纹。其外两周凸弦纹之间饰主纹，四枚圆座乳丁将主纹分为四区，每区内各有七枚弧线相连的乳丁。内向十六连弧纹缘。

203

星云纹镜

西汉中晚期

南马墓地棠悦工地 M54 出土

直径 10.5 厘米，厚 0.2 ~ 0.4 厘米

连峰纽，纽外两周弦纹、一周内向十六连弧纹。其外两周短斜线纹之间饰主纹，四枚圆座乳丁将主纹分为四区，每区内各有四枚弧线相连的乳丁。内向十六连弧纹缘。

星云纹镜

西汉中晚期

范家墓地淄江花园J组团工地M40出土

直径10.5厘米，厚0.2～0.5厘米

连峰纽，纽外两周凸弦纹、一周内向十六连弧纹。其外两周短斜线纹之间饰主纹，四枚圆座乳丁将主纹分为四区，每区内各有四枚弧线相连的乳丁。内向十六连弧纹缘。

205

星云纹镜

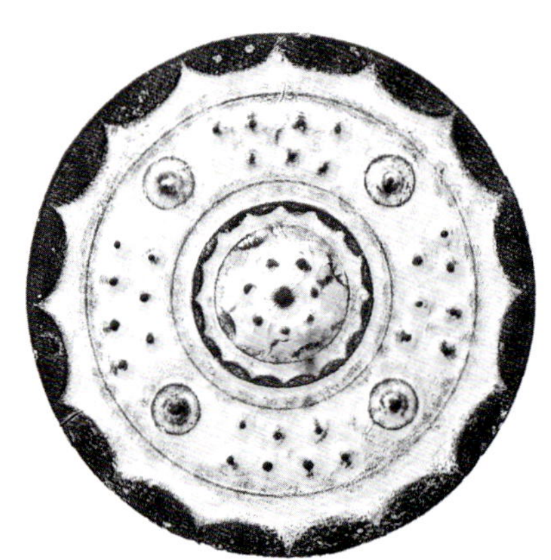

西汉中晚期

南马墓地棠悦工地 M1010 出土

直径 10.2 厘米，厚 0.15 ~ 0.3 厘米

连峰纽，纽外各有一周凸弦纹和内向十六连弧纹。其外两周凸弦纹之间饰主纹，四枚圆座乳丁将主纹分为四区，每区内各有七枚弧线相连的乳丁。内向十六连弧纹缘。

星云纹镜

西汉中晚期

西关南墓地临淄中学工地 M218 出土

直径 10.5 厘米，厚 0.15 ~ 0.4 厘米

连峰纽，纽外各有一周凸弦纹和内向十六连弧纹。其外两周凸弦纹之间饰主纹，四枚圆座乳丁将主纹分为四区，每区内各有七枚弧线相连的乳丁。内向十六连弧纹缘。

207

星云纹镜

西汉中晚期

官道墓地名仕庄园工地 M101 出土

直径 9.9 厘米，厚 0.15 ~ 0.4 厘米

连峰纽，纽外一周短斜线纹与两周细弦纹间饰主纹，四枚八连珠纹底座的乳丁将主纹分为四区，每区内各有五枚弧线相连的乳丁。内向十六连弧纹缘。

星云纹镜

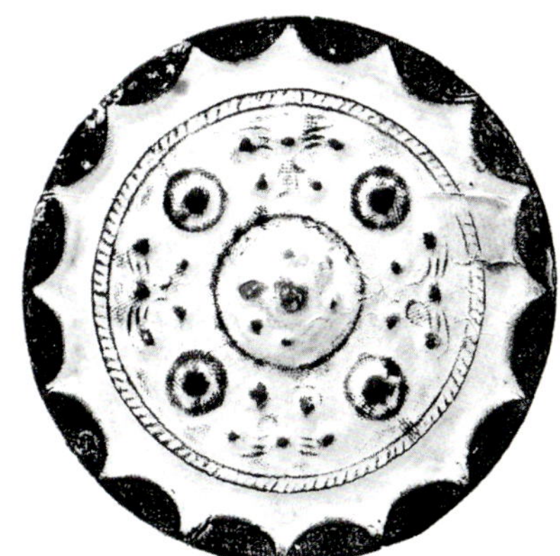

西汉中晚期

永流墓地金鼎绿城三期工地 M621 出土

直径 7.2 厘米，厚 0.15 ~ 0.3 厘米

连峰纽，纽外凸弦纹与短斜线纹之间饰主纹，四枚圆座乳丁将主纹分为四区，每区内各有五枚弧线相连的乳丁。内向十六连弧纹缘。

209

星云纹镜

西汉中晚期

南马墓地新村二期工地 M272 出土

直径 7 厘米，厚 0.15 ~ 0.3 厘米

连峰纽，纽外凸弦纹与短斜线纹之间饰主纹，四枚圆座乳丁将主纹分为四区，每区内各有五枚弧线相连的乳丁。内向十六连弧纹缘。

210

星云纹镜

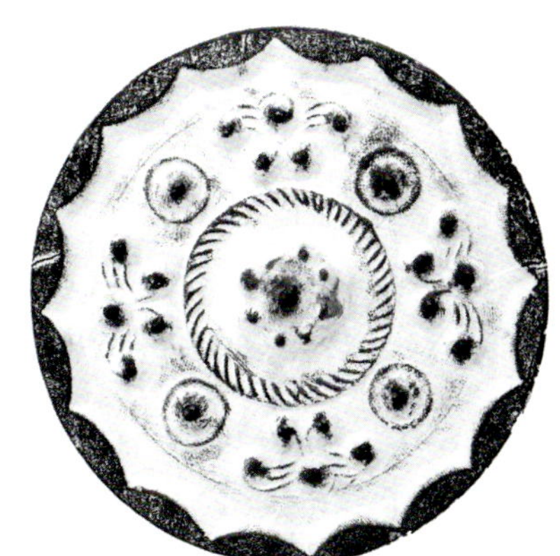

西汉中晚期

南马墓地棠悦工地 M698 出土

直径 6.8 厘米，厚 0.1 ~ 0.25 厘米

连峰纽，纽外短斜线纹与内向十六连弧纹缘之间饰主纹，四枚圆座乳丁将主纹分为四区，每区内各有五枚弧线相连的乳丁。

211

星云纹镜

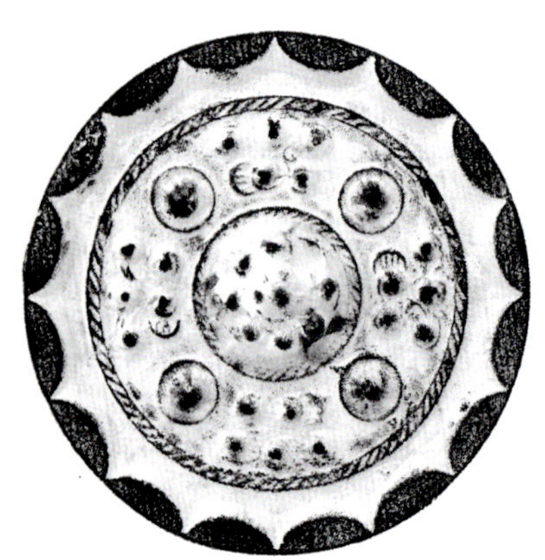

西汉中晚期

石鼓墓地画苑工地 M70 出土

直径 7 厘米，厚 0.2 ~ 0.4 厘米

连峰纽，纽外两周短斜线纹之间饰主纹，四枚圆座乳丁将主纹分为四区，每区内各有五枚弧线相连的乳丁。内向十六连弧纹缘。

草叶纹镜

西汉早期

东高墓地齐福园工地 M19 出土

直径 11.6 厘米，厚 0.2 ~ 0.4 厘米

三弦纽，纽外各有一周凹弧面、细线方格，方格之间有十二字铭文，铭文为『长贵富乐未央长相思毋相忘』。方格外中间为对称的二叠式草叶纹，两侧饰对称的花枝纹，四角各伸出一支单叠草叶纹，外一周凹弦纹内侧饰内向十六连弧纹。宽素卷缘。

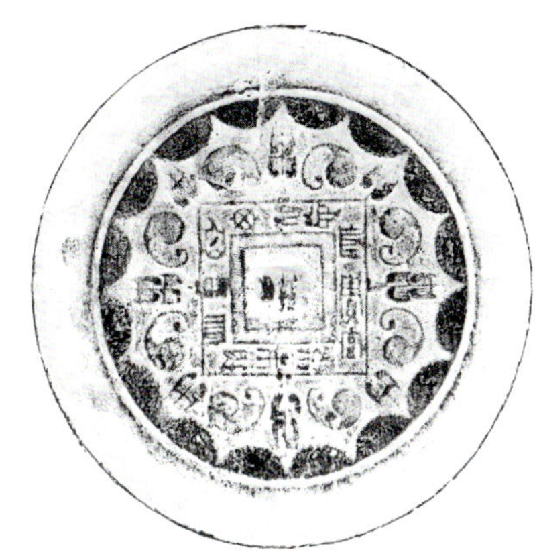

草叶纹镜

西汉中晚期

范家墓地淄江花园J组团工地M241出土

直径23厘米，厚0.25～0.5厘米

圆纽，四柿蒂形纽座，座外凹弧面和细线小方格、凹弧面和细线大方格，大小方格间四角为对称的桃形叶纹，每边各有四字铭文，铭文为『见日之光天下大阳君月之明所言必当』。大方格外中间有对称的四枚圆座乳丁，乳丁围以桃形四花瓣，花瓣两侧饰三叠式草叶纹，四角各伸出一花苞二叶花枝纹。内向十六连弧纹缘。

Studies on the Bronze Mirrors Unearthed from the Burials of the
Warring-States Period and Han Dynasty in Linzi, Shandong

214

草叶纹镜

西汉中晚期

范家墓地淄江花园 D 组团工地 M941 出土

直径 18.5 厘米，厚 0.25 ~ 0.5 厘米

圆纽，四柿蒂形纽座，座外凹弧面小方格和凹弧面及细线大方格，大小方格四角为对称的多重三角组成的正方形，每边各有四字铭文，铭文为『见日之光千秋万岁长乐未央□□□明』。大方格外中间有对称的四组圆座乳丁和一朵花苞，乳丁两侧饰二叠式草叶纹，四角各伸出一花苞二叶花枝纹。内向十六连弧纹缘。

215

草叶纹镜

西汉中晚期

官道墓地新村工地 M307 出土

直径 18.5 厘米，厚 0.3 ~ 0.5 厘米

圆纽，四柿椿形纽座，座外凹弧面小方格和凹弧面大方格，大小方格四角各有一支花苞纹，每边各有三字铭文，铭文为『日有喜长富贵乐毋事宜酒食』。大方格外中间有对称的四组圆座乳丁和一朵花苞，乳丁两侧饰三叠式草叶纹，四角各伸出一花苞二叶花枝纹。内向十六连弧纹缘。

草叶纹镜

西汉中晚期

范家墓地淄江花园 D 组团工地 M948 出土

直径 18.2 厘米，厚 0.3 ~ 0.65 厘米

圆纽，四柿棉形纽座，座外两周细线方格间为凹弧面方格，方格外中间有对称的二叠式草叶纹，四角各伸出一花苞二叶花枝纹，两叶肥大下垂，其外为一周内向二十连弧纹。两周细弦纹间为铭文圈带，铭文为『□愿见其不可得兮，气焉吸而增伤；乌委迤其不胜风兮，悔姗姗而俞则；思曰揗而不衰兮，尚相见其能容』。内向十六连弧纹缘。

330

217

草叶纹镜

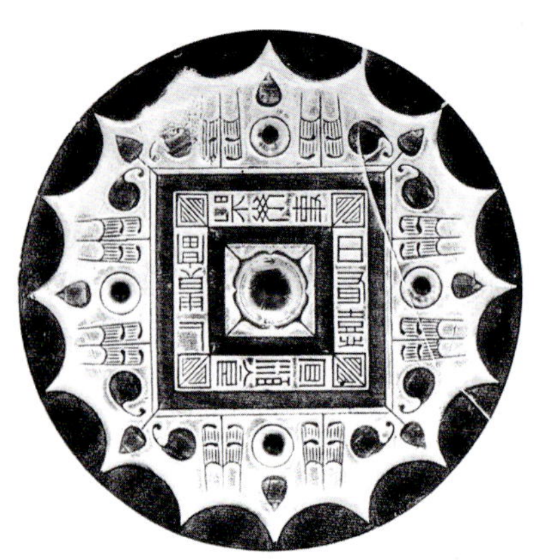

西汉中晚期

范家墓地淄江花园D组团工地M981出土

直径16.2厘米，厚0.2～0.4厘米

圆纽，四柿蒂形纽座，座外凹弧面小方格和凹弧面及细线大方格，小方格内四角为对称的多重三角组成的正方形，每边各有三字铭文，铭文为『日有喜□富贵宜酒食乐毋事』。方格外中间有对称的四组圆座乳丁和一朵花苞，两侧饰二叠式草叶纹，四角各伸出一花苞二叶花枝纹。内向十六连弧纹缘。

草叶纹镜

西汉中晚期

范家墓地淄江花园方正 2009 工地 M307 出土

直径 16 厘米，厚 0.2 ~ 0.4 厘米

伏兽纽，纽外凹弧面方格和细线方格，方格外每边各有四字铭文，铭文为『见日之光天下明服者君王长幸至未央』，铭文外侧各有一条与方格平行对应的宽凹弧面线段。线段外中间有对称的四组桃形叶纹和二叠式草叶纹，两侧饰对称的两支二叶花枝纹，花枝纹大小不同，方向相反，四角各有一枚乳丁，乳丁围以桃形四花瓣。内向十六连弧纹缘。

219

草叶纹镜

西汉中晚期

徐家墓地凤凰城四期工地 M225 出土

直径 16 厘米，厚 0.25 ~ 0.5 厘米

圆纽，四柿蒂形纽座，座外两周凹弧面大小方格，大小方格四角各有一支花苞，每边各有三字铭文，铭文为『见日之光服者君卿所言必当』。方格外中间有对称的四组乳丁花苞纹，乳丁两侧饰三叠式草叶纹，四角各伸出一花苞二叶花枝纹。内向十六连弧纹缘。

220

草叶纹镜

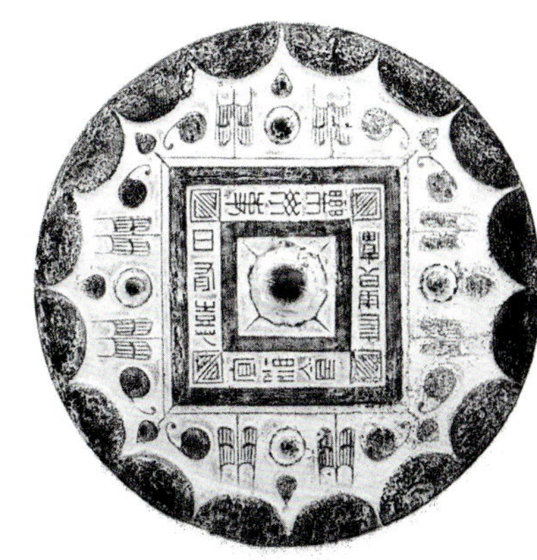

西汉中晚期

范家墓地淄江花园 D 组团工地 M856 出土

直径 15.8 厘米，厚 0.2 ~ 0.4 厘米

圆纽，四柿蒂形纽座，座外凹弧面小方格和凹弧面及细线大方格，大小方格内四角为对称的多重三角组成的正方形，每边各有三字铭文，铭文为『日有喜长贵富宜酒食乐毋事』。方格外中间有对称的四组乳丁花苞纹，乳丁两侧饰二叠式草叶纹，四角各伸出一花苞二叶花枝纹。内向十六连弧纹缘。

221

草叶纹镜

西汉中晚期

范家墓地淄江花园K组团工地M462出土

直径15.7厘米，厚0.2～0.4厘米

圆纽，四柿蒂形纽座，座外凹弧面小方格和凹弧面及细线大方格，大小方格内四角为对称的多重三角组成的正方形，每边各有三字铭文，铭文为『日有喜长贵富宜酒食乐毋事』。方格外中间有对称的四组乳丁花苞纹，乳丁两侧饰二叠式草叶纹，四角各伸出一花苞二叶花枝纹。内向十六连弧纹缘。

草叶纹镜

西汉中晚期

永流墓地金鼎绿城三期工地 M1043 出土

直径 13.8 厘米，厚 0.2 ~ 0.4 厘米

圆纽，四柿蒂形纽座，，座外凹弧面小方格和凹弧面及细线大方格，大小方格内四角为对称的多重三角组成的正方形，每边各有三字铭文，铭文为『见日之光天下大阳长乐未央』。方格外中间有对称的四组圆座乳丁花苞纹，乳丁两侧饰二叠式草叶纹，四角各伸出一花苞二叶花枝纹。内向十六连弧纹缘。

223

草叶纹镜

西汉中晚期

商王墓地盛世豪庭工地M232出土

直径13.8厘米，厚0.2～0.4厘米

圆纽，四柿蒂形纽座，座外凹弧面小方格和细线大方格，大小方格内为铭文带，铭文为『长富贵乐毋事日有喜宜酒食』。方格外由宽体凹弧面Γ、L、V构成规矩纹镜，四面中间各有一组Γ、L和一花苞纹，两侧饰二叠式草叶纹，四角各伸出直角V形。内向十六连弧纹缘。

224

草叶纹镜

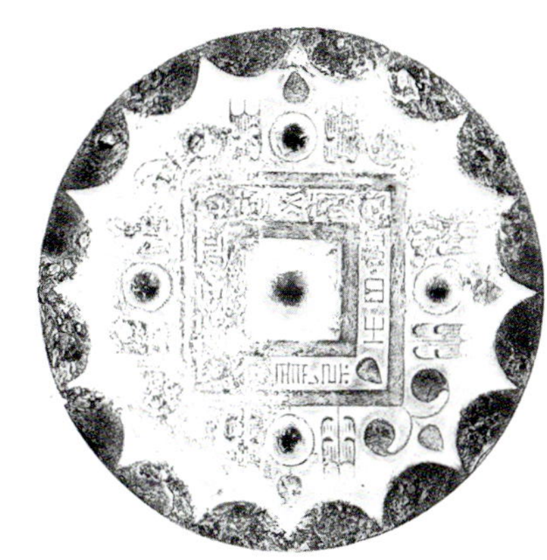

西汉中晚期

范家墓地淄江花园物业管理站工地 M85 出土

直径 14.1 厘米，厚 0.3 ~ 0.4 厘米

圆纽，四柿蒂形纽座，座外凹弧面大小方格，方格内四角各有一支花苞，每边各有三字铭文，铭文为『见日之光长□□所言必当』。方格外中间为四组对称的圆座乳丁花苞纹，两侧饰二叠式草叶纹，四角各伸出一花苞二叶花枝纹。内向十六连弧纹缘。

225

草叶纹镜

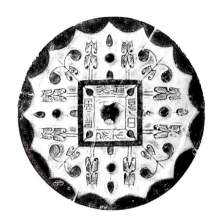

西汉中晚期

永流墓地泰东城住宅区工地 M191 出土

直径 13.8 厘米，厚 0.15 ~ 0.3 厘米

圆纽，纽外细线小方格和凹弧面大方格，大小方格内四角各有一支花苞，每边各有二字铭文，铭文为『见日之光所言必当』。方格外中间为四组对称乳丁花苞纹，两侧饰二叠式草叶纹，四角各伸出单叠草叶和二叶花枝纹。内向十六连弧纹缘。

226

草叶纹镜

西汉中晚期

范家墓地淄江花园高阳工地 M112 出土

直径 13.8 厘米，厚 0.2 ~ 0.45 厘米

圆纽，四柿蒂形纽座，座外两周凹弧面方格，方格内四角各有一朵花苞，每边各有三字铭文，铭文为『见日之光天下大阳所言必当』。方格外中间为四组对称的乳丁花苞，两侧饰二叠式草叶纹，四角各伸出一花苞二叶花枝纹。内向十六连弧纹缘。

227

草叶纹镜

西汉中晚期

范家墓地淄江花园 M82 出土

直径 13.8 厘米，厚 0.2～0.4 厘米

圆纽，四柿蒂形纽座，座外两周凹弧面大小方格，大小方格内为铭文带，铭文为『日有喜宜酒食长贵富乐毋事』。方格外中间为四组对称的圆座乳丁花苞纹，两侧饰二叠式草叶纹，四角各伸出一花苞二叶花枝纹。内向十六连弧纹缘。

228

草叶纹镜

西汉中晚期

范家墓地淄江花园J组团工地M208出土

直径13.7厘米，厚0.25～0.4厘米

伏兽纽，纽外凹弧面小方格和细线大方格，大小方格内为铭文带，铭文为『见日之光天下大阳服者君卿延年千岁幸至未央』。方格外中间为四枚对称的圆座乳丁，乳丁围以桃形四花瓣，四角伸出单叠式草叶二叶花枝纹。内向十六连弧纹缘。

229

草叶纹镜

西汉中晚期

范家墓地淄江花园北五区工地 M461 出土

直径 12.8 厘米，厚 0.15 ~ 0.25 厘米

伏兽纽，纽外两周凹弧面大小方格，大小方格内四角为多重三角纹组成的正方形，每边各有三字铭文，铭文为『长相思毋相忘长贵富乐未央』。方格外中间为四组对称的乳丁花苞纹，乳丁两侧为二叠式草叶纹，四角各伸出一支花苞，两侧有对称的花枝纹。内向十六连弧纹缘。

230

草叶纹镜

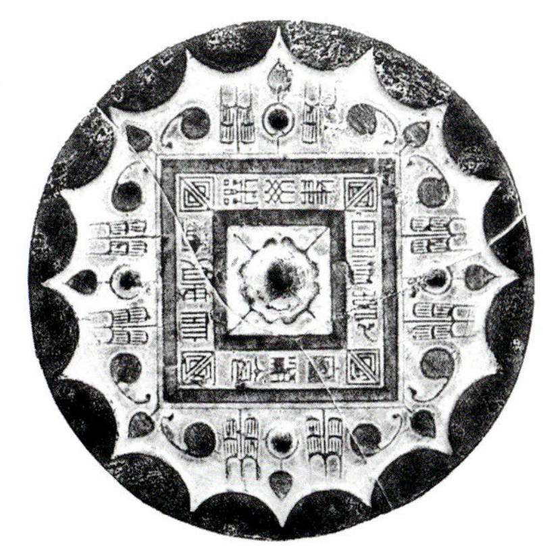

西汉中晚期

范家墓地淄江花园工地 M712 出土

直径 16 厘米，厚 0.15 ~ 0.4 厘米

圆纽，四柿蒂形纽座，座外凹弧面小方格和凹弧面及细线大方格，大小方格内四角为多重三角形组成的正方形，每边为铭文带，铭文为『日有喜宜酒食长贵富乐毋事』。大方格外中间为四组对称的圆座乳丁花苞纹，两侧饰二叠式草叶纹，四角各伸出一花苞二叶花枝纹。内向十六连弧纹缘。

231

草叶纹镜

西汉中晚期

张家墓地华盛园工地 M123 出土

直径 18.2 厘米，厚 0.3 ~ 0.5 厘米

伏兽纽，纽外凹弧面、细线小方格和凹弧面、细线大方格，大小方格内四角饰一花苞，方格内每边各有三字铭文，铭文为『日有喜宜酒食长贵富乐毋事』。大方格外中间有四组对称的纹饰，勾连云纹与花苞纹之间饰圆座乳丁纹，两侧为三叠式草叶纹，四角各伸出一花苞二叶花枝纹。内向十六连弧纹缘。

Studies on the Bronze Mirrors Unearthed from the Burials of the
Warring-States Period and Han Dynasty in Linzi, Shandong

草叶纹镜

西汉中晚期

范家墓地淄江花园工地 M262 出土

直径 16.3 厘米，厚 0.2 ~ 0.5 厘米

圆纽，四柿蒂形纽座，座外凹弧面、细线小方格和凹弧面、细线大方格，大小方格内四角为多重三角形组成的正方形，每边各有铭文三字，铭文为『日有喜宜酒食长贵富乐毋事』。大方格外中间为四组对称的圆座乳丁花苞纹，两侧饰二叠式草叶纹，四角各伸出一花苞二叶花枝纹。内向十六连弧纹缘。

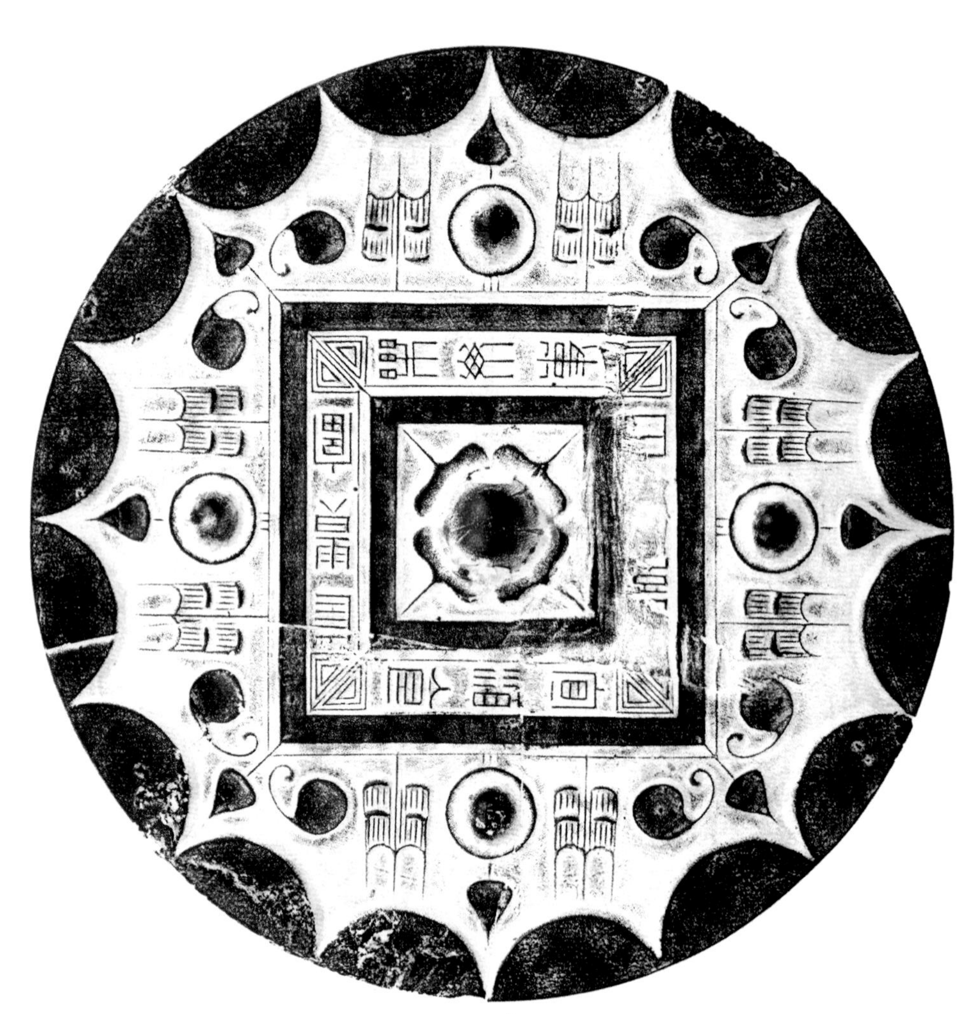

Studies on the Bronze Mirrors Unearthed from the Burials of the
Warring-States Period and Han Dynasty in Linzi, Shandong

233

草叶纹镜

西汉中晚期

西关南墓地临淄中学工地 M172 出土

直径 16.1 厘米，厚 0.25 ~ 0.5 厘米

圆纽，四柿蒂形纽座，座外凹弧面、细线小方格和凹弧面、细线大方格，大小方格内四角为多重三角形组成的正方形，每边各有铭文三字，铭文为『日有喜宜酒食长贵富乐毋事』。大方格外中间为四组对称的圆座乳丁花苞纹，两侧饰二叠式草叶纹，四角各伸出一花苞二叶花枝纹。内向十六连弧纹缘。

234

草叶纹镜

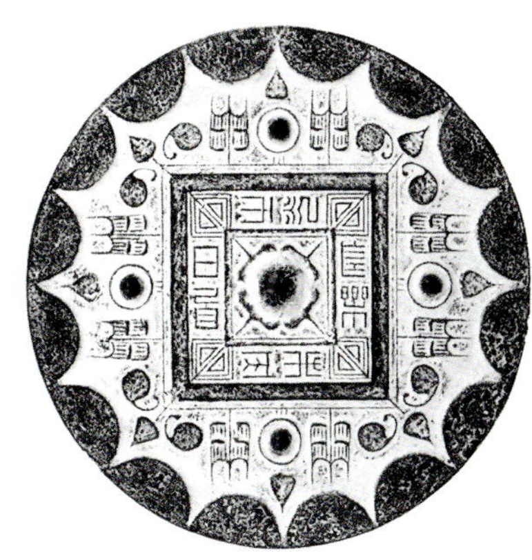

西汉中晚期

范家墓地淄江花园工地 M356 出土

直径 14 厘米，厚 0.2～0.4 厘米

圆纽，四柿蒂形纽座，座外凹弧面小方格和凹弧面、细线大方格，大小方格内四角为多重三角形组成的正方形，每边各有铭文二字，铭文为『见日之光长乐未央』。细线方格外中间为四组对称的圆座乳丁花苞纹，两侧饰二叠式草叶纹，四角各伸出一花苞二叶花枝纹。内向十六连弧纹缘。

235

草叶纹镜

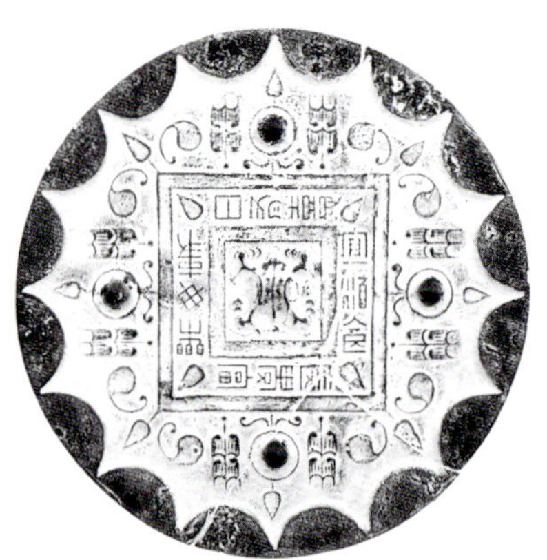

西汉中晚期

永流墓地金鼎绿城三期工地 M937 出土

直径 13.8 厘米，厚 0.15 ~ 0.4 厘米

伏兽纽，纽外凹弧面大小方格，大小方格内四角饰一花苞，方格内每边各有三字铭文，铭文为『日有喜宜酒食长贵富乐毋事』。大方格外中间有四组对称的纹饰，勾连云纹与花苞纹之间饰圆座乳丁纹，两侧为二叠式草叶纹，四角各伸出一花苞二叶花枝纹。内向十六连弧纹缘。

236

草叶纹镜

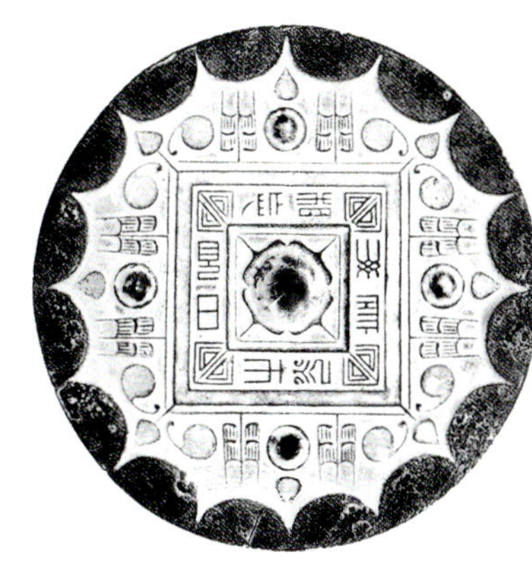

西汉中晚期

商王墓地盛世豪庭工地 M406 出土

直径 13.8 厘米，厚 0.3 ~ 0.4 厘米

圆纽，四柿蒂形纽座，座外凹弧面小方格和凹弧面、细线大方格，大小方格内四角为多重三角形组成的正方形，每边各有二字铭文，铭文为『见日之光长毋相忘』。大方格外中间为四组对称的圆座乳丁花苞纹，两侧饰二叠式草叶纹，四角各伸出一花苞二叶花枝纹。内向十六连弧纹缘。

237

草叶纹镜

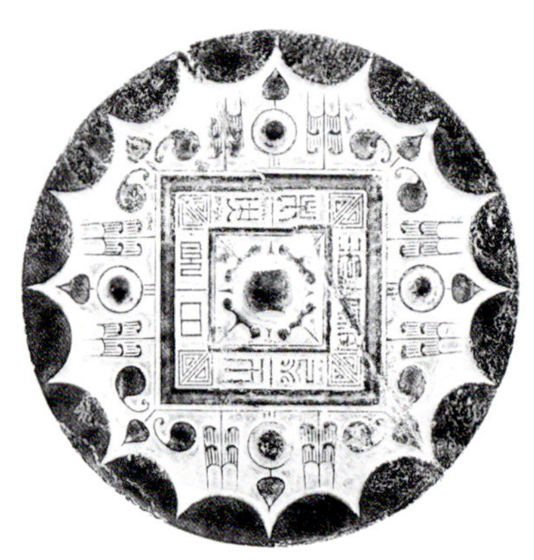

西汉中晚期

范家墓地淄江花园峰尚国际工地 M100 出土

直径 14.1 厘米，厚 0.4 ~ 0.7 厘米

圆纽，四柿蒂形纽座，座外凹弧面小方格和凹弧面、细线大方格，大小方格内四角为多重三角形组成的正方形，每边各有二字铭文，铭文为『见日之光长乐未央』。大方格外中间为四组对称的圆座乳丁花苞纹，两侧饰二叠式草叶纹，四角各伸出一花苞二叶花枝纹。内向十六连弧纹缘。

238

草叶纹镜

西汉中晚期

范家墓地淄江花园J组团工地M171出土

直径13.6厘米，厚0.2～0.45厘米

圆纽，四柿蒂形纽座，座外两周细线小方格和凹弧面、细线大方格，大小方格内四角为多重三角形组成的正方形，每边各有二字铭文，铭文为『见日之光天下大明』。大方格外中间为四组对称的圆座乳丁花苞纹，两侧饰二叠式草叶纹，四角各伸出一花苞二叶花枝纹。内向十六连弧纹缘。

239

草叶纹镜

西汉中晚期

永流墓地金鼎绿城三期工地 M779 出土

直径 13.8 厘米，厚 0.1 ~ 0.35 厘米

圆纽，四柿蒂形纽座，座外凹弧面小方格和凹弧面、细线大方格，大小方格内四角为多重三角形组成的正方形，每边各有二字铭文，铭文为『见日之光天下大明』。大方格外中间为四组对称的圆座乳丁花苞纹，两侧饰二叠式草叶纹，四角各伸出一花苞二叶花枝纹。内向十六连弧纹缘。

240

草叶纹镜

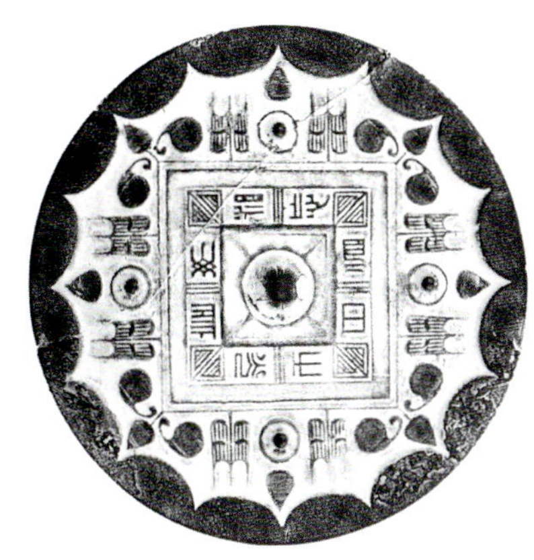

西汉中晚期

范家墓地淄江花园工地 M34 出土

直径 13.8 厘米，厚 0.4 ~ 0.5 厘米

圆纽，四柿蒂形纽座，座外凹弧面小方格和凹弧面、细线大方格，大小方格内四角为多重三角形组成的正方形，每边各有二字铭文，铭文为『见日之光长毋相忘』。大方格外中间为四组对称的圆座乳丁花苞纹，两侧饰二叠式草叶纹，四角各伸出一花苞二叶花枝纹。内向十六连弧纹缘。

241

草叶纹镜

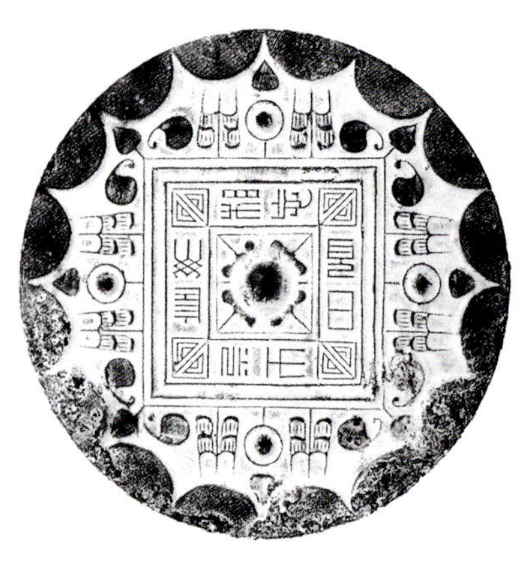

西汉中晚期

石鼓墓地光明二期工地 M173 出土

直径 13.7 厘米，厚 0.2 ~ 0.4 厘米

圆纽，四柿蒂形纽座，座外凹弧面小方格和凹弧面、细线大方格，大小方格内四角为多重三角形组成的正方形，每边各有二字铭文，铭文为『见日之光长毋相忘』。大方格外中间为四组对称的圆座乳丁花苞纹，两侧饰二叠式草叶纹，四角各伸出一花苞二叶花枝纹。内向十六连弧纹缘。

草叶纹镜

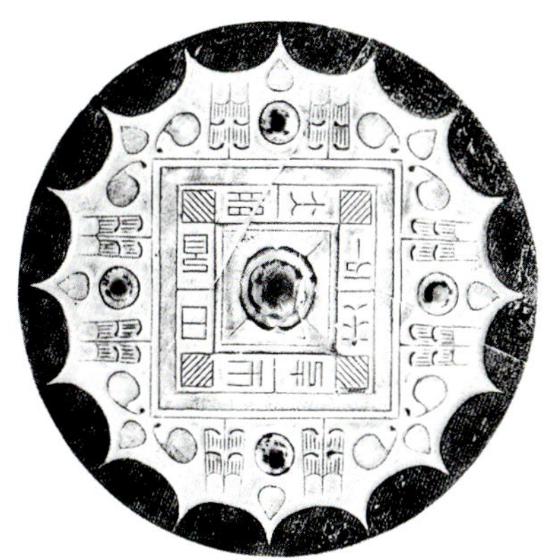

西汉中晚期

范家墓地淄江花园K组团工地M4出土

直径13.2厘米，厚0.2～0.3厘米

圆纽，四柿蒂形纽座，座外凹弧面小方格和凹弧面、细线大方格，大小方格内四角为数条短斜线组成的方形图案，每边各有二字铭文，铭文为『见日之光天下大明』。大方格外中间为四组对称的圆座乳丁花苞纹，两侧饰二叠式草叶纹，四角各伸出一花苞二叶花枝纹。内向十六连弧纹缘。

243

草叶纹镜

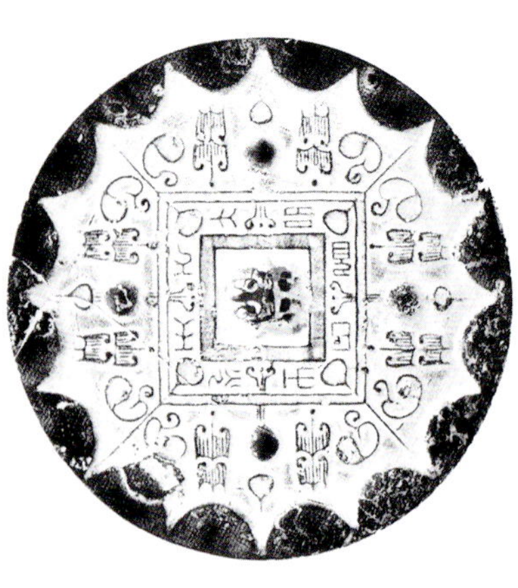

西汉中晚期

范家墓地淄江花园A组团工地M202出土

直径12.7厘米，厚0.15～0.3厘米

兽首纽，纽外凹弧面大小方格，大小方格内四角饰桃形叶纹，每边各有二字铭文，铭文为『见日之光天下大明』。大方格外中间饰四组对称的乳丁桃形叶纹，两侧为二叠式草叶纹，四角各伸出一细直线，两侧为对称的勾连枝叶纹。内向十六连弧纹缘。

244

草叶纹镜

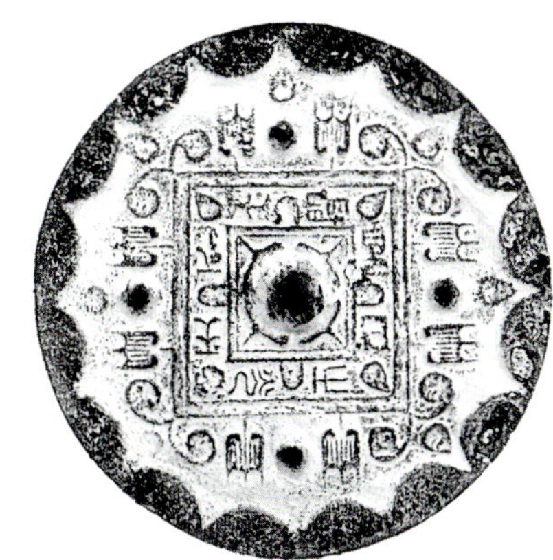

西汉中晚期

永流墓地金鼎绿城二期工地 M46 出土

直径 11.6 厘米，厚 0.15 ~ 0.3 厘米

圆纽，四柿蒂形纽座，纽外凹弧面大小方格，大小方格内四角饰花苞纹，中间饰『ㄇ』纹，每边各有二字铭文，铭文为『见日之光天下大阳』。大方格外中间饰四组对称的乳丁花苞纹，两侧为二叠式草叶纹，四角各伸出一花苞二叶花枝纹。内向十六连弧纹缘。

245

草叶纹镜

西汉中晚期

范家墓地淄江花园J组团工地M324出土

直径11.5厘米，厚0.2～0.35厘米

伏兽纽，纽外两周凹弧面大小方格，大小方格内四角饰花苞纹，中间饰『∩』纹，每边各有二字铭文，铭文为『见日之光天下大明』。大方格外中间饰四组对称的乳丁花苞纹，两侧为单叠式草叶纹，四角各伸出二叶花枝纹。内向十六连弧纹缘。

草叶纹镜

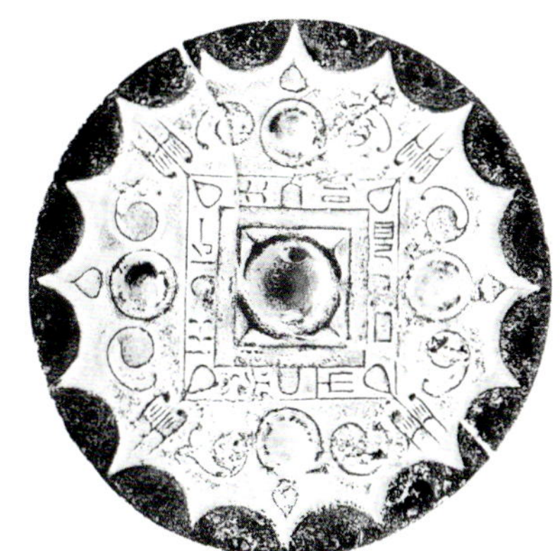

西汉中晚期

范家墓地淄江花园工地 M251 出土

直径 11.8 厘米，厚 0.25 ~ 0.35 厘米

圆纽，柿蒂形纽座，纽外凹弧面小方格和细线大方格，大小方格内四角饰花苞纹，中间饰『∩』纹，每边各有二字铭文，铭文为『见日之光天下大明』。大方格外中间饰四组对称的乳丁花苞纹，两侧为花叶纹，四角各伸出单叠式草叶纹。内向十六连弧纹缘。

247

草叶纹镜

西汉中晚期

范家墓地淄江花园高阳工地 M267 出土

直径 11.5 厘米，厚 0.2 ~ 0.35 厘米

伏兽纽，纽外凹弧面小方格和细线大方格，大小方格内四角饰花苞纹，中间饰「∩」纹，每边各有二字铭文，铭文为「见日之光天下大阳」。大方格外中间饰四组对称的乳丁花苞纹，两侧为二叠式草叶纹，四角各伸出一花苞二叶花枝纹。内向十六连弧纹缘。

草叶纹镜

西汉中晚期

商王墓地盛世豪庭工地 M420 出土

直径 13.7 厘米，厚 0.2 ~ 0.35 厘米

伏兽纽，纽外凹弧面、细线小方格，凹弧面、细线大方格，大小方格内四角饰花苞纹，中间饰『∩』纹，每边各有二字铭文，铭文为『见日之光天下大口』。大方格外中间饰四组对称的乳丁花苞纹，两侧为二叠式草叶纹，四角各伸出一花苞二叶花枝纹。内向十六连弧纹缘。

249

草叶纹镜

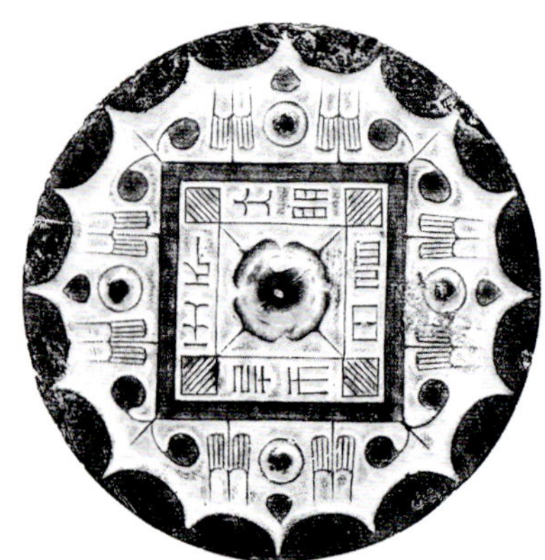

西汉中晚期

范家墓地新村工地 M96 出土

直径 11.5 厘米，厚 0.2 ~ 0.5 厘米

圆纽，四柿蒂形纽座，座外细线小方格和凹弧面大方格，大小方格内四角小方格内饰斜线纹，每边各有二字铭文，铭文为『见日之光天下大明』。大方格外中间饰四组对称的乳丁花苞纹，两侧为单叠式草叶纹，四角各伸出一支二叶花枝纹。内向十六连弧纹缘。

250

草叶纹镜

西汉中晚期

南马墓地翰林院工地 M82 出土

直径 11.4 厘米，厚 0.15 ~ 0.3 厘米

圆纽，四柿蒂形纽座，座外细线小方格和凹弧面大方格，大小方格内四角为数条短斜线组成的方形图案，每边各有二字铭文，铭文为『见日之明天下大明』。大方格外中间饰四组对称的乳丁花苞纹，两侧为单叠式草叶纹，四角各伸出一支二叶花枝纹。内向十六连弧纹缘。

251

草叶纹镜

西汉中晚期

永流墓地泰东城住宅区工地 M288 出土

直径 11.8厘米，厚 0.15 ~ 0.3厘米

圆纽，四柿蒂形纽座，座外凹弧面大小方格，大小方格内有十二字铭文，铭文为『见日之光天下大明所言必当』。大方格外中间为四组对称的圆座乳丁单叠草叶纹，两侧饰二叠式草叶纹，四角各伸出一花苞二叶花枝纹。内向十六连弧纹缘。

252

草叶纹镜

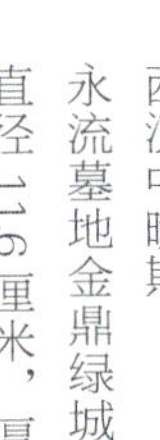

西汉中晚期

永流墓地金鼎绿城二期工地M626出土

直径11.6厘米，厚0.1～0.3厘米

圆纽，四柿蒂形纽座，座外凹弧面大小方格，大小方格内有十二字铭文，铭文为『日有喜宜酒食长贵富乐毋事』。大方格外中间为四组对称的圆座乳丁纹，两侧饰二叠式草叶纹，四角各伸出一支二叶花枝纹。内向十六连弧纹缘。

253

草叶纹镜

西汉中晚期

永流墓地金鼎绿城二期工地 M99 出土

直径 11.6 厘米，厚 0.25 ~ 0.4 厘米

圆纽，四柿蒂形纽座，座外细线小方格和凹弧面大方格，大小方格内四角有对称重叠式三角组成的正方形，每边各有二字铭文，铭文为『见日之明天下未央』。大方格外中间饰四组对称的乳丁花苞纹，两侧为单叠式草叶纹，四角各伸出一支二叶花枝纹。内向十六连弧纹缘。

254

草叶纹镜

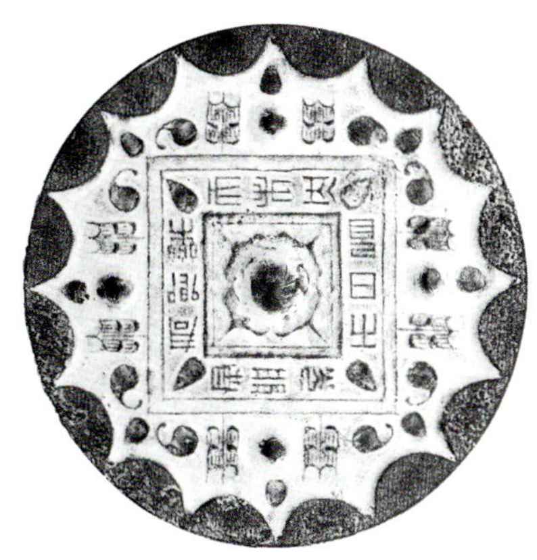

西汉中晚期

范家墓地淄江花园J组团工地M170出土

直径11.5厘米，厚0.2～0.4厘米

圆纽，四柿蒂形纽座，座外凹弧面大小方格，大小方格内四角各有一支花苞纹，每边各有三字铭文，铭文为『见日之光服者君卿乐而未央』。大方格外中间饰四组对称的乳丁花苞纹，两侧为二叠式草叶纹，四角各伸出一花苞二叶花枝纹。内向十六连弧纹缘。

255

草叶纹镜

西汉中晚期

范家墓地淄江花园高阳工地 M126 出土

直径 11.5 厘米，厚 0.2 ~ 0.4 厘米

伏兽纽，纽外凹弧面大小方格，大小方格内每边各有三字铭文，铭文为『长相思毋相忘长贵富乐未央』。大方格外中间饰四组对称的二叠式草叶纹，四角各有一枚乳丁，两侧为对称的二叶花枝纹。内向十六连弧纹缘。

256

草叶纹镜

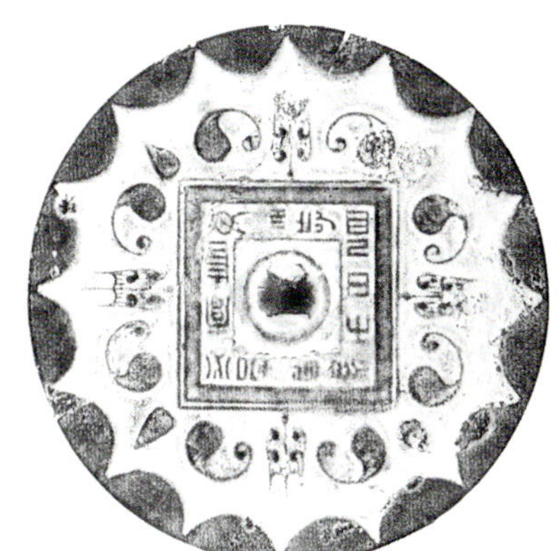

西汉中晚期

永流墓地金鼎绿城三期工地 M852 出土

直径 11.5 厘米，厚 0.2 ~ 0.3 厘米

圆纽，圆纽座，座外细线小方格，凹弧面和细线大方格，大小方格内有十二字铭文，铭文为『见日之光所言必当长毋相忘』。大方格外中间四组对称的二叠式草叶纹，四角各伸出有一支花苞纹，两侧饰对称的反向二叶花枝纹。内向十六连弧纹缘。

257

草叶纹镜

西汉中晚期

永流墓地金鼎绿城三期工地 M983 出土

直径 10.2 厘米，厚 0.15 ~ 0.3 厘米

伏兽纽，纽外凹弧面和细线小方格，细线大方格，大小方格内四角各有一枚乳丁，每边各有三字铭文，铭文为『见日之光天下大阳服者君卿』。大方格外中间饰四支对称的二叠式草叶纹，四角各伸出一花苞二叶花枝纹。内向十六连弧纹缘。

258

草叶纹镜

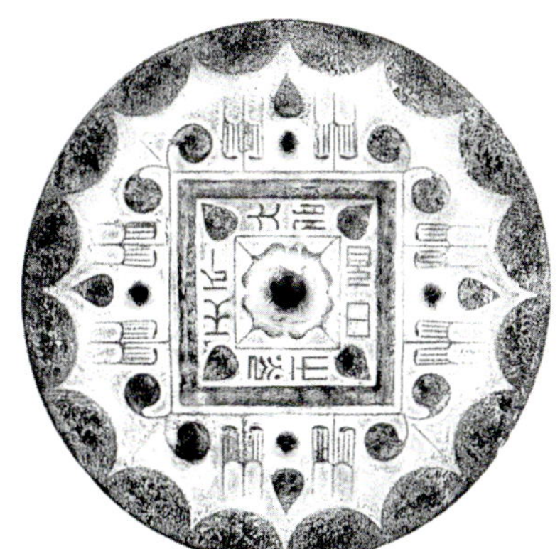

西汉中晚期

范家墓地淄江花园工地 M401 出土

直径 11.4 厘米，厚 0.15 ~ 0.3 厘米

圆纽，四柿蒂形纽座，座外细线小方格，凹弧面和细线大方格，大小方格内四角各有一花苞纹，每边各有二字铭文，铭文为『见日之光天下大明』。大方格外中间饰四组对称的乳丁花苞纹，两侧为单叠式草叶纹，四角各伸出一支二叶花枝纹。内向十六连弧纹缘。

259

草叶纹镜

西汉中晚期

范家墓地淄江花园D组团工地M743出土

直径11.6厘米，厚0.15～0.4厘米

圆纽，四柿蒂形纽座，座外细线小方格和凹弧面大方格，大小方格内四角有重叠式三角组成的方形，每边各有二字铭文，铭文为『见日之明长毋相忘』。大方格外中间饰四组对称的乳丁花苞纹，两侧为单叠式草叶纹，四角各伸出一花苞二叶花枝纹。内向十六连弧纹缘。

草叶纹镜

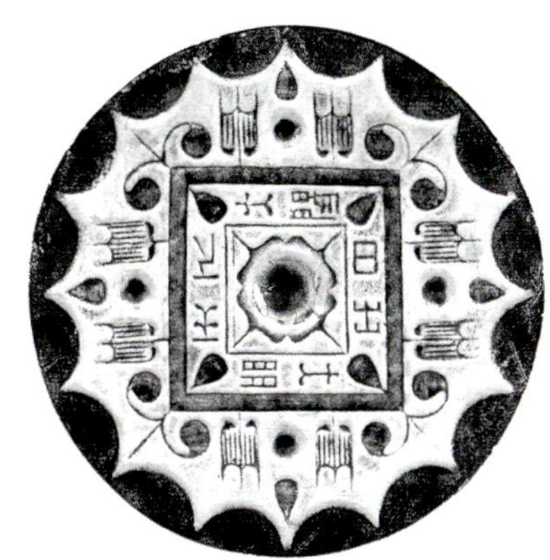

西汉中晚期

范家墓地淄江花园J组团工地M237出土

直径11.5厘米，厚0.15～0.3厘米

圆纽，四柿蒂形纽座，座外细线小方格和凹弧面大方格，大小方格内四角饰花苞纹，每边各有二字铭文，铭文为『日出大明天下大阳』。大方格外中间饰四组对称的乳丁花苞纹，两侧为单叠式草叶纹，四角各伸出一支二叶花枝纹。内向十六连弧纹缘。

261

草叶纹镜

西汉中晚期

范家墓地新村工地 M126 出土

直径 11.7 厘米，厚 0.15 ~ 0.3 厘米

圆纽，纽外凹弧面大小方格，大小方格内四角饰花苞纹，每边各有二字铭文，铭文为『见日之光天下大阳』。大方格外中间饰四组对称的乳丁花苞纹，两侧为单叠式草叶纹，四角各伸出一支二叶花枝纹。内向十六连弧纹缘。

草叶纹镜

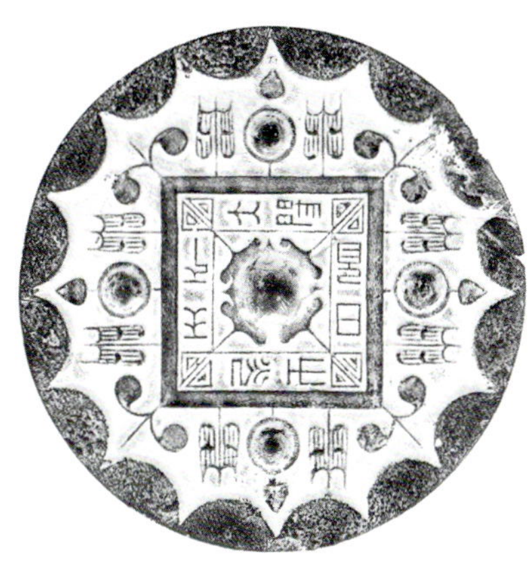

西汉中晚期

石鼓墓地天齐北区工地 M83 出土

直径 11.5 厘米，厚 0.2 ~ 0.4 厘米

圆纽，四柿蒂形纽座，座外细线小方格和凹弧面大方格，大小方格内四角有重叠式三角组成的方形，每边各有二字铭文，铭文为『见日之光天下大阳』。大方格外中间饰四组对称的圆座乳丁花苞纹，两侧为二叠式草叶纹，四角各伸出一支二叶花枝纹。内向十六连弧纹缘。

263

草叶纹镜

西汉中晚期

范家墓地淄江花园J组团工地M198出土

直径11.3厘米，厚0.25～0.3厘米

圆纽，四柿蒂形纽座，座外细线小方格和凹弧面大方格，大小方格内四角为数条短斜线组成的方形图案，每边各有二字铭文，铭文为『见日之光天下大阳』。大方格外中间饰四组对称的乳丁花苞纹，两侧为单叠式草叶纹，四角各伸出一支二叶花枝纹。内向十六连弧纹缘。

草叶纹镜

西汉中晚期
范家墓地淄江花园工地 M39 出土
直径 11.3 厘米，厚 0.15 ~ 0.37 厘米

圆纽，四柿蒂形纽座，座外细线小方格，凹弧面和细线大方格，大小方格内四角有对称重叠三角组成的正方形，每边各有二字铭文，铭文为『见日之光长毋相忘』。大方格外中间饰四组对称的乳丁、花苞纹，两侧为单叠式草叶纹，四角各伸出一支二叶花枝纹。内向十六连弧纹缘。

265

草叶纹镜

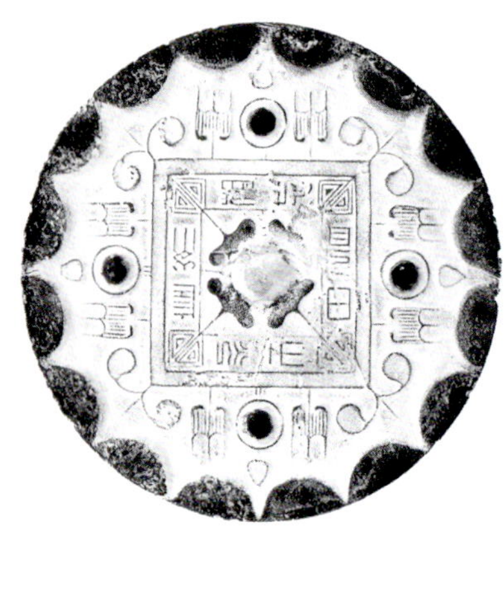

西汉中晚期

永流墓地泰东城小义乌商品城工地 M228 出土

直径 11.6 厘米，厚 0.2 ~ 0.3 厘米

圆纽，四柿蒂形纽座，座外细线小方格和凹弧面大方格，大小方格内四角为对称重叠三角组成的正方形，每边各有二字铭文，铭文为『见日之光长毋相忘』。大方格外中间饰四组对称的圆座乳丁花苞纹，两侧为单叠式草叶纹，四角各伸出一支二叶花枝纹。内向十六连弧纹缘。

266

草叶纹镜

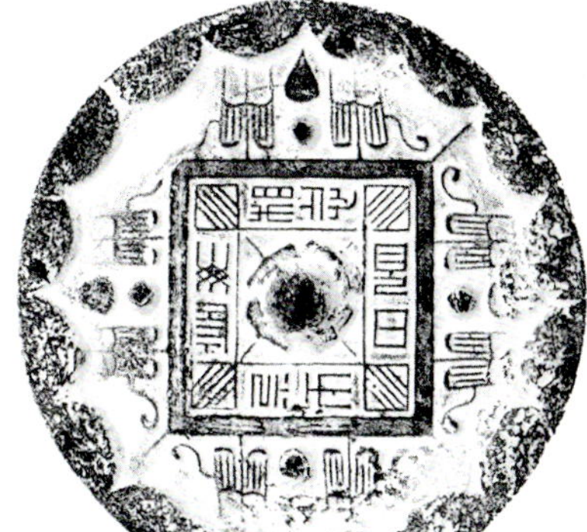

西汉中晚期

徐家墓地凤凰城四期工地 M152 出土

直径 10.1 厘米，厚 0.15 ~ 0.3 厘米

圆纽，四柿蒂形纽座，座外细线小方格和凹弧面大方格，大小方格内四角有数条短线组成的正方形，每边各有二字铭文，铭文为『见日之光长毋相忘』。大方格外中间饰四组对称的乳丁花苞纹，两侧为单叠式草叶纹，四角伸出短至线，两侧饰对称的∽形纹。内向十六连弧纹缘。

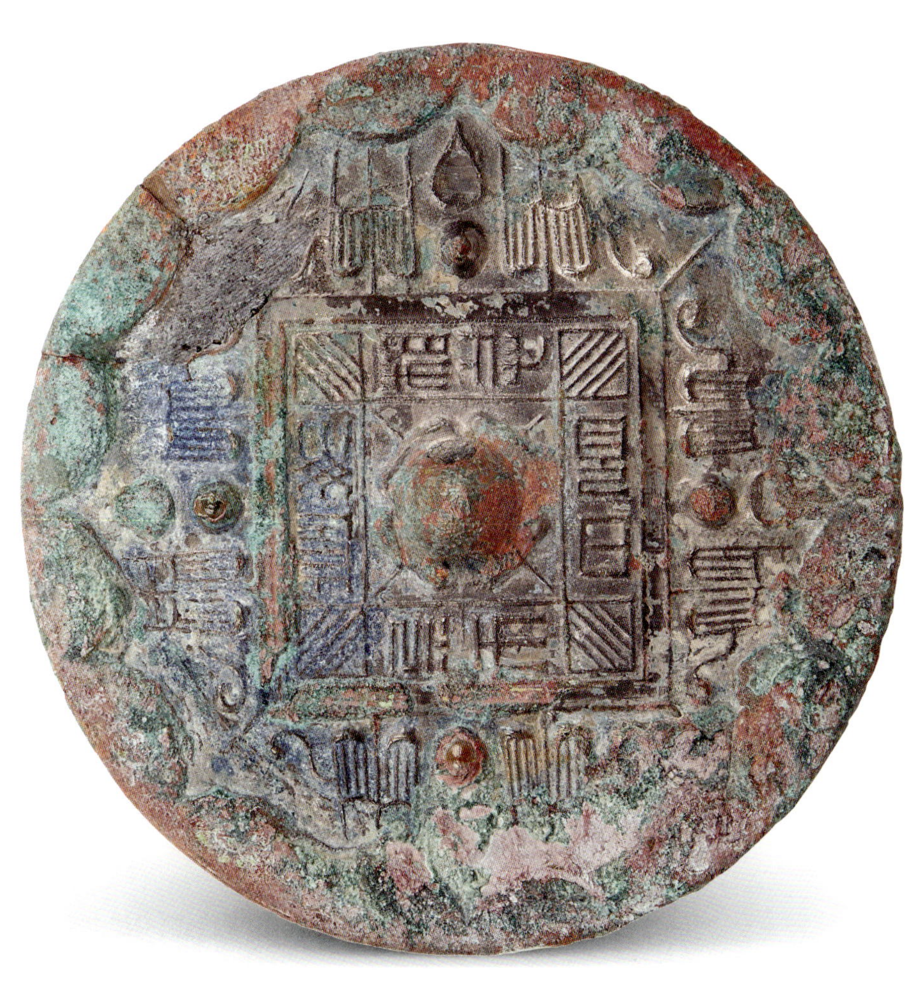

267

草叶纹镜

西汉中晚期

永流墓地泰东城小义乌商品城工地 M93 出土

直径 11.3 厘米，厚 0.15 ~ 0.3 厘米

圆纽，四柿蒂形纽座，座外细线小方格和凹弧面大方格，大小方格内四角为对称重叠三角组成的正方形，每边各有二字铭文，铭文为『见日之光长毋相忘』。大方格外中间饰四组对称的乳丁花苞纹，两侧为单叠式草叶纹，四角各伸出一支二叶花枝纹。内向十六连弧纹缘。

草叶纹镜

西汉中晚期

永流墓地金鼎绿城三期工地 M315 出土

直径 11.5 厘米，厚 0.15 ~ 0.3 厘米

圆纽，四柿蒂形纽座，座外凹弧面大小方格，大小方格内四角各有一花苞，每边各有二字铭文，铭文为『见日之光天下大明』。大方格外中间饰四组对称的二叠式草叶纹，四角各伸出一花苞二叶花枝纹。内向十六连弧纹缘。

269

草叶纹镜

西汉中晚期

石鼓墓地光明二期工地 M174 出土

直径 10.4 厘米，厚 0.15 ~ 0.2 厘米

圆纽，四柿蒂形纽座，座外细线小方格和凹弧面大方格，大小方格内四角各有一花苞，每边各有二字铭文，铭文为『见日之光天下大明』。大方格外中间饰四组对称的单叠式草叶纹，四角各伸出一花苞二叶花枝纹。内向十六连弧纹缘。

草叶纹镜

西汉中晚期

永流墓地金鼎绿城二期工地 M579 出土

直径 10 厘米，厚 0.15 ~ 0.3 厘米

圆纽，圆纽座，座外细线小方格和凹弧面大方格，大小方格内四角各有一花苞，每边各有二字铭文，铭文为『见日之光天下大明』。大方格外中间饰四组对称的乳丁花苞纹，两侧为单叠式草叶纹，四角各伸出一支二叶花枝纹。内向十六连弧纹缘。

271

草叶纹镜

西汉中晚期

商王墓地齐银工地 M46 出土

直径 9.8 厘米，厚 0.15 ~ 0.2 厘米

圆纽，四柿蒂形纽座，座外细线小方格和凹弧面大方格，方格内四角各有一花苞，每边各有二字铭文，铭文为『见日之光天下大明』。方格外中间饰四组对称的乳丁花苞纹，两侧为单叠式草叶纹，四角各伸出一支二叶花枝纹。内向十六连弧纹缘。

草叶纹镜

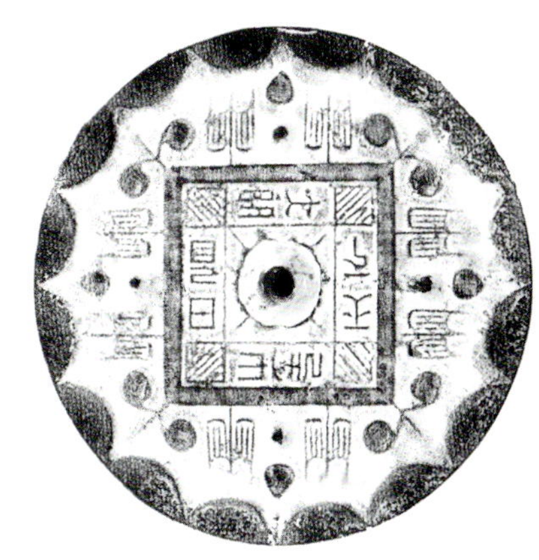

西汉中晚期

范家墓地淄江花园K组团工地M464出土

直径10.7厘米，厚0.15～0.25厘米

圆纽，四柿蒂形纽座，座外细线小方格和凹弧面大方格，大小方格内四角有数条短斜线组成的正方形，每边各有二字铭文，铭文为『见日之光天下大明』。大方格外中间饰四组对称的乳丁花苞纹，两侧为单叠式草叶纹，四角各伸出一支二叶花枝纹。内向十六连弧纹缘。

273

草叶纹镜

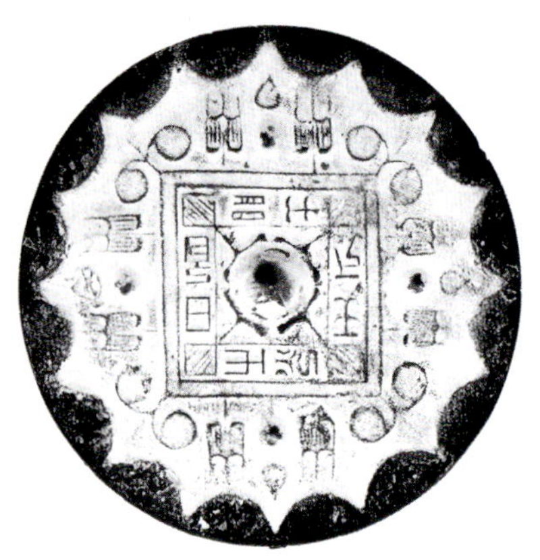

西汉中晚期

范家墓地淄江花园北五区工地 M465 出土

直径 10 厘米，厚 0.15 ~ 0.25 厘米

圆纽，四柿蒂形纽座，座外细线小方格和凹弧面大方格，大小方格内四角有数条短斜线组成的正方形，每边各有二字铭文，铭文为『见日之光天下大明』。大方格外中间饰四组对称的乳丁花苞纹，两侧为单叠式草叶纹，四角各伸出一支二叶花枝纹。内向十六连弧纹缘。

274

草叶纹镜

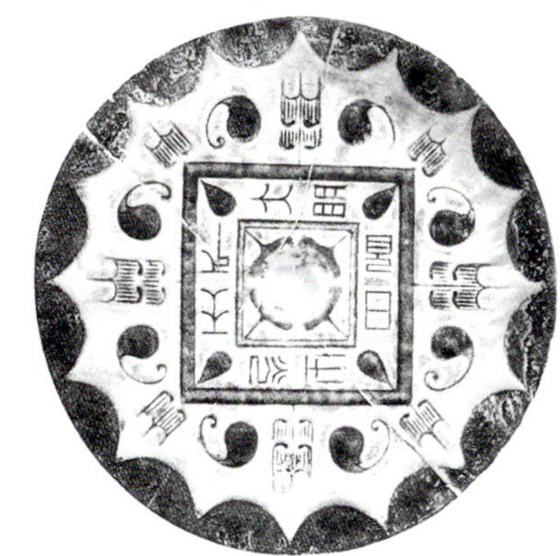

西汉中晚期

范家墓地淄江花园J组团工地M257出土

直径12.7厘米，厚0.2～0.4厘米

圆纽，四柿蒂形纽座，座外凹弧面大小方格，大小方格内四角各有一花苞，每边各有二字铭文，铭文为『见日之光天下大明』。大方格外中间饰四组对称的二叠式草叶纹，四角各伸出单叠式草叶纹和二叶花枝纹。内向十六连弧纹缘。

275

草叶纹镜

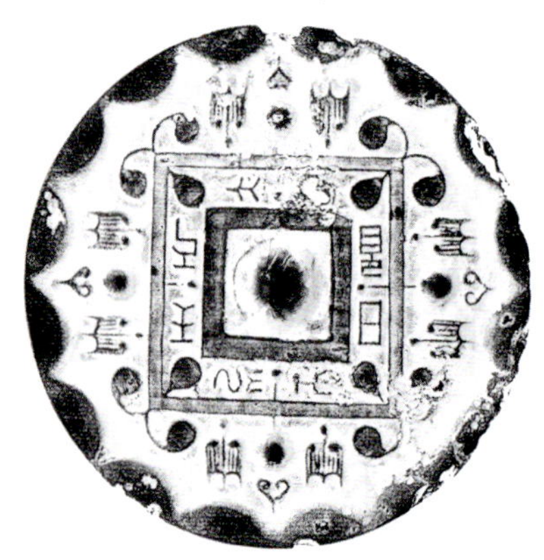

西汉中晚期

东孙墓地博物院工地 M366 出土

直径 11.6 厘米，厚 0.25 ~ 0.4 厘米

纽残，座外凹弧面大小方格，大小方格内四角各有一花苞，每边各有二字铭文，铭文为『见日之光天下大□』。大方格外中间饰四组对称的乳丁桃形叶纹，两侧为单叠式草叶纹，四角各一支二叶花枝纹。内向十六连弧纹缘。

草叶纹镜

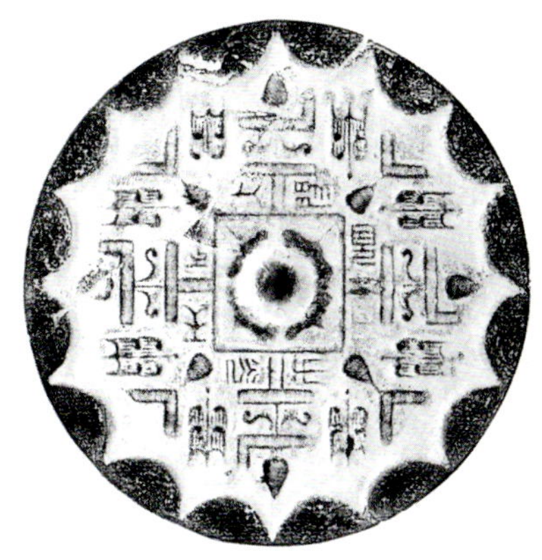

西汉中晚期

范家墓地淄江花园 A 组团工地 M392 出土

直径 11.8 厘米，厚 0.15 ~ 0.35 厘米

圆纽，四柿蒂形纽座，座外细线方格，方格外宽体凹弧面 L、T、V 构成规矩纹，四角向外伸出一花苞和直角 V 形，两侧对称二叠式草叶纹，中间每边从内至外饰四组 T 形、短线卷云纹、L 形及花苞纹，每边各有二字铭文，铭文为『见日之光天下大阳』。内向十六连弧纹缘。

277

草叶纹镜

西汉中晚期

范家墓地淄江花园北五区工地 M312 出土

直径 11.7 厘米，厚 0.2 ~ 0.4 厘米

圆纽，四柿蒂形纽座，座外凹弧面窄方格，方格外宽体凹弧面L、T、V构成规矩纹，方格外四角伸出一花苞和V形，两侧二叠式草叶纹，中间每边从内至外饰四组对称的T、L及花苞纹，每边各有二字铭文，铭文为『见日之光天下大阳』。内向十六连弧纹缘。

278

草叶纹镜

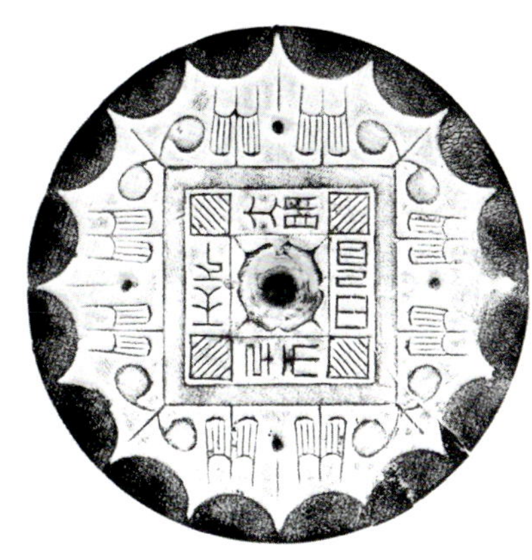

西汉中晚期

永流墓地新村工地 M149 出土

直径 9.7 厘米，厚 0.2 ~ 0.4 厘米

圆纽，四柿蒂形纽座，座外细线小方格和凹弧面大方格，大小方格内四角有对称重叠三角组成的正方形，每边各有二字铭文，铭文为『见日之光天下大明』。大方格外中间饰四组对称的小乳丁纹，两侧为单叠式草叶纹，四角各伸出一支二叶花枝纹。内向十六连弧纹缘。

279

草叶纹镜

西汉中晚期

石鼓墓地光明二期工地 M244 出土

直径 10 厘米，厚 0.15 ~ 0.3 厘米

圆纽，四柿蒂形纽座，座外各有一周凹弧面小方格和凹弧面大方格，方格内四角有对称重三角组成的正方形，每边各有二字铭文，铭文为『见日之光天下大明』。大方格外中间饰四组对称的乳丁和桃形叶纹，两侧为单叠式草叶纹，四角各伸出一支二叶花枝纹。内向十六连弧纹缘。

草叶纹镜

西汉中晚期

永流墓地金鼎绿城二期工地 M294 出土

直径 10 厘米，厚 0.1 ~ 0.2 厘米

圆纽，四柿蒂形纽座，座外细线小方格和凹弧面大方格，大小方格内每边各有二字铭文，铭文为『见日之光天下大明』。大方格外中间饰四组对称的单叠式草叶纹，四角各伸出一花苞二叶花枝纹。内向十六连弧纹缘。

281

草叶纹镜

西汉中晚期

范家墓地淄江花园物业管理站工地 M43 出土

直径 10 厘米，厚 0.15 ~ 0.2 厘米

圆纽，四柿蒂形纽座，座外细线小方格和凹弧面细线大方格，大小方格内四角各有一枚乳丁，每边二字铭文，铭文为『见日之光君月之明』。方格外中间饰四组对称的二叠式草叶纹，四角各伸出一花苞二叶花枝纹。内向十六连弧纹缘。

282

草叶纹镜

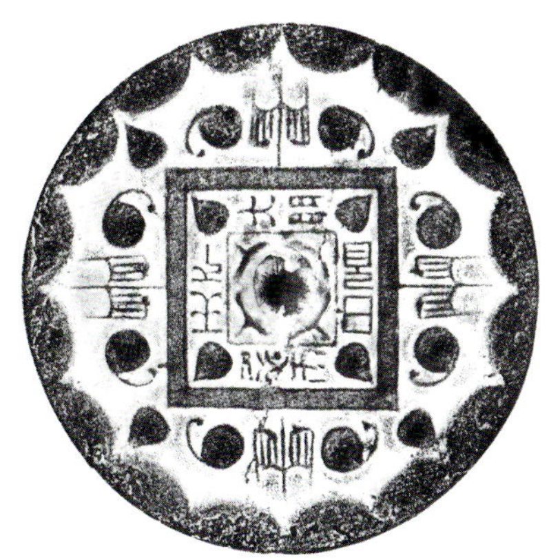

西汉中晚期

永流墓地金鼎绿城三期工地 M796 出土

直径 9 厘米，厚 0.15 ~ 0.2 厘米

圆纽，四柿蒂形纽座，座外细线小方格和凹弧面大方格，方格内四角各有一花苞，每边各有二字铭文，铭文为『见日之光天下大明』。大方格外中间饰四组对称的单叠式草叶纹，四角各伸出一花苞二叶花枝纹。内向十六连弧纹缘。

283

草叶纹镜

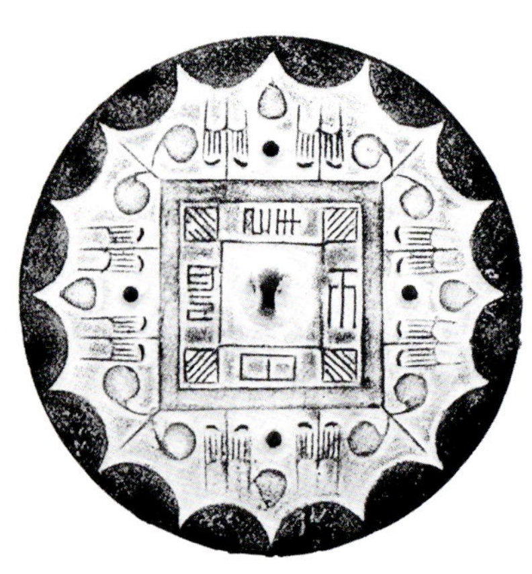

西汉中晚期

范家墓地淄江花园方正 2009 工地 M148 出土

直径 9 厘米，厚 0.1 ~ 0.15 厘米

圆纽，纽外细线小方格和凹弧面大方格，大小方格内四角有数条短斜线组成的方形，每边各有一字铭文，铭文为『见日之光』。方格外中间饰四组对称的乳丁花苞纹，两侧各有一单叠式草叶纹，四角各伸出一支二叶花枝纹。内向十六连弧纹缘。

284

草叶纹镜

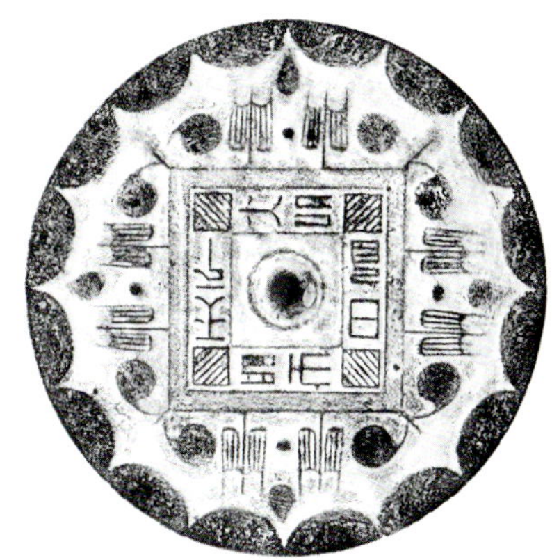

西汉中晚期

范家墓地淄江花园北五区工地 M422 出土

直径 9.9 厘米，厚 0.1 ~ 0.15 厘米

圆纽，纽外细线小方格和凹弧面大方格，大小方格内四角有数条短斜线组成的方形，每边各有二字铭文，铭文为『见日之明天下大明』。方格外中间饰四枚对称的乳丁花苞纹，两侧各有一单叠式草叶纹，四角各伸出一支二叶花枝纹。内向十六连弧纹缘。

285

草叶纹镜

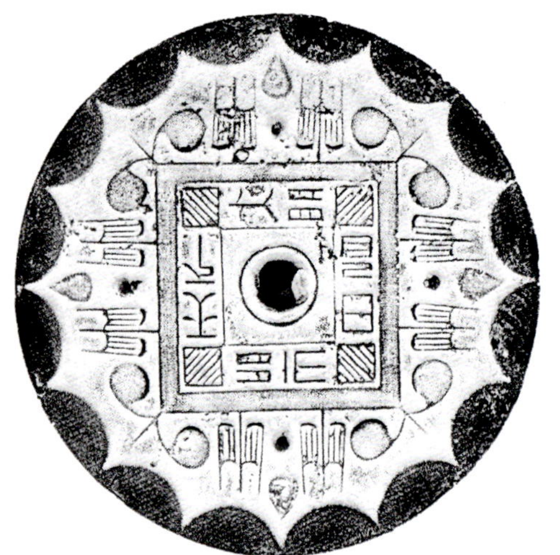

西汉中晚期

永流墓地金鼎绿城二期工地 M23 出土

直径 9.8 厘米，厚 0.1 ~ 0.2 厘米

圆纽，圆纽座，座外细线小方格和凹弧面大方格，大小方格内四角有数条短斜线组成的方形，每边各有二字铭文，铭文为『见日之明天下大明』。方格外中间饰四枚对称的乳丁花苞纹，两侧各有一单叠式草叶纹，四角各伸出一支二叶花枝纹。内向十六连弧纹缘。

286

草叶纹镜

西汉中晚期

范家墓地淄江花园北五区工地 M339 出土

直径 7 厘米，厚 0.3 ~ 0.4 厘米

圆纽，圆纽座，座外细线大小方格，大小方格内四角各有一枚乳丁纹，每边各有二字铭文，铭文为『见日之光天下大明』。大方格外中间饰四枚对称的单叠式草叶纹，四角各有一花苞二叶花枝纹。内向十六连弧纹缘。

287

草叶纹镜

西汉中晚期

商王墓地盛世豪庭工地 M35 出土

直径 7.5 厘米，厚 0.3 ~ 0.5 厘米

圆纽，四柿蒂形纽座，座外细线大小方格，大小方格内四角各有一枚圆座乳丁，每边各有一字铭文，铭文为『长毋相忘』。大方格外中间饰四枚对称的单叠式草叶纹，四角各伸出一花苞二叶花枝纹。内向十六连弧纹缘。

288

草叶纹镜

西汉中晚期

永流墓地金鼎绿城三期工地 M1017 出土

直径 11.6 厘米，厚 0.15 ~ 0.35 厘米

圆纽，四柿蒂形纽座，座外细线小方格，方格外宽体凹弧面L、T、V构成规矩纹，方格外四角小方格内饰桃形叶纹，其上叠压直角V形纹，每边中间饰四组对称T、L纹，L两侧对称单叠式草叶纹。内向十六连弧纹缘。

289

草叶纹镜

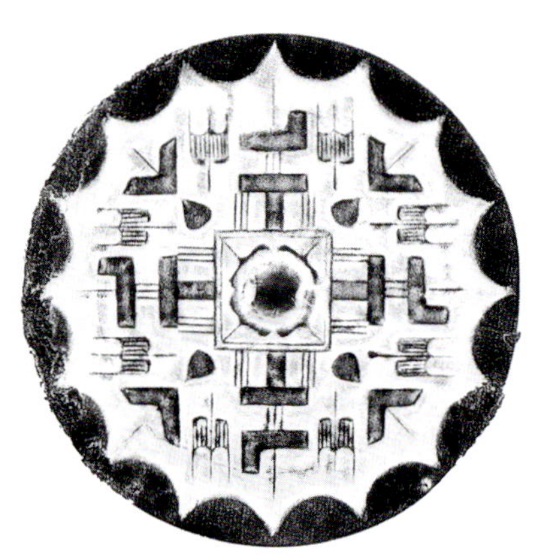

西汉中晚期

范家墓地淄江花园方正 2009 工地 M402 出土

直径 11.5 厘米，厚 0.15 ~ 0.3 厘米

圆纽，四柿蒂形纽座，座外凹弧面小方格，方格外宽体凹弧面L、T、V构成规矩纹，方格外四角伸出一桃形叶纹和V形纹，中间四组对称T、L纹，L纹两侧对称单叠式草叶纹。内向十六连弧纹缘。

290

草叶纹镜

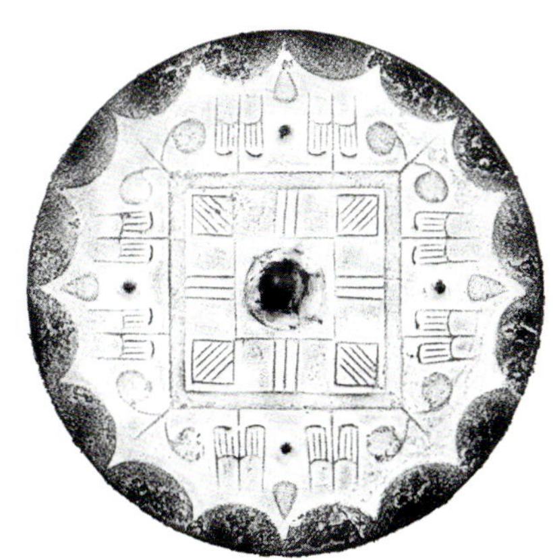

西汉中晚期

徐家墓地方正凤凰城四期工地 M154 出土

直径 9.8 厘米，厚 0.1 ~ 0.2 厘米

圆纽，圆纽座，座外细线小方格和凹弧面大方格，大小方格内四角有数条短斜线组成的方形，中间三短直线。大方格外中间饰四组对称的乳丁花苞纹，两侧单叠式草叶纹，四角伸出二叶花枝纹。内向十六连弧纹缘。

291

草叶纹镜

西汉中晚期

永流墓地金鼎绿城三期工地 M289 出土

直径 10.3 厘米，厚 0.15 ~ 0.3 厘米

圆纽，圆纽座，座外凹弧面小方格和细线大方格，大小方格内四角有对称重叠的三角组成的正方形，中间对称的单叠式草叶纹。大方格外中间饰四组对称的乳丁花苞纹，两侧单叠式草叶纹，四角伸出二叶花枝纹。内向十六连弧纹缘。

292

草叶纹镜

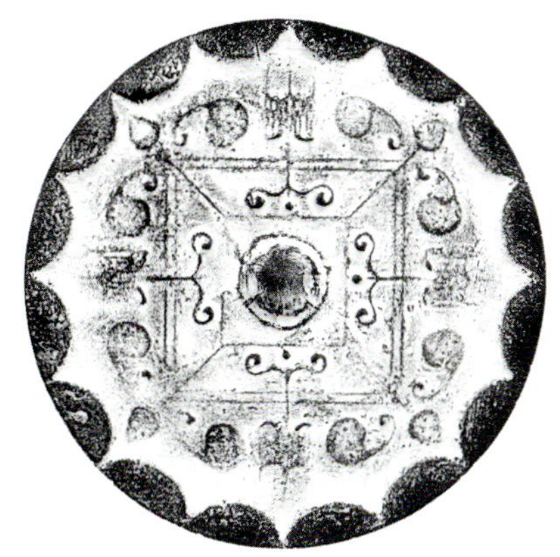

西汉中晚期

范家墓地淄江花园G组团工地M358出土

直径9.5厘米，厚0.15～0.3厘米

圆纽，圆纽座，座外细线小方格和凹弧面大方格，大小方格内中间对称的卷云纹。方格外中间饰四对称的单叠式草叶纹，四角伸出一花苞二叶花枝纹。内向十六连弧纹缘。

293

草叶纹镜

西汉中晚期

张家墓地舒舍家园工地 M10 出土

直径 8.3 厘米，厚 0.25 ~ 0.45 厘米

圆纽，四柿蒂纽座，座外凹弧面方格，方格外中间饰四对称的单叠式草叶纹，四角各有一枚圆座乳丁纹。内向十六连弧纹缘。

家常富贵铭文镜

西汉中晚期

范家墓地淄江花园方正 2009 工地 M35 出土

直径 10.5 厘米，厚 0.15 ~ 0.3 厘米

连峰纽，纽与短斜线纹间饰细线方格，方格四角和四边中间各叠压一枚乳丁，四边乳丁围八个扁平连珠纹，四角内各有一字铭文，铭文为『家常富贵』。内向十六连弧纹缘。

295

家常富贵铭文镜

西汉中晚期

南马墓地棠悦工地 M216 出土

直径 10.3 厘米，厚 0.15 ~ 0.6 厘米

圆纽，圆纽座，座外一周细弦纹、一周宽凸圈带。两短斜线纹间饰四枚圆座乳丁，乳丁之间各有一只奔跑的小鸟和四字铭文，铭文为『家常贵富』。窄素缘。

家常富贵铭文镜

西汉中晚期
西高墓地新村C组团工地M18出土
直径7.8厘米，厚0.1～0.4厘米

圆纽，圆纽座。座外两短斜线纹间饰四枚圆座乳丁，乳丁间有四字铭文，铭文为『家常贵富』。宽素缘。

297

家常富贵铭文镜

西汉中晚期

南马墓地棠悦工地 M199 出土

直径 7.8 厘米，厚 0.15 ~ 0.5 厘米

圆纽，圆纽座，座外一周细凸弦纹、一周内向八连弧纹。两短斜线纹间四字铭文，铭文为『家常贵富』。窄素缘。

家常富贵铭文镜

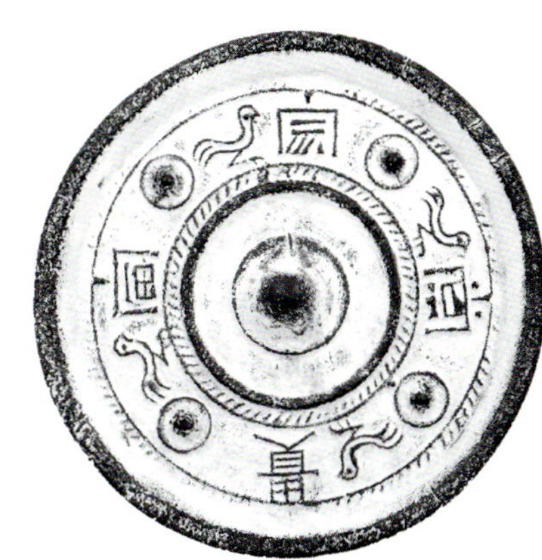

西汉中晚期

永流墓地金鼎绿城三期工地 M168 出土

直径 7.7 厘米，厚 0.1 ~ 0.5 厘米

圆纽，圆纽座，座外一周凸圈带。两短斜线纹间饰四枚圆座乳丁，乳丁之间各有一只奔跑的小鸟和四字铭文，铭文为『家常贵富』。窄素缘。

299

家常富贵铭文镜

西汉中晚期

西关南墓地临淄中学工地 M108 出土

直径 7.8 厘米，厚 0.1 ~ 0.5 厘米

圆纽，圆纽座，座外一周凸圈带。两短斜线纹间饰四枚圆座乳丁，乳丁之间有两只相对奔跑的小鸟和四字铭文，铭文为『家常富贵』。窄素缘。

300

家常富贵铭文镜

西汉中晚期

刘家墓地棕榈城三期工地 M300 出土

直径 7.5 厘米，厚 0.2 ~ 0.4 厘米

圆纽，圆纽座，座外一周凸圈带。两短斜线纹间饰四枚圆座乳丁，乳丁之间四字铭文，铭文为『家常贵富』。宽素缘。

山东临淄战国汉代墓葬与出土铜镜研究

Ⅱ

Studies on the Bronze Mirrors Unearthed from the Burials of the Warring-States Period and Han Dynasty in Linzi, Shandong

淄博市临淄区文物管理局　编著

文物出版社

301

家常富贵铭文镜

西汉中晚期

范家墓地淄江花园方正 2009 工地 M2 出土

直径 8.8 厘米，厚 0.15 ~ 0.5 厘米

圆纽，圆纽座，座外一周凸圈带。两周短斜线纹间饰四枚圆座乳丁，乳丁之间各有一字铭文，铭文为『家常贵富』。宽素缘。

家常富贵铭文镜

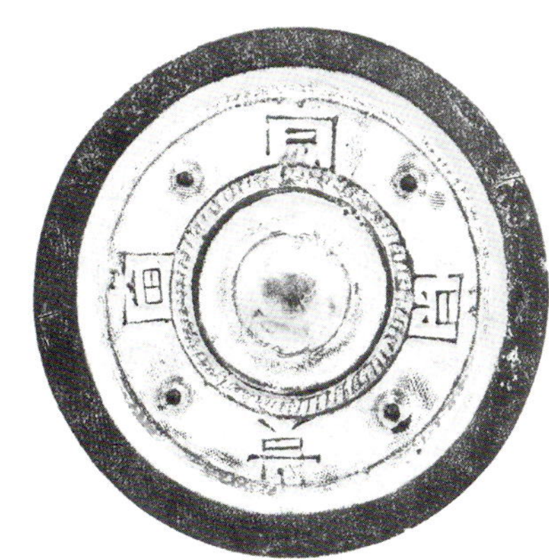

西汉中晚期

商王墓地齐银北区工地 M128 出土

直径 7.6 厘米，厚 0.1 ~ 0.4 厘米

圆纽，圆纽座，座外一周弦纹圈带。两周短斜线纹间四枚圆座乳丁，乳丁之间各有一字铭文，铭文为『家常富贵』。宽素缘。

303

家常富贵铭文镜

西汉中晚期

相家墓地区技术监督局工地 M4 出土

直径 7.8 厘米，厚 0.1 ～ 0.4 厘米

圆纽，圆纽座，座外一周弦纹圈带。两周短斜线纹间四枚圆座乳丁，乳丁之间各有一字铭文，铭文为『家常富贵』。宽素缘。

304

家常富贵铭文镜

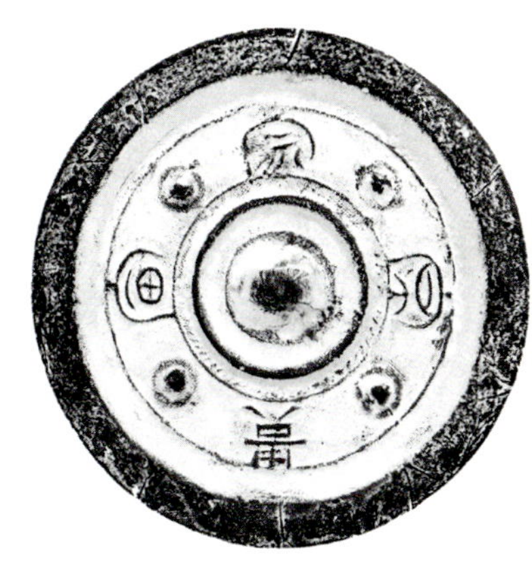

西汉中晚期

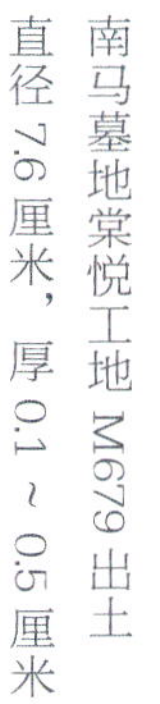

南马墓地棠悦工地 M679 出土

直径 7.6 厘米，厚 0.1 ~ 0.5 厘米

圆纽，圆纽座，座外一周弦纹圈带。两周短斜线纹间四枚圆座乳丁，乳丁之间各有一字铭文，铭文为『家常富贵』。宽素缘。

305

家常富贵铭文镜

西汉中晚期

国家墓地新村工地 M61 出土

直径 6.5 厘米，厚 0.15 ~ 0.4 厘米

圆纽，圆纽座，座外一周弦纹圈带。两周短斜线纹间四枚圆座乳丁，乳丁之间各有一字铭文，铭文为『家常贵富』。窄素缘。

家常富贵铭文镜

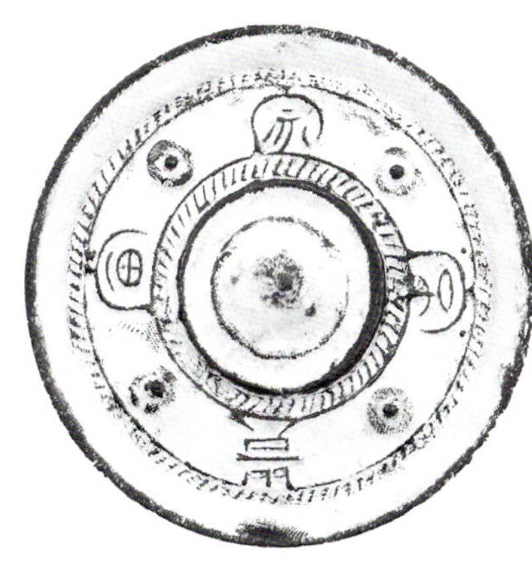

西汉中晚期

刘家墓地棕榈城二期工地 M74 出土

直径 6.7 厘米，厚 0.15 ~ 0.5 厘米

圆纽，圆纽座，座外一周弦纹圈带。两周短斜线纹间四枚圆座乳丁，乳丁之间各有一字铭文，铭文为『家常贵富』。窄素缘。

307

家常富贵铭文镜

西汉中晚期

刘家墓地棕榈城三期工地 M118 出土

直径 6.7 厘米，厚 0.1 ~ 0.4 厘米

圆纽，圆纽座，座外一周弦纹圈带。两周短斜线纹间四枚圆座乳丁，乳丁之间各有一字铭文，铭文为『家常贵富』。窄素缘。

家常富贵铭文镜

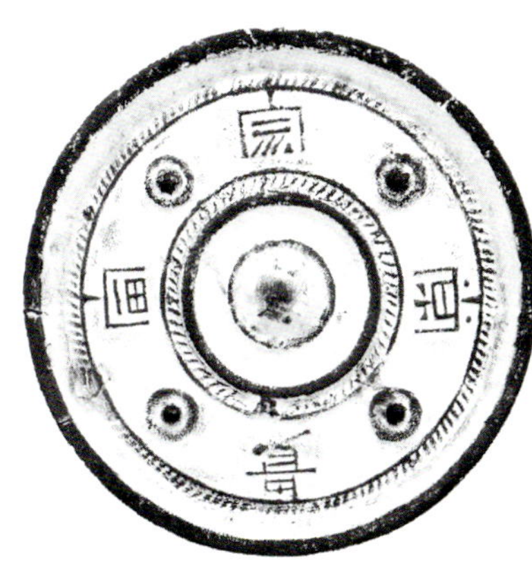

西汉中晚期

范家墓地淄江花园方正 2009 工地 M106 出土

直径 7.8 厘米，厚 0.1 ~ 0.6 厘米

圆纽，圆纽座，座外一周弦纹圈带。两周短斜线纹间四枚圆座乳丁，乳丁之间各有一字铭文，铭文为『家常贵富』。窄素缘。

家常富贵铭文镜

西汉中晚期

永流墓地金鼎绿城三期工地 M654 出土

直径 6.8 厘米，厚 0.1 ~ 0.4 厘米

圆纽，圆纽座，座外一周弦纹圈带。两周短斜线纹间四枚圆座乳丁，乳丁之间各有一字铭文，铭文为『家常贵富』。窄素缘。

家常富贵铭文镜

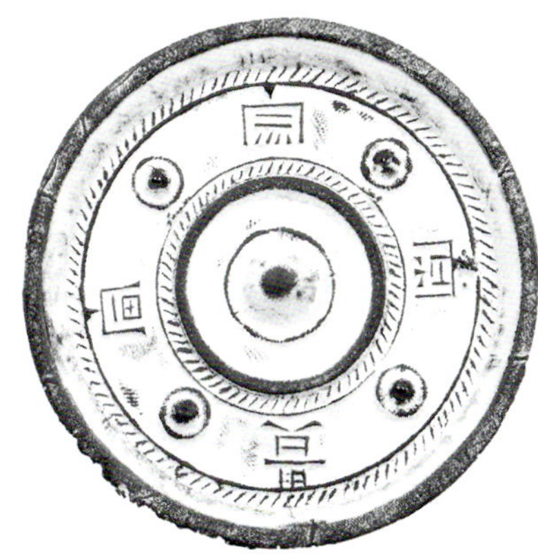

西汉中晚期

南马墓地棠悦工地 M938 出土

直径 6.8 厘米，厚 0.15 ~ 0.5 厘米

圆纽，圆纽座，座外一周弦纹圈带。两周短斜线纹间四枚圆座乳丁，乳丁之间各有一字铭文，铭文为『家常贵富』。窄素缘。

311

家常富贵铭文镜

西汉中晚期

单家墓地方正尚城工地 M16 出土

直径 6.8 厘米，厚 0.1 ~ 0.5 厘米

圆纽，圆纽座，座外一周弦纹圈带。两周短斜线纹间四枚圆座乳丁，乳丁之间各有一字铭文，铭文为『家常贵富』。窄素缘。

日光铭文镜

西汉中晚期

永流墓地金鼎绿城 M334 出土

直径 9.1 厘米，厚 0.2 ~ 0.4 厘米

圆纽，圆纽座，座外两周短线纹之间为铭文带，字间用『e』符号相隔，铭文为『日月心……』。宽素缘。

313

日光铭文镜

西汉中晚期

商王墓地盛世豪庭工地 M70 出土

直径 7.2 厘米，厚 0.2 ~ 0.35 厘米

圆纽，圆纽座。座外两周短斜线纹间为铭文带，字间用『e』符号相隔，铭文为『内日月心勿而不泄』。宽素缘。

日光铭文镜

西汉中晚期

张家墓地方正太公苑工地 M9 出土

直径 6.5 厘米，厚 0.15 ~ 0.25 厘米

圆纽，圆纽座。座外两周短斜线纹间为铭文带，字间用『ℯ』符号相隔，铭文为『日月心勿夫』。窄素缘。

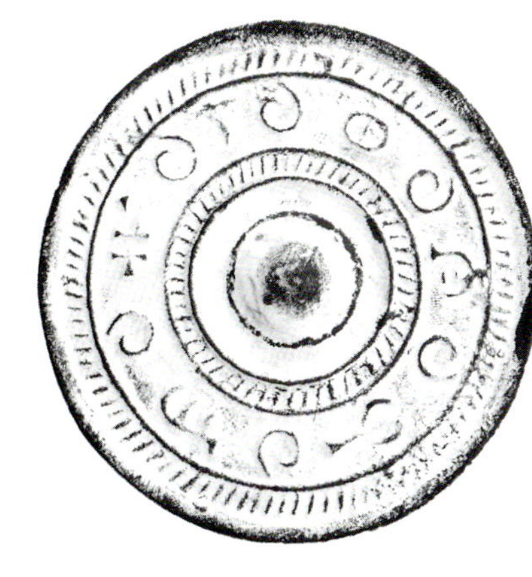

315

日光连弧铭文镜

西汉中晚期

南马墓地棠悦工地 M1047 出土

直径 15.7 厘米，厚 0.15 ~ 0.6 厘米

圆纽，并蒂连珠纹纽座，座外一周短斜线纹、凸圈带和内向八连弧纹。两周短斜线纹之间为铭文带，两字间用『e』符号相隔，铭文为『日月心忽夫毋之忠行长□毋勿相忘』。窄素缘。

316

日光连弧铭文镜

西汉中晚期

南马墓地新村工地 M134 出土

直径 13.7 厘米，厚 0.15 ~ 0.4 厘米

纽残，并蒂连珠纹纽座，座外一周细弦纹、凸圈带和内向八连弧纹。两周短斜线纹之间为铭文带，铭文为『日月心忽而□扬毋□□忠之长日雍相毋忘□塞而不泄』。宽素缘。

317

日光连弧铭文镜

西汉中晚期

永流墓地金鼎绿城二期工地采集

直径 12.3 厘米，厚 0.2 ~ 0.6 厘米

圆纽，并蒂连珠纹纽座，座外一周凸圈带和内向八连弧纹。两周短斜线纹之间为铭文带，两字间用『ⓔ』符号相隔，铭文为『日月心忽夫毋之忠行长勿相忘』。窄素缘。

318

日光连弧铭文镜

西汉中晚期

南马墓地棠悦工地 M937 出土

直径 10.8 厘米，厚 0.2～0.4 厘米

圆纽，圆纽座，座外一周凸圈带和内向八连弧纹。两周短斜线纹之间为铭文带，两字间用『ℯ』符号相隔，铭文为『见之日月□心忽日夫扬忠见长毋不泄』。窄素缘。

319

日光连弧铭文镜

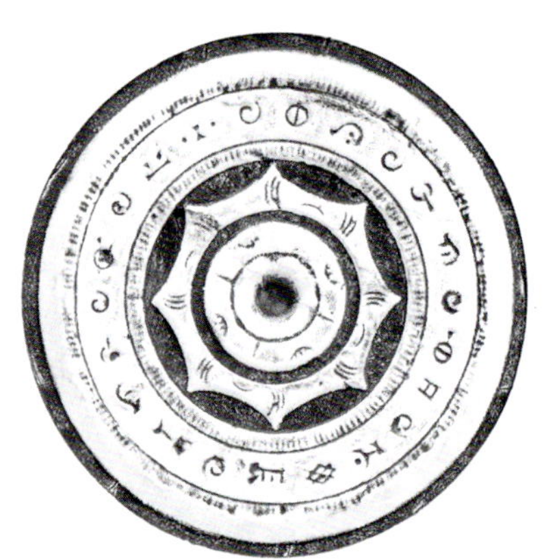

西汉中晚期

国家墓地齐兴花园工地 M15 出土

直径 10.6 厘米，厚 0.2 ~ 0.5 厘米

圆纽，圆纽座，座外一周凸圈带和内向八连弧纹。两周短斜线纹之间为铭文带，字间用『ə』符号相隔，铭文为『日月心勿见日心毋长之勿心见相』。窄素缘。

日光连弧铭文镜

西汉中晚期

西关南墓地临淄中学工地 M86 出土

直径 10.3 厘米，厚 0.1 ~ 0.25 厘米

圆纽，圆纽座，座外一周凸圈带和内向八连弧纹。两周细凸弦纹之间为铭文带，字间用『ℯ』符号相隔，铭文为『日月心勿而毋忠见毋勿长日相』。窄素缘。

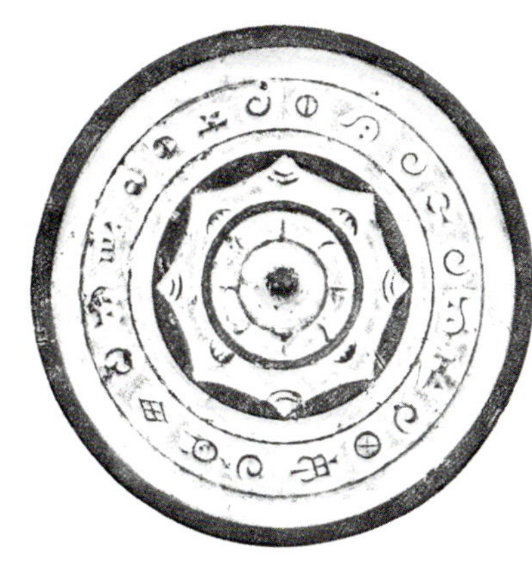

321

日光连弧铭文镜

西汉中晚期

徐家墓地凤凰城二期工地 M163 出土

直径 10.3 厘米，厚 0.15 ~ 0.5 厘米

圆纽，圆纽座，座外一周凸圈带和内向八连弧纹。两周短斜线纹之间为铭文带，字间用『ℯ』符号相隔，铭文为『日月心勿夫之忠毋勿忘』。窄素缘。

322

日光连弧铭文镜

西汉中晚期

南马墓地棠悦工地 M18 出土

直径 10.2 厘米，厚 0.2～0.6 厘米

圆纽，圆纽座，座外一周凸圈带和内向八连弧纹。两周短斜线纹之间为铭文带，字间用『 ℮ 』符号相隔，铭文为『日月心忽夫之忠勿相忘』。窄素缘。

323

日光连弧铭文镜

西汉中晚期

范家墓地淄江花园D组团工地M127出土

直径10.5厘米，厚0.15～0.3厘米

圆纽，圆纽座，座外一周凸圈带和内向八连弧纹。两周短斜线纹之间为铭文带，字间用『ｅ』符号相隔，铭文为『日月心勿见之毋见日勿心长塞相』。窄素缘。

324

日光连弧铭文镜

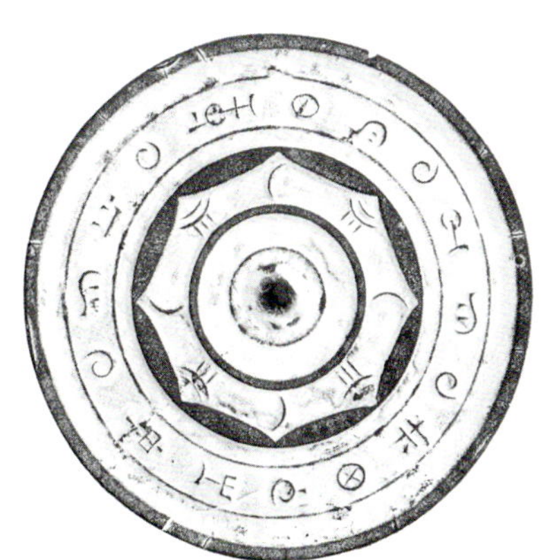

西汉中晚期

国家墓地齐兴花园二期工地 M72 出土

直径 10 厘米，厚 0.15 ~ 0.3 厘米

圆纽，圆纽座，座外一周凸圈带和内向八连弧纹。两周细凸弦纹之间为铭文带，字间用『e』符号相隔，铭文为『日月心勿夫毋之忠勿相忘』。窄素缘。

325

日光连弧铭文镜

西汉中晚期

范家墓地淄江花园 J 组团工地 M330 出土

直径 10 厘米，厚 0.2 ~ 0.35 厘米

圆纽，圆纽座，座外一周凸圈带和内向八连弧纹。两周细凸弦纹之间为铭文带，字间用『 e 』符号相隔，铭文为『日月心勿夫毋之忠勿相忘』。窄素缘。

日光连弧铭文镜

西汉中晚期

东高墓地齐福园工地 M54 出土

直径 10 厘米，厚 0.1 ~ 0.3 厘米

圆纽，圆纽座，座外一周凸圈带和内向八连弧纹。两周细凸弦纹之间为铭文带，字间用『 ℮ 』符号相隔，铭文为『日月心勿夫毋之忠□长勿相忘』。窄素缘。

327

日光连弧铭文镜

西汉中晚期

商王墓地盛世豪庭工地 M233 出土

直径 10 厘米，厚 0.2 ~ 0.5 厘米

圆纽，圆纽座，座外一周凸圈带和内向八连弧纹。两周细短斜线之间为铭文带，字间用『ℯ』符号相隔，铭文为『日月心忽夫毋之忠勿相』。窄素缘。

日光连弧铭文镜

西汉中晚期

永流墓地金鼎绿城三期工地 M434 出土

直径 10 厘米，厚 0.1 ~ 0.3 厘米

圆纽，圆纽座，座外一周凸圈带和内向八连弧纹。两周细凸弦纹之间为铭文带，字间用『℮』符号相隔，铭文为『日月心勿夫毋之忠□长勿相』。窄素缘。

329

日光连弧铭文镜

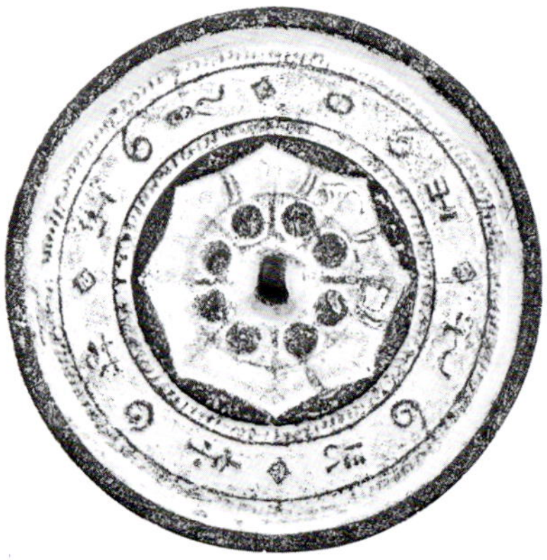

西汉中晚期

南马墓地新村二期工地 M214 出土

直径 9.4 厘米，厚 0.2 ~ 0.5 厘米

圆纽，并蒂连珠纹纽座，座外一周细凸弦纹和内向八连弧纹。两周短斜线纹之间为铭文带，字间用『⊗、ℯ』符号相隔，铭文为『见日之光长不相忘』。窄素缘。

日光连弧铭文镜

西汉中晚期

永流墓地金鼎绿城三期工地 M612 出土

直径 9.3 厘米，厚 0.15 ~ 0.35 厘米

圆纽，圆纽座，座外一周细凸弦纹和内向八连弧纹。两周短斜线纹间为铭文带，铭文为『日月心忽而扬忠然雍塞而不泄』。宽素缘。

331

日光连弧铭文镜

西汉中晚期

西关南墓地临淄中学工地 M216 出土

直径 8.2 厘米，厚 0.15 ~ 0.4 厘米

圆纽，圆纽座，座外一周凸弦纹和内向八连弧纹。两周短斜线纹之间为铭文带，字间用『℮』符号相隔，铭文为『见日夫日月忽长忠』。窄素缘。

日光连弧铭文镜

西汉中晚期

东孙墓地博物院工地 M235 出土

直径 8 厘米，厚 0.2 ~ 0.5 厘米

圆纽，圆纽座，座外一周细凸弦纹和内向八连弧纹。两周短斜线纹之间为铭文带，字间用『ᘓ』符号相隔，铭文为『日月心勿而毋之忠毋日勿相』。窄素缘。

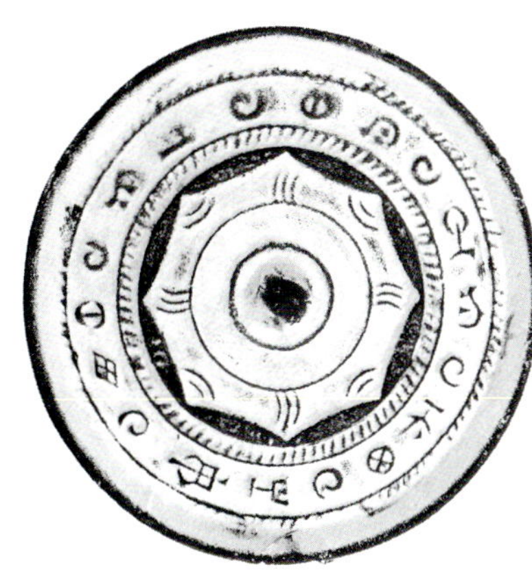

333

日光连弧铭文镜

西汉中晚期

南马墓地棠悦工地 M652 出土

直径 8.1 厘米，厚 0.2 ~ 0.5 厘米

圆纽，圆纽座，座外一周细凸弦纹和内向八连弧纹。两周短斜线纹之间为铭文带，字间用『e』符号相隔，铭文为『日月心勿而毋见毋长日日见』。窄素缘。

日光连弧铭文镜

西汉中晚期
南马墓地棠悦工地 M471 出土
直径 8.1 厘米，厚 0.2 ~ 0.5 厘米

圆纽，圆纽座，座外一周内向八连弧纹，其间均匀分布八个『e』符号。两周短斜线纹之间为铭文带，字间用『e』符号相隔，铭文为『见日之光长毋相忘』。宽素缘。

335

日光连弧铭文镜

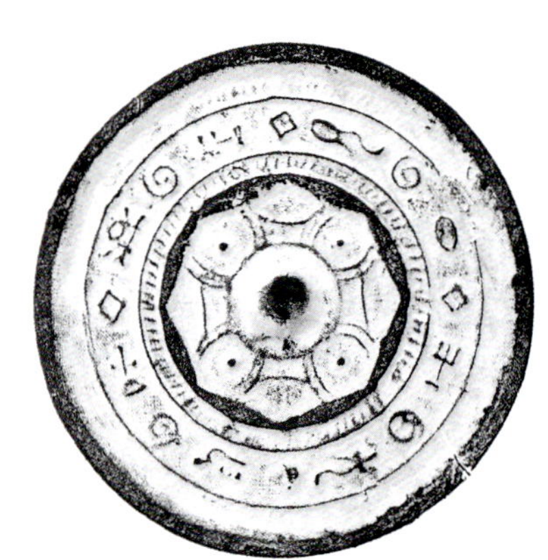

西汉中晚期

范家墓地淄江花园D组团工地M435出土

直径7.6厘米，厚0.15～0.3厘米

圆纽，圆纽座，座外一周内向八连弧纹，从座内伸出四组弧形复线，并用单线相连接。两周短斜线纹之间为铭文带，字间用『⊗、ℯ』符号相隔，铭文为『见日之光长不相忘』。窄素缘。

336

日光连弧铭文镜

西汉中晚期

永流墓地泰东城住宅区工地 M101 出土

直径 7.8 厘米，厚 0.25 ~ 0.5 厘米

圆纽，圆纽座，座外一周内向八连弧纹，从座内伸出四组相间的短弧线和『e』符号。两周短斜线纹之间为铭文带，字间用『⊗、e』符号相隔，铭文为『见日之光长不相忘』。窄素缘。

337

日光连弧铭文镜

西汉中晚期

范家墓地淄江花园太公小学工地 M156 出土

直径 8.3 厘米，厚 0.15 ~ 0.35 厘米

圆纽，圆纽座，座外一周内向八连弧纹。两周短斜线纹之间为铭文带，字间用『e』符号相隔，铭文为『见日之光长毋相忘』。宽素缘。

日光连弧铭文镜

西汉中晚期

范家墓地淄江花园D组团工地 M265 出土

直径 8.5 厘米，厚 0.2 ~ 0.6 厘米

圆纽，圆纽座，座外一周凸圈带和内向八连弧纹。两周短斜线纹之间为铭文带，铭文为『见之光日月心忽而忠然雍塞而不相忘』。窄素缘。

339

日光连弧铭文镜

西汉中晚期

永流墓地金鼎绿城三期工地 M1006 出土

直径 8.5 厘米，厚 0.15 ~ 0.35 厘米

圆纽，圆纽座，座外一周内向八连弧纹。两周短斜线纹之间为铭文带，字间用『e』符号相隔，铭文为『见长毋相忘久不相见』。宽素缘。

日光连弧铭文镜

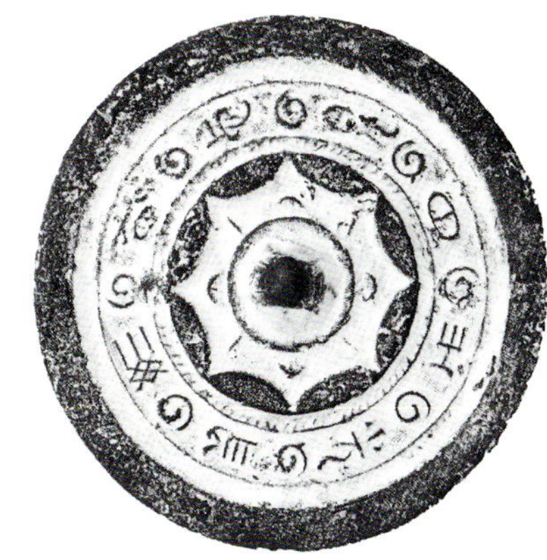

西汉中晚期

西关南墓地临淄中学工地 M33 出土

直径 8 厘米，厚 0.15 ~ 0.3 厘米

圆纽，圆纽座，座外一周内向八连弧纹。两周短斜线纹之间为铭文带，字间用『 e 』符号相隔，铭文为『见日之光长毋相忘』。宽素缘。

341

日光连弧铭文镜

西汉中晚期

石鼓墓地天齐北工地 M13 出土

直径 7.8 厘米，厚 0.15 ~ 0.3 厘米

圆纽，圆纽座，座外一周内向八连弧纹。两周细凸弦纹之间为铭文带，字间用『ℯ』符号相隔，铭文为『内日月心忽而不泄』。宽素缘。

342

日光连弧铭文镜

西汉中晚期

范家墓地淄江花园D组团工地M189出土

直径7.7厘米，厚0.2～0.6厘米

圆纽，圆纽座，座外一周细凸弦纹和内向八连弧纹。两周短斜线纹之间为铭文带，字间用『ᘓ』符号相隔，铭文为『日月心勿夫毋勿相』。窄素缘。

343

日光连弧铭文镜

西汉中晚期

南马墓地棠悦工地 M750 出土

直径 7.5 厘米，厚 0.15 ~ 0.4 厘米

圆纽，圆纽座，座外一周细凸弦纹和内向八连弧纹。两周短斜线纹之间为铭文带，字间用『e』符号相隔，铭文为『日月心勿夫毋之忠勿相忘』。窄素缘。

344

日光连弧铭文镜

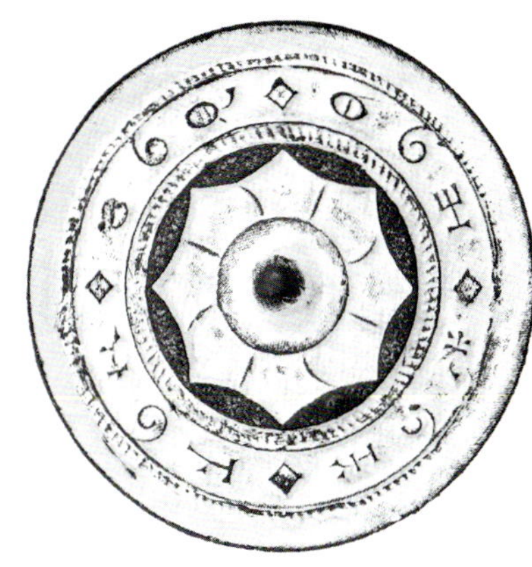

西汉中晚期

徐家墓地凤凰城工地 M12 出土

直径 7.5 厘米，厚 0.15 ~ 0.4 厘米

圆纽，圆纽座，座外一周内向八连弧纹。两周短斜线纹之间为铭文带，字间用『⊗、ᘓ』符号相隔，铭文为『见日之光天下大明』。窄素缘，缘边上卷。

345

日光连弧铭文镜

西汉中晚期

徐家墓地凤凰城三期工地 M290 出土

直径 7.7 厘米，厚 0.2 ~ 0.5 厘米

圆纽，圆纽座，座外一周内向八连弧纹。两周短斜线纹之间为铭文带，字间用『⊞、ᘓ』符号相隔，铭文为『见日之光天下大明』。窄素缘，缘边上卷。

日光连弧铭文镜

西汉中晚期

南马墓地棠悦工地 M17 出土

直径 8.3 厘米，厚 0.2 ~ 0.6 厘米

圆纽，圆纽座，座外一周内向八连弧纹。两周短斜线纹之间为铭文带，字间用『❖、e』符号相隔，铭文为『见日之光天下大明』。宽素缘。

347

日光连弧铭文镜

西汉中晚期

徐家墓地凤凰城四期工地 M11 出土

直径 8.2 厘米，厚 0.3 ~ 0.5 厘米

圆纽，圆纽座，座外一周内向八连弧纹。两周短斜线纹之间为铭文带，字间用『⊗、ℯ』符号相隔，铭文为『见日之光天下大明』。宽素缘。

日光连弧铭文镜

西汉中晚期

商王墓地盛世豪庭工地 M217 出土

直径 8 厘米，厚 0.2 ~ 0.45 厘米

圆纽，圆纽座，座外一周内向八连弧纹。两周短斜线纹之间为铭文带，字间用『㊉、ㄹ』符号相隔，铭文为『见日之光天下大明』。宽素缘。

349

日光连弧铭文镜

西汉中晚期

永流墓地金鼎绿城三期工地 M712 出土

直径 8.1 厘米，厚 0.2 ~ 0.5 厘米

圆纽，圆纽座，座外一周内向八连弧纹。两周短斜线纹之间为铭文带，字间用『⊗、ℯ』符号相隔，铭文为『见日之光天下大明』。宽素缘。

350

日光连弧铭文镜

西汉中晚期

范家墓地淄江花园工地 M63 出土

直径 7.3 厘米，厚 0.1 ~ 0.3 厘米

圆纽，圆纽座，座外一周内向八连弧纹。两周短斜线纹之间为铭文带，字间用『⊗、ℯ』符号相隔，铭文为『见日之光下天大明』。素缘。

351

日光连弧铭文镜

西汉中晚期

南马墓地棠悦工地 M697 出土

直径 8 厘米，厚 0.2 ~ 0.4 厘米

圆纽，圆纽座，座外一周内向八连弧纹。两周短斜线纹之间为铭文带，字间用『ℯ』符号相隔，铭文为『见日之光长不相忘』。宽素缘。

352

日光连弧铭文镜

西汉中晚期

张家墓地金芃苑工地 M7 出土

直径 7 厘米，厚 0.15 ~ 0.4 厘米

圆纽，圆纽座，座外一周内向八连弧纹。两周短斜线纹之间为铭文带，字间用『๑』符号相隔，铭文为『见日之夫长不相忘』。窄素缘。

353

日光连弧铭文镜

西汉中晚期

刘家墓地棕榈城三期工地 M31 出土

直径 7.5 厘米，厚 0.1 ~ 0.3 厘米

圆纽，圆纽座，座外一周内向八连弧纹。细凸弦纹与短斜线纹之间为铭文带，字间用『⊗』符号相隔，铭文为『见日之光长毋相忘』。宽素缘。

354

日光连弧铭文镜

西汉中晚期

商王墓地盛世豪庭工地 M344 出土

直径 7.6 厘米，厚 0.2 ~ 0.6 厘米

圆纽，圆纽座，座外一周内向八连弧纹。两短斜线纹之间为铭文带，字间用『ɑ』符号相隔，铭文为『见日之光长毋相忘』。宽素缘。

355

日光连弧铭文镜

西汉中晚期

徐家墓地凤凰城西期工地 M58 出土

直径 8.3 厘米，厚 0.2 ~ 0.6 厘米

圆纽，圆纽座，座外一周内向八连弧纹。两短斜线纹之间为铭文带，字间用『※、e』符号相隔，铭文为『见日之光长不相忘』。宽素缘。

356

日光连弧铭文镜

西汉中晚期

赵家徐姚墓地中轩热电厂工地 M17 出土

直径 7.3 厘米，厚 0.15 ~ 0.4 厘米

圆纽，圆纽座，座外一周内向八连弧纹。两短斜线纹之间为铭文带，字间用『⊗、ᘓ』符号相隔，铭文为『见日之光天下大明』。宽素缘。

357

日光连弧铭文镜

西汉中晚期

西关南墓地临淄中学工地 M242 出土

直径 7.6 厘米，厚 0.2 ~ 0.5 厘米

圆纽，圆纽座，座外一周细凸弦纹和内向八连弧纹。两短斜线纹之间为铭文带，字间用『e』符号相隔，铭文为『日月心勿夫毋之忠勿相忘』。窄素缘。

358

日光连弧铭文镜

西汉中晚期

刘家墓地棕榈城三期工地 M144 出土

直径 7.6 厘米，厚 0.2 ~ 0.5 厘米

圆纽，圆纽座，座外一周细凸弦纹和内向八连弧纹。两短斜线纹之间为铭文带，字间用『e』符号相隔，铭文为『日月心忽夫毋勿相忘』。窄素缘。

359

日光连弧铭文镜

西汉中晚期

永流墓地泰东城住宅区工地 M272 出土

直径 7.5 厘米，厚 0.2 ~ 0.5 厘米

圆纽，圆纽座，座外一周细凸弦纹和内向八连弧纹。两短斜线纹之间为铭文带，字间用『e』符号相隔，铭文为『日月心忽夫毋勿相忘』。窄素缘。

360

日光连弧铭文镜

西汉中晚期

石鼓墓地光明二期工地 M31 出土

直径 7.6 厘米，厚 0.1 ~ 0.25 厘米

圆纽，圆纽座，座外一周内向八连弧纹。两细凸弦纹之间为铭文带，字间用『e』符号相隔，铭文为『见日之光长毋相忘』。宽素缘。

361

日光连弧铭文镜

西汉中晚期

南马墓地棠悦工地 M1249 出土

直径 7.2 厘米，厚 0.1 ~ 0.3 厘米

圆纽，圆纽座，座外一周内向八连弧纹和短线纹，其间为铭文带，字间用『⊗、ℯ』符号相隔，铭文为『见日之光长毋相忘』。宽素缘。

日光连弧铭文镜

西汉中晚期

永流墓地金鼎绿城三期工地 M438 出土

直径 7.3 厘米，厚 0.2 ~ 0.4 厘米

圆纽，圆纽座，座外内向八连弧纹。两周短斜线纹间为铭文带，字间用『⊠、e』符号相隔，铭文为『见日之光长不相忘』。窄素缘。

363

日光连弧铭文镜

西汉中晚期

永流墓地金鼎绿城三期工地 M613 出土

直径 7.2 厘米，厚 0.2 ~ 0.45 厘米

圆纽，圆纽座，座外内向八连弧纹。两周短斜线纹间为铭文带，字间用『⊗、ᘓ』符号相隔，铭文为『见日之光天下大明』。窄素缘。

日光连弧铭文镜

西汉中晚期

永流墓地金鼎绿城三期工地 M379 出土

直径 7 厘米，厚 0.1 ~ 0.3 厘米

圆纽，圆纽座，座外内向八连弧纹。两周短斜线纹间为铭文带，字间用『ᘓ』符号相隔，铭文为『见日之光长毋相忘』。窄素缘。

365

日光连弧铭文镜

西汉中晚期

西关南墓地临淄中学工地 M276 出土

直径 7.2 厘米，厚 0.2 ~ 0.5 厘米

圆纽，并蒂十二连珠纹纽座，座外内向八连弧纹。两周短斜线纹间为铭文带，字间用『⊕、ℯ』符号相隔，铭文为『见日之光天下大明』。窄素缘。

366

日光连弧铭文镜

西汉中晚期

永流墓地金鼎绿城三期工地 M1091 出土

直径 7.1 厘米，厚 0.2 ~ 0.4 厘米

圆纽，圆纽座，座外内向八连弧纹。两周短斜线纹间为铭文带，字间用『ℯ』符号相隔，铭文为『日月心忽而扬忠然』。宽素缘。

367

日光连弧铭文镜

西汉中晚期

商王墓地盛世豪庭工地 M34 出土

直径 7 厘米，厚 0.15 ~ 0.3 厘米

圆纽，圆纽座，座外内向八连弧纹。两周短斜线纹间为铭文带，字间用『e』符号相隔，铭文为『见日之光长不相忘』。窄素缘。

日光连弧铭文镜

西汉中晚期

范家墓地新村工地 M49 出土

直径 7.2 厘米，厚 0.1 ~ 0.3 厘米

圆纽，圆纽座，座外内向八连弧纹。两周短斜线纹间为铭文带，字间用『e』符号相隔，铭文为『日月心勿夫毋勿』。宽素缘。

369

日光连弧铭文镜

西汉中晚期

临淄北部排污管线工地 M6 出土

直径 6.8 厘米，厚 0.1 ~ 0.3 厘米

圆纽，圆纽座，座外内向八连弧纹。两周短斜线纹间为铭文带，字间用『e』符号相隔，铭文为『见日月心勿长毋相』。窄素缘。

370

日光连弧铭文镜

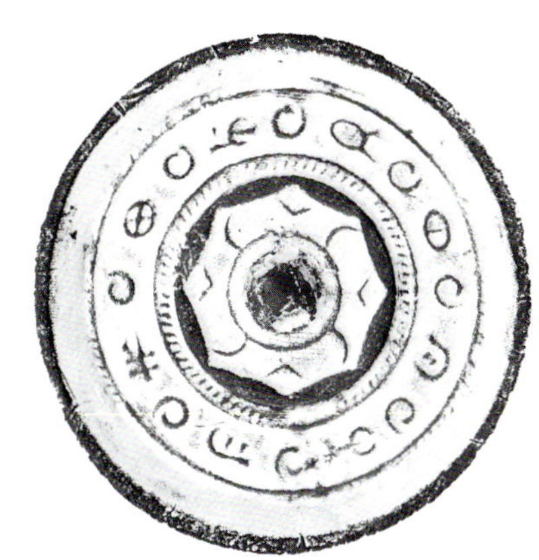

西汉中晚期

范家墓地淄江花园 J 组团工地 M192 出土

直径 6.7 厘米，厚 0.2 ~ 0.5 厘米

圆纽，圆纽座，座外内向八连弧纹。两周短斜线纹间为铭文带，字间用『e』符号相隔，铭文为『见日月心勿夫毋忘』。窄素缘。

371

日光连弧铭文镜

西汉中晚期

永流墓地金鼎绿城三期工地 M903 出土

直径 6.7 厘米，厚 0.15 ~ 0.3 厘米

圆纽，圆纽座，座外内向八连弧纹。两周短斜线纹间为铭文带，字间用『e』符号相隔，铭文为『见日月心勿夫毋相』。窄素缘。

372

日光连弧铭文镜

西汉中晚期

范家墓地淄江花园峰尚国际工地 M56 出土

直径 6.8 厘米，厚 0.2 ~ 0.5 厘米

圆纽，圆纽座，座外内向八连弧纹。两周短斜线纹间为铭文带，字间用『ｅ』符号相隔，铭文为『见日月心勿夫毋忘』。窄素缘。

373

日光连弧铭文镜

西汉中晚期

张家墓地方正太公苑工地 M18出土

直径6.7厘米，厚0.1～0.3厘米

圆纽，圆纽座，座外内向八连弧纹。两周短斜线纹间为铭文带，字间用『e』符号相隔，铭文为『见日月心勿夫毋相』。窄素缘。

日光连弧铭文镜

西汉中晚期

刘家墓地棕榈城工地 M185 出土

直径 6.8 厘米，厚 0.2 ~ 0.5 厘米

圆纽，圆纽座，座外内向八连弧纹。两周短斜线纹间为铭文带，字间用『e』符号相隔，铭文为『见日月心勿夫毋忘』。窄素缘。

375

日光连弧铭文镜

西汉中晚期

永流墓地金鼎绿城三期工地 M468 出土

直径 7.5 厘米，厚 0.2 ~ 0.5 厘米

圆纽，圆纽座，座外内向八连弧纹。两周短斜线纹间为铭文带，字间用『e』符号相隔，铭文为『日月心忽夫毋勿相』。宽素缘。

日光连弧铭文镜

西汉中晚期

刘家墓地棕榈城二期工地 M2 出土

直径 7.4 厘米，厚 0.2 ~ 0.4 厘米

圆纽，圆纽座，座外内向八连弧纹。两周短斜线纹间为铭文带，字间用『e』符号相隔，铭文为『日月心勿夫毋』。宽素缘。

377

日光连弧铭文镜

西汉中晚期

刘家墓地棕榈城三期工地 M91 出土

直径 7.4 厘米，厚 0.1 ~ 0.4 厘米

圆纽，圆纽座，座外内向八连弧纹。两周短斜线纹间为铭文带，字间用『e』符号相隔，铭文为『日月心勿夫毋勿忘』。宽素缘。

日光连弧铭文镜

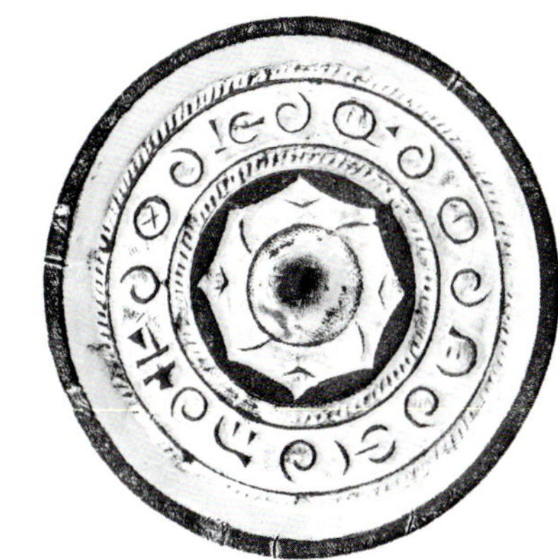

西汉中晚期

永流墓地新村工地 M69 出土

直径 6.8 厘米，厚 0.2 ~ 0.45 厘米

圆纽，圆纽座，座外内向八连弧纹。两周短斜线纹间为铭文带，字间用『e』符号相隔，铭文为『见日月心勿夫毋忘』。窄素缘。

日光连弧铭文镜

西汉中晚期

徐家墓地方正凤凰城四期工地 M69 出土

直径 6.8 厘米，厚 0.1 ~ 0.3 厘米

圆纽，圆纽座，座外内向八连弧纹。两周短斜线纹间为铭文带，字间用『e』符号相隔，铭文为『见日月心勿夫毋相』。窄素缘。

380

日光连弧铭文镜

西汉中晚期

西高墓地新村C组团工地M3出土

直径6.8厘米，厚0.1～0.3厘米

圆纽，圆纽座，座外内向八连弧纹。两周短斜线纹间为铭文带，字间用『e』符号相隔，铭文为『见日月心勿夫毋相』。窄素缘。

381

日光连弧铭文镜

西汉中晚期

徐家墓地方正凤凰城工地 M146 出土

直径 6.9 厘米，厚 0.15 ~ 0.3 厘米

圆纽，圆纽座，座外内向八连弧纹。两周短斜线纹间为铭文带，字间用『e』符号相隔，铭文为『见日月心勿夫毋相』。窄素缘。

日光连弧铭文镜

西汉中晚期

范家墓地淄江花园 K 组团工地 M354 出土

直径 6.8 厘米，厚 0.1 ~ 0.2 厘米

圆纽，圆纽座，座外内向八连弧纹。两周短斜线纹间为铭文带，字间用『e』符号相隔，铭文为『见日月勿夫毋相』。窄素缘。

383

日光连弧铭文镜

西汉中晚期

南马墓地棠悦工地 M603 出土

直径 6.5 厘米，厚 0.1 ~ 0.2 厘米

圆纽，圆纽座，座外内向八连弧纹。两周短斜线纹间为铭文带，字间用『⊗、ℯ』符号相隔，铭文为『见日月之天下大明』。窄素缘。

384

日光连弧铭文镜

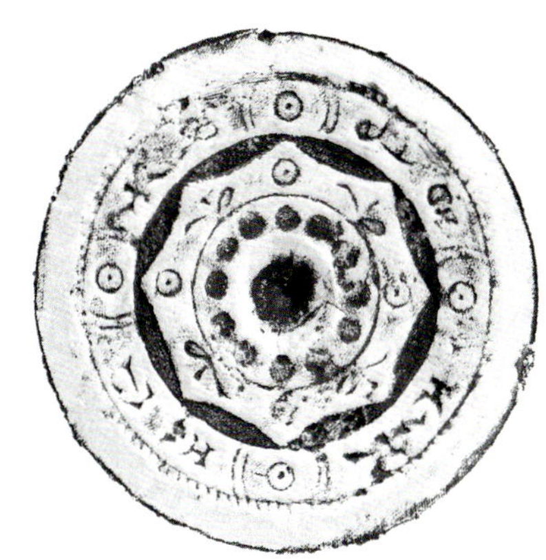

西汉中晚期

永流墓地金鼎绿城二期工地 M649 出土

直径 6.4 厘米，厚 0.1 ~ 0.4 厘米

圆纽，圆纽座，座外各一周十二连珠纹、细凸弦纹和内向八连弧纹。连弧纹与短斜线纹间为铭文带，字用双弧短线间圆座小乳丁相隔，铭文为『见日月之天下大明』。窄素卷缘。

385

日光连弧铭文镜

西汉中晚期

徐家墓地三星怡水工地 M34 出土

直径 6 厘米，厚 0.15～0.3 厘米

圆纽，圆纽座，座外内向八连弧纹。两短斜线纹间为铭文带，字间用『e』符号相隔，铭文为『见日之光长毋相忘』。窄素缘。

日光连弧铭文镜

西汉中晚期

徐家墓地方正凤凰城四期工地 M325 出土

直径 5.6 厘米，厚 0.15 ~ 0.3 厘米

圆纽，圆纽座，座外内向八连弧纹。两短斜线纹间为铭文带，字间用『e』符号相隔，铭文为『见日月心勿夫毋忘』。窄素缘。

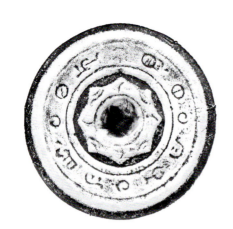

387

日光连弧铭文镜

西汉中晚期

永流墓地金鼎绿城三期工地 M417 出土

直径 6 厘米，厚 0.15 ~ 0.3 厘米

圆纽，圆纽座，座外内向八连弧纹。两短斜线纹间为铭文带，字间用「e」符号相隔，铭文为「见日月心勿长毋忘」。窄素缘。

388

日光连弧铭文镜

西汉中晚期

商王墓地齐银水泥厂工地 M16 出土

直径 5.8 厘米，厚 0.1 ~ 0.3 厘米

圆纽，圆纽座，座外内向八连弧纹。连弧纹与短斜线纹间为铭文带，字间用『⊗』符号相隔，铭文为『见日之光不』。宽素缘。

389

日光连弧铭文镜

西汉中晚期

永流墓地金鼎绿城三期工地 M370 出土

直径 6.4 厘米，厚 0.15 ~ 0.4 厘米

圆纽，圆纽座，座外内向八连弧纹。两短斜线纹间为铭文带，字间用『◈』符号相隔，铭文为『见日之光长不而忘』。窄素缘。

390

日光连弧铭文镜

西汉中晚期

南马墓地棠悦工地 M482 出土

直径 6 厘米，厚 0.15 ~ 0.3 厘米

圆纽，圆纽座，座外内向八连弧纹。连弧纹与短斜线纹间为铭文带，字间用『⊗』符号相隔，铭文为『见日之光长不而忘』。窄素缘。

391

日光圈带铭文镜

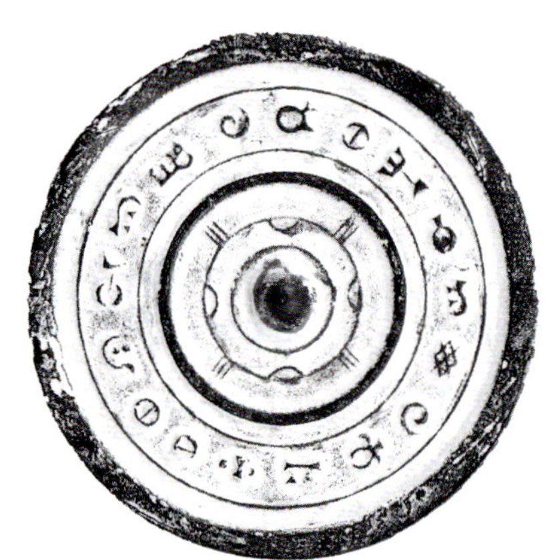

西汉中晚期

范家墓地淄江花园方正 2009 工地 M481 出土

直径 8.5 厘米，厚 0.15 ~ 0.3 厘米

圆纽，圆纽座，座外一周细凸弦纹和宽凸圈带。两周细弦纹间为铭文带，铭文为『见日之心勿毋□相日月心勿长』。窄素缘。

日光圈带铭文镜

西汉中晚期

范家墓地淄江花园 K 组团工地 M601 出土

直径 8 厘米，厚 0.15 ~ 0.25 厘米

圆纽，圆纽座，座外一周细凸弦纹和宽凸圈带。两周细弦纹间为铭文带，字间有「e」符号相隔，铭文为「日月心勿长毋夫毋日勿相」。窄素缘。

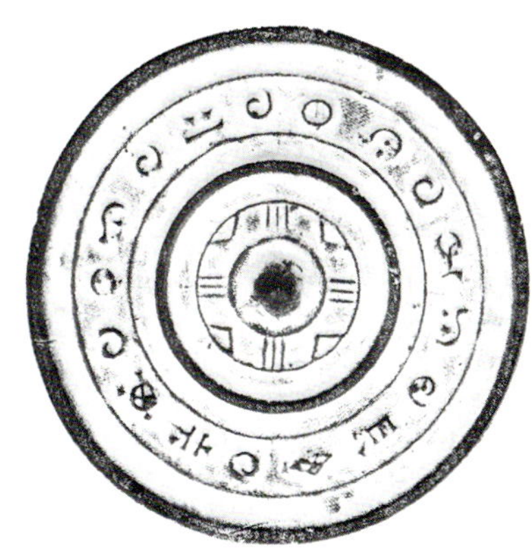

393

日光圈带铭文镜

西汉中晚期

范家墓地淄江花园D组团工地M368出土

直径7.8厘米，厚0.15～0.5厘米

圆纽，圆纽座，座外一周宽凸圈带。两周短斜线纹间为铭文带，字间有『e』符号相隔，铭文为『日月心忽夫毋勿□』。宽素缘。

日光圈带铭文镜

西汉中晚期

范家墓地淄江花园北二区工地 M87 出土

直径 8 厘米，厚 0.1 ~ 0.3 厘米

圆纽，圆纽座，座外一周弧边宽十字纹和凸圈带。两周细弦纹间为铭文带，字间用『ℯ』符号相隔，铭文为『日月心勿而忠毋长之日勿相』。窄素缘。

395

日光圈带铭文镜

西汉中晚期

南马墓地棠悦工地 M1126 出土

直径 7.8 厘米，厚 0.1 ~ 0.3 厘米

圆纽，圆纽座，座外一周细弦纹和宽凸圈带。两周细弦纹间为铭文带，字间用「e」符号相隔，铭文为「日月心勿夫毋勿相忘」。窄素缘。

396

日光圈带铭文镜

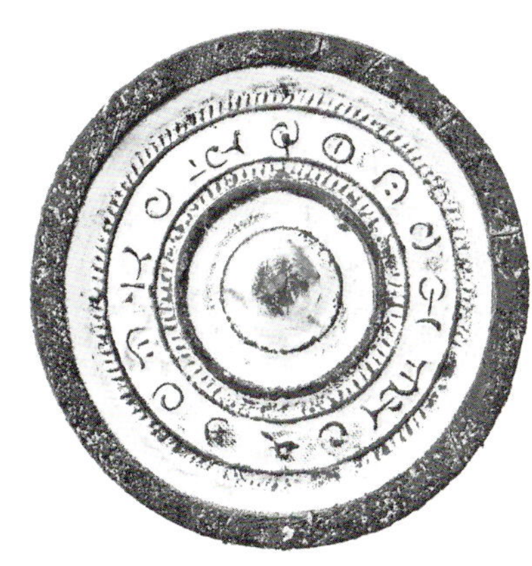

西汉中晚期

范家墓地淄江花园J组团工地M124出土

直径7.8厘米，厚0.2～0.5厘米

圆纽，圆纽座，座外一周宽凸圈带。两周短斜线纹间为铭文带，字间用『e』符号相隔，铭文为『日月心忽夫毋勿□忘』。宽素缘。

397

日光圈带铭文镜

西汉中晚期

徐家墓地方正凤凰城车库工地 M485 出土

直径 8 厘米，厚 0.1 ~ 0.25 厘米

圆纽，圆纽座，座外一周短斜线纹和宽凸圈带。两周细凸弦纹间为铭文带，字间用『e』符号相隔，铭文为『日月心勿夫毋忠勿长□日相』。窄素缘。

398

日光圈带铭文镜

西汉中晚期

范家墓地淄江花园太公小学工地 M95 出土

直径 7.8 厘米，厚 0.15 ~ 0.4 厘米

圆纽，圆纽座，座外一周宽凸圈带。两周短斜线纹间为铭文带，字间用『ℯ』符号相隔，铭文为『见日月心勿夫毋相忘』。宽素缘。

399

日光圈带铭文镜

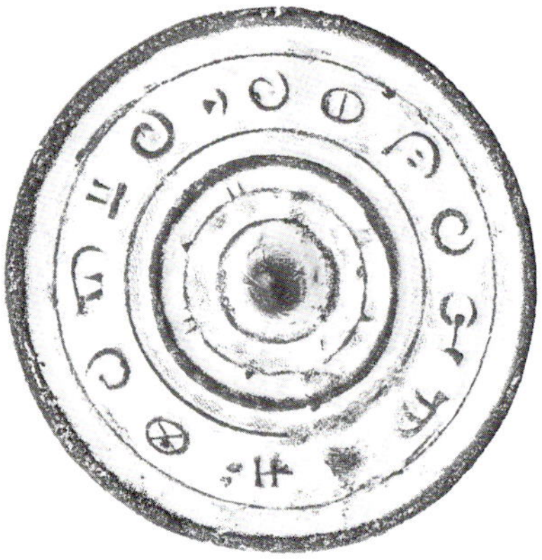

西汉中晚期

永流墓地金鼎绿城三期工地M715出土

直径7.5厘米，厚0.1～0.2厘米

圆纽，圆纽座，座外一周细弦纹和宽凸圈带。两周细弦纹间为铭文带，字间用『℮』符号相隔，铭文为『日月心勿夫毋勿相』。窄素缘。

400

日光圈带铭文镜

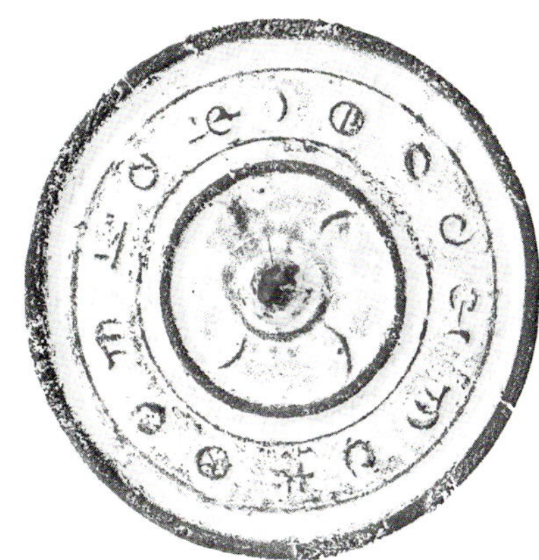

西汉中晚期

永流墓地金鼎绿城三期工地 M949 出土

直径 7.9 厘米，厚 0.15 ~ 0.3 厘米

圆纽，圆纽座，座外一周宽凸圈带。两周细弦纹间为铭文带，字间用『ℯ』符号相隔，铭文为『日月心勿夫毋勿相忘』。窄素缘。

401

日光圈带铭文镜

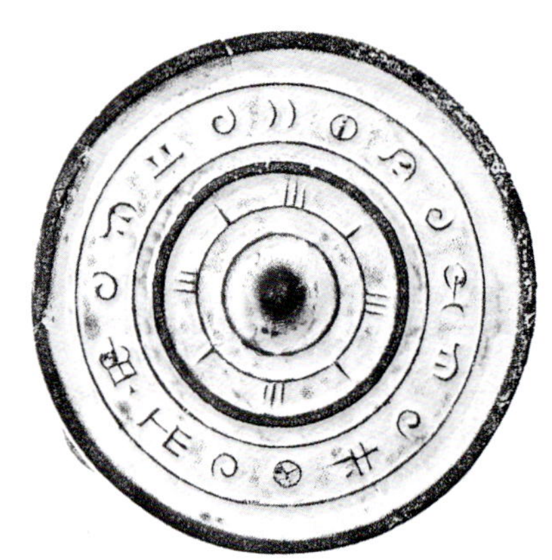

西汉中晚期

徐家墓地方正凤凰城工地 M22 出土

直径 8 厘米，厚 0.1 ~ 0.3 厘米

圆纽，圆纽座，座外一周细弦纹和宽凸圈带。两周细弦纹间为铭文带，字间用『e』符号相隔，铭文为『日月心勿夬毋之忠勿相』。窄素缘。

402

日光圈带铭文镜

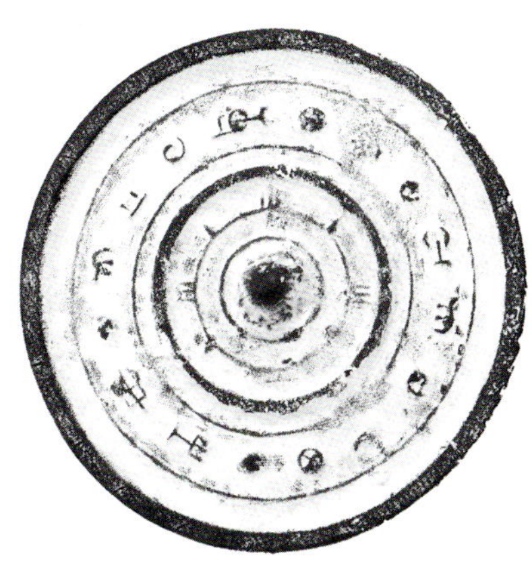

西汉中晚期

南马墓地翰林院工地 M321 出土

直径 7.8 厘米，厚 0.15 ~ 0.3 厘米

圆纽，圆纽座，座外一周细弦纹和宽凸圈带。两周细弦纹间为铭文带，字间用『e』符号相隔，铭文为『日月心勿夫毋之忠勿相忘』。窄素缘。

403

日光圈带铭文镜

西汉中晚期

南马墓地棠悦工地 M424 出土

直径 8.3 厘米，厚 0.25 ~ 0.4 厘米

圆纽，并蒂连珠纹纽座，座外宽凸圈带。两周细弦纹间为铭文带，字间用三短线相隔，铭文为『见日之光长毋相忘』。宽素缘。

日光圈带铭文镜

西汉中晚期

商王墓地盛世豪庭工地 M396 出土

直径 7 厘米，厚 0.2 ~ 0.4 厘米

圆纽，并蒂连珠纹纽座，座外宽凸圈带。圈带和短线纹间为铭文带，字间用『㊉、ℯ』符号相隔，铭文为『见日之光长不相忘』。宽素缘。

405

日光圈带铭文镜

西汉中晚期

南马墓地棠悦工地 M944 出土

直径 8 厘米，厚 0.15 ~ 0.5 厘米

圆纽，纽外一周短斜线纹和宽凸圈带。其外两周短斜线纹间为铭文带，字间用『⊗、ℯ』符号相隔，铭文为『见日之光天下大明』。窄素缘。

日光圈带铭文镜

西汉中晚期

永流墓地泰东城小义乌商品城工地 M300 出土

直径 7.7 厘米，厚 0.15 ~ 0.4 厘米

圆纽，圆纽座，座外一周宽凸圈带。其外两周短斜线纹间为铭文带，字间用『e』符号相隔，铭文为『见日心忽夫毋勿相忘』。宽素缘。

407

日光圈带铭文镜

西汉中晚期

范家墓地淄江花园北二区工地 M492 出土

直径 8 厘米，厚 0.2～0.5 厘米

圆纽，圆纽座，座外一周宽凸圈带。其外两周短斜线纹间为铭文带，字间用『⊗、ᘓ』符号相隔，铭文为『见日之光天下大明』。宽素缘。

408
日光圈带铭文镜

西汉中晚期
山王墓地恒光花园工地 M118 出土
直径 7.6 厘米，厚 0.1 ~ 0.25 厘米

连峰纽，纽外一周细凸弦纹和宽凸圈带。其外细凸弦纹与短斜线纹间为铭文带，字间用『e』符号相隔，铭文为『见日之光长毋相忘』。宽素缘。

409

日光圈带铭文镜

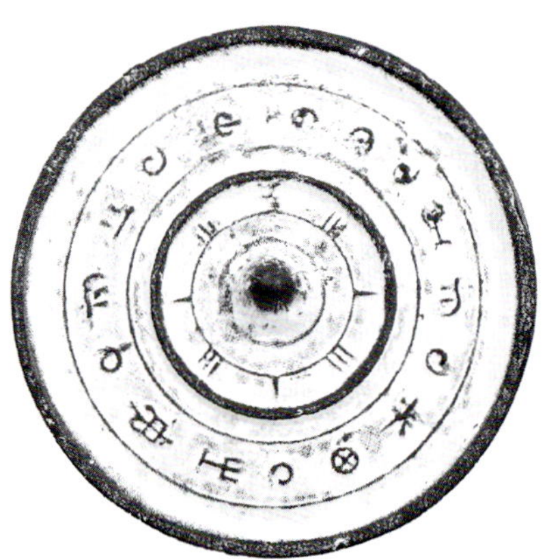

西汉中晚期

范家墓地淄江花园方正2009工地M348出土

直径7.8厘米，厚0.1～0.3厘米

圆纽，圆纽座，座外一周细凸弦纹和宽凸圈带。其外两周细凸弦纹间为铭文带，字间用『e』符号相隔，铭文为『日月心勿夫毋之忠勿相忘』。窄素缘。

410

日光圈带铭文镜

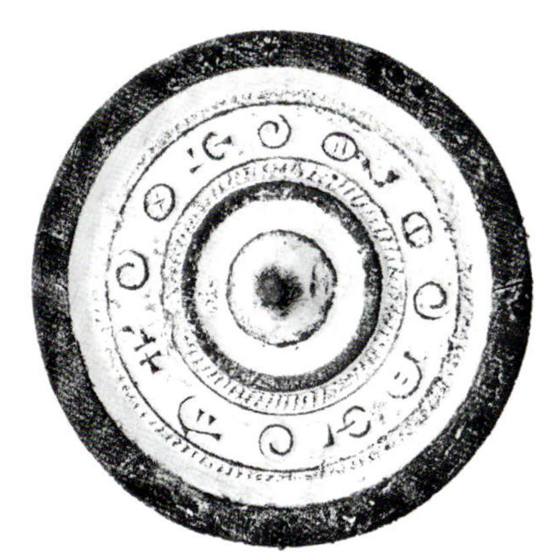

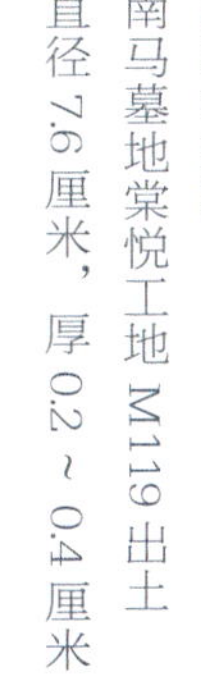

西汉中晚期

南马墓地棠悦工地 M119 出土

直径 7.6 厘米，厚 0.2 ~ 0.4 厘米

圆纽，圆纽座，座外宽凸圈带。其外两周短斜线纹间为铭文带，字间用『e』符号相隔，铭文为『见日月心勿夫毋忘』。宽素缘。

411

日光圈带铭文镜

西汉中晚期

永流墓地金鼎绿城二期工地 M702 出土

直径 7.2 厘米，厚 0.1 ~ 0.3 厘米

连峰纽，纽外一周细凸弦纹和宽凸圈带。其外两周细弦纹间为铭文带，字间用『e』符号相隔，铭文为『见日月心勿□□忘』。宽素缘。

412

日光圈带铭文镜

西汉中晚期

范家墓地淄江花园方正 2009 工地 M87 出土

直径 7.4 厘米，厚 0.15 ~ 0.3 厘米

连峰纽，座外一周细凸弦纹和宽凸圈带。其外两周细凸弦纹间为铭文带，字间用『ℯ』符号相隔，铭文为『见日月心勿夫忘□』。宽素缘。

413

日光圈带铭文镜

西汉中晚期

范家墓地淄江花园高阳工地 M60 出土

直径 7.6 厘米，厚 0.2 ~ 0.5 厘米

圆纽，圆纽座，座外宽凸圈带。其外两周短斜线纹间为铭文带，字间用『e』符号相隔，铭文为『日月心忽夫毋勿』。宽素缘。

日光圈带铭文镜

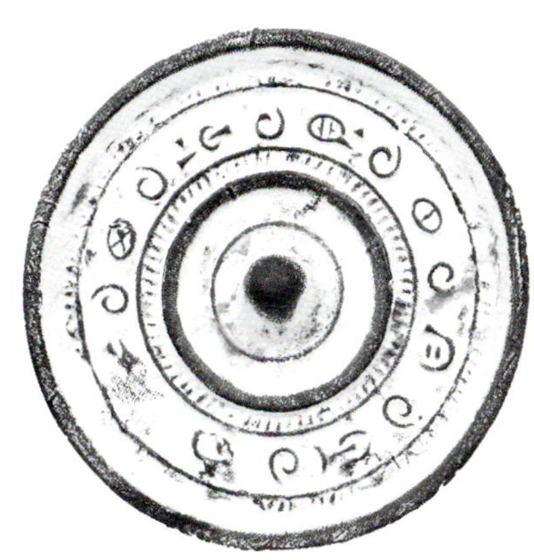

西汉中晚期

范家墓地淄江花园方正 2009 工地 M305 出土

直径 6.8 厘米，厚 0.15 ~ 0.4 厘米

圆纽，圆纽座，座外宽凸圈带。其外两周短斜线纹间为铭文带，字间用『℮』符号相隔，铭文为『见日月心勿夫毋忘』。窄素缘。

日光圈带铭文镜

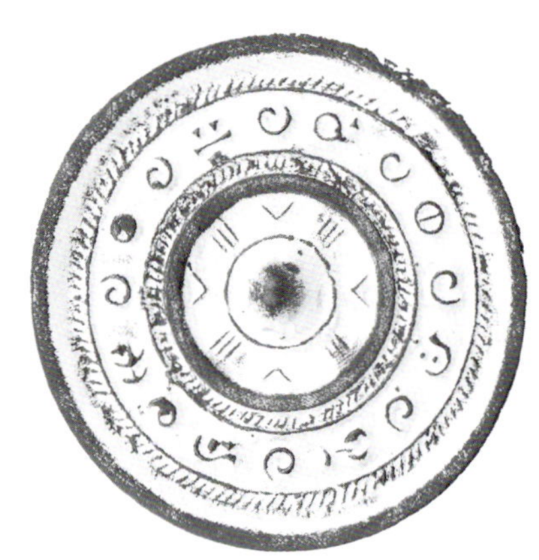

西汉中晚期

范家墓地淄江花园方正 2009 工地 M177 出土

直径 7 厘米，厚 0.15 ~ 0.3 厘米

圆纽，圆纽座，座外宽凸圈带。其外两周短斜线纹间为铭文带，字间用『ℯ』符号相隔，铭文为『见日月心勿夫毋相』。窄素缘。

416

日光圈带铭文镜

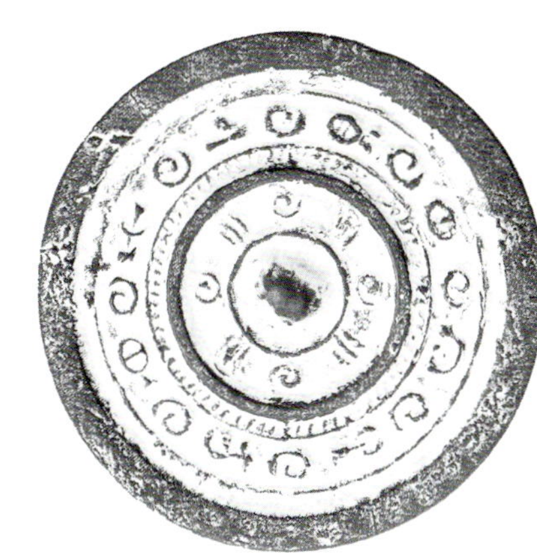

西汉中晚期

永流墓地金鼎绿城三期工地 M1026 出土

直径 7.3 厘米，厚 0.2 ~ 0.25 厘米

圆纽，纽外一周细凸弦纹和宽凸圈带。其外两周短斜线纹间为铭文带，字间用『e』符号相隔，铭文为『见日月心勿□不相』。宽素缘。

417

日光圈带铭文镜

西汉中晚期

永流墓地金鼎绿城三期工地 M536 出土

直径 7.5 厘米，厚 0.15 ~ 0.3 厘米

圆纽，圆纽座，座外一周细凸弦纹和宽凸圈带。其外两周短斜线纹间为铭文带，字间用『e』符号相隔，铭文为『见日月心夫长不相忘』。窄素缘。

418

日光圈带铭文镜

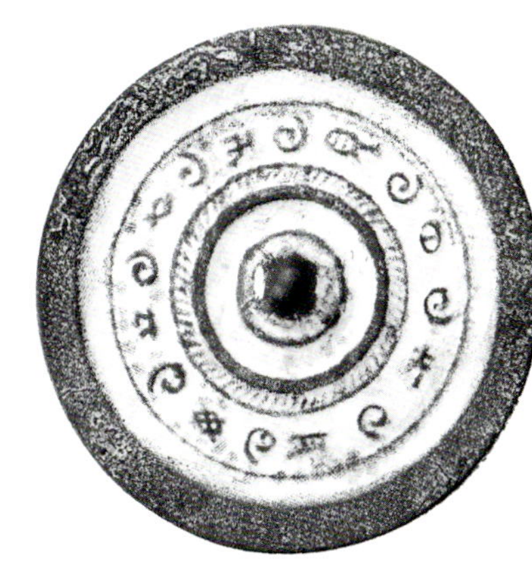

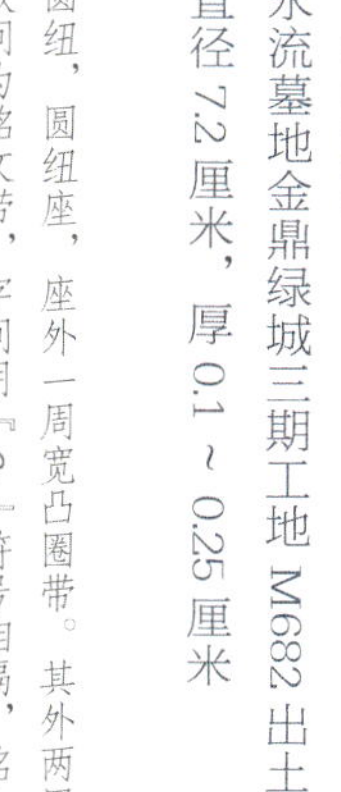

西汉中晚期

永流墓地金鼎绿城三期工地 M682 出土

直径 7.2 厘米，厚 0.1 ~ 0.25 厘米

圆纽，圆纽座，座外一周宽凸圈带。其外两周短斜线纹间为铭文带，字间用『e』符号相隔，铭文为『见日夫长毋相忘之』。宽素缘。

419

日光圈带铭文镜

西汉中晚期

单家墓地方正帝王商场工地 M10 出土

直径 7.2 厘米，厚 0.2 ~ 0.4 厘米

圆纽，圆纽座，座外一周宽凸圈带。其外两周短斜线纹间为铭文带，字间用三短斜线相隔，铭文为『见日之夫长毋相忘』。宽素缘。

420

日光圈带铭文镜

西汉中晚期

南马墓地棠悦工地 M446 出土

直径 7.5 厘米，厚 0.15 ~ 0.45 厘米

圆纽，圆纽座，座外一周宽凸圈带。其外两周短斜线纹间为铭文带，字间用『e』符号相隔，铭文为『见日之夫长不相忘』。宽素缘。

421

日光圈带铭文镜

西汉中晚期

徐家墓地三星怡水工地 M17 出土

直径 7.5 厘米，厚 0.15 ~ 0.3 厘米

连峰纽，纽外一周细弦纹和宽凸圈带。其外短斜线纹与细凸弦纹间为铭文带，字间用『e』符号相隔，铭文为『见日之光长毋相忘』。宽素缘。

日光圈带铭文镜

西汉中晚期

范家墓地淄江花园J组团工地M115出土

直径6.8厘米，厚0.15～0.35厘米

圆纽，圆纽座，座外一周宽凸圈带。其外两周短斜线纹间为铭文带，字间用『e』符号相隔，铭文为『见日之光长毋相忘』。宽素缘。

423

日光圈带铭文镜

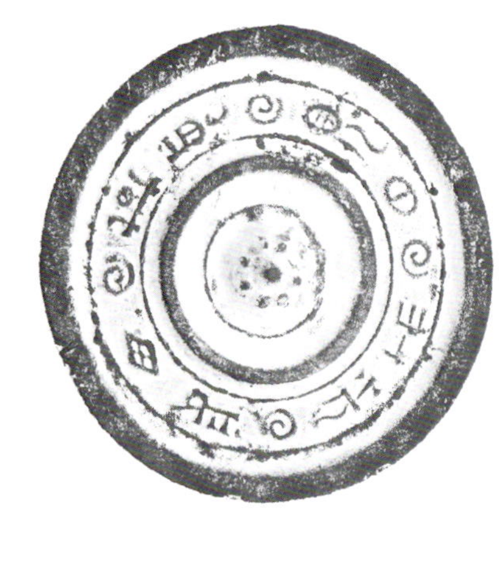

西汉中晚期

张家墓地华盛园工地 M23 出土

直径 7.6 厘米，厚 0.15 ~ 0.35 厘米

连峰纽，纽外一周细凸弦纹和宽凸圈带。其外两周细弦纹间为铭文带，字间用『e』符号相隔，铭文为『见日之光长毋相忘』。宽素缘。

424

日光圈带铭文镜

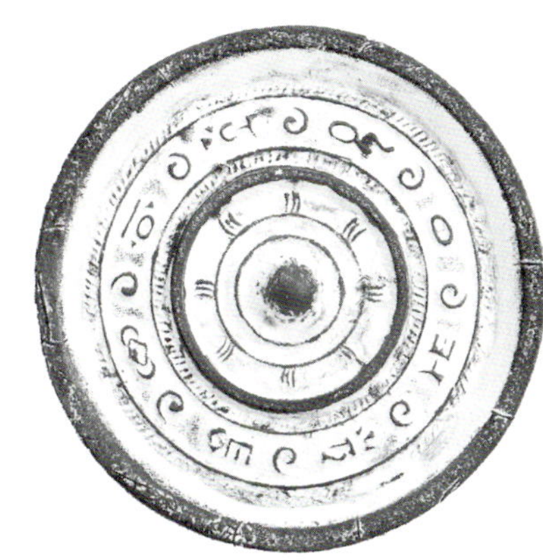

西汉中晚期

赵家徐姚墓地友联塑料厂工地 M12 出土

直径 7.5 厘米，厚 0.15 ~ 0.5 厘米

圆纽，圆纽座，座外一周细凸弦纹和宽凸圈带。其外两周短斜纹间为铭文带，字间用『e』符号相隔，铭文为『见日之光长毋相忘』。素平缘。

425

日光圈带铭文镜

西汉中晚期

范家墓地淄江花园D组团工地M214出土

直径7厘米，厚0.15～0.3厘米

圆纽，圆纽座，座外一周宽凸圈带。其外两周短斜纹间为铭文带，字间用『e』符号相隔，铭文为『见日之光长毋相忘』。宽素缘。

日光圈带铭文镜

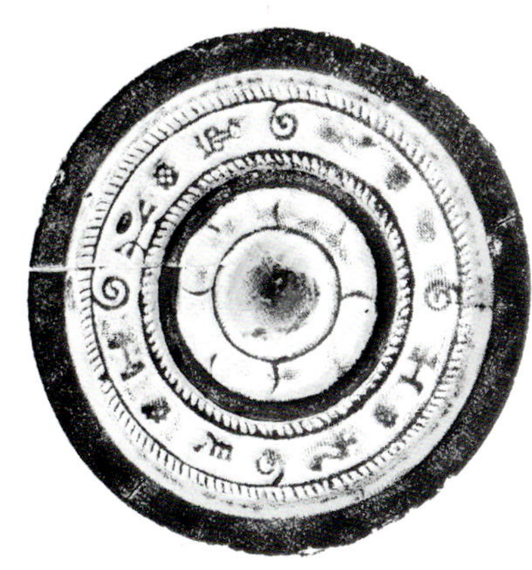

西汉中晚期

石鼓墓地天齐北地下停车场工地 M11 出土

直径 7.5 厘米，厚 0.2 ~ 0.4 厘米

圆纽，圆纽座，座外一周宽凸圈带。其外两周短斜纹间为铭文带，字间用『⌘、ℯ』符号相隔，铭文为『见日之光长不相忘』。宽素缘。

427

日光圈带铭文镜

西汉中晚期

南马墓地棠悦工地 M145 出土

直径 6.8 厘米，厚 0.1 ~ 0.3 厘米

圆纽，圆纽座，座外一周宽凸圈带。其外两周短斜纹间为铭文带，字间用『e』符号相隔，铭文为『见日之夫长毋相忘』。窄素缘。

428

日光圈带铭文镜

西汉中晚期

石鼓墓地光明二期工地 M180 出土

直径 7.3 厘米，厚 0.2 ~ 0.4 厘米

圆纽，圆纽座，座外一周短线纹和宽凸圈带，凸圈带与外短斜纹间为铭文带，字间用『e』符号相隔，铭文为『见日之光天下大明』。素平缘。

429

日光圈带铭文镜

西汉中晚期

西关南墓地临淄中学工地采集

直径 7.5 厘米，厚 0.15 ~ 0.5 厘米

圆纽，圆纽座，座外一周宽凸圈带。其外两周短斜纹间为铭文带，字间用『e』符号相隔，铭文为『见日之光天下大明』。素平缘。

430

日光圈带铭文镜

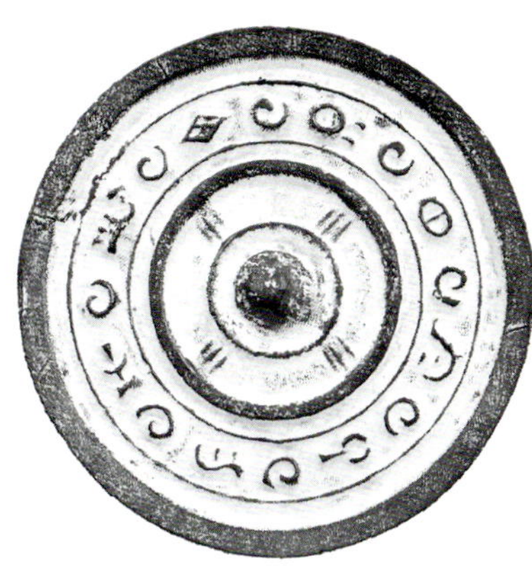

西汉中晚期

商王墓地盛世豪庭工地 M266 出土

直径 7.3 厘米，厚 0.15 ~ 0.3 厘米

纽残，圆纽座，座外一周宽凸圈带。其外两周细弦纹间为铭文带，字间用『e』符号相隔，铭文为『见日月心勿而长毋』。素平缘。

431

日光圈带铭文镜

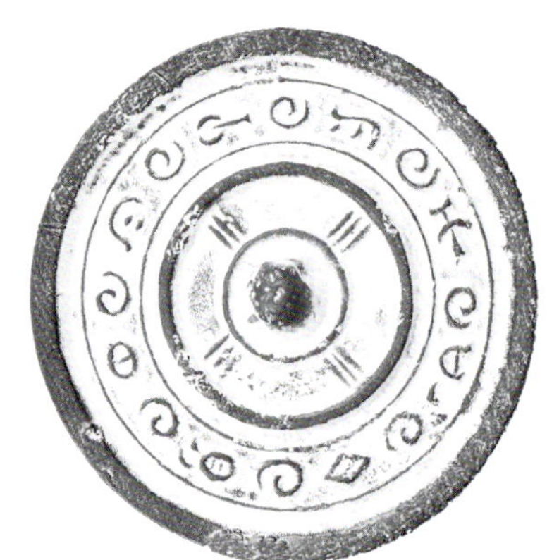

西汉中晚期

官道墓地名仕庄园工地 M86 出土

直径 7.5 厘米，厚 0.15 ~ 0.25 厘米

圆纽，圆纽座，座外一周宽凸圈带。其外两周细弦纹间为铭文带，字间用『ℯ』符号相隔，铭文为『见日月心勿而□毋』。素缘。

日光圈带铭文镜

西汉中晚期

范家墓地香榭天都工地 M107 出土

直径 7.4 厘米，厚 0.15 ~ 0.3 厘米

连峰纽，纽外一周细凸弦纹和宽凸圈带。其外两周短斜线纹间为铭文带，字间用『<e>』符号相隔，铭文为『内日月心勿而不泄』。宽素缘。

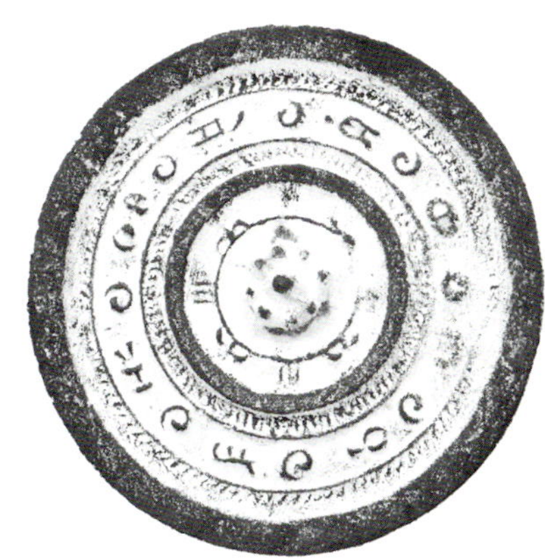

433

日光圈带铭文镜

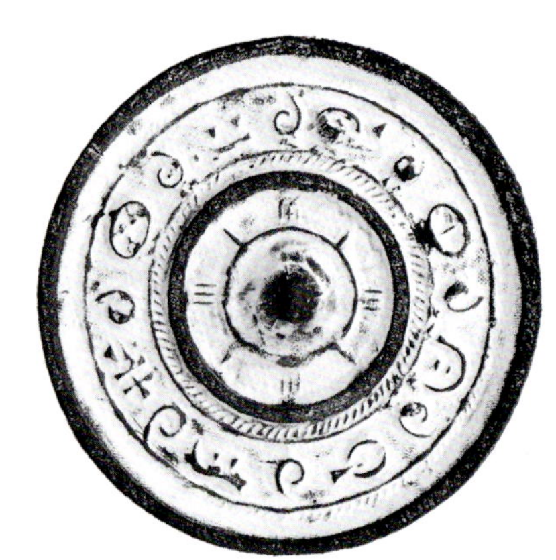

西汉中晚期

永流墓地金鼎绿城三期工地 M522 出土

直径 6.8 厘米，厚 0.15 ~ 0.3 厘米

圆纽，纽外一周细凸弦纹和宽凸圈带。其外两周短斜线纹间为铭文带，字间用『e』符号相隔，铭文为『见日月心勿夫毋相忘』。窄素缘。

434

日光圈带铭文镜

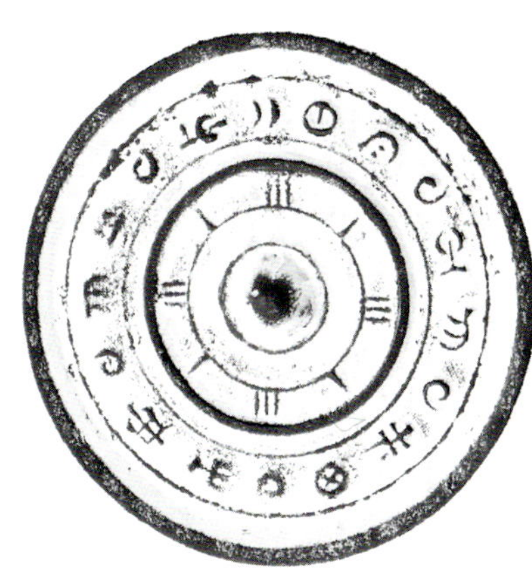

西汉中晚期

永流墓地金鼎绿城三期工地 M286 出土

直径 7.7 厘米，厚 0.15 ~ 0.3 厘米

圆纽，圆纽座，座外一周细凸弦纹和宽凸圈带。其外两周细弦纹间为铭文带，字间用『e』符号相隔，铭文为『日月心勿夫毋之忠勿相忘』。窄素缘。

435

日光圈带铭文镜

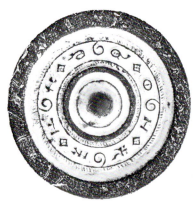

西汉中晚期

范家墓地淄江花园A组团工地M12出土

直径6.8厘米，厚0.15～0.5厘米

圆纽，圆纽座，座外一周宽凸圈带。其外两周短斜纹间为铭文带，字间用『⊗、e』符号相隔，铭文为『见日之光天下大明』。宽素缘。

436

日光圈带铭文镜

西汉中晚期

南马墓地棠悦工地 M396 出土

直径 6.2 厘米，厚 0.15～0.3 厘米

圆纽，圆纽座，座外一周宽凸圈带。其外两周短斜纹间为铭文带，字间用『e』符号相隔，铭文为『见日月心勿而长毋』。窄素缘。

437

日光圈带铭文镜

西汉中晚期

范家墓地淄江花园工地 M87 出土

直径 6.8 厘米，厚 0.1 ~ 0.25 厘米

圆纽，圆纽座，座外一周短斜线纹和宽凸圈带。其外两周短斜纹间为铭文带，铭文为『见日□月之□□忽□象□以昭□』。宽素缘。

日光圈带铭文镜

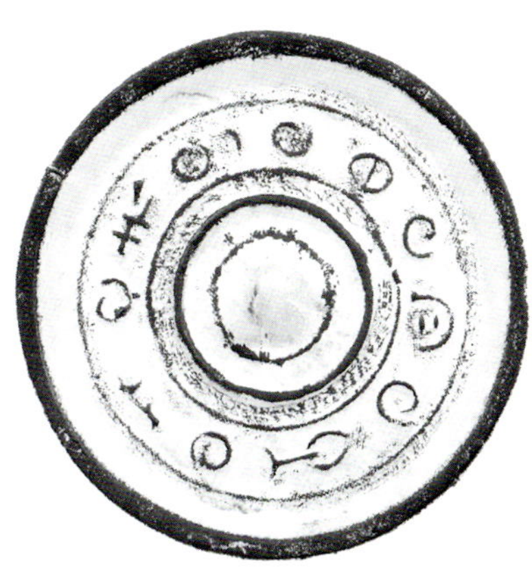

西汉中晚期

永流墓地金鼎绿城三期工地 M766 出土

直径 6.8 厘米，厚 0.1 ~ 0.4 厘米

圆纽，圆纽座，座外一周宽凸圈带。其外两周短斜纹间为铭文带，铭文为『日月心勿夫』。窄素缘。

439

日光圈带铭文镜

西汉中晚期

石鼓墓地画苑工地 M3 出土

直径 6.9 厘米，厚 0.1 ~ 0.25 厘米

圆纽，圆纽座，座外一周宽凸圈带。其外两周细凸弦纹间为铭文带，字间用「e」符号相隔，铭文为「内日月心忽而不忘」。宽素缘。

日光圈带铭文镜

西汉中晚期

范家墓地淄江花园C组团工地M291出土

直径6.8厘米，厚0.1～0.2厘米

圆纽，圆纽座，座外一周凸圈带。其外两周短斜线纹间为铭文带，字间用『e』符号相隔，铭文为『见日月心勿夫』。窄素缘。

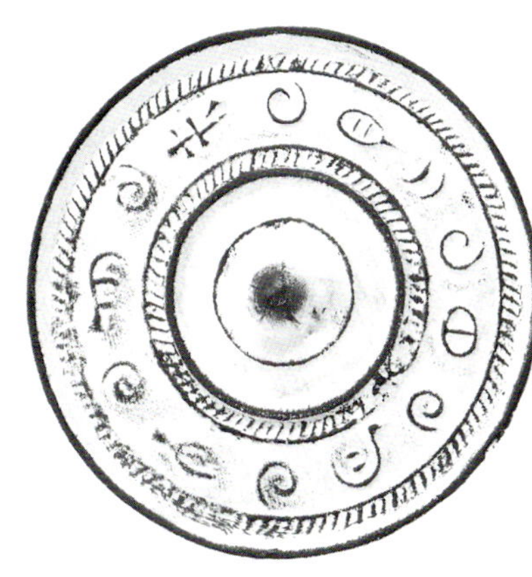

441

日光圈带铭文镜

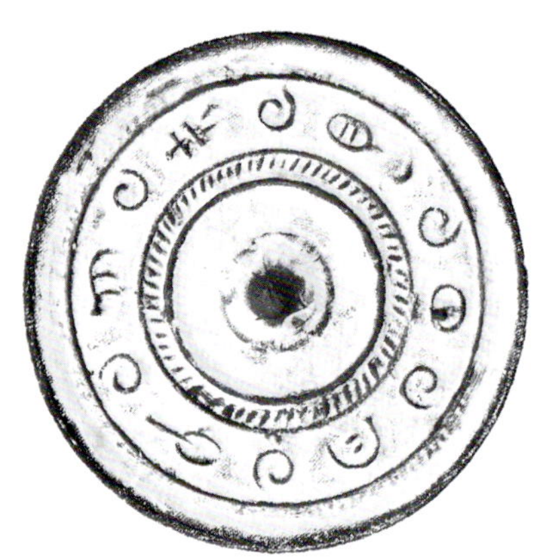

西汉中晚期

国家墓地齐兴花园工地 M23 出土

直径 6.7 厘米，厚 0.2 ~ 0.3 厘米

圆纽，圆纽座，座外两周短斜线纹间为铭文带，字间用『e』符号相隔，铭文为『见日月心勿夫』。窄素缘。

442

日光圈带铭文镜

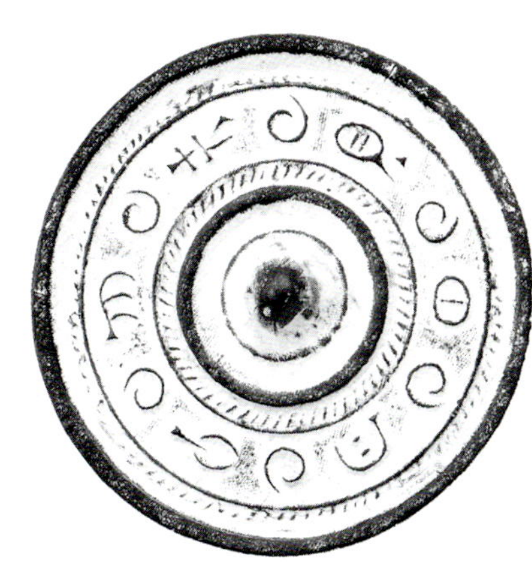

西汉中晚期

永流墓地金鼎绿城三期工地 M744 出土

直径 6.8 厘米，厚 0.1 ~ 0.3 厘米

圆纽，圆纽座，座外一周宽凸圈带。其外两周短斜线纹间为铭文带，字间用『e』符号相隔，铭文为『见日月心勿夫』。窄素缘。

443

日光圈带铭文镜

西汉中晚期

刘家墓地棕榈城工地 M295 出土

直径 6.9 厘米，厚 0.15 ~ 0.35 厘米

圆纽，圆纽座，座外一周宽凸圈带。其外两周短斜线纹间为铭文带，字间用『e』符号相隔，铭文为『见日月心勿夫毋相』。窄素缘。

日光圈带铭文镜

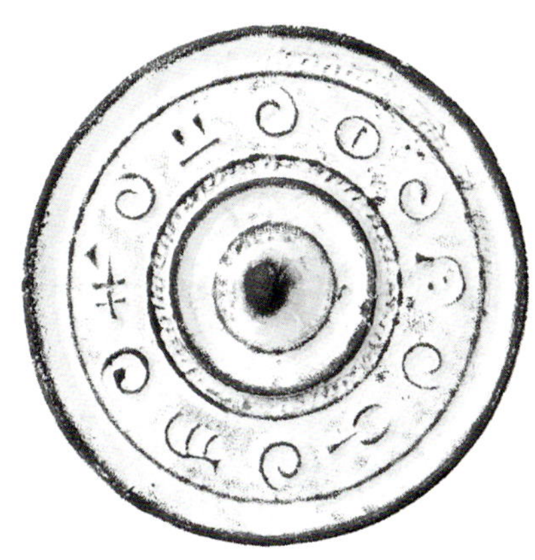

西汉中晚期

永流墓地金鼎绿城三期工地 M845 出土

直径 6.7 厘米，厚 0.15 ~ 0.3 厘米

圆纽，圆纽座，座外一周凸圈带。其外两周短斜线纹间为铭文带，字间用『e』符号相隔，铭文为『日月心勿夫相』。窄素缘。

445

日光圈带铭文镜

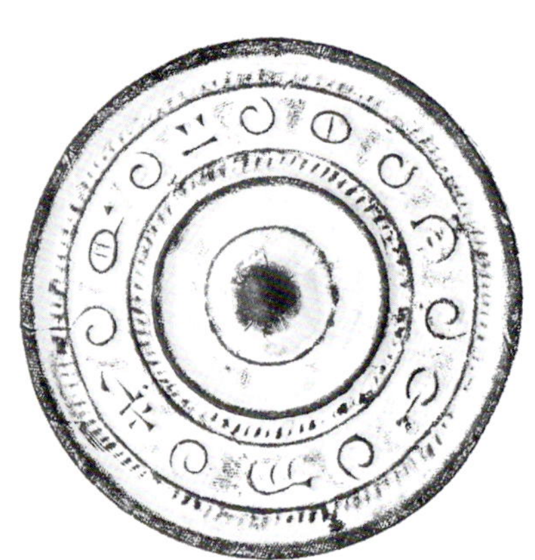

西汉中晚期

张家墓地华盛园工地 M134 出土

直径 6.5 厘米，厚 0.1 ~ 0.25 厘米

圆纽，圆纽座，座外一周凸圈带。其外两周短斜线纹间为铭文带，字间用『e』符号相隔，铭文为『日月心勿夫见相』。窄素缘。

日光圈带铭文镜

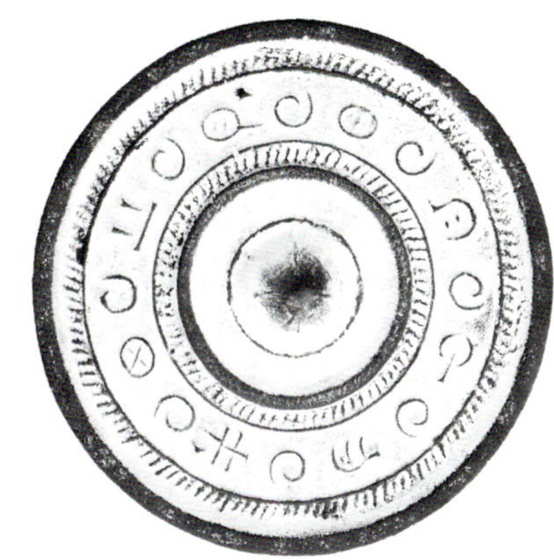

西汉中晚期

刘家墓地棕榈城工地 M37 出土

直径 6.9 厘米，厚 0.1 ~ 0.25 厘米

圆纽，圆纽座，座外一周凸圈带。其外两周短斜线纹间为铭文带，字间用『e』符号相隔，铭文为『见日月心勿夫毋相』。窄素缘。

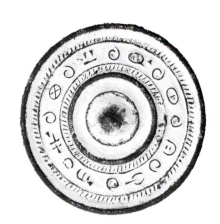

447

日光圈带铭文镜

西汉中晚期

范家墓地淄江花园A组团工地M54出土

直径6.7厘米，厚0.1～0.3厘米

圆纽，圆纽座，座外一周凸圈带。其外两周短斜线纹间为铭文带，字间用『e』符号相隔，铭文为『见日月心勿夫毋相』。窄素缘。

448

日光圈带铭文镜

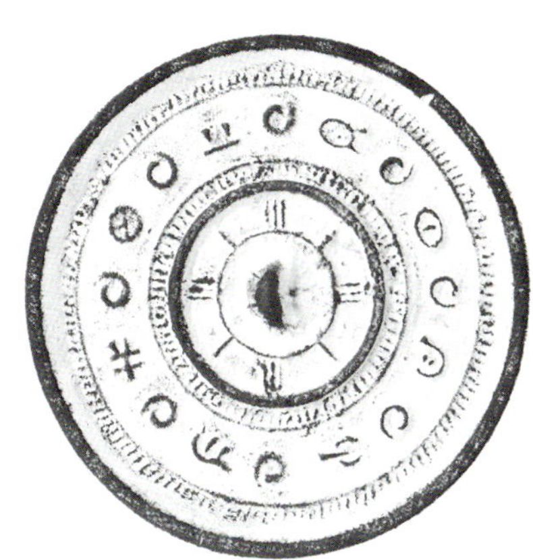

西汉中晚期

永流墓地金鼎绿城三期工地 M860 出土

直径 6.8 厘米，厚 0.15 ~ 0.3 厘米

圆纽，圆纽座，座外一周凸圈带。其外两周短斜线纹间为铭文带，字间用『e』符号相隔，铭文为『见日月心勿夫毋相』。窄素缘。

449

日光圈带铭文镜

西汉中晚期

范家墓地淄江花园峰尚国际工地 M114 出土

直径 7 厘米，厚 0.1 ~ 0.25 厘米

圆纽，圆纽座，座外一周凸圈带。其外两周短斜线纹间为铭文带，字间用『e』符号相隔，铭文为『见日月心勿夫毋相』。窄素缘。

450

日光圈带铭文镜

西汉中晚期

永流墓地金鼎绿城三期工地 M457 出土

直径 6.8 厘米，厚 0.1 ~ 0.3 厘米

纽残，圆纽座，座外一周凸圈带。其外两周短斜线纹间为铭文带，字间用『e』符号相隔，铭文为『见日月心勿夫毋相』。窄素缘。

451

日光圈带铭文镜

西汉中晚期

永流墓地金鼎绿城三期工地 M812 出土

直径 7 厘米，厚 0.15 ~ 0.3 厘米

圆纽，圆纽座，座外一周凸圈带。其外两周短斜线纹间为铭文带，字间用『e』符号相隔，铭文为『见日之光长勿相忘』。窄素缘。

日光圈带铭文镜

西汉中晚期

南马墓地棠悦工地 M543 出土

直径 6.8 厘米，厚 0.1 ~ 0.3 厘米

圆纽，圆纽座，座外一周凸圈带。其外两周短斜线纹间为铭文带，字间用『e』符号相隔，铭文为『见日月心勿夫毋忘』。宽素缘。

453

日光圈带铭文镜

西汉中晚期

山王墓地牛山园二期工地 M4 出土

直径 7 厘米，厚 0.2 ~ 0.4 厘米

圆纽，圆纽座，座外一周凸圈带。其外两周短斜线纹间为铭文带，字间用『ℯ』符号相隔，铭文为『见日月心勿夫毋忘』。宽素缘。

454

日光圈带铭文镜

西汉中晚期

山王墓地牛山园三期工地 M20 出土

直径 6.8 厘米，厚 0.1 ~ 0.25 厘米

圆纽，圆纽座，座外一周凸圈带。其外两周短斜线纹间为铭文带，铭文为『见日之光长毋相忘』。宽素缘。

455

日光圈带铭文镜

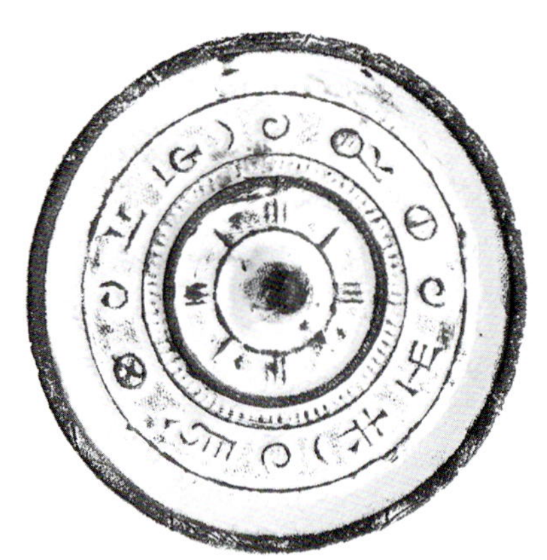

西汉中晚期

范家墓地淄江花园方正 2009 工地 M91 出土

直径 6.2 厘米，厚 0.2 ~ 0.4 厘米

圆纽，圆纽座，座外一周凸圈带。其外两周短斜线纹间为铭文带，字间用『ᘓ』符号相隔，铭文为『见日之光长毋相忘』。窄素缘。

456

日光圈带铭文镜

西汉中晚期

范家墓地淄江花园物业管理站工地 M89 出土

直径 6 厘米，厚 0.15 ~ 0.3 厘米

圆纽，圆纽座，座外一周凸圈带，圈带与短斜线纹间为铭文带，铭文为『见日之光长毋相忘』。宽素缘。

457

日光圈带铭文镜

西汉中晚期

永流墓地金鼎绿城三期工地 M265 出土

直径 5.6 厘米，厚 0.1 ~ 0.25 厘米

圆纽，圆纽座，座外两周短斜线纹间为铭文带，铭文为『见日之光长毋相忘』。宽素缘。

458

日光圈带铭文镜

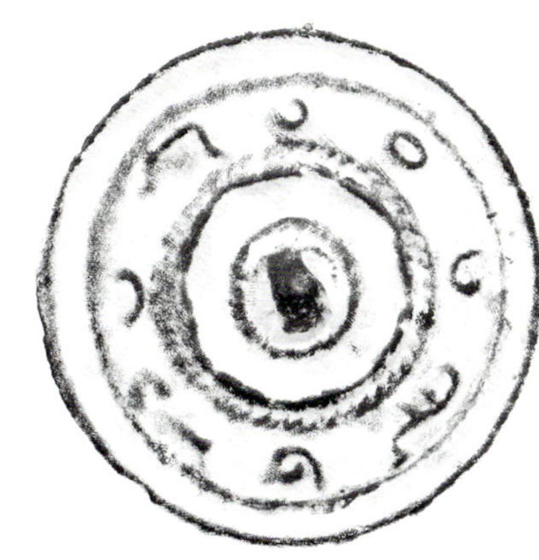

西汉中晚期

南马墓地棠悦工地 M484 出土

直径 6.4 厘米，厚 0.15～0.2 厘米

圆纽，圆纽座，座外两周短斜线纹间为铭文带，字间用『e』符号相隔，铭文为『日月心勿』。素缘，缘边上卷。

459

日光圈带铭文镜

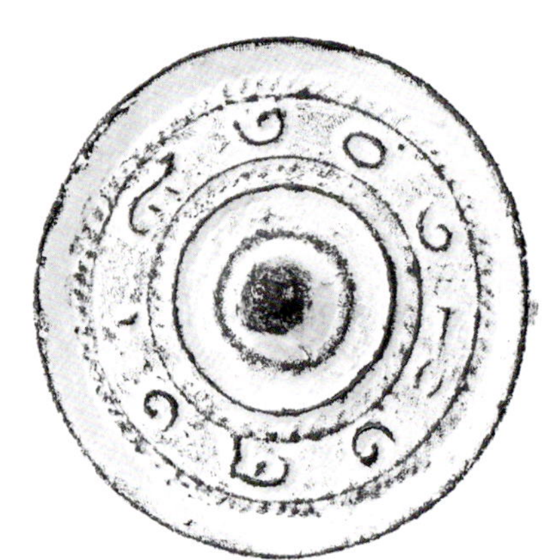

西汉中晚期

石鼓墓地光明二期工地 M54 出土

直径 6.5 厘米，厚 0.15 ~ 0.5 厘米

圆纽，圆纽座，座外两周短斜线纹间为铭文带，字间用『e』符号相隔，铭文为『日月勿心』。窄素缘，缘边上卷。

日光圈带铭文镜

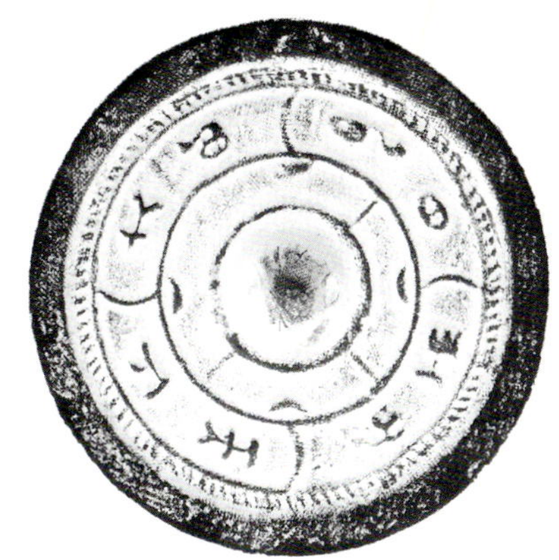

西汉中晚期

徐家墓地方正凤凰城工地 M63 出土

直径 5.8 厘米，厚 0.1 ~ 0.2 厘米

圆纽，圆纽座，座外凸细弦纹与短斜线纹间为铭文带，字间用短弧线相隔，铭文为『见日之光天下大明』。宽素缘。

461

日光圈带铭文镜

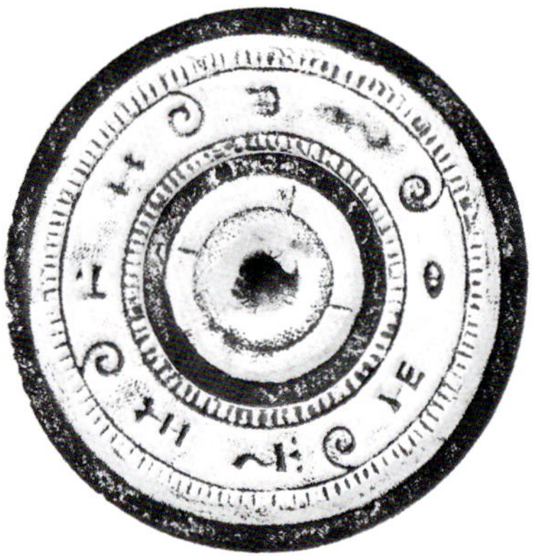

西汉中晚期

东王墓地新村21号楼工地M2出土

直径6厘米，厚0.15～0.3厘米

圆纽，圆纽座，座外一周宽凸圈带。其外两周短斜线纹间为铭文带，字间用『ℯ』符号相隔，铭文为『见日之光天下大明』。宽素缘。

462

日光圈带铭文镜

西汉中晚期

永流墓地金鼎绿城三期工地 M868 出土

直径 6.2 厘米，厚 0.2 ~ 0.4 厘米

圆纽，圆纽座，座外凸圈带与短斜线纹间为铭文带，字间用『◈』符号相隔，铭文为『见日之光天下大明』。宽素缘。

463

日光圈带铭文镜

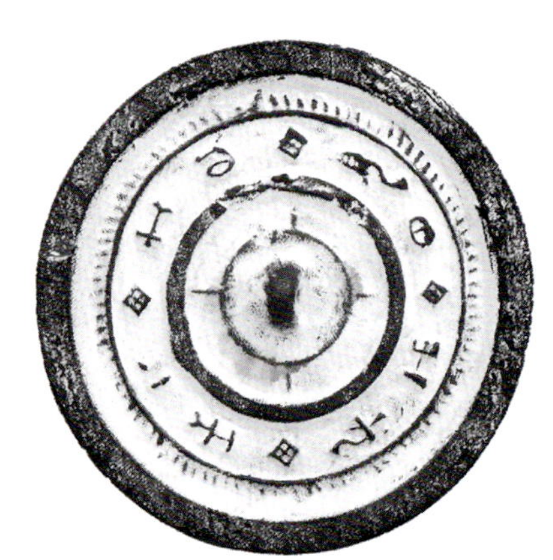

西汉中晚期

南马墓地新村工地 M94 出土

直径 5.8 厘米，厚 0.1 ~ 0.3 厘米

圆纽，圆纽座，座外凸圈带与短斜线纹间为铭文带，字间用『⊗』符号相隔，铭文为『见日之光天下大明』。宽素缘。

464

日光圈带铭文镜

西汉中晚期

范家墓地淄江花园D组团工地M985出土

直径10厘米，厚0.15～0.3厘米

圆纽，圆纽座，座外一周细弦纹和宽凸圈带。其外两周细弦纹间为铭文带，铭文为『日月心忽而扬不然雍塞以而』。宽素缘。

465

日光圈带铭文镜

西汉中晚期

南马墓地棠悦工地 M350 出土

直径 9.8 厘米，厚 0.15 ~ 0.3 厘米

圆纽，圆纽座，座外一周细凸弦纹和宽凸圈带。其外两周细凸弦纹间为铭文带，铭文为『日月心忽而扬忠然雍塞不泄』。宽素缘。

466

日光圈带铭文镜

西汉中晚期

刘家墓地棕榈城三期工地 M107 出土

直径 8.8 厘米，厚 0.1 ~ 0.25 厘米

圆纽，圆纽座，座外两周细凸弦纹和一周宽凸圈带。其外两周细弦纹间为铭文带，铭文为『日月心忽而□之忠毋□忘不泄』。宽素缘。

467

日光圈带铭文镜

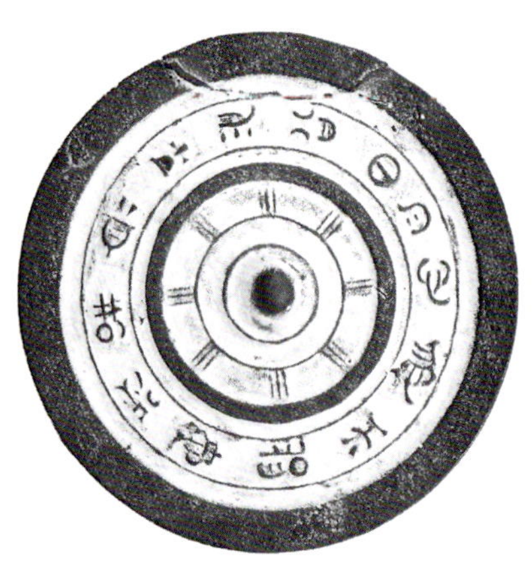

西汉中晚期

刘家墓地棕榈城三期工地 M1 出土

直径 9.2 厘米，厚 0.1 ~ 0.2 厘米

圆纽，圆纽座，座外一周细凸弦纹和宽凸圈带。其外两周细凸弦纹间为铭文带，铭文为『见日月心忽而扬忠然雍塞不泄』。宽素缘。

468

日光圈带铭文镜

西汉中晚期

单家墓地方正商城工地M24出土

直径8.7厘米，厚0.1～0.2厘米

圆纽，圆纽座，座外一周细凸弦纹和宽凸圈带。其外两周细凸弦纹间为铭文带，铭文为『日月心忽□相忘光之清□不』。宽素缘。

469

日光圈带铭文镜

西汉中晚期

商王墓地盛世豪庭工地 M72 出土

直径 8.8 厘米，厚 0.1 ~ 0.2 厘米

圆纽，圆纽座，座外一周细凸弦纹和宽凸圈带。其外两周细凸弦纹间为铭文带，铭文为『日月心忽而扬忠然雍塞而不泄』。宽素缘。

日光圈带铭文镜

西汉中晚期

永流墓地泰东城住宅区工地 M192 出土

直径 8.3 厘米，厚 0.1 ~ 0.2 厘米

连峰纽，纽外一周细凸弦纹和宽凸圈带。其外两周细凸弦纹间为铭文带，铭文为『日月心忽而扬忠然雍塞而泄』。宽素缘。

471

昭明连弧铭文镜

西汉中晚期

永流墓地泰东城小义乌商品城工地 M327 出土

直径 15 厘米，厚 0.2 ~ 0.5 厘米

圆纽，并蒂连珠纹纽座，座外凸圈带和内向八连弧纹。其外两周短斜线纹间为铭文带，铭文为『内清质以昭明光而辉象而日月心忽而愿扬忠然壅塞而不泄』。宽素缘。

472

昭明连弧铭文镜

西汉中晚期

范家墓地淄江花园北二区工地 M278 出土

直径 15 厘米，厚 0.2～0.4 厘米

圆纽，并蒂连珠纹纽座，座外凸圈带和内向八连弧纹。其外两周短斜线纹间为铭文带，铭文为『内清质以昭明光辉夫象而长毋相忘日月心忽而扬忠然雍塞而不泄』。宽素缘。

473

昭明连弧铭文镜

西汉中晚期

范家墓地淄江花园J组团工地M377出土

直径15.2厘米，厚0.4～0.5厘米

圆纽，并蒂连珠纹纽座，座外凸圈带和内向八连弧纹。其外两周短斜线纹间为铭文带，铭文为『内清以昭明光象辉夫日月心忽而愿扬忠然雍塞而不泄』。宽素缘。

474 昭明连弧铭文镜

西汉中晚期

西关南墓地临淄中学工地 M286 出土

直径 15 厘米，厚 0.25～0.5 厘米

圆纽，并蒂连珠纹纽座，座外凸圈带和内向八连弧纹。其外两周短斜线纹间为铭文带，铭文为『内清以昭明光愿夫辉象□日月心忽而□□□□ 雍塞而不泄』。宽素缘。

475

昭明连弧铭文镜

西汉中晚期

南马墓地棠悦工地 M1030 出土

直径 14厘米，厚 0.2 ~ 0.5厘米

圆纽，并蒂连珠纹纽座，座外凸圈带和内向八连弧纹。其外两周短斜线纹间为铭文带，铭文为『内清质以昭明愿质辉夫象□扬光日月心忽而扬忠然雍塞而不泄』。宽素缘。

昭明连弧铭文镜

西汉中晚期

南马墓地棠悦工地 M1171 出土

直径 13.2 厘米，厚 0.15 ~ 0.5 厘米

圆纽，并蒂连珠纹纽座，座外一周凸圈带和内向八连弧纹。其外两周短斜线纹间为铭文带，铭文为『内清而以昭之夫毋日月心忽而扬忠然雍塞而心不泄』。宽素缘。

477

昭明连弧铭文镜

西汉中晚期

范家墓地淄江花园J组团工地M95出土

直径13.3厘米，厚0.2～0.5厘米

圆纽，并蒂连珠纹纽座，座外一周凸圈带和内向八连弧纹。其外两周短斜线纹间为铭文带，铭文为“内清质以昭明光辉象日月心忽而愿忠然雍塞而不泄”。宽素缘。

昭明连弧铭文镜

西汉中晚期

范家墓地淄江花园峰尚国际工地 M288 出土

直径 13 厘米，厚 0.2～0.5 厘米

纽残，并蒂连珠纹纽座，座外一周凸圈带和内向八连弧纹。其外两周短斜线纹间为铭文带，铭文为『内清以昭明光象辉是日月心忽而扬忠然雍塞而不泄』。宽素缘。

479

昭明连弧铭文镜

西汉中晚期

范家墓地淄江花D组团工地M870出土

直径13厘米，厚0.2～0.5厘米

纽残，并蒂连珠纹纽座，座外一周凸圈带和内向八连弧纹。其外两周短斜线纹间为铭文带，铭文为『内清以昭明日月心忽夫扬忠然雍塞不泄』。宽素缘。

昭明连弧铭文镜

西汉中晚期

徐家墓地凤凰城车库工地 M56 出土

直径 12.7 厘米，厚 0.2 ~ 0.4 厘米

圆纽，并蒂连珠纹纽座，座外一周凸圈带和内向八连弧纹。其外两周短斜线纹间为铭文带，铭文为『内清以昭明日月心忽夫扬忠然□塞不泄』。宽素缘。

481

昭明连弧铭文镜

西汉中晚期

范家墓地淄江花园北二区工地 M273 出土

直径 12.7 厘米，厚 0.2 ~ 0.5 厘米

圆纽，并蒂连珠纹纽座，座外一周凸圈带和内向八连弧纹。其外两周短斜线纹间为铭文带，铭文为『内清以昭明光日月心忽夫扬忠然雍塞不泄』。宽素缘。

昭明连弧铭文镜

西汉中晚期

永流墓地金鼎绿城二期工地M122出土

直径12厘米，厚0.2～0.4厘米

圆纽，圆纽座，座外一周凸圈带和内向八连弧纹。其外两周短斜线纹间为铭文带，铭文为『内清以昭明光日月心忽而扬忠然雍塞而不泄』。宽素缘。

483

昭明连弧铭文镜

西汉中晚期

范家墓地淄江花园北二区工地 M280 出土

直径 12.3 厘米，厚 0.2 ~ 0.5 厘米

纽残，纽外一周细弦纹、凸圈带和内向八连弧纹。其外两周短斜线纹间为铭文带，铭文为『内清质以昭明光日月心忽而愿忠然雍塞不泄』。宽素缘。

昭明连弧铭文镜

西汉中晚期

南马墓地新村工地 M10 出土

直径 12.3 厘米，厚 0.25 ~ 0.65 厘米

连峰纽，圆纽座，纽座外一周凸圈带和内向八连弧纹。其外两周短斜线纹间为铭文带，铭文为『内清之以昭明光之象夫日月心忽扬而□□而不泄』。宽素缘。

485

昭明连弧铭文镜

西汉中晚期

永流墓地金鼎绿城三期工地 M922 出土

直径 12 厘米，厚 0.1～0.3 厘米

圆纽，圆纽座，座外一周凸圈带和内向八连弧纹。其外两周短斜线纹间为铭文带，铭文为『内清以昭明光辉象日月心忽而扬忠然雍塞不泄』。宽素缘。

昭明连弧铭文镜

西汉中晚期

永流墓地金鼎绿城三期工地 M37 出土

直径 12 厘米，厚 0.15 ~ 0.4 厘米

圆纽，圆纽座，座外一周凸圈带和内向八连弧纹。其外两周短斜线纹间为铭文带，铭文为『内清以昭明光辉象日月心忽而扬忠然雍塞而不泄』。宽素缘。

487

昭明连弧铭文镜

西汉中晚期

永流墓地金鼎绿城三期工地 M357 出土

直径 12.8 厘米，厚 0.2 ~ 0.4 厘米

圆纽，并蒂连珠纹纽座，座外一周凸圈带和内向八连弧纹。其外两周短斜线纹间为铭文带，铭文为『内清以昭明光日月心忽而扬愿忠然雍塞泄』。宽素缘。

昭明连弧铭文镜

西汉中晚期

西关南墓地临淄中学工地 M167 出土

直径 12.5 厘米，厚 0.2 ~ 0.4 厘米

圆纽，柿蒂形纽座，座外一周凸圈带和内向八连弧纹。其外两周短斜线纹间为铭文带，铭文为『内清以昭明光愿辉日月心忽而忠然雍塞不泄』。宽素缘。

489

昭明连弧铭文镜

西汉中晚期

范家墓地淄江花园方正 2009 工地 M257 出土

直径 12 厘米，厚 0.2 ~ 0.4 厘米

圆纽，圆纽座，座外一周凸圈带和内向八连弧纹。其外两周短斜线纹间为铭文带，铭文为『内清质以昭明光象日月心忽夫扬忠然雍塞而不泄』。宽素缘。

昭明连弧铭文镜

西汉中晚期

范家墓地淄江花园工地 M314 出土

直径 12 厘米，厚 0.2 ~ 0.4 厘米

圆纽，圆纽座，座外一周凸圈带和内向八连弧纹。其外两周短斜线纹间为铭文带，铭文为『内清以昭明光象辉日月心忽而扬忠然壅塞而不泄』。宽素缘。

491

昭明连弧铭文镜

西汉中晚期

范家墓地淄江花园高阳工地 M212 出土

直径 12 厘米，厚 0.2 ~ 0.5 厘米

圆纽，圆纽座，座外一周凸圈带和内向八连弧纹。其外两周短斜线纹间为铭文带，铭文为『内清以昭明光夫辉夫象日月心忽而扬忠然壅塞而不泄』。宽素缘。

492

昭明连弧铭文镜

西汉中晚期

徐家墓地方正凤凰城工地 M396 出土

直径 12 厘米，厚 0.2 ~ 0.3 厘米

圆纽，并蒂连珠纹纽座，座外一周凸圈带和内向八连弧纹。其外两周短斜线纹间为铭文带，铭文为『内清以昭明光象日月心忽而扬忠然壅塞不泄』。宽素缘。

493

昭明连弧铭文镜

西汉中晚期

国家墓地新村工地 M70 出土

直径 11.8 厘米，厚 0.2 ~ 0.3 厘米

圆纽，圆纽座，座外一周凸圈带和内向八连弧纹。其外两周短斜线纹间为铭文带，铭文为『内清以昭明光日月心忽而扬忠然雍塞而不泄』。宽素缘。

494

昭明连弧铭文镜

西汉中晚期

南马墓地棠悦工地 M835 出土

直径 11.5 厘米，厚 0.2 ~ 0.6 厘米

圆纽，并蒂连珠纹纽座，座外一周短斜线纹、凸圈带和内向八连弧纹。其外两周短斜线纹间为铭文带，铭文为『内清质以昭明光辉象而夫日月心忽而愿忠雍塞不泄』。窄素缘。

495

昭明连弧铭文镜

西汉中晚期

张家墓地太公苑工地 M92 出土

直径 11.2 厘米，厚 0.25 ~ 0.6 厘米

圆纽，圆纽座，座外一周凸圈带和内向八连弧纹。其外两周短斜线纹间为铭文带，铭文为『内清质以昭明光之象夫日月心忽扬而忠然雍』。宽素缘。

昭明连弧铭文镜

西汉中晚期

范家墓地淄江花园 J 组团工地 M27 出土

直径 11 厘米，厚 0.2 ~ 0.5 厘米

连峰纽，纽外一周凸圈带和内向八连弧纹。其外两周短斜线纹间为铭文带，铭文为『内清而以昭明光忘日月心忽夫忠然雍塞而不泄』。宽素缘。

497

昭明连弧铭文镜

西汉中晚期

永流墓地金鼎绿城二期工地 M589 出土

直径 10.8 厘米，厚 0.2 ~ 0.5 厘米

圆纽，圆纽座，座外一周凸圈带和内向八连弧纹。其外两周短斜线纹间为铭文带，铭文为『内清以昭明光辉夫日月心忽而愿忠然雍塞不泄而』。宽素缘。

昭明连弧铭文镜

西汉中晚期
永流墓地金鼎绿城三期工地 M450 出土
直径 10.3 厘米，厚 0.2 ~ 0.4 厘米

圆纽，圆纽座，座外两周凸弦纹和一周内向八连弧纹。其外两周短斜线纹间为铭文带，铭文为『内清以昭日月心忽而扬忠然雍塞而不泄』。宽素缘。

昭明连弧铭文镜

西汉中晚期

西关南墓地临淄中学工地 M226 出土

直径 10.8 厘米，厚 0.2 ~ 0.6 厘米

圆纽，并蒂连珠纹纽座，座外一周内向八连弧纹。其外两周短斜线纹间为铭文带，铭文为『内而清而以昭而明光而象夫日月心而忽不泄』。窄素缘。

500

昭明连弧铭文镜

西汉中晚期

张家墓地华盛园生活区工地 M45 出土

直径 10.5 厘米，厚 0.2 ~ 0.5 厘米

圆纽，圆纽座，座外一周凸圈带和内向八连弧纹。其外两周短斜线纹间为铭文带，铭文为『内清以昭明光辉象日月心忽而扬忠然雍塞不泄』。宽素缘。

501

昭明连弧铭文镜

西汉中晚期

徐家墓地方正凤凰城三期工地 M285 出土

直径 10.5 厘米，厚 0.2 ~ 0.4 厘米

圆纽，柿蒂形纽座，座外一周凸圈带和内向八连弧纹。其外两周短斜线纹间为铭文带，铭文为『内清以昭明光扬忠然而日月心忽然雍塞泄』。宽素缘。

昭明连弧铭文镜

西汉中晚期

范家墓地淄江花园方正 2009 工地 M294 出土

直径 10.5 厘米，厚 0.2 ~ 0.4 厘米

纽残，柿楴形纽座，座外一周细弦纹和内向八连弧纹。其外两周短斜线纹间为铭文带，铭文为『内清以昭明光日月心忽而扬忠然雍塞泄』。宽素缘。

503

昭明连弧铭文镜

西汉中晚期

刘家墓地棕榈城工地 M1 出土

直径 10.5 厘米，厚 0.2 ~ 0.3 厘米

圆纽，圆纽座，座外一周凸圈带和内向八连弧纹。其外两周短斜线纹间为铭文带，铭文为『内清以日月心忽而扬忠然雍塞不泄』。宽素缘。

504

昭明连弧铭文镜

西汉中晚期

范家墓地淄江花园 C 组团工地 M101 出土

直径 10.5 厘米，厚 0.2 ~ 0.4 厘米

圆纽，并蒂连珠纹纽座，座外一周细弦纹和内向八连弧纹。其外两周短斜线纹间为铭文带，铭文为『内清日月心忽扬忠然雍塞不泄』。宽素缘。

505

昭明连弧铭文镜

西汉中晚期

山王墓地华盛园南区工地 M71 出土

直径 10.6 厘米，厚 0.3 ~ 0.5 厘米

圆纽，并蒂连珠纹纽座，座外一周凸圈带和内向八连弧纹。其外两周短斜线纹间为铭文带，铭文为『以昭清忠而象光日月忽心扬而然雍塞泄』。宽素缘。

506

昭明连弧铭文镜

西汉中晚期

山王墓地恒光花园工地 M15 出土

直径 10.7 厘米，厚 0.2 ~ 0.4 厘米

圆纽，柿蒂形纽座，座外一周凸圈带和内向八连弧纹。其外两周短斜线纹间为铭文带，铭文为『内象日月心忽而扬忠然雍塞泄以而昭』。宽素缘。

507

昭明连弧铭文镜

西汉中晚期

徐家墓地凤凰城四期工地 M256 出土

直径 10.5 厘米，厚 0.2 ~ 0.4 厘米

圆纽，圆纽座，座外两周弦纹和一周内向八连弧纹。其外两周短斜线纹间为铭文带，铭文为『内清以昭明光日月心忽夫扬忠然雍塞而不泄』。宽素缘。

508

昭明连弧铭文镜

西汉中晚期

范家墓地淄江花园 A 组团工地 M81 出土

直径 10.6 厘米，厚 0.15 ~ 0.4 厘米

圆纽，圆纽座，座外一周凸圈带和内向八连弧纹。其外两周短斜线纹间为铭文带，铭文为『内清以昭明光日月心忽而扬忠雍不泄』。宽素缘。

509

昭明连弧铭文镜

西汉中晚期

范家墓地淄江花园D组团工地M191出土

直径10.5厘米，厚0.2～0.5厘米

圆纽，圆纽座，座外一周凸圈带和内向八连弧纹。其外两周短斜线纹间为铭文带，铭文为『内清以昭明光山日月心忽而扬忠然雍塞而不泄』。宽素缘。

昭明连弧铭文镜

西汉中晚期

范家墓地淄江花园K组团工地M633出土

直径10.5厘米，厚0.2～0.35厘米

圆纽，圆纽座，座外两周弦纹和一周内向八连弧纹。其外两周短斜线纹间为铭文带，铭文为『内以昭明日月心忽而扬忠然雍塞而不泄』。宽素缘。

昭明连弧铭文镜

西汉中晚期

永流墓地新村工地 M536 出土

直径 10.5 厘米，厚 0.15 ~ 0.3 厘米

纽残，柿蒂形纽座，座外各一周弦纹和内向八连弧纹。其外两周短斜线纹间为铭文带，铭文为『内不象夫日月心忽而扬忠然雍塞泄以而昭』。宽素缘。

昭明连弧铭文镜

西汉中晚期

商王墓地盛世豪庭工地 M79 出土

直径 10.5 厘米，厚 0.2 ~ 0.5 厘米

圆纽，圆纽座，座外一周弦纹和内向八连弧纹。其外两周短斜线纹间为铭文带，铭文为『内清以昭明日月心忽而扬忠然雍塞不泄而』。宽素缘。

513

昭明连弧铭文镜

西汉中晚期

南马墓地棠悦工地 M96 出土

直径 10.5 厘米，厚 0.2 ~ 0.4 厘米

圆纽，圆纽座，座外一周凸圈带和内向八连弧纹。其外两周短斜线纹间为铭文带，铭文为『内清以昭日月心忽而愿忠然雍塞不泄而』。宽素缘。

514

昭明连弧铭文镜

西汉中晚期

永流墓地新村工地 M391 出土

直径 10.5 厘米，厚 0.2 ~ 0.5 厘米

圆纽，圆纽座，座外两周弦纹和一周内向八连弧纹。其外两周短斜线纹间为铭文带，铭文为『内清以日月心忽而扬忠然壅塞而不泄』。宽素缘。

515

昭明连弧铭文镜

西汉中晚期

南马墓地棠悦工地 M855 出土

直径 10.8 厘米，厚 0.2 ~ 0.4 厘米

圆纽，圆纽座，座外一周凸圈带和内向八连弧纹。其外两周弦纹间为铭文带，铭文为『内清质以昭明光而象夫日月心忽而不泄』。宽素缘。

昭明连弧铭文镜

西汉中晚期

南马墓地棠悦工地 M920 出土

直径 10 厘米，厚 0.15 ~ 0.4 厘米

圆纽，圆纽座，座外一周凸圈带和内向八连弧纹。其外两周短斜线纹间为铭文带，铭文为『内清质以昭明光辉象夫日月心忽而扬忠然雍塞而不泄』。宽素缘。

517

昭明连弧铭文镜

西汉中晚期

范家墓地淄江花园J组团工地 M87 出土

直径 10.3 厘米，厚 0.1 ~ 0.45 厘米

圆纽，圆纽座，座外一周凸圈带和内向八连弧纹。其外两周短斜线纹间为铭文带，铭文为"内清以日月心忽而扬忠然雍塞而不泄"。宽素缘。

昭明连弧铭文镜

西汉中晚期

范家墓地淄江花园 A 组团工地 M484 出土

直径 10.5 厘米，厚 0.2 ~ 0.5 厘米

圆纽，圆纽座，座外一周凸圈带和内向八连弧纹。其外两周短斜线纹间为铭文带，铭文为『内清以昭明光日月心忽而扬忠然雍塞而不泄』。宽素缘。

昭明连弧铭文镜

西汉中晚期

徐家墓地方正凤凰城工地 M283 出土

直径 10 厘米，厚 0.15 ~ 0.3 厘米

圆纽，圆纽座，座外一周凸圈带和内向八连弧纹。其外两周短斜线纹间为铭文带，字间用『而』字间隔，铭文为『内清以昭明光象日月心忽不泄』。窄素缘。

520

昭明连弧铭文镜

西汉中晚期

石鼓墓地光明花园二期工地 M201 出土

直径 10 厘米，厚 0.3 ~ 0.5 厘米

圆纽，圆纽座，座外一周弦纹和内向八连弧纹。其外两周弦纹间为铭文带，铭文为『内清日月心忽夫忠然雍塞夫不泄』。宽素缘。

521

昭明连弧铭文镜

西汉中晚期

永流墓地金鼎绿城三期工地 M101 出土

直径 10 厘米，厚 0.15 ~ 0.3 厘米

纽残，圆纽座，座外两周弦纹和一周内向八连弧纹。其外两周短斜线纹间为铭文带，铭文为『内日月心忽而扬忠然雍塞清而不泄』。宽素缘。

522

昭明连弧铭文镜

西汉中晚期

范家墓地淄江花园北五区工地 M468 出土

直径 9.3 厘米，厚 0.2 ~ 0.4 厘米

圆纽，圆纽座，座外一周凸弦纹和内向八连弧纹。其外两周短斜线纹间为铭文带，铭文为『内清以昭明日月心忽而扬然雍塞而不泄』。宽素缘。

523

昭明连弧铭文镜

西汉中晚期

南马墓地棠悦工地 M378 出土

直径 9.8 厘米，厚 0.2 ~ 0.3 厘米

圆纽，圆纽座，座外一周弦纹和内向八连弧纹。其外两周短斜线纹间为铭文带，铭文为『内清以昭日月心忽而扬忠然雍塞而不泄』。宽素缘。

昭明连弧铭文镜

西汉中晚期

南马墓地棠悦工地 M365 出土

直径 9.3 厘米，厚 0.2 ~ 0.4 厘米

圆纽，圆纽座，座外一周弦纹和内向八连弧纹。其外两周短斜线纹间为铭文带，铭文为『内清以昭日月心忽而扬忠然雍塞而不泄』。宽素缘。

525

昭明连弧铭文镜

西汉中晚期

相家墓地海源小区工地 M46 出土

直径 9.5 厘米，厚 0.2 ~ 0.5 厘米

圆纽，圆纽座，座外两周弦纹和一周内向八连弧纹。其外两周短斜线纹间为铭文带，铭文为『内清以昭明光日月心忽而扬忠然雍塞而不泄』。宽素缘。

昭明连弧铭文镜

西汉中晚期

东孙墓地博物院工地 M234 出土

直径 10 厘米，厚 0.2 ~ 0.4 厘米

圆纽，并蒂连珠纹纽座，座外一周内向八连弧纹。其外两周短斜线纹间为铭文带，铭文为『内清以日月心忽而扬忠然雍塞而不泄』。宽素缘。

527

昭明连弧铭文镜

西汉中晚期

范家墓地淄江花园 D 组团工地 M968 出土

直径 9.7 厘米，厚 0.15 ~ 0.3 厘米

圆纽，并蒂连珠纹纽座，座外一周内向八连弧纹。其外两周短斜线纹间为铭文带，铭文为『内清以日月心忽夫扬忠然壅塞夫不泄』。宽素缘。

昭明连弧铭文镜

西汉中晚期

张家墓地方正太公苑二期工地 M167 出土

直径 9.9 厘米，厚 0.2 ~ 0.4 厘米

圆纽，圆纽座，座外一周弦纹和内向八连弧纹。其外两周短斜线纹间为铭文带，铭文为『内清以日月心忽而扬忠然壅塞而不泄』。宽素缘。

529

昭明连弧铭文镜

西汉中晚期

范家墓地淄江花园A组团工地M160出土

直径9.8厘米，厚0.15～0.3厘米

圆纽，圆纽座，座外一周弦纹和内向八连弧纹。其外两周短斜线纹间为铭文带，铭文为『内清以昭日月心忽而扬忠然雍塞而不泄』。宽素缘。

昭明连弧铭文镜

西汉中晚期

范家墓地淄江花园峰尚国际工地 M184 出土

直径 9.5 厘米，厚 0.2 ~ 0.4 厘米

圆纽，圆纽座，座外一周弦纹和内向八连弧纹。其外两周短斜线纹间为铭文带，铭文为『内清以昭日月心忽而扬忠然雍塞而不泄』。宽素缘。

531

昭明连弧铭文镜

西汉中晚期

南马墓地棠悦工地 M1038 出土

直径 9.3 厘米，厚 0.25 ~ 0.7 厘米

圆纽，圆纽座，座外一周内向八连弧纹。其外两周短斜线纹间为铭文带，铭文为『内清质以昭明光日象夫日月心忽而泄』。宽素缘。

昭明连弧铭文镜

西汉中晚期

刘家墓地农信大楼工地 M27 出土

直径 9 厘米，厚 0.25 ~ 0.7 厘米

圆纽，圆纽座，座外一周内向八连弧纹。其外两周短斜线纹间为铭文带，铭文为『内清质以昭明光而日忠而不泄』。宽素缘。

533

昭明连弧铭文镜

西汉中晚期

范家墓地淄江花园J组团工地M78出土

直径9厘米，厚0.2～0.5厘米

圆纽，圆纽座，座外一周凸圈带和内向八连弧纹。其外两周短斜线纹间为铭文带，铭文为『内清之以昭明光之象夫日月心勿夫』。宽素缘。

昭明连弧铭文镜

西汉中晚期

西关南墓地临淄中学工地 M210 出土

直径 9 厘米，厚 0.2 ~ 0.5 厘米

圆纽，圆纽座，座外一周凸圈带和内向八连弧纹。其外两周短斜线纹间为铭文带，铭文为『内光忘之日月心勿而忠然雍塞而不泄』。窄素缘。

535

昭明连弧铭文镜

西汉中晚期

范家墓地淄江花园高阳工地 M270 出土

直径 9 厘米，厚 0.3 ~ 0.5 厘米

连峰纽，纽外两周细凸弦纹和一周内向八连弧纹。其外两周细弦纹间为铭文带，铭文为『日月心忽而扬忠然雍塞不而泄』。宽素缘。

昭明连弧铭文镜

西汉中晚期

南马墓地棠悦工地 M416 出土

直径 9.8 厘米，厚 0.2～0.4 厘米

圆纽，圆纽座，座外一周细弦纹和内向八连弧纹。其外两周短斜线纹间为铭文带，铭文为『内清以昭明日月心忽而扬忠然雍塞而不泄』。宽素缘。

537

昭明连弧铭文镜

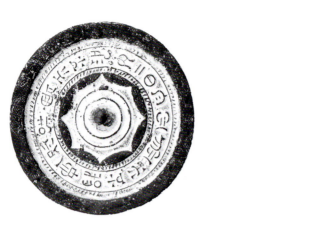

西汉中晚期

范家墓地淄江花园峰尚国际工地 M223 出土

直径 9.3 厘米，厚 0.2 ~ 0.4 厘米

圆纽，圆纽座，座外一周细弦纹和内向八连弧纹。其外两周短斜线纹间为铭文带，铭文为『内日月心忽而不扬忠然壅塞而不泄』。宽素缘。

538

昭明连弧铭文镜

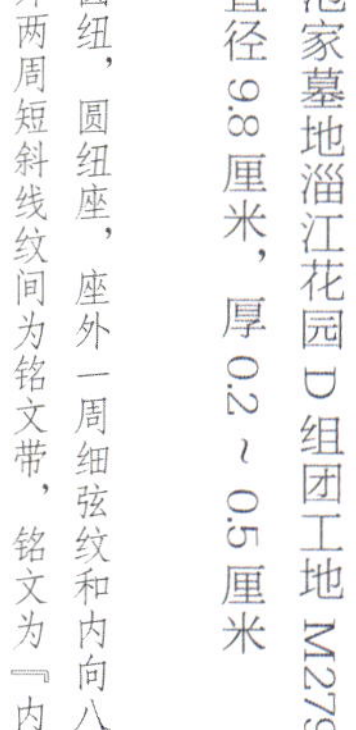

西汉中晚期

范家墓地淄江花园D组团工地M279出土

直径9.8厘米，厚0.2～0.5厘米

圆纽，圆纽座，座外一周细弦纹和内向八连弧纹。其外两周短斜线纹间为铭文带，铭文为『内清日月心忽而扬忠然雍塞而不泄』。宽素缘。

539

昭明连弧铭文镜

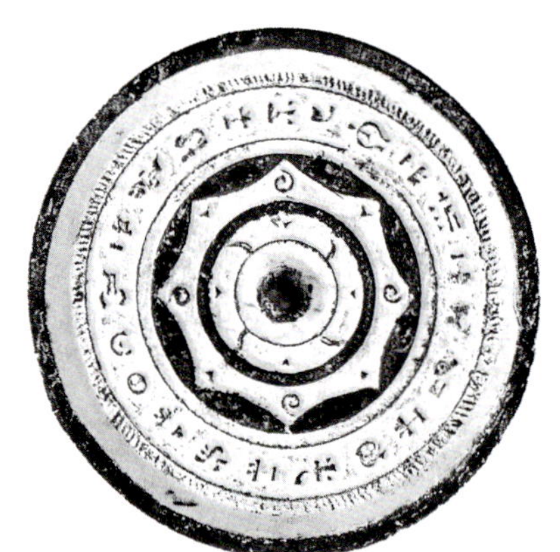

西汉中晚期

永流墓地泰东城住宅区工地 M292 出土

直径 9.8 厘米，厚 0.15 ~ 0.6 厘米

圆纽，圆纽座，座外一周凸圈带和内向八连弧纹。其外两周短斜线纹间为铭文带，字间有『而』作间隔，铭文为『内清昭明光象夫日月心忽扬而不泄』。窄素缘。

540

昭明连弧铭文镜

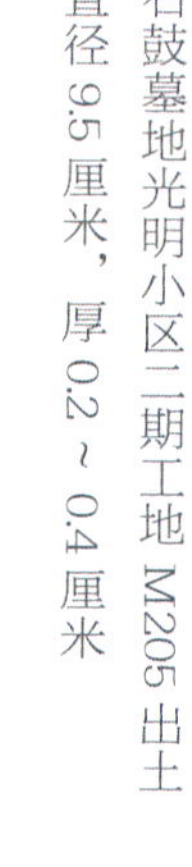

西汉中晚期

石鼓墓地光明小区二期工地 M205 出土

直径 9.5 厘米，厚 0.2 ~ 0.4 厘米

连峰纽，纽外一周细凸弦纹和内向八连弧纹。其外两周短斜线纹间为铭文带，铭文为『内清以昭日月心忽而扬忠然雍塞而不泄』。宽素缘。

541

昭明连弧铭文镜

西汉中晚期

山王墓地华盛园南区工地 M88 出土

直径 9 厘米，厚 0.2 ~ 0.5 厘米

圆纽，圆纽座，座外一周凸圈带和内向八连弧纹。其外两周短斜线纹间为铭文带，字间用「而」字间隔，铭文为「内清昭明光象夫日月心不泄」。窄素缘。

昭明连弧铭文镜

西汉中晚期

南马墓地棠悦工地 M877 出土

直径 9 厘米，厚 0.2 ~ 0.4 厘米

圆纽，圆纽座，座外一周凸圈带和内向八连弧纹。其外两周短斜线纹间为铭文带，字间用『而』字间隔，铭文为『内清以昭明光象日月扬忽不泄』。窄素缘。

543

昭明连弧铭文镜

西汉中晚期

范家墓地淄江花园K组团工地M547出土

直径8.7厘米，厚0.2～0.4厘米

圆纽，圆纽座，座外一周凸圈带和内向八连弧纹。其外两周短斜线纹间为铭文带，铭文为『而象而而日□心内而□而之』。宽素缘。

544

昭明连弧铭文镜

西汉中晚期

范家墓地淄江花园D组团工地M453出土

直径8.5厘米，厚0.2～0.4厘米

圆纽，圆纽座，座外一周内向八连弧纹。其外两周短斜线纹间为铭文带，铭文为『内清以日月心忽夫扬忠然雍塞而不泄』。宽素缘。

545

昭明连弧铭文镜

西汉中晚期

永流墓地新村工地 M387 出土

直径 8.3 厘米，厚 0.15 ~ 0.35 厘米

圆纽，圆纽座，座外一周内向八连弧纹。其外两周短斜线纹间为铭文带，铭文为『内清以昭明光日月心忽而扬不泄』。宽素缘。

昭明连弧铭文镜

西汉中晚期

永流墓地金鼎绿城二期工地 M538 出土

直径 8.3 厘米，厚 0.2 ~ 0.4 厘米

圆纽，圆纽座，座外一周内向八连弧纹。其外两周短斜线纹间为铭文带，铭文为『内清以日月心忽而扬忠雍塞不泄』。宽素缘。

547

昭明连弧铭文镜

西汉中晚期

山王墓地华盛园南区工地 M28 出土

直径 8 厘米，厚 0.25 ~ 0.5 厘米

圆纽，圆纽座，座外一周内向八连弧纹。其外两周短斜线纹间为铭文带，字间用『e』符号间隔，铭文为『内日月心忽而不泄』。宽素缘。

昭明连弧铭文镜

西汉中晚期

南马墓地棠悦工地 M103 出土

直径 8 厘米，厚 0.15 ~ 0.25 厘米

圆纽，圆纽座，座外一周内向八连弧纹。其外两周短斜线纹间为铭文带，铭文为『内清之以昭明光之日月心而不泄』。宽素缘。

549

昭明连弧铭文镜

西汉中晚期

徐家墓地凤凰城二期工地 M87 出土

直径 7.8 厘米，厚 0.2 ~ 0.5 厘米

圆纽，圆纽座，座外一周凸圈带和内向八连弧纹。其外两周短斜线纹间为铭文带，铭文为『内清而昭日月心忽而忠然雍塞而不泄』。窄素缘。

550

昭明连弧铭文镜

西汉中晚期

永流墓地泰东城小义乌商品城工地 M153 出土

直径 7.4 厘米，厚 0.15 ~ 0.3 厘米

圆纽，圆纽座，座外一周内向八连弧纹。其外两周短斜线纹间为铭文带，两字间用『而』字间隔，铭文为『内清以昭明光象夫日月』。窄素缘。

551

昭明连弧铭文镜

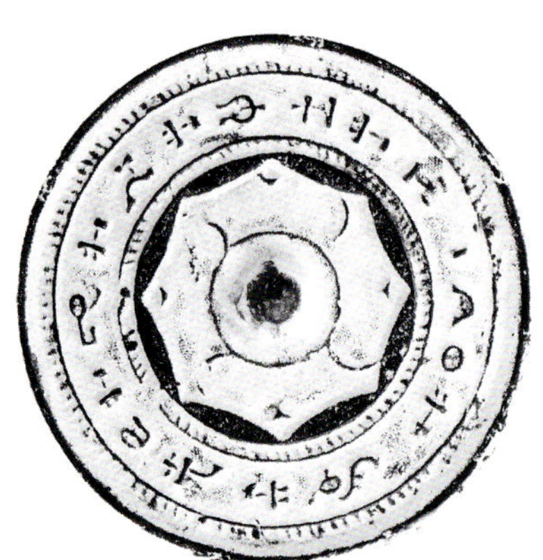

西汉中晚期

徐家墓地三星怡水工地 M29 出土

直径 6.6 厘米，厚 0.15 ~ 0.25 厘米

圆纽，圆纽座，座外一周内向八连弧纹。其外两周短斜线纹间为铭文带，字间用『而』字间隔，铭文为『内以昭明光象夫日月心不』。窄素缘。

552

昭明连弧铭文镜

西汉晚期

永流墓地新村工地 M302 出土

直径 14.3 厘米，厚 0.2 ~ 0.6 厘米

圆纽，柿蒂形纽座，座外一周短斜线纹、宽凸圈带和内向八连弧纹。其外两周短斜线纹间为铭文带，字间用『而』字间隔，铭文为『内青日以昭明光象夫日月之不泄』。宽素缘。

553

昭明连弧铭文镜

西汉晚期

西高墓地C组团工地M17出土

直径12.6厘米，厚0.2～0.5厘米

圆纽，柿蒂形纽座，座外一周宽凸圈带和内向八连弧纹。其外两周短斜线纹间为铭文带，字间用『而』字间隔，铭文为『内清质以昭明光象夫日月』。宽素缘。

昭明连弧铭文镜

西汉晚期

范家墓地淄江花园J组团工地M137出土

直径12.7厘米，厚0.35～0.6厘米

圆纽，圆纽座，座外一周凸圈带和内向八连弧纹。其外两周短斜线纹间为铭文带，字间用『而』字间隔，铭文为『内清以昭明光象日月』。宽素缘。

555

昭明连弧铭文镜

西汉晚期

南马墓地棠悦工地 M1242 出土

直径 12 厘米，厚 0.25 ~ 0.8 厘米

圆纽，圆纽座，座外一周宽凸圈带和内向八连弧纹。其外两周短斜线纹间为铭文带，字间用『而』字间隔，铭文为『内清以昭明光象夫日之月日不泄』。宽素缘。

昭明连弧铭文镜

西汉晚期

南马墓地翰林院工地 M55 出土

直径 12 厘米，厚 0.2 ~ 0.7 厘米

圆纽，圆纽座，座外一周宽凸圈带和内向八连弧纹。其外两周短斜线纹间为铭文带，字间用『而』字间隔，铭文为『内清日以昭明光象夫日月忽』。宽素缘。

557

昭明连弧铭文镜

西汉晚期

国家墓地齐兴花园二期工地 M51 出土

直径 11 厘米，厚 0.2 ~ 0.6 厘米

圆纽，圆纽座，座外一周宽凸圈带和内向八连弧纹。其外两周短斜线纹间为铭文带，字间用『而』字间隔，铭文为『内清以昭明光夫日月』。宽素缘。

昭明连弧铭文镜

西汉晚期

刘家墓地棕榈城三期工地 M113 出土

直径 11 厘米，厚 0.2 ~ 0.7 厘米

圆纽，圆纽座，座外一周宽凸圈带和内向八连弧纹。其外两周短斜线纹间为铭文带，字间用『而』字间隔，铭文为『内清以昭明光象夫日之月心忽日不泄』。宽素缘。

559

昭明连弧铭文镜

西汉晚期

南马墓地棠悦工地 M990 出土

直径 10.8 厘米，厚 0.2～0.5 厘米

圆纽，圆纽座，座外一周宽凸圈带和内向八连弧纹。其外两周短斜线纹间为铭文带，字间用『而』字间隔，铭文为『内清以昭明光象夫日月』。宽素缘。

昭明连弧铭文镜

西汉晚期
刘家墓地棕榈城三期工地 M56 出土
直径 10.7 厘米，厚 0.2 ~ 0.6 厘米

圆纽，圆纽座，座外一周宽凸圈带和内向十二连弧纹。其外两周短斜线纹间为铭文带，字间用『而』字间隔，铭文为『内清质以昭明光象夫日月』。宽素缘。

561

昭明连弧铭文镜

西汉晚期

西关南墓地临淄中学工地 M111 出土

直径 10.8 厘米，厚 0.2 ~ 0.5 厘米

圆纽，圆纽座，座外一周宽凸圈带和内向八连弧纹。其外两周短斜线纹间为铭文带，字间用『而』字间隔，铭文为『内清以昭明光象夫日之月心忽日不泄』。宽素缘。

昭明连弧铭文镜

西汉晚期

范家墓地淄江花园方正 2009 工地 M275 出土

直径 10 厘米，厚 0.2 ~ 0.5 厘米

圆纽，圆纽座，座外一周宽凸圈带和内向十二连弧纹。其外两周短斜线纹间为铭文带，字间用『而』字间隔，铭文为『内清以昭明光象夫日月不泄』。宽素缘。

563

昭明连弧铭文镜

西汉晚期

范家墓地淄江花园K组团工地M15出土

直径10.7厘米，厚0.2～0.5厘米

圆纽，圆纽座，座外一周宽凸圈带和内向十二连弧纹。其外两周短斜线纹间为铭文带，字间用『而』字间隔，铭文为『内清以昭明光夫日月不泄』。宽素缘。

昭明连弧铭文镜

西汉晚期
徐家墓地三星怡水工地 M18 出土
直径 10.5 厘米，厚 0.2 ~ 0.6 厘米

圆纽，圆纽座，座外一周宽凸圈带和内向八连弧纹。其外两周短斜线纹间为铭文带，字间用『而』字间隔，铭文为『内清以昭明光象夫日月』。宽素缘。

565

昭明连弧铭文镜

西汉晚期

石鼓墓地天齐北工地 M63 出土

直径 10.5 厘米，厚 0.2 ~ 0.6 厘米

圆纽，圆纽座，座外一周宽凸圈带和内向十六连弧纹。其外两周短斜线纹间为铭文带，字间用『而』字间隔，铭文为『内清以昭明光夫象日月』。宽素缘。

566

昭明连弧铭文镜

西汉晚期
范家墓地淄江花园太公小学工地 M18 出土
直径 10.8 厘米，厚 0.2 ~ 0.6 厘米

圆纽，圆纽座，座外一周宽凸圈带和内向八连弧纹。其外两周短斜线纹间为铭文带，字间用『而』字间隔，铭文为『内清以昭明光日月夫象不泄之』。宽素缘。

567

昭明连弧铭文镜

西汉晚期

范家墓地淄江花园 D 组团工地 M371 出土

直径 10 厘米，厚 0.2 ~ 0.7 厘米

圆纽，圆纽座，座外一周内向十二连弧纹。其外两周短斜线纹间为铭文带，字间用「而」字间隔，铭文为「内清质昭明光象夫日月」。宽素缘。

568

昭明连弧铭文镜

西汉晚期

商王墓地舒舍家园工地 M2 出土

直径 10 厘米，厚 0.2 ~ 0.5 厘米

圆纽，圆纽座，座外一周内向十连弧纹。其外两周短斜线纹间为铭文带，字间用『而』字间隔，铭文为『内清明象以夫昭日月』。宽素缘。

569

昭明连弧铭文镜

西汉晚期

永流墓地金鼎绿城二期工地 M502 出土

直径 9.1 厘米，厚 0.25 ~ 0.6 厘米

圆柱形纽，顶内凹，圆纽座，座外一周内向十二连弧纹。其外两周短斜线纹间为铭文带，字间用『而』字间隔，铭文为『内清以昭明光象夫日月』。宽素缘。

570

昭明连弧铭文镜

西汉晚期

南马墓地翰林院工地 M295 出土

直径 9 厘米，厚 0.2 ~ 0.5 厘米

圆纽，圆纽座，座外一周内向八连弧纹。其外两周短斜线纹间为铭文带，字间用『而』字间隔，铭文为『内清以昭明光象夫日之月不泄』。宽素缘。

571

昭明连弧铭文镜

西汉晚期

山王墓地馨香园二期工地 M35 出土

直径 9.5 厘米，厚 0.25 ~ 0.6 厘米

圆纽，圆纽座，座外一周内向十二连弧纹。其外两周短斜线纹间为铭文带，字间用『而』字间隔，铭文为『内清以昭明光夫日月之』。宽素缘。

昭明连弧铭文镜

西汉晚期

南马墓地棠悦工地 M1080 出土

直径 9.5 厘米，厚 0.3 ~ 0.6 厘米

圆纽，圆纽座，座外一周内向八连弧纹。其外两周短斜线纹间为铭文带，字间用『而』字间隔，铭文为『内青以昭明光夫象日月』。宽素缘。

573

昭明连弧铭文镜

西汉晚期

徐家墓地凤凰城三期工地 M303 出土

直径 9.3 厘米，厚 0.2 ~ 0.45 厘米

圆纽，圆纽座，座外一周内向十二连弧纹。其外两周短斜线纹间为铭文带，字间用『而』字间隔，铭文为『内清以昭明明光日』。宽素缘。

昭明连弧铭文镜

西汉晚期

南马墓地棠悦工地 M1125 出土

直径 9.8 厘米，厚 0.2 ~ 0.6 厘米

圆纽，圆纽座，座外一周内向十二连弧纹。其外两周短斜线纹间为铭文带，字间用『而』字间隔，铭文为『内清以昭明光日月』。宽素缘。

575

昭明连弧铭文镜

西汉晚期

刘家墓地农信大楼工地 M4 出土

直径 9.8 厘米，厚 0.2 ~ 0.5 厘米

圆纽，圆纽座，座外一周内向十二连弧纹。其外两周短斜线纹间为铭文带，字间用『而』字间隔，铭文为『内清以昭明光象日月』。宽素缘。

昭明连弧铭文镜

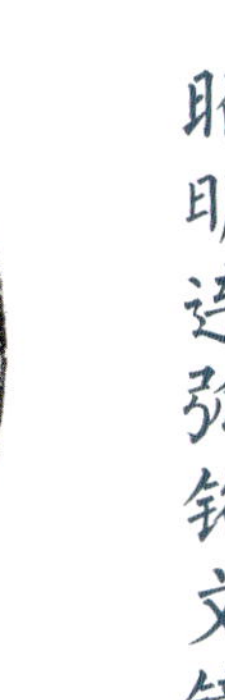

西汉晚期

永流墓地金鼎绿城二期工地 M5 出土

直径 9.8 厘米，厚 0.25 ~ 0.7 厘米

圆纽，圆纽座，座外一周内向八连弧纹。其外两周短斜线纹间为铭文带，字间用『而』字间隔，铭文为『内青以昭光象日月之』。宽素缘。

昭明连弧铭文镜

西汉晚期

范家墓地淄江花园方正 2009 工地 M12 出土

直径 9.5 厘米，厚 0.2 ~ 0.7 厘米

圆纽，圆纽座，座外一周内向八连弧纹。其外两周短斜线纹间为铭文带，字间用『而』字间隔，铭文为『内清以昭明光象夫日之月心不泄』。宽素缘。

578

昭明连弧铭文镜

西汉晚期

永流墓地泰东城住宅区工地 M302 出土

直径 9 厘米，厚 0.2 ~ 0.6 厘米

圆纽，圆纽座，座外一周内向八连弧纹。其外两周短斜线纹间为铭文带，字间用『而』字间隔，铭文为『内清以昭明光象夫日之月心不泄』。宽素缘。

579

昭明连弧铭文镜

西汉晚期

单家墓地大顺花园工地 M22 出土

直径 9.6 厘米，厚 0.2 ~ 0.6 厘米

圆纽，圆纽座，座外一周内向八连弧纹。其外两周短斜线纹间为铭文带，字间用『而』字间隔，铭文为『内青以昭明夫象日月泄』。宽素缘。

昭明连弧铭文镜

西汉晚期

范家墓地淄江花园D组团工地M116出土

直径9.8厘米，厚0.25～0.6厘米

圆纽，圆纽座，座外一周内向十二连弧纹。其外两周短斜线纹间为铭文带，铭文为『内清质以昭明光象夫日月心忽不泄』。宽素缘。

581

昭明连弧铭文镜

西汉晚期

南马墓地棠悦工地 M415 出土

直径 9 厘米，厚 0.2 ~ 0.5 厘米

圆纽，圆纽座，座外一周内向八连弧纹。其外两周短斜线纹间为铭文带，铭文为『内清以昭明光象夫日之月心不泄』。宽素缘。

昭明连弧铭文镜

西汉晚期

石鼓墓地光明小区二期工地 M50 出土

直径 9.8 厘米，厚 0.2 ~ 0.5 厘米

圆纽，圆纽座，座外一周内向十二连弧纹。其外两周短斜线纹间为铭文带，字间用『而』字间隔，铭文为『内清夫以昭明光夫日月之』。宽素缘。

583

昭明连弧铭文镜

西汉晚期

南马墓地棠悦工地 M634 出土

直径 9.8 厘米，厚 0.25 ~ 0.7 厘米

圆纽，圆纽座，座外一周内向八连弧纹。其外两周短斜线纹间为铭文带，字间用『而』字间隔，铭文为『内青以昭光明日月』。宽素缘。

584

昭明连弧铭文镜

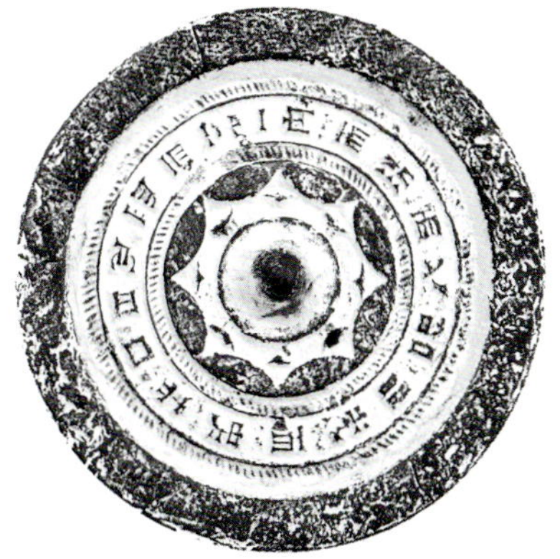

西汉晚期

西关南墓地临淄中学工地 M164 出土

直径 9.5 厘米，厚 0.2 ~ 0.5 厘米

圆纽，圆纽座，座外一周内向八连弧纹。其外两周短斜线纹间为铭文带，字间用『而』字间隔，铭文为『内清以昭明光象夫日月心忽不』。宽素缘。

585

昭明连弧铭文镜

西汉晚期

南马墓地新村工地 M8 出土

直径 9.9 厘米，厚 0.15 ~ 0.4 厘米

圆纽，圆纽座，座外一周凸圈带和内向八连弧纹。其外两周短斜线纹间为铭文带，铭文为『内清以昭明之光象夫日月心』。宽素缘。

昭明连弧铭文镜

西汉晚期

南马墓地棠悦工地 M209 出土

直径 9.8 厘米，厚 0.2 ~ 0.4 厘米

圆纽，圆纽座，座外一周内向十连弧纹。其外两周短斜线纹间为铭文带，字间用『而』字间隔，铭文为『内清质以象日月』。宽缘，中间凹圈带上饰三角形波折纹。

587

昭明连弧铭文镜

西汉晚期

南马墓地翰林院工地 M120 出土

直径 9 厘米，厚 0.2 ~ 0.45 厘米

圆纽，圆纽座，座外一周内向八连弧纹。其外两周短斜线纹间为铭文带，字间用『而』字间隔，铭文为『内清以昭明光象日月泄』。宽素缘。

昭明连弧铭文镜

西汉晚期

山王墓地牛山园三期工地 M13 出土

直径 8.3 厘米，厚 0.15 ~ 0.3 厘米

圆纽，圆纽座，座外一周内向十二连弧纹。其外两周短斜线纹间为铭文带，字间用『而』字间隔，铭文为『内清昭以光明日月』。宽素缘。

589

昭明连弧铭文镜

西汉晚期

南马墓地棠悦工地 M291 出土

直径 8.8 厘米，厚 0.1 ~ 0.3 厘米

圆纽，圆纽座，座外一周内向八连弧纹。其外两周短斜线纹间为铭文带，字间用『而』字间隔，铭文为『内清以昭明光日泄』。宽素缘。

590

昭明连弧铭文镜

西汉晚期

范家墓地淄江花园 D 组团工地 M854 出土

直径 8.5 厘米，厚 0.15 ~ 0.3 厘米

圆纽，圆纽座，座外一周内向八连弧纹。其外两周短斜线纹间为铭文带，字间用『而』字间隔，铭文为『内清以昭明光日月』。宽素缘。

591

昭明圈带铭文镜

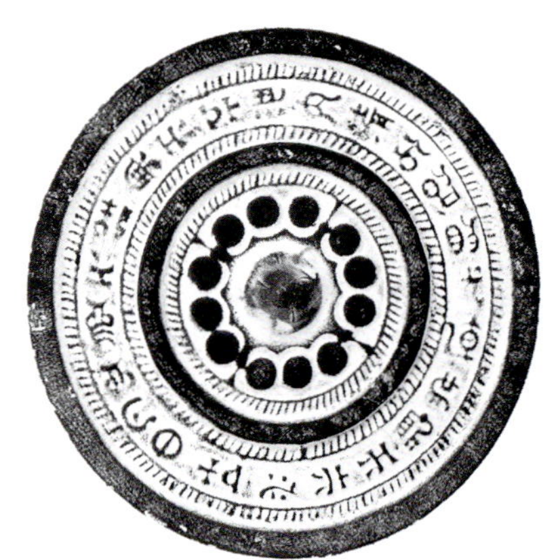

西汉中晚期
南马墓地新村二期工地 M94 出土
直径 11 厘米，厚 0.2 ~ 0.4 厘米

圆纽，并蒂连珠纹纽座，座外一周短斜线纹和凸圈带。其外两周短斜线纹间为铭文带，铭文为『内清以昭明光辉象质而夫乎不日月心忽夫雍塞而不泄』。窄素缘。

592

昭明圈带铭文镜

西汉中晚期

徐家墓地凤凰城四期工地 M194 出土

直径 10.3 厘米，厚 0.2 ~ 0.5 厘米

圆纽，圆纽座，座外一周凸圈带。其外两周短斜线纹间为铭文带，铭文为『内清质以昭明光象日月心忽而不泄』。宽素缘。

593

昭明圈带铭文镜

西汉中晚期

南马墓地棠悦工地 M177 出土

直径 10厘米，厚 0.2 ~ 0.3厘米

圆纽，圆纽座，座外一周细弦纹和凸圈带。其外两周细弦纹间为铭文带，铭文为『内日月心忽夫扬忠然雍塞夫不泄』。宽素缘。

594

昭明圈带铭文镜

西汉中晚期

范家墓地淄江花园J组团工地M158出土

直径10.5厘米，厚0.2～0.4厘米

圆纽，圆纽座，座外两周凸圈带。其外两周短斜线间为铭文带，铭文为『内以昭明光辉象夫日月心忽而扬忠然雍塞而不泄』。宽素缘。

昭明圈带铭文镜

西汉中晚期

西关南墓地临淄中学工地 M311 出土

直径 10.2厘米，厚 0.2～0.6厘米

圆纽，并蒂连珠纹纽座，座外一周凸圈带。其外两周短斜线纹间为铭文带，铭文为『内清以而昭明而光象日月心忽扬之忠塞不泄』。宽素缘。

596

昭明圈带铭文镜

西汉中晚期

永流墓地金鼎绿城三期工地 M641 出土

直径 10 厘米，厚 0.15 ~ 0.3 厘米

圆纽，纽外两周凸圈带。其外两周短斜线纹间为铭文带，铭文为『内以日月心忽而扬忠然雍塞不泄』。宽素缘。

597

昭明圈带铭文镜

西汉中晚期

南马墓地棠悦工地 M368 出土

直径 10 厘米，厚 0.2 ~ 0.4 厘米

圆纽，并蒂连珠纹纽座，座外两周凸圈带间一周短斜线纹。其外两周短斜线纹间为铭文带，铭文为『内清质以昭明光辉象夫日月心忽扬而愿忠然雍塞而不泄』。宽素缘。

昭明圈带铭文镜

西汉中晚期

永流墓地金鼎绿城二期工地 M413 出土

直径 9.8 厘米，厚 0.1 ~ 0.3 厘米

圆纽，柿蒂形纽座，座外一周凸弦纹和宽凸圈带。其外两周细弦纹间为铭文带，铭文为『内日月心忽而扬然雍塞泄以而』。宽素缘。

599

昭明圈带铭文镜

西汉中晚期

商王墓地盛世豪庭工地 M252 出土

直径 9.8 厘米，厚 0.15 ~ 0.3 厘米

圆纽，圆纽座，座外一周凸弦纹和宽凸圈带。其外两周凸弦纹间为铭文带，铭文为『内以日月心忽而扬忠然雍塞而不泄』。宽素缘。

昭明圈带铭文镜

西汉中晚期

南马墓地棠悦工地 M1215 出土

直径 9.8 厘米，厚 0.15 ~ 0.35 厘米

圆纽，并蒂连珠纹纽座，座外一周短斜线纹和凸圈带。其外两周短斜线间为铭文带，铭文为『内清质以昭明光辉象夫日月心忽扬忠质雍然而塞不泄』。宽素缘。

601

昭明圈带铭文镜

西汉中晚期

范家墓地淄江花园G组团工地M318出土

直径9.5厘米，厚0.1～0.2厘米

圆纽，圆纽座，座外一周凸弦纹和宽凸圈带。其外两周细凸弦纹间为铭文带，铭文为『内日月心忽而扬忠然塞而不泄』。宽素缘。

昭明圈带铭文镜

西汉中晚期

临淄东部排污工程工地 M37 出土

直径 9 厘米，厚 0.25 ~ 0.6 厘米

圆纽，圆纽座，座外一周宽凸圈带。其外两周短斜线纹间为铭文带，字间用『而』字间隔，铭文为『内清以昭明光象夫日月不』。宽素缘。

603

昭明圈带铭文镜

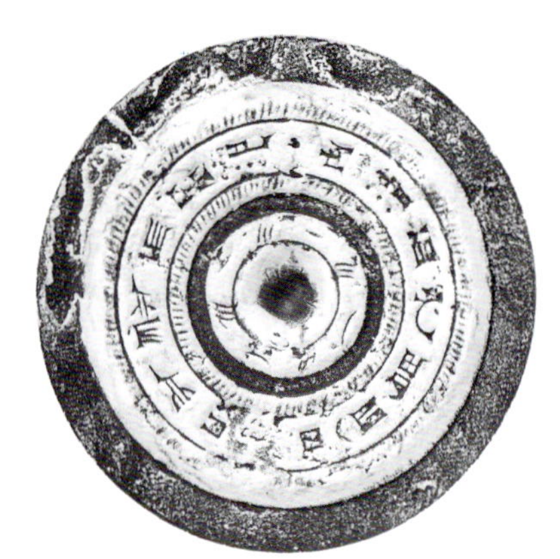

西汉中晚期

徐家墓地三星怡水工地 M16 出土

直径 9.2 厘米，厚 0.25 ~ 0.5 厘米

圆纽，圆纽座，座外一周宽凸圈带。其外两周短斜线纹间为铭文带，铭文为『内清以昭明心忽不泄』。宽素缘。

昭明圈带铭文镜

西汉中晚期

南马墓地翰林院工地 M6 出土

直径 9.1 厘米，厚 0.2 ~ 0.5 厘米

圆纽，圆纽座，座外一周宽凸圈带。其外两周短斜线纹间为铭文带，有的字间用『而』字间隔，铭文为『内清质以昭明日忽不泄』。宽素缘。

605

昭明圈带铭文镜

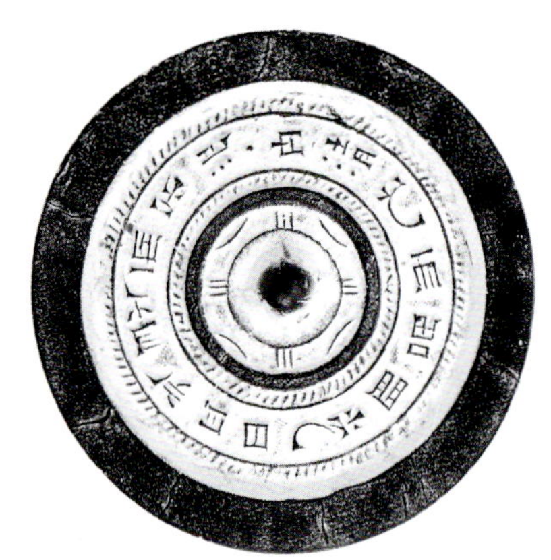

西汉中晚期

刘家墓地棕榈城工地 M187 出土

直径 9 厘米，厚 0.2 ~ 0.5 厘米

圆纽，圆纽座，座外一周宽凸圈带。其外两周短斜线纹间为铭文带，铭文为『内清以而昭明光日月心忽而不泄』。宽素缘。

昭明圈带铭文镜

西汉中晚期

永流墓地金鼎绿城三期工地 M348 出土

直径 9.3 厘米，厚 0.2 ~ 0.5 厘米

圆纽，圆纽座，座外一周凸圈带。其外两周短斜线纹间为铭文带，铭文为『内清而以昭明日之心忽而不泄』。宽素缘。

607

昭明圈带铭文镜

西汉中晚期

刘家墓地棕榈城工地 M36 出土

直径 8.5 厘米，厚 0.1 ~ 0.2 厘米

圆纽，圆纽座，座外一周细凸弦纹和宽凸圈带。其外两周细弦纹间为铭文带，铭文为『内清相忘日月心忽夫忠然雍塞而不泄』。窄素缘。

昭明圈带铭文镜

西汉中晚期

范家墓地淄江花园高阳工地 M257 出土

直径 8.5 厘米，厚 0.1 ~ 0.2 厘米

连峰纽，纽外一周细凸弦纹和宽凸圈带。其外两周细弦纹间为铭文带，铭文为『内清日月心忽而忠然壅塞而不泄』。宽素缘。

609

昭明圈带铭文镜

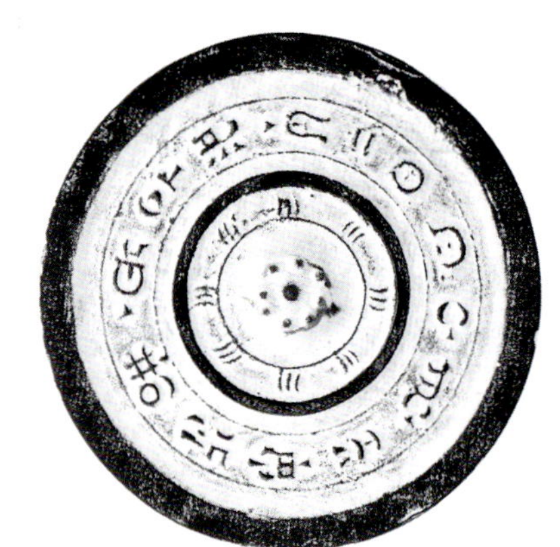

西汉中晚期

永流墓地金鼎绿城三期工地 M432 出土

直径 8.6 厘米，厚 0.15 ~ 0.3 厘米

连峰纽，纽外一周细凸弦纹和宽凸圈带。其外两周细弦纹间为铭文带，铭文为『内日月心忽而忠然雍塞不泄』。宽素缘。

610

昭明圈带铭文镜

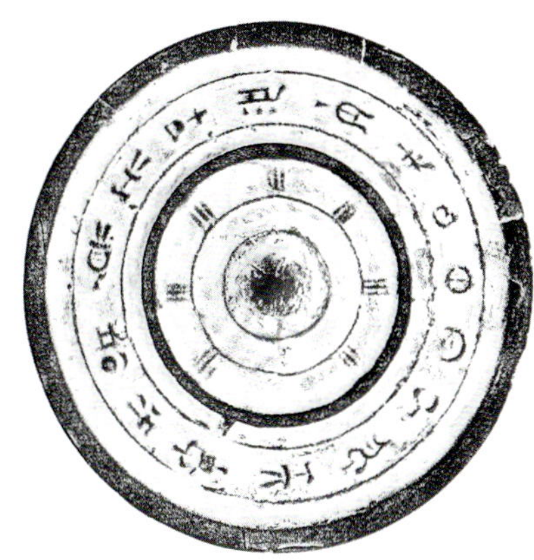

西汉中晚期

徐家墓地凤凰城工地 M112 出土

直径 8.3 厘米，厚 0.1 ~ 0.2 厘米

纽残，圆纽座，座外一周细凸弦纹和宽凸圈带。其外两周细弦纹间为铭文带，铭文为『内夫日月心忽而忠然雍塞而不泄』。窄素缘。

611

昭明圈带铭文镜

西汉中晚期

范家墓地淄江花园物业管理站工地 M91 出土

直径 8.5 厘米，厚 0.2 ~ 0.4 厘米

圆纽，圆纽座，座外一周宽凸圈带。其外两周短斜线纹间为铭文带，铭文为『内以昭日月心忽扬忠雍塞不泄』。宽素缘。

612

昭明圈带铭文镜

西汉中晚期

范家墓地淄江花园J组团工地M338出土

直径8.8厘米，厚0.1～0.2厘米

圆纽，圆纽座，座外一周细凸弦纹和宽凸圈带。其外两周细凸弦纹间为铭文带，铭文为『内日月心忽而扬忠然雍塞而不泄』。宽素缘。

613

昭明圈带铭文镜

西汉中晚期

刘家墓地棕榈城三期工地 M34 出土

直径 8.8 厘米，厚 0.15 ~ 0.3 厘米

连峰纽，纽外一周细凸弦纹和宽凸圈带。其外两周细凸弦纹间为铭文带，铭文为『内以明日月心勿而扬忠而不泄』。宽素缘。

昭明圈带铭文镜

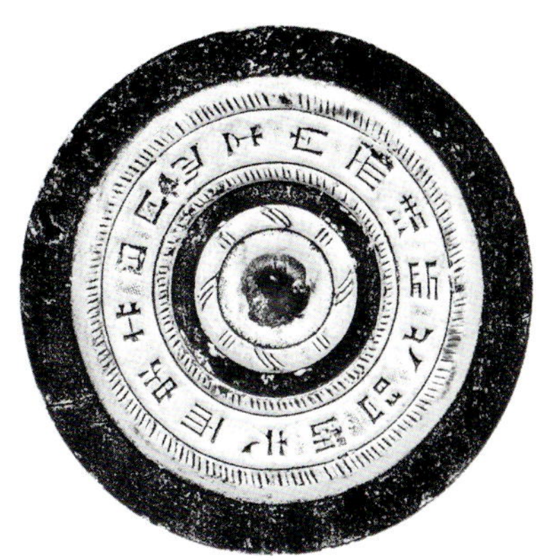

西汉中晚期

永流墓地金鼎绿城二期工地 M44 出土

直径 8.5 厘米，厚 0.15 ~ 0.4 厘米

圆纽，圆纽座，座外一周宽凸圈带。其外两周短斜线纹间为铭文带，铭文为『内而清质以昭明光而象夫日月心不』。宽素缘。

615

昭明圈带铭文镜

西汉中晚期

商王墓地盛世豪庭工地 M134 出土

直径 8.3 厘米，厚 0.25 ~ 0.5 厘米

圆纽，圆纽座，座外两周短斜线纹间为铭文带，字间用『而』字间隔，铭文为『内夫光日月心忽不泄』。宽素缘。

616

昭明圈带铭文镜

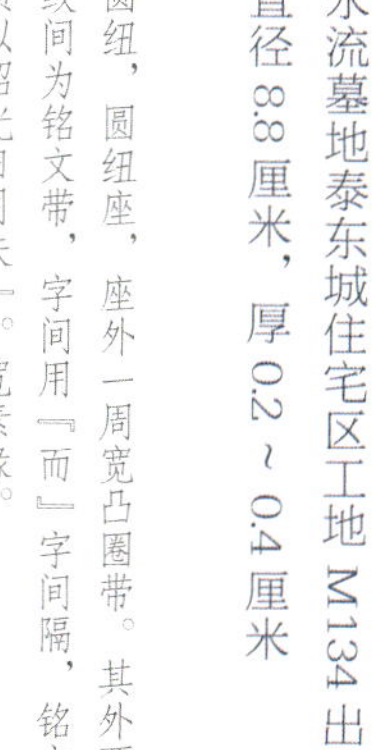

西汉中晚期

永流墓地泰东城住宅区工地 M134 出土

直径 8.8 厘米，厚 0.2 ~ 0.4 厘米

圆纽，圆纽座，座外一周宽凸圈带。其外两周短斜线纹间为铭文带，字间用『而』字间隔，铭文为『内青质以昭光日月夫』。宽素缘。

617

清白连弧铭文镜

西汉中晚期

西关南墓地临淄中学工地 M351 出土

直径 12.8 厘米，厚 0.2 ~ 0.5 厘米

圆纽，并蒂连珠纹纽座，座外一周凸圈带和内向八连弧纹，其间装饰短弧线和圆涡纹等简单的纹样。其外两周短斜线纹间为铭文带，铭文为『洁清白而事君志愿之合明□玄□而日心□美之□而忠然雍塞而愿不以』。宽素缘。

日光昭明连弧铭文镜

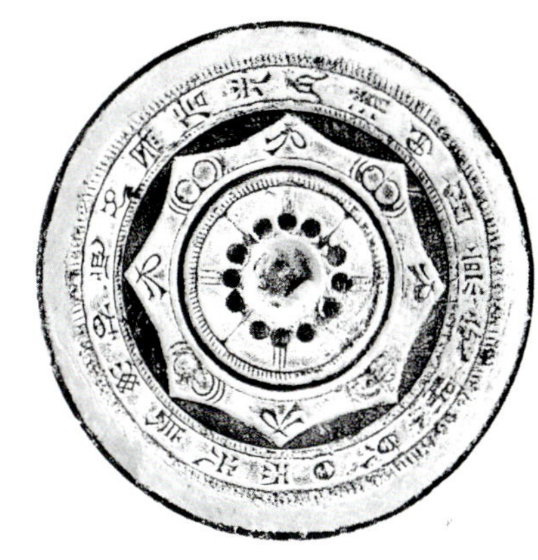

西汉中晚期

南马墓地棠悦工地 M701 出土

直径 9.8 厘米，厚 0.2 ~ 0.6 厘米

圆纽，并蒂连珠纹纽座，座外一周短斜线纹、凸圈带和内向八连弧纹。其外两周短斜线纹间为铭文带，铭文为『见日之光长毋相忘以为信光内清明昭□忘□』。窄素缘。

日光昭明重圈铭文镜

西汉中晚期

刘家墓地棕榈城工地 M15 出土

直径 13 厘米，厚 0.2 ~ 0.5 厘米

圆纽，并蒂连珠纹纽座。座外两周凸圈带之间为内圈铭文，字间用『ℯ』符号间隔，铭文为『见日之光长毋相忘』。两周短斜线纹间为外圈铭文，铭文为『内清质以昭明光辉象日月心忽而愿忠然雍塞不□』。宽素缘。

日光昭明重圈铭文镜

西汉中晚期

范家墓地淄江花园方正 2009 工地 M424 出土

直径 12.8 厘米，厚 0.2 ~ 0.5 厘米

圆纽，并蒂连珠纹纽座。座外两周凸圈带之间为内圈铭文，字间用『e』符号间隔，铭文为『见日之光长毋相忘』。两周短斜线纹间为外圈铭文，铭文为『内清以昭明日月心忽而愿扬忠然雍塞不泄而』。宽素缘。

621

日光昭明重圈铭文镜

西汉中晚期

范家墓地淄江花园 K 组团工地 M601 出土

直径 12.8 厘米，厚 0.2 ~ 0.5 厘米

圆纽，并蒂连珠纹纽座，座外一周短斜线纹。其外两周凸圈带之间为内圈铭文，铭文为『见日之光长毋相忘』。两周短斜线纹间为外圈铭文，铭文为『内清质以昭明光辉象而日月心忽而愿扬忠然雍塞而不泄』。宽素缘。

622

日光昭明重圈铭文镜

西汉中晚期

西关南墓地临淄中学工地 M146 出土

直径 12.7 厘米，厚 0.2 ~ 0.5 厘米

圆纽，并蒂连珠纹纽座，座外一周短斜线纹。两周凸圈带之间为内圈铭文，字间用『e』符号间隔，铭文为『见日之光长不相忘』。两周短斜线纹间为外圈铭文，铭文为『内清质以昭明光辉象而日月心忽而愿扬忠□□□夫不泄』。宽素缘。

日光昭明重圈铭文镜

西汉中晚期

范家墓地淄江花园方正 2009 工地 M258 出土

直径 11 厘米，厚 0.3 ~ 0.5 厘米

圆纽，并蒂连珠纹纽座。座外两周凸圈带之间为内圈铭文，字间用『ℯ』符号间隔，铭文为『见日之光长毋相忘』。两周短斜线纹间为外圈铭文，铭文为『内清质以昭明光象夫日月心忽扬而忠然雍塞而不泄』。宽素缘。

日光昭明重圈铭文镜

西汉中晚期

范家墓地淄江花园高阳工地 M52 出土

直径 11 厘米，厚 0.2 ~ 0.4 厘米

圆纽，圆纽座。座外两周凸圈带之间为内圈铭文，字间用『℮』符号间隔，铭文为『见日之光长毋相忘』。两周短斜线纹间为外圈铭文，铭文为『内清以昭明光日月心忽而扬忠然雍塞而不泄』。宽素缘。

625

日光昭明重圈铭文镜

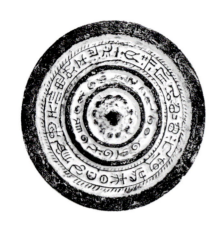

西汉中晚期

西关南墓地临淄中学工地 M186 出土

直径 10 厘米，厚 0.3 ~ 0.5 厘米

圆纽，并蒂连珠纹纽座。座外两周凸圈带之间为内圈铭文，字间用『e』符号间隔，铭文为『见日之光长毋相忘』。两周短斜线纹间为外圈铭文，铭文为『内清质以昭明光辉象夫日月心忽扬而愿忠然不泄乎』。宽素缘。

日光昭明重圈铭文镜

西汉中晚期

永流墓地金鼎绿城二期工地 M151 出土

直径 10.5 厘米，厚 0.2 ~ 0.4 厘米

纽残，圆纽座。座外两周凸圈带之间为内圈铭文，铭文为『见日之光长毋相忘』。两周短斜线纹间为外圈铭文，铭文为『内清以日月心忽而扬然扬塞泄』。宽素缘。

627

日光昭明重圈铭文镜

西汉中晚期

张家墓地华盛园工地 M56 出土

直径 10.2 厘米，厚 0.25 ~ 0.5 厘米

圆纽，并蒂连珠纹纽座。座外两周凸圈带之间为内圈铭文，字间用短直线作间隔，铭文为『见日之光毋相忘』。两周短斜线纹间为外圈铭文，铭文为『内清以昭明光而日月心忽而扬忠然塞雍泄』。宽素缘。

日光昭明重圈铭文镜

西汉中晚期

张家墓地太公苑工地 M51 出土

直径 9.5 厘米，厚 0.15 ~ 0.5 厘米

圆纽，圆纽座，座外一周凸圈带。短斜线纹与凸圈带之间为内圈铭文，铭文为『见日之长勿相忘』。两周短斜线纹间为外圈铭文，铭文为『内清以昭日月心忽而忠然雍塞而不泄』。窄素缘。

629

昭明重圈铭文镜

西汉中晚期

永流墓地泰东城住宅区工地 M208 出土

直径 15 厘米，厚 0.2 ~ 0.5 厘米

纽残，并蒂连珠纹纽座，座外一周凸圈带。短斜线纹与凸圈带之间为内圈铭文，铭文为『内清以昭日月心忽而扬忠然雍塞泄』。两周短斜线纹间为外圈铭文，铭文为『内清以昭明光辉而象不质日月心忽而扬忠然雍塞泄』。宽素缘。

昭明重圈铭文镜

西汉中晚期

范家墓地淄江花园工地 M489 出土

直径 12.8 厘米，厚 0.2 ~ 0.5 厘米

圆纽，并蒂连珠纹纽座。座外两周凸圈带，外圈带将铭文分为内外两区。内区两短斜线纹间铭文为『内清愿昭日月心忽而愿扬忠然雍塞而不泄』。外区两周短斜线纹间铭文为『内清质以昭明光而不象忠信何日月心忽而愿忠然雍塞而不泄』。宽素缘。

631

昭明重圈铭文镜

西汉中晚期

范家墓地淄江花园工地 M98 出土

直径 12.5 厘米，厚 0.2 ~ 0.5 厘米

圆纽，并蒂连珠纹纽座。座外两周凸圈带，外圈带将铭文分为内外两区。内区两短斜线纹间铭文为『内清以日月心忽而扬忠然雍塞泄』。外区两周短斜线纹间铭文为『内清以昭明光象而愿辉不日月心忽而扬忠然雍塞泄』。宽素缘。

632

昭明重圈铭文镜

西汉中晚期

张家墓地华盛园工地 M35 出土

直径 12.2 厘米，厚 0.1 ~ 0.3 厘米

圆纽，并蒂连珠纹纽座。座外两周凸圈带之间为内圈铭文，铭文为『日月心忽夫扬忠然雍塞不泄』。两周短斜线纹间为外圈铭文，铭文为『内清以昭明日月心忽夫扬忠然雍塞不泄』。宽素缘。

633

昭明重圈铭文镜

西汉中晚期

永流墓地泰东城住宅区工地 M188 出土

直径 12.5 厘米，厚 0.15 ~ 0.4 厘米

圆纽，圆纽座。座外两周凸圈带之间为内圈铭文，铭文为『日月心忽而扬忠然雍塞而不泄』。两周短斜线纹间为外圈铭文，铭文为『内清以昭明光日月心忽而扬忠然雍塞而不泄』。宽素缘。

634

昭明重圈铭文镜

西汉中晚期

永流墓地金鼎绿城三期工地 M971 出土

直径 12.2 厘米，厚 0.2 ~ 0.4 厘米

圆纽，并蒂连珠纹纽座。座外两周凸圈带之间为内圈铭文，铭文为『内日月心忽而扬忠然雍塞泄』。两周短斜线纹间为外圈铭文，铭文为『内清以昭明光而象不日月心忽而扬忠然雍塞泄』。宽素缘。

昭明重圈铭文镜

西汉中晚期

范家墓地淄江花园北五区工地采集

直径10.5厘米，厚0.2～0.4厘米

圆纽，并蒂连珠纹纽座。座外两周凸圈带之间为内圈铭文，铭文为『内清日月心忽而愿忠然雍塞泄』。两周短斜线纹间为外圈铭文，铭文为『内清以昭明光而象不日月心忽而愿忠然雍塞泄』。宽素缘。

636

昭明重圈铭文镜

西汉中晚期

范家墓地淄江花园车库工地 M511 出土

直径 10.5 厘米，厚 0.3 ~ 0.4 厘米

圆纽，并蒂连珠纹纽座。座外两周凸圈带之间为内圈铭文，铭文为『日月心忽而扬忠然雍塞』。两周短斜线纹间为外圈铭文，铭文为『内清以象而日月心忽而扬忠然雍塞泄』。宽素缘。

637

昭明重圈铭文镜

西汉中晚期

商王墓地鸿祥花园工地 M175 出土

直径 10.5 厘米，厚 0.3 ~ 0.5 厘米

圆纽，并蒂连珠纹纽座。座外两周凸圈带之间为内圈铭文，铭文为『内清以日月心忽而扬忠然雍塞泄』。两周短斜线纹间为外圈铭文，铭文为『内清以昭明光而象不日月心忽而扬忠然雍塞泄』。宽素缘。

638

昭明重圈铭文镜

西汉中晚期

范家墓地淄江花园太公小学工地 M144 出土

直径 9.8 厘米，厚 0.2 ~ 0.3 厘米

圆纽，柿蒂形纽座。座外两周凸圈带之间为内圈铭文，铭文为『日月心忽而扬忠然雍塞泄』。两周短斜线纹间为外圈铭文，铭文为『内清以昭明日月心忽而扬忠然雍塞泄』。宽素缘。

639

昭明连弧重圈铭文镜

西汉中晚期

范家墓地淄江花园工地 M425 出土

直径 12.8 厘米，厚 0.2 ~ 0.5 厘米

圆纽，并蒂连珠纹纽座。凸圈带与内向十六连弧纹间为内圈铭文，铭文为『长毋相忘』。两周短斜线纹间为外圈铭文，铭文为『内清质以昭明光夫日月心忽夫扬忠然雍塞不泄』。宽素缘。

640

四乳四猴龙凤镜

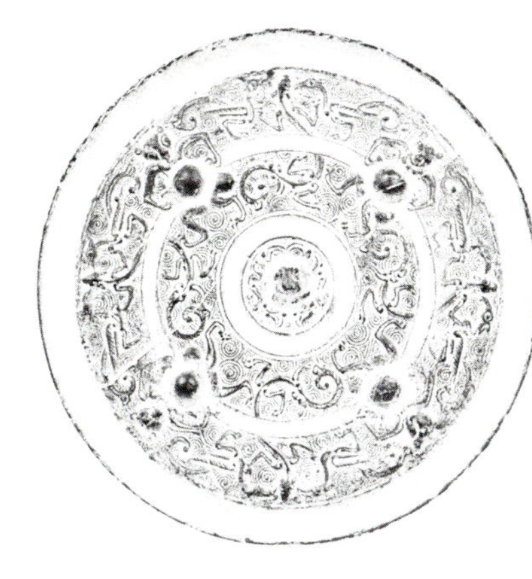

西汉早中期

赵家徐姚墓地中轩热电污水处理工地 M26 出土

直径 16 厘米，厚 0.2 ~ 0.5 厘米

兽首纽，纽外一周宽凹弧面圈带。主纹为圆涡状云雷地纹上由龙、凤、猴组成的纹饰，纹饰中间被一周凹弧面圈带弦断，四枚乳丁均匀叠压在圈带上，将纹饰分隔为相同的四组。龙在每组的中间，龙首呈三角形，口抵缘，身躯呈⊂形弯曲，前后四足呈『八』字形弯曲前伸，尾回卷。龙两侧两凤相对，长喙，细长颈，扁尾，欲作起飞状。四枚乳丁分别叠压在猴的身躯之上，猴首抵缘，脸面略三角形，立耳前兆，圆眼，上肢弯曲怀抱乳丁，下肢屈肢站立。宽素慢卷缘。

641

四乳八鸟镜

西汉中晚期

南马墓地棠悦工地 M118 出土

直径 9.8 厘米，厚 0.2 ~ 0.6 厘米

圆纽，圆纽座，座外一周凸圈带。两周短斜线纹间环绕四乳八鸟，四乳间各有两鸟，两鸟相对。宽素缘。

642

四乳八鸟镜

西汉中晚期

范家墓地淄江花园高阳工地 M36 出土

直径 9.5 厘米，厚 0.2 ~ 0.6 厘米

圆纽，圆纽座，座外一周凸圈带。两周短斜线纹间环绕四乳八鸟，四乳间各有两鸟，两鸟相对。宽素缘。

643

四乳八鸟镜

西汉中晚期

张家墓地华盛园南区工地 M137 出土

直径 8.9 厘米，厚 0.2 ~ 0.4 厘米

圆纽，圆纽座，座外一周细弦纹。两周短斜线纹间环绕四乳八鸟，四乳间各有两鸟，两鸟相对。宽素缘。

644

四乳八鸟镜

西汉中晚期

徐家墓地凤凰城四期工地 M346 出土

直径 8.5 厘米，厚 0.2 ~ 0.5 厘米

圆纽，圆纽座。座外两周短斜线纹间环绕四乳八鸟，四乳间各有两鸟，两鸟相对。宽素缘。

645

四乳八鸟镜

西汉中晚期

徐家墓地凤凰城二期工地 M75 出土

直径 8.3 厘米，厚 0.2 ~ 0.4 厘米

圆纽，圆纽座。座外两周短斜线纹间环绕四乳八鸟，四乳间各有两鸟，两鸟相对。宽素缘。

646

四乳八鸟镜

西汉中晚期

范家墓地淄江花园峰尚国际工地 M23 出土

直径 9.3 厘米，厚 0.2 ~ 0.4 厘米

圆纽，圆纽座，座外一周凸圈带。两周短斜线纹间环绕四乳八鸟，四乳间各有两鸟，两鸟相对。宽素缘。

647

四乳四鸟镜

西汉中晚期

赵家徐姚墓地中轩发酵车间工地 M8 出土

直径 8.8 厘米，厚 0.15 ～ 0.3 厘米

圆纽，圆纽座。座外两周细弦纹间环绕四乳四鸟，四乳间四鸟顺向排列，其外一周短斜线纹。宽缘，缘内侧一周细弦纹和锯齿状纹。

648

四乳四鸟镜

西汉中晚期

单家墓地方正商城工地 M22 出土

直径 9 厘米，厚 0.2 ~ 0.3 厘米

圆纽，圆纽座。座外两周细弦纹间四乳四鸟，四鸟两两隔乳相对，其外一周短斜线纹。宽素缘。

649

四乳四鸟镜

西汉中晚期

单家墓地方正尚城工地 M22 出土

直径 8.3 厘米，厚 0.15 ~ 0.35 厘米

圆纽，圆纽座。座外细弦纹与短斜线纹间饰四乳四鸟，四鸟两两隔乳相对。宽缘，缘内侧各一周波折纹、细弦纹和锯齿状纹。

飞鸟镜

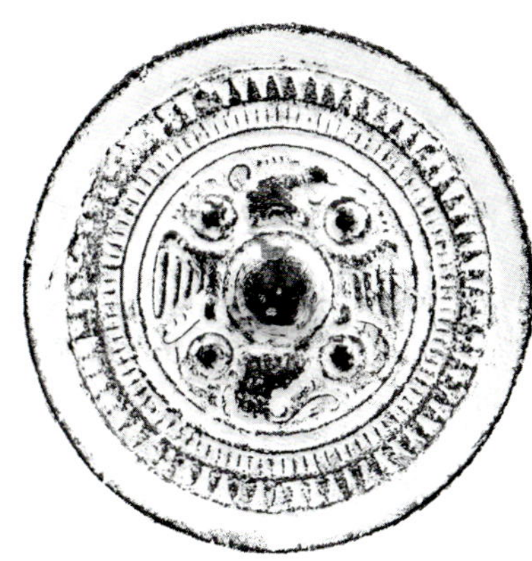

东汉

永流墓地泰东城住宅区工地 M175 出土

直径 8.8 厘米，厚 0.25 ~ 0.6 厘米

圆纽，圆纽座。座外与细凸弦纹间均匀分布四枚圆座乳丁，纽与座叠压在鸟身躯之上，上侧露出鸟颈和头，纽下露长尾，两侧为展开对称的鸟翅。其外一周细弦纹和锯齿状纹。三角纹缘。

651

四乳龙虎镜

西汉中晚期

南马墓地棠悦工地 M111 出土

直径 14 厘米，厚 0.3 ~ 0.5 厘米

圆纽，四叶纹纽座，座外一周宽凸圈带。两周短斜线纹间饰主纹，均匀分布的四圆座乳丁间二龙二虎相间顺向环绕，各有一龙、虎作回首状。宽缘，中间内凹，饰波折纹，两侧为双短线和简单的雁纹。

652

四乳龙虎镜

西汉中晚期

南马墓地棠悦工地 M1238 出土

直径 11.8 厘米，厚 0.3 ~ 0.7 厘米

圆纽，圆纽座，座外一周宽凸圈带。两周短斜线纹间均匀分布四圆座乳丁，乳丁间各有两龙虎相间顺向环绕。宽素缘。

653

四乳龙虎镜

西汉中晚期

范家墓地淄江花园 K 组团工地 M705 出土

直径 11.8 厘米，厚 0.3 ~ 0.7 厘米

圆纽，圆纽座，座外一周宽凸圈带。两周短斜线纹间均匀分布四圆座乳丁，二龙二虎相间顺向环绕。宽素缘。

四乳龙虎镜

西汉中晚期

南马墓地棠悦工地 M1136 出土

直径 10.8 厘米，厚 0.2 ~ 0.6 厘米

圆纽，圆纽座，座外一周宽凸圈带。两周短斜线纹间均匀分布四圆座乳丁，乳丁间各有两龙虎相间顺向环绕。宽素缘。

655

四乳龙虎镜

西汉中晚期

范家墓地淄江花园高阳工地 M229 出土

直径 10.3 厘米，厚 0.3 ~ 0.4 厘米

圆纽，圆纽座，座外一周宽凸圈带。两周短斜线纹间均匀分布四圆座乳丁，乳丁间二龙二虎相间顺向环绕。宽缘上饰锯齿纹、弦纹和双线波折纹。

656

四乳龙虎镜

西汉中晚期

南马墓地新村二期工地 M117 出土

直径 11 厘米，厚 0.35 ~ 0.6 厘米

圆纽，圆纽座，座外一周宽凸圈带。两周短斜线纹间均匀分布四圆座乳丁，乳丁间二龙二虎相间顺向环绕。宽素缘。

657

四乳龙虎镜

西汉中晚期

范家墓地淄江花园方正 2009 工地 M19 出土

直径 9.5 厘米，厚 0.2 ~ 0.5 厘米

圆纽，圆纽座。座外两短斜线纹间均匀分布四圆座乳丁，乳丁间二龙二虎相间顺向环绕。宽素缘。

四乳龙虎镜

西汉中晚期

永流墓地新村工地 M243 出土

直径 12 厘米，厚 0.3 ~ 0.6 厘米

圆纽，圆纽座，座外一周宽凸圈带。两周短斜线纹间均匀分布四圆座乳丁，乳丁间二龙二虎相间顺向环绕。宽素缘。

659

四乳四神镜

西汉中晚期

山王墓地华盛园南区工地 M90 出土

直径 11.8 厘米，厚 0.3 ~ 0.6 厘米

圆纽，圆纽座，座外一周宽凸圈带。两周短斜线纹之间均匀分布四圆座乳丁，乳丁间各有一龙、虎、朱雀、玄武。宽素缘。

660

四乳四兽镜

西汉中晚期

范家墓地淄江花园 A 组团工地 M103 出土

直径 12 厘米，厚 0.2～0.5 厘米

圆纽，圆纽座，座外一周短斜线纹和宽凸圈带。两周短斜线纹之间均匀分布四圆座乳丁，乳丁间有两虎、一龙、一玄武。宽缘，中间凹圈带上饰双线波折纹。

661

四乳四神镜

西汉中晚期

国家墓地新村二期工地 M5 出土

直径 10 厘米，厚 0.15 ~ 0.3 厘米

圆纽，圆纽座。座外两周短斜线纹间均匀分布四圆座乳丁，乳丁间有龙、虎、朱雀、玄武。宽缘，中间凹圈带上饰双线波折纹。

662

四乳禽兽镜

西汉中晚期

永流墓地金鼎绿城二期工地 M153 出土

直径 11.7 厘米，厚 0.2～0.5 厘米

圆纽，圆纽座，座外一周宽凸圈带。两周短斜线纹之间均匀分布四圆座乳丁，乳丁间各有一龙、虎、朱雀和瑞兽。宽素缘。

663

四乳羽人禽兽镜

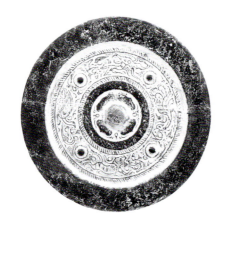

东汉

范家墓地淄江花园北一区工地 M341 出土

直径 14.3 厘米，厚 0.3 ~ 0.7 厘米

圆纽，四叶纹纽座，座外一周宽凸圈带。两周短斜线纹间均匀分布四枚圆座乳丁，乳丁间羽人禽兽顺向环绕，乳丁间分别配置青龙与羽人、白虎与羽人、朱雀和玄武各配一祥鸟。宽素缘。

664

四乳羽人兽纹镜

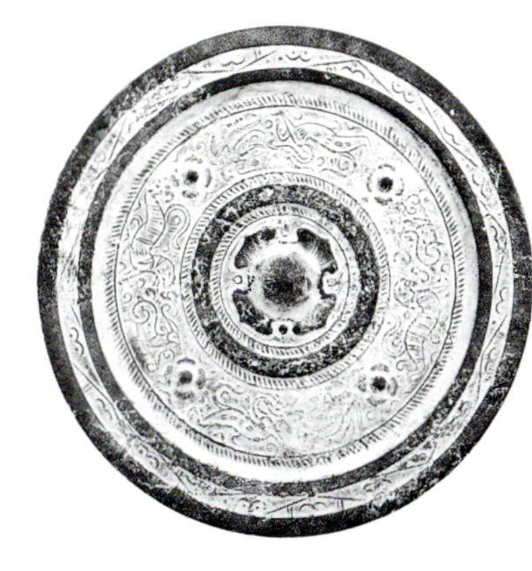

东汉

徐家墓地凤凰城二期工地 M155 出土

直径 16.3 厘米，厚 0.3 ~ 0.6 厘米

圆纽，四叶纹纽座，座外一周短斜线纹和宽凸圈带。两周短斜线纹间均匀分布四枚四叶纹座乳丁，乳丁间兽与羽人相间顺向环绕，虎鹿一组、羽人与龙为一组，兽做奔跑状，羽人右腿斜直，左腿弯曲，侧身回首作射箭状。宽缘，中间宽凹圈带上饰波折纹和雁纹。

665

四乳羽人禽兽镜

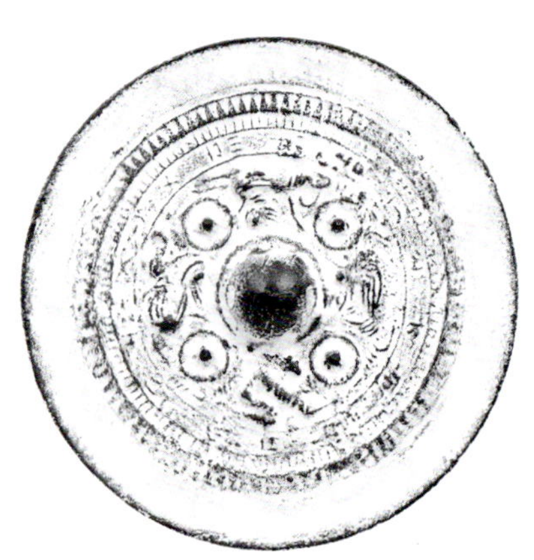

东汉

永流墓地金鼎绿城三期工地 M763 出土

直径 11.3 厘米，厚 0.3 ~ 0.6 厘米

圆纽，圆纽座，座外四枚圆座乳丁间饰浮雕式羽人、朱雀、龙和虎。两周细弦纹间为铭文带，铭文模糊不清，其外各一周短斜线纹和锯齿纹。三角缘。

666

六乳羽人禽兽镜

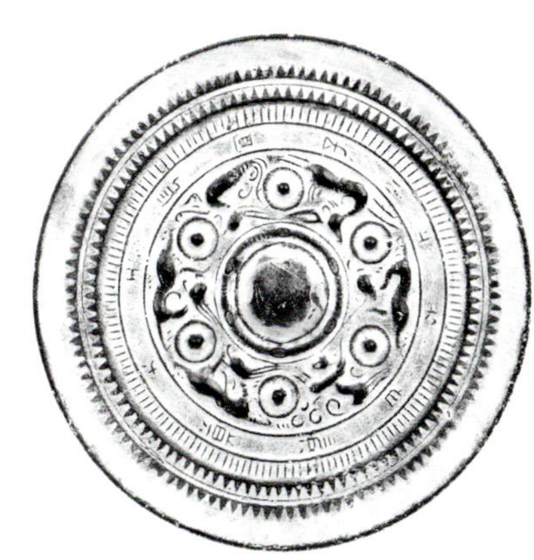

东汉

车站墓地淄博七中工地 M3 出土

直径 12.7 厘米，厚 0.2 ~ 0.5 厘米

圆纽，圆纽座，座外一周凸圈带，圈带外两周细弦纹间为主纹，六枚圆座乳丁间饰相间环绕浮雕式羽人禽兽纹，禽兽均作飞奔状。外细弦纹间为铭文，铭文为『上方富贵大工长宜子孙』，其外各一周短斜线纹和两周锯齿纹。三角缘。

667

树木龙凤镜

西汉中晚期

张家墓地太公苑工地 M32 出土

直径 13.1 厘米，厚 0.25 ~ 0.8 厘米

圆纽，并蒂连珠纹纽座，座外一周短斜线纹和宽凸圈带。两周短斜线纹间均匀分布四棵树，树间分别饰以凤鸟、凤、龙和云气纹。宽素缘。

四神博局镜

东汉

南马墓地翰林院工地 M74 出土

直径 14.3 厘米，厚 0.2 ~ 0.4 厘米

圆纽，四叶形纽座，座外细线方格和凹弧面方格。方格外四面博局纹和四神纹，四神依次为龙、虎、朱雀、玄武，在四神左右下方对应配以羽人和祥鸟、羽人和鱼、羽人、祥鸟，其间填充云气纹，外为一周短斜线纹。宽素缘。

669

四神博局镜

东汉

南马墓地棠悦工地 M979 出土

直径 16.5 厘米，厚 0.3 ~ 0.5 厘米

圆纽，圆纽座，座外细线方格和凹弧面大方格之间有十二乳丁与十二地支。方格外八圆环内各一圆座乳丁和博局纹。四方八区配有八个禽兽，龙配以羽人，虎配以独角兽，朱雀配以禽鸟，玄武配以禽鸟。细弦纹与短线纹间有铭文，铭文为『大哉孔子志也美哉厨□食也乐哉居无事好哉□人异也贤哉□掌吏也喜哉负□□□□文字也』。宽缘，从内至外各一周锯齿纹、细弦纹和流云纹。

四神博局镜

东汉

南马墓地棠悦工地 M600 出土

直径 16.3厘米，厚 0.2 ~ 0.4厘米

圆纽，四叶形纽座。座外细线方格和凹弧面大方格之间有铭文，铭文为『见日月之光天下大明长乐未央』。方格外博局纹，四方八区配有八个禽兽，龙配以独角兽，虎配以瑞兽，朱雀配以飞鸟，玄武配以蟾蜍，其外一周短斜线纹。宽缘，中间凹圈带上饰双线波折纹。

792

671

四神博局镜

东汉

南马墓地新村二期工地 M284 出土

直径 13.8 厘米，厚 0.3～0.5 厘米

圆纽，四叶形纽座，座外凹弧面方格。方格外八圆座乳丁和博局纹，四方八区配有八个禽兽，龙配以山羊，虎配以飞鸟，朱雀配以羽人和小鸟，玄武配以羽人。细弦纹与短线纹间有铭文，铭文为『尚方作镜真大好，上有山人……金石为国保』。宽缘，缘上饰锯齿纹和流云纹。

672

四神博局镜

东汉

商王墓地盛世豪庭工地采集

直径 11.5 厘米，厚 0.3～0.5 厘米

圆纽，四柿蒂形纽座，座外凹弧面方格。方格四面与短斜线纹间饰四圆座乳丁和博局纹，四方八区内分别配有八禽兽，龙配以羽人，虎配以瑞兽，朱雀配以禽鸟，玄武配以瑞兽。宽缘，从内至外一周锯齿纹、细弦纹和 S 形卷云纹。

673

几何博局镜

东汉

南马墓地棠悦工地 M60 出土

直径 13.5 厘米，厚 0.2～0.5 厘米

圆纽，圆纽座，座外细线方格和凹弧面大方格之间有十二乳丁与十二地支。方格四面与短斜线纹间饰八圆座乳丁和博局纹，圆座乳丁围以内向七连弧纹。宽缘，从内至外为一周锯齿纹、细弦纹和双线波折纹。

674

羽人禽兽博局镜

东汉

永流墓地泰东城义乌商品城工地M112出土

直径12厘米，厚0.2～0.5厘米

圆纽，四叶形纽座，座外凹弧面方格。方格四面与短斜线纹间饰八圆座乳丁和博局纹，四方八区配有八个禽兽，青龙配以祥鸟，虎配以飞鸟，玄武配以飞鸟，羽人配以蟾蜍。宽缘，从内至外一周锯齿纹、细弦纹和流云纹。

675

禽兽简化博局镜

东汉

范家墓地淄江花园北区工地 M503 出土

直径 11.5 厘米，厚 0.2 ~ 0.4 厘米

圆纽，四叶形纽座，座外凹弧面方格。方格四面与短斜线纹间饰四圆座乳丁和博局纹，四方配有龙、虎、玄武、蟾蜍和祥鸟。宽缘，饰一周勾连云纹。

676

禽兽简化博局镜

东汉

南马墓地棠悦工地 M1179 出土

直径 11.4 厘米，厚 0.2 ~ 0.6 厘米

圆纽，四柿蒂形纽座，座外凹弧面方格。方格四面与短斜线纹间饰四圆座乳丁和博局纹，四方分别配有虎、朱雀和各一个瑞兽。宽缘，缘上饰流云纹。

677

几何简化博局镜

东汉

范家墓地新村工地 M24 出土

直径 8.6 厘米，厚 0.1 ~ 0.3 厘米

圆纽，纽外凹弧面方格。方格四面与短斜线纹间饰八圆座乳丁和博局纹，其外一周锯齿纹、细弦纹和双线波折纹。近三角形缘。

八鸟博局镜

东汉

商王墓地盛世豪庭工地 M381 出土

直径 11.5 厘米，厚 0.2 ~ 0.5 厘米

圆纽，四柿蒂形纽座，座外凹弧面方格。方格四面与短斜线纹间饰博局纹，四方各配两禽鸟，两鸟相背，与另方内小鸟隔 V 两鸟喙相对。外围两周弦纹，间饰云气纹。三角缘。

679

彩绘纹镜

战国

南马墓地棠悦工地 M440 出土

直径 8.3 厘米，厚 0.1 厘米

桥形纽，镜体较薄，镜面平整。背面绘制朱红色和白色彩绘纹饰，镜纽与镜缘内侧朱红色两周圈带纹之间绘『井』字形图案，井字空格间各绘制一个 C 形卷云纹。由于色彩脱落，图案较为模糊。缘边涂一周朱红色宽彩带。

680

彩绘纹镜

战国

徐家墓地凤凰城工地 M98 出土

直径 11.3 厘米，厚 0.1 厘米

桥形纽，镜体较薄，镜面平整。镜纽与镜缘内侧朱红色两周圈带间，绘制朱红色和白色彩绘相间的连枝纹、花叶纹。缘边一周朱红宽彩带。

681

彩绘纹镜

战国

国家墓地齐兴花园工地 M110 出土

直径 12.6 厘米，厚 0.15 厘米

桥形纽，镜面平整。背面绘制朱红和淡蓝色彩绘纹，两周朱红圈带将纹饰分为内、外两区。内区镜纽两侧各有一只展翅飞翔的凤鸟，外轮廓用朱红色勾勒，凤首抵近镜纽，右旋回首，圆目，尖喙，喙下似衔朱红色圆果，凤身弯曲回旋，末端分为双尾，双尾较长。凤鸟用淡蓝色装饰羽毛，颈部及上身涂圆点和弯月条状羽毛，双尾羽毛用短弧线描绘。凤身外侧用朱红、淡蓝色装饰卷云纹，双尾之间涂朱红彩。外区有朱红色单线绘制的三角折线几何纹，形成由内向外辐射的六角星图案，六角内外折角处均用朱红色涂宽半环纹，半环纹内点缀淡蓝色圆点，上下大半环纹两侧各有淡蓝色的涡旋状小云朵。镜缘涂一周宽朱红彩带。

彩绘纹镜

战国

张家墓地方正太公苑工地 M136 出土

直径 12.5 厘米，厚 0.2 厘米

桥形纽，镜面平整。背面绘制朱红纹饰，一周朱红色圈带将纹饰分为内、外两区。内区镜纽两侧各有一只凤鸟，外轮廓均用朱红色勾勒，凤首抵近镜纽，右旋回首，圆目，喙下部连接一个近似逗号形的粗蒂圆果。凤鸟颈部及上身弯曲回旋，仅绘左翼，前缘呈扁圆状，后翼近似弯月形，上侧并有弯形凸起。尾部较长，末端分为双尾，双尾之间涂弧形朱红彩。凤鸟身上羽毛装饰脱落，模糊不清。外区两周朱红色单线圈构成，内用朱红色单线绘制『之』字形几何纹，组成由内圈向外辐射的五角星纹，五角形的内角处及折线外侧中间均用红色涂绘弯月形云纹。镜缘涂一周宽带朱红彩。

彩绘纹方镜

战国

张家墓地方正太公苑工地 M136 出土

边长 19.4 厘米，厚 0.2 厘米

三弦纽，纽衔圆环，镜体略厚，镜背平整。绘制朱红、淡蓝色和白色彩绘图案，主纹为盘龙纹。由于锈蚀严重，纹饰模糊不清，可参照同墓所出的同类龙纹镜（临淄铜镜 684）复原。镜纽与边框之间装饰四组龙纹，龙纹形态相同，每条龙纹约占据镜背内区的四分之一。龙纹用朱红色勾勒，龙首尾相对，身躯呈盘曲涡旋状。龙首长吻张口，圆目，双耳，头上有独角，口吐淡蓝色卷云状长舌。龙纹身躯均由四角向内至镜纽处盘曲又向外回旋，龙尾卷至龙首下方，整条龙纹盘旋近似上小下大的『8』字形。龙身上鳞纹，因锈蚀较重，纹饰不清。四条卷曲的龙躯内各有一个朱红色圆形和近似伞形图案。镜纽上下分别用朱红色涂成两个近似蝙蝠形图案，尖首与从边框内伸的朱红色圭首形图案尖部相对。镜纽左右两侧的龙纹之间分别从蝙蝠首部伸出两条与龙身相向外卷的淡蓝色云纹，与圭首形图案两侧相对外卷的朱红色云纹相对。边框内侧上下龙纹之间用朱红色和白色彩绘成两尖角对卷的牛角状纹饰，下端相对朱红色半月形云纹。镜纽外由朱红色复线描绘的左右宽、上下窄的不规则方框，复线间填涂淡蓝色斜线纹，方框叠压在龙纹之上。镜缘内侧的边框内用朱红色双线描绘三角形几何纹，折角内侧用朱红色描绘折角近似菱形的图案，内有卷云纹。镜缘涂一周朱红彩。

彩绘纹方镜

战国

张家墓地方正太公苑工地 M136 出土

边长 19.4 厘米，厚 0.2 厘米

三弦纽，纽衔圆环，镜体略厚，镜背平整。绘制朱红、白色和淡蓝色彩绘图案，主纹为盘龙纹。镜纽与边框之间装饰四组龙纹，龙纹大体相同，用朱红色和白色绘制，龙首用朱红色描绘，长吻张口，圆目，双耳，头上有独角，吻部与淡蓝色卷云纹相连。龙身外轮廓用朱红色线条勾勒，身躯呈盘曲涡旋状，由外角向内朝镜纽处盘曲，又向外回旋，龙尾由身下回旋至龙首下方，整条龙纹盘旋卷曲，呈『8』字形。龙身上布满白色鳞纹，鳞纹由近似蝌蚪状鳞片和圆点组成，鳞片形态比较形象。四条卷曲的龙躯内各有一个基本对称的朱红色圆圈形图案，圈内四面分布四个T形图案，围绕中间小圆环，均用白色描绘。圈外与龙身之间用朱红色涂绘近似伞形图案。镜纽上下分别用朱红色涂成两个近似蝙蝠形图象，尖首朝外，与从边框内伸的朱红色圭首形图案尖部相对。蝙蝠首部左右两侧伸出两条与龙身相向外卷的淡蓝色云纹，与圭首形图案两侧相对外卷的朱红色云纹相背对。圭首形图案两侧相对外卷的云纹外侧勾连白色花草纹。镜纽两侧上下龙纹之间用朱红色和白色装饰牛角状纹饰，两尖角相对内卷，下端为朱红色半月形云纹。镜纽外由朱红色复线描绘的左右宽、上下窄的不规则方框，复线间填涂淡蓝色斜线纹，方框叠压在龙纹之上。镜缘内侧的边框内由朱红色复线和白色单线组成的连续性菱形纹，朱红色复线内填涂淡蓝色，折角处用朱红色描绘组合成近似弧角菱形图案以及白色勾连云纹。镜缘涂一周朱红彩。

后记

《山东临淄战国汉代墓葬与出土铜镜研究》一书，在临淄区文化出版局的领导下，在业内人士的关怀和鼎力支持下，顺利完成了资料的整理和编纂工作。

参加资料整理和铜镜筛选清理工作的有常继文、刘敬伟、朱学涛、王涛、路俊福等，田野照片由王会田拍摄，铜镜照片由刘敬伟、王会田拍摄，墓葬线图由王涛绘制；拓片由齐炳学、王洪爱、常继文、荣若俊负责完成。

在资料整理过程中，得到了山东省文物考古研究所郑同修所长、魏成敏教授、李胜利老师的指导和帮助。郑同修所长在百忙之中欣然为本书撰写了序言。山东省博物馆卫松涛老师对铜镜铭文做了进一步的辨识。临淄区文化出版局刘勇，齐文化博物院李林璘、王昭在铜镜拍摄过程中给予了大力支持和精心指导。特此向他们表示诚挚的敬意和衷心的感谢!

由于编者水平有限，大部分墓葬发掘资料尚未系统梳理，加之铜镜资料整理时间仓促，书中难免存在不少缺点和错误，敬请专家不吝指正。

编 者

2017 年 9 月